Das große
Natur-
und
Technikbuch
für Schüler

Charles Taylor/Stephen Pople

Das große
Natur-
und
Technikbuch
für Schüler

Arena

© Charles Taylor und Stephen Pople 1994

This translation of The Oxford Children's Book of Science originally published in English in 1994 is published by arrangement with Oxford University Press.

Diese Übersetzung von „The Oxford Children's Book of Science", englische Erstauflage 1994, wird veröffentlicht in Übereinkunft mit Oxford University Press.

2. Auflage 1997
© der deutschen Ausgabe by
Arena Verlag GmbH, Würzburg, 1996
Alle Rechte vorbehalten

Übersetzer:
Dr. Michael Bär
Eva und Hans-Jürgen Schweikart
Marianne Steinecke

Gutachter:
Dr. Sebastian Vogel
Dr. Michael Zillgitt

Produktion:
Verlagsbüro
Michael Holtmann, Bayreuth

Printed in Great Britain

ISBN 3-401-04643-8

INHALT

Bild rechts: Ein Nordlicht (Aurora borealis)
Vorherige Doppelseite, links: Manny, eine komplett mit Gelenken ausgestattete Testpuppe für Raumanzüge und Sicherheitskleidung
Vorherige Doppelseite, rechts: Volvox, eine im Wasser lebende Gattung der Grünalgen, in 250facher Vergrößerung

MIT DEN SINNEN BEGREIFEN

Wir erleben die Welt um uns durch unsere fünf Sinne: Sehen, Hören, Fühlen, Schmecken und Riechen. Unser Gehirn hat die Aufgabe, alle ankommenden Signale in sinnvolle Informationen umzusetzen. Doch manchmal gelingt dies nicht, und wir erliegen einer Täuschung: So wirklich die Welt auch aussehen mag, sie bietet doch viele Illusionen.

WAHRNEHMUNG UND TÄUSCHUNG

Rechts: Indischer Seiltrick, hier auf einem Foto aus dem Jahr 1935. Zuerst wird das Seil hochgeworfen, dann klettert der Junge daran empor. Die Täuschung ist perfekt, denn man erwartet eigentlich, daß das Seil herunterfällt, weil es flexibel ist, und kommt nicht auf die Idee, daß es steif sein könnte.

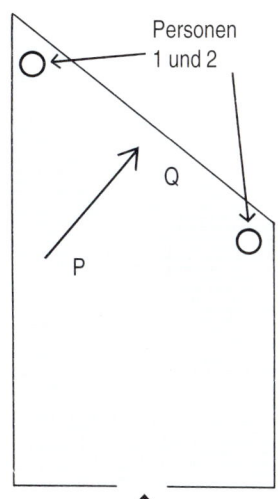

Personen 1 und 2

Q

P

Standpunkt des Betrachters

Blick auf die rückwärtige Zimmerwand in Richtung PQ

Links: Bei diesem Raum sieht es so aus, als sei der Größenunterschied zwischen den beiden Mädchen erheblich. Tatsächlich liegt das aber an der ungewöhnlichen Form des Raumes. In der Zeichnung oben ist der Grundriß des Zimmers dargestellt. Das Mädchen hinten links erscheint deshalb kleiner, weil es viel weiter entfernt ist. Zudem verstärkt die Bemalung der hinteren Wand und des Fußbodens diese optische Täuschung.

Am Sehvorgang sind drei Dinge maßgeblich beteiligt: Licht von einer Lichtquelle, Augen, die das Licht aufnehmen, und das Gehirn, das die Signale von den Augen in Bilder umsetzt.

Bevor das Licht die Augen erreicht, hat es meistens schon zwei Etappen einer Reise hinter sich. Ausgehend von der Sonne oder von einer Lampe fällt es auf Gegenstände, von denen es reflektiert (zurückgeworfen) wird; so gelangt ein Teil des Lichts in die Augen. Das reflektierte Licht enthält alle Informationen, die wir benötigen, um uns ein Bild von den Gegenständen zu machen. Der Ausdruck „sich ein Bild machen" gibt also genau wieder, was unser Gehirn leisten muß. Allgemein bezeichnet man diesen Vorgang als „Wahrnehmung".

Es kommt vor, daß das Gehirn uns ein falsches Bild liefert, obwohl die Augen die korrekten Informationen übertragen haben. So zum Beispiel in einem Café, dessen eine Wand von einem riesigen Spiegel bedeckt ist. Im ersten Moment denkt man, daß der Raum weitergeht, während es sich in Wirklichkeit doch nur um ein Spiegelbild handelt. Außerdem gibt es Situationen, in denen jemand bewußt versucht, das Gehirn eines anderen zu überlisten. In diesem Fall spricht man von Täuschung. Beispiele hierfür sind optische Täuschungen und Zaubertricks.

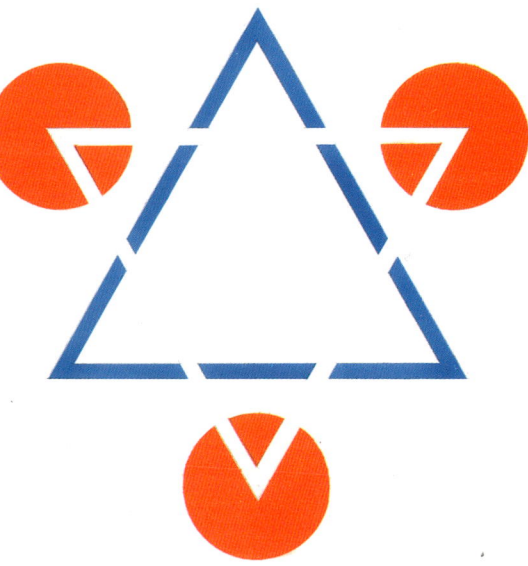

Oben: Hier sieht es so aus, als läge ein weißes Dreieck über dem Bild. In Wirklichkeit existieren in den farbigen Flächen Lücken. Diese ergänzt unser Gehirn aber zu einem Dreieck, da ihm dies logisch erscheint.

Links: Betrachte das Bild etwa zehn Sekunden, ohne die Augen zu bewegen, und schau dann auf ein weißes Blatt Papier. Du solltest dann anstelle der weißen Punkte dunkle sehen.

Spiel mit Formen und Farben

Die neun Puzzleteile lassen sich verschieden anordnen:
1) Drei einfarbige Würfel
2) Würfel mit Schattenwirkungen. Diese Anordnung ist allerdings verwirrend, da das Licht jeweils aus einer anderen Richtung zu kommen scheint.
3) Drei gleiche Würfel. Das Gehirn akzeptiert diese Anordnung, denn es hält die Farbabweichungen für Licht und Schatten.

Rechts: Die Frau in der Kiste ist scheinbar in drei Teile zersägt. Der Zauberkünstler steigert den Überraschungseffekt noch, indem er das Mittelstück herausnimmt. Wie bei allen Täuschungen ist hier das, was das Gehirn sich vorstellt, völlig anders als das, was in Wirklichkeit geschieht.

ALLERLEI TÄUSCHUNGEN

Bei einer Reihe von optischen Täuschungen erhält das Gehirn die richtige Information, zieht daraus aber die falschen Schlüsse. Der „verzerrte" Raum von Seite 6 ist ein solches Beispiel. Tatsächlich handelt es sich um ein ungewöhnlich geschnittenes Zimmer, dessen linke hintere Ecke vom Betrachter viel weiter weg ist als die rechte. Da wir aber fast nur rechteckige Räume kennen, kommen wir nicht auf die Idee, daß der Zuschnitt des Raums der Grund für die merkwürdige Optik ist. Denn das Gehirn setzt die empfangene Information immer in das für uns wahrscheinlichste Bild um.

Bei einigen optischen Täuschungen beruht der Effekt auf der Ermüdung der Augen. Das gilt zum Beispiel für das Bild mit den weißen Punkten auf schwarzem Untergrund (siehe S. 7). Betrachtet man dieses Bild länger, ermüden die lichtempfindlichen Rezeptoren (Sinneszellen) in der Netzhaut durch das helle Licht, das die weißen Punkte reflektieren. Schaut man danach auf ein weißes Blatt Papier, erzeugen die ermüdeten Rezeptoren ein dunkleres Bild, und die Punkte erscheinen nun grau.

Es gibt noch eine andere Form der optischen Täuschung, bei der das Gehirn an einen bestimmten Sachverhalt so gewöhnt ist, daß es etwas wahrnimmt, das in Wirklichkeit überhaupt nicht existiert. Das weiße Dreieck von Seite 7 ist ein Beispiel dafür. Das Gehirn benötigt eine überzeugende Erklärung für die Lücken im Bild und ergänzt sie daher zu durchgehenden Linien.

Wenn das Gehirn z. B. durch Fieber oder Medikamente „verwirrt" ist, kann es zu allen möglichen seltsamen Vorstellungen kommen. Solche Sinnestäuschungen bezeichnet man als Halluzinationen. Etwas Ähnliches geschieht beim Träumen: Das Gehirn stellt sich Dinge vor, die als wirklich vorhanden erscheinen, obwohl die Sinne im Schlaf weitgehend ausgeschaltet sind.

Nicht nur bei den Augen, auch bei den anderen Sinnesorganen kann es zu Täuschungen kommen. Im Gegensatz zu vielen Tieren haben wir Menschen einen sehr schwachen Geruchssinn; allerdings verfügen wir über ein ausgezeichnetes Gedächtnis für die unterschiedlichsten Gerüche und können sie uns leicht vorstellen. Daher kann es vorkommen, daß man beim Anblick einer Mahlzeit — und sei es nur auf einem Bild — diese tatsächlich zu riechen glaubt und sie sich so lebhaft vorstellen kann.

AKUSTISCHE TÄUSCHUNGEN

Auch beim Hören kann es Täuschungen geben. Manche Menschen hören Geräusche, die es überhaupt nicht gibt — z. B. eine Türglocke. Manchmal überhört man dagegen Geräusche, die sehr wohl vorhanden sind — was allerdings auch seine Vorteile haben kann. Wenn man sich etwa sehr konzentriert mit einer Sache beschäftigt, vielleicht gerade ein Gedicht auswendig lernt, dann kann es leicht passieren, daß man die laut tickende Uhr im Raum überhaupt nicht wahrnimmt.

Wer in der Nähe der Bahngleise wohnt, hört oft nicht mehr, wenn ein Zug vorbeifährt. Das kommt daher, daß das Gehirn Geräusche, die unwichtig erscheinen, einfach ausblendet. Dieser Trick hat den Menschen wohl schon vor langer Zeit das Überleben gesichert. Für die Jäger der Frühzeit war es nämlich lebenswichtig, daß sie ihre Jagdbeute am Geräusch erkannten und nicht durch andere Laute abgelenkt wurden. Allerdings mußten sie auch die Tiere wahrnehmen, die es auf sie selbst abgesehen

Unten: Viele Lebewesen haben einen erheblich besseren Geruchssinn als der Mensch. Mit Hilfe federartiger Antennen am Kopf kann dieses Atlasspinner-Männchen ein Weibchen über viele Kilometer hinweg orten. Es nimmt dabei winzige Spuren von Duftstoffen wahr (sog. Pheromone oder Ektohormone), die das Weibchen als Lockstoff ausscheidet.

Heiß oder kalt?

Heißes von Kaltem zu unterscheiden ist nicht immer einfach. Gieße heißes, aber nicht kochendes Wasser in eine Schüssel, kaltes Wasser in eine zweite, und lauwarmes in eine dritte. Dann stecke die linke Hand in das Gefäß mit dem heißen Wasser und die rechte in das mit dem kalten. Nach etwa 20 Sekunden tauche beide Hände in das lauwarme. Deine linke Hand empfindet jetzt das Wasser als kalt, deine rechte dagegen als heiß.

hatten! Eine weitere wichtige Fähigkeit des Gehirns ist es, Laute innerhalb von Sekunden zu erkennen. Man denke nur an die vielen Menschen mit ihren ganz verschiedenen Stimmen — und doch erkennt man am Telefon eine bekannte Stimme auf Anhieb, selbst wenn man mit dem Anrufer lange nicht gesprochen hat. Diese Fähigkeit des Gehirns stellt Stimmenimitatoren vor einige Probleme.

Wenn sie versuchen, prominente Künstler oder Politiker nachzuahmen, dann müssen sie Stimme und Tonfall schon sehr perfekt treffen, da das Publikum die kleinsten Abweichungen wahrnimmt und die Darbietung dann nicht glaubwürdig ist.

VERARBEITUNG IM HINTERGRUND

Viele Sinnesreize, die unser Gehirn erreichen, werden verarbeitet, ohne daß wir etwas davon bemerken. Wenn zum Beispiel jemand in einem großen Raum eine Rede hält, vernimmt man jedes Wort nur einmal, obwohl die Laute von der Decke und den Wänden mit geringfügigen Verzögerungen reflektiert werden und sie unser Ohr außerdem aus verschiedenen Richtungen erreichen. Das Gehirn geht hier nach dem Prinzip vor, daß gleiche Laute, die in kurzen Abständen hintereinander erschallen, als ein einziger Laut wahrgenommen werden sollen.

Das Gehirn hat noch einen Trick parat: Es mißt die Verzögerung, mit der die einzelnen Laute das Ohr erreichen, und kann so den Abstand zur Schallquelle abschätzen. Das kann jeder einmal selbst ausprobieren: Wer mit verbundenen Augen in einen Saal, ein Zimmer oder in einen Schrank geführt wird, kann deren ungefähre Größe anhand der Geräusche um sich herum abschätzen.

Das Auge kann Bilder, die schnell aufeinanderfolgen, nicht trennen. Schneide aus weißer Pappe einen Kreis aus. Auf die Vorderseite malst du einen Vogel, auf die Rückseite einen leeren Käfig. Jetzt bindest du zwei Gummibänder in die Löcher an den Seiten und wirbelst die Scheibe herum. Wenn sich die Scheibe ganz schnell dreht, siehst du den Vogel im Käfig sitzen.

Wie der Vogel in den Käfig kommt

BERÜHREN UND SPÜREN

Der Tastsinn ist sehr wichtig, denn ohne ihn besteht die Gefahr, daß man sich verletzt. So erfahren wir über ihn, wie heiß oder wie kalt ein Gegenstand ist. Ebenfalls vom Tastsinn erhält das Gehirn die Mitteilung, wie fest man einen Gegenstand anfassen muß, um ihn hochzuheben. Ohne diese Information könnte es passieren, daß man den Gegenstand zerdrückt oder aber fallen läßt. Dieser Sinn ermöglicht es auch, einen Stift beim Schreiben oder Malen sicher zu führen.

Für den Tastsinn sind die Nervenenden in der Haut zuständig. Diese sind in verschiedenen Bereichen des Körpers unterschiedlich dicht verteilt. Die meisten Menschen glauben nun, die Fingerspitzen seien am empfindlichsten, aber das läßt sich leicht widerlegen: Wenn du dich vor einen Spiegel stellst und mit einem Finger ganz leicht über dein Haar fährst, wird es dir kaum gelingen, ein einzelnes Haar zu fühlen; die Nervenenden in der Kopfhaut spüren dagegen sogar die leichteste Berührung am Haar.

FALSCHE EINDRÜCKE

Die Signale, die über unsere Sinne ans Gehirn gelangen, werden von der jeweiligen Situation beeinflußt. Zum Beispiel empfinden wir lauwarmes Wasser als heiß, wenn wir kalte Hände haben. Ein Geruch ist viel intensiver, wenn man ihn zum erstenmal wahrnimmt. Und wenn man aus dem Hellen in ein verdunkeltes Zimmer kommt, erscheint dieses stockfinster, und es dauert eine Weile, bis die Augen sich an die Lichtverhältnisse gewöhnt haben.

Unser Alltagsleben steckt voll von solchen falschen Eindrücken. Diese können auch gefährlich werden: Wenn ein Autofahrer nach stundenlanger schneller Fahrt die Autobahn verläßt, glaubt er leicht, daß das Auto ganz langsam fährt, obwohl die Geschwindigkeit für eine normale Straße zu hoch ist.

Nicht alle falschen Eindrücke führen aber zu Problemen, manche sind sogar aus unserem Leben gar nicht mehr wegzudenken. Kino und Fernsehen machen sich die Tatsache zunutze, daß das Auge die Dinge eine Weile länger sieht, als sie tatsächlich da sind. Dadurch erscheinen die einzelnen, unbeweglichen Bilder als durchgehender Film, d. h. als gleichmäßig ablaufende Bewegung.

WISSENSCHAFTLICHE HILFSMITTEL

Unsere fünf Sinne erweisen sich nicht immer als sichere und verläßliche Führer. So kann man sich bei schlechter Sicht und ohne Kompaß im offenen Gelände oder auf dem Meer stundenlang im Kreis bewegen, ohne es zu merken. Und so ist es auch beim Fliegen: In Wolken und ohne Instrumente, die einen künstlichen Horizont anzeigen, könnte ein Flugzeug sogar auf dem Rücken fliegen, und die Piloten wären noch immer überzeugt, in der richtigen Richtung unterwegs zu sein.

Die Wissenschaft kann mit Hilfe von Meßgeräten die Möglichkeiten der menschlichen Sinne erweitern. Instrumente machen es dem Menschen möglich, Gegenstände gründlicher zu untersuchen, weiter zu schauen, genauer zu messen und Dinge zu entdecken, die dem Auge sonst verborgen blieben.

Man darf aber nie vergessen, daß das Gehirn Signale auch falsch interpretieren kann und daß dann falsche Ergebnisse erzielt werden. Deshalb wiederholt man wissenschaftliche Experimente viele Male auf unterschiedliche Weise und vergleicht die Ergebnisse der Versuchsreihen miteinander. Die Wissenschaftler bedienen sich einer ganzen Reihe von Geräten, am verläßlichsten bei der Bewertung der Ergebnisse ist aber immer noch ihr eigenes Gehirn.

Oben: Diese Grafik von M. C. Escher steckt voller Täuschungen. Alle Gegenstände und Personen passen scheinbar perfekt in ihre jeweilige Umgebung, und doch ist das gesamte Bild eine Ansammlung von Widersprüchen, die das Gehirn als verwirrend empfindet.

OPTISCHE WAHRNEHMUNG

Bilder aller Art bestimmen unser Leben – sie begegnen uns bei Spiegeln, Ferngläsern, Mikroskopen, im Fernsehen oder auf dem Computerbildschirm. Es gibt viele unterschiedliche Arten von bildverarbeitenden Systemen, aber alle beruhen sie auf den gleichen Grundlagen.

SPIEGELBILDER

Ein einfaches optisches System ist ein Spiegel. Er besteht oft aus einem ebenen Stück poliertem Metall oder aus Glas mit einer dünnen Schicht aus Silber oder Aluminium dahinter. Lichtstrahlen, die auf den Spiegel treffen, werden zurückgeworfen, denn die glatte Oberfläche reflektiert das Licht; die Richtung, in der es sich fortpflanzt, ändert sich.

Augen und Gehirn des Menschen sind es gewöhnt, einen Gegenstand anhand des Lichts, das er aussendet oder reflektiert, zu orten. Wenn nun der Spiegel die Richtung des Lichts ändert, hat das Gehirn den Eindruck, als befinde sich das Betrachtete hinter dem Spiegel, denn dort sieht man das Bild.

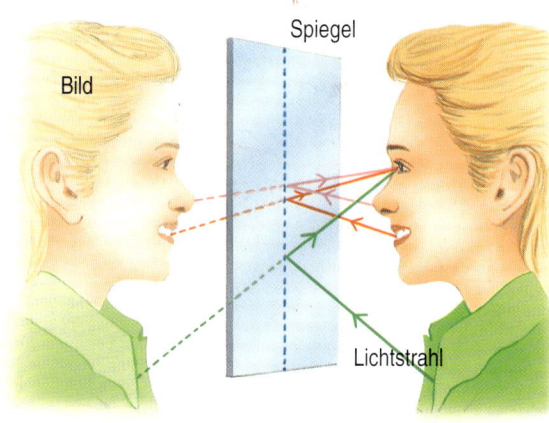

Oben: Der Spiegel reflektiert das Licht zum Auge. Da das Gehirn voraussetzt, daß das Licht sich überall gradlinig ausbreitet, stellt es sich das Bild hinter dem Spiegel vor.

Rechts: Ein solcher Zerrspiegel, wie es ihn in Vergnügungsparks gibt, besteht aus konkaven (nach innen gewölbten) und konvexen (nach außen gewölbten) Teilen. Je nachdem, in welche Art Spiegel man schaut, sieht man sich z. B. klein und dick oder lang und dünn.

Oben: Auf der konkaven Seite des Löffels siehst du dich klein und verkehrt herum (unteres Bild). Bringst du den Löffel näher an deine Augen, wird dein Bild größer und erscheint richtig herum. Auf der konvexen Seite siehst du dich immer klein und richtig herum (oberes Bild).

Links: Drei Arten der Bilderzeugung werden hier genutzt. Die beiden Fluglotsen sehen die Flugzeuge auf dem Rollfeld mit den Augen. Gleichzeitig sehen sie die Bilder auf den Bildschirmen der Radaranlage. Und schließlich wird die gesamte Szene von einem Kamerateam auf Film festgehalten.

LICHTBRECHUNG

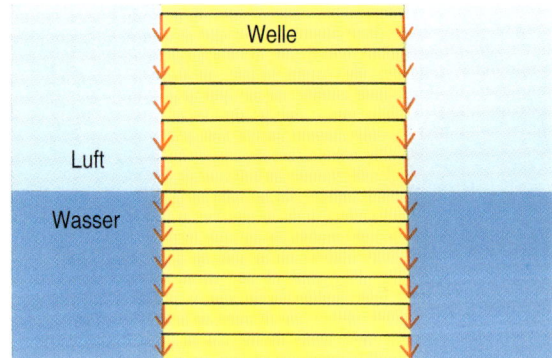

Die Richtung, in der sich das Licht fortpflanzt, ändert sich, wenn es auf Wasser oder Glas trifft bzw. aus ihnen in die Luft austritt. Im Vakuum (im luftleeren Raum) hat das Licht eine Geschwindigkeit von ca. 300 000 km pro Sekunde. Fast die gleiche Geschwindigkeit hat es in der Luft. Wenn es aber auf ein durchsichtiges Material wie Wasser oder Glas trifft, wird es langsamer. Im Glas bewegt es sich nur noch mit einer Geschwindigkeit von 200 000 km pro Sekunde. Trifft es in einem Winkel auf die Glasoberfläche, dann wird seine Richtung geändert, denn eine Seite des Strahls kommt früher an der Grenzfläche an als die andere und wird früher langsamer. Dadurch wird der Strahl abgelenkt. Man nennt dies Refraktion oder Brechung.

Die einzelnen Farben, aus denen sich das weiße Licht zusammensetzt, werden unterschiedlich stark gebrochen, weil die Geschwindigkeit der Blau- und Grünanteile am Licht stärker gebremst wird als die der Rot- oder Orangetöne. Ist das Glas dreieckig, d. h., handelt es sich um ein optisches Prisma, so wird das Licht beim Ein- und Austritt gebrochen und in seine Farben aufgespalten. Die Gesamtheit der Farben heißt Spektrum (siehe S. 21).

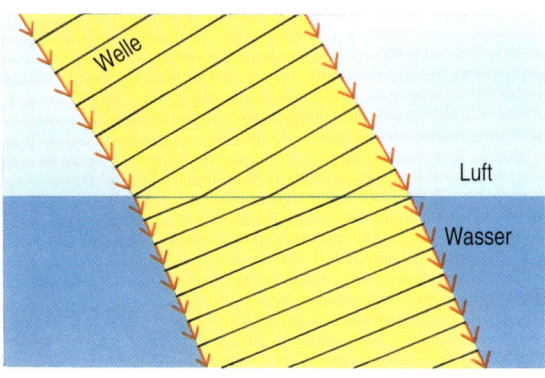

Oben: Im Wasser breitet sich Licht langsamer aus als in Luft, die einzelnen Wellenberge folgen enger aufeinander. Trifft eine Lichtwelle im Winkel auf die Wasseroberfläche (unten), werden die zuerst ankommenden Teile als erste abgebremst, die gesamte Welle wird gebrochen. Dieser Effekt heißt Brechung.

Unten: In erwärmter Luft bewegt sich das Licht etwas schneller fort als in kalter, aus diesem Grund wirken Warmluftfelder wie Linsen und brechen das Licht. Diese Gebilde sind jedoch unterschiedlich groß und stehen nie still, so daß das Bild zu flimmern scheint (wie hier beim Start der Concorde deutlich zu sehen).

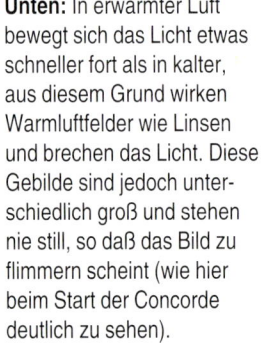

Oben: Wir wissen, daß die Streben der hier abgebildeten Strommasten eckige Kanten haben. In dieser Aufnahme erscheinen die Streben aber abgerundet, daher muß sie unscharf sein.

Rechts: Wie groß uns diese Masten erscheinen, die alle gleich groß sind, hängt davon ab, wie weit weg sie von uns stehen. Die Masten, die uns am nächsten sind, wirken am größten.

konkave Linse

konvexe Linse

Oben: Durch eine konkave Linse wird das Licht aufgefächert; sie ermöglicht es kurzsichtigen Menschen, einen Gegenstand, der weit weg ist, noch scharf zu sehen. Konvexe Linsen bündeln das Licht und erlauben es, etwas scharf zu erkennen, das nahe am Auge ist.

BEI NÄHEREM HINSEHEN

Betrachtet man einen Gegenstand, so hängt dessen scheinbare Größe davon ab, wie weit er von uns entfernt ist. Sieht man z. B. zwei gleich große Häuser, von denen das eine weiter weg ist, erscheint letzteres kleiner. Im Gegensatz dazu wirkt ein Gegenstand um so größer, desto näher er zum Betrachter ist.

Hält man einen Gegenstand sehr dicht an die Augen, so sieht er riesig aus, und wir sehen ihn nur verschwommen, da sich die Augen nicht auf einen so geringen Abstand einstellen können. Kurzsichtige allerdings können eine Sache ganz nah an die Augen halten und dennoch scharf sehen.

Mit einer Lupe kann man den Effekt der Kurzsichtigkeit erzielen: Der Gegenstand kann ganz nahe ans Auge gehalten werden und erscheint daher größer als normal. Mit einem Mikroskop, das aus mehreren Linsen besteht, läßt sich ein Gegenstand noch viel stärker vergrößern als mit einer einzelnen Linse.

CODIERTE INFORMATIONEN

Der Mensch benutzt seine Augen zum Aufnehmen von Informationen. Nimmt man z. B. an einer Versammlung teil, bei der eine Rednerin eine Ansprache hält, dann hört man nicht nur ihre Worte. Vielmehr findet gleichzeitig eine Übertragung von weiteren Informationen zwischen ihr und dem Publikum statt.

So nimmt die Rednerin etwa wahr, daß ein Zuhörer ein blaues Auge oder einen seltsamen Haarschnitt hat oder daß jemand aus dem Fenster schaut. Den Zuhörern fällt vielleicht auf, daß die Rednerin rote Schuhe trägt, einen Stapel Notizen vor sich auf dem Pult liegen hat oder immer wieder auf die Uhr schaut. Diese und noch viele andere Informationen werden aufgenommen, ohne daß die Rednerin ihre Rede unterbrechen müßte oder das Publikum aufhören würde zuzuhören.

Zum Übertragen der nicht gesprochenen Informationen nutzen Rednerin und Publikum das Licht aus. Ohne Beleuchtung des Raums oder mit geschlossenen Augen findet ein solcher Informationsaustausch nicht statt.

Denn das Licht, das auf Gegenstände im Raum trifft, wird von diesen in alle Richtungen reflektiert. Dabei verändert es sich und überträgt nun Informationen über die Farbe, die Form und die Beschaffenheit der Dinge, von denen es zurückgeworfen wird. Gelangt es danach in das menschliche Auge, werden seine Informationen in Nervenreize umgewandelt. Nur in dieser Form können sie vom Gehirn weiterverarbeitet werden.

Damit ist das Licht, das von den Gegenständen reflektiert wird, Träger einer Art von Code, der von den Augen und dem Gehirn entziffert werden muß, um ein Bild zu erzeugen.

Auf diesen beiden Schritten, dem Codieren (Verschlüsseln) und dem Decodieren (Entziffern), beruhen auch alle bildverarbeitenden Systeme.

BILDSCHÄRFE

Das Bild, das ein Projektor auf der Leinwand erzeugt, ist die Vergrößerung eines Farbdias. Um die Schärfe einzustellen, muß man das Objektiv des Geräts verschieben. Dabei orientiert man sich daran, wie das Bild aufgrund eigener Erfahrungen aussehen muß. Bei unbekannten Objekten ist dies schwierig, wenn etwa Materialien, deren Struktur man noch nicht kennt, mit leistungsstarken Mikroskopen betrachtet werden.

Bei einem Projektor ohne Objektiv wird das Licht vom Dia in alle Richtungen gestreut. Auf der Leinwand sieht man nur eine verschwommene Fläche.

Die Informationen zu jedem Punkt auf dem Dia sind dabei über die gesamte Fläche verteilt. Aufgabe

des Objektivs ist es, die Informationen über jeden Punkt des Dias an der richtigen Stelle wiederzugeben. Es entschlüsselt also die Informationen und bringt sie in eine für den Betrachter verständliche Form.

Eine Linse oder ein Objektiv zu benutzen ist eine Möglichkeit, Licht zu bündeln. Es gibt aber noch eine einfachere Methode: Nimm ein Stück Pappe oder dickes Papier, und schneide ein kleines Loch hinein. Dann nimmst du das Objektiv heraus und hältst statt dessen die Pappe vor den Projektor. Zwar wird das Licht von dem Dia auch hier in alle Richtungen gestreut, doch fallen durch das Loch nur die Strahlen, die auf der Leinwand das gewünschte Bild erzeugen. Alle übrigen werden zurückgehalten. Der große Nachteil bei diesem Verfahren ist, daß fast das gesamte Licht ausgeblendet wird und das erzeugte Bild sehr dunkel ist.

Unten: Hier untersucht ein Wissenschaftler das Hepatitis-B-Virus unter dem Elektronenmikroskop. Das Virus wird in allen Einzelheiten auf dem Bildschirm abgebildet (blau), kann aber auch durch die grünschimmernden Fenster betrachtet werden.

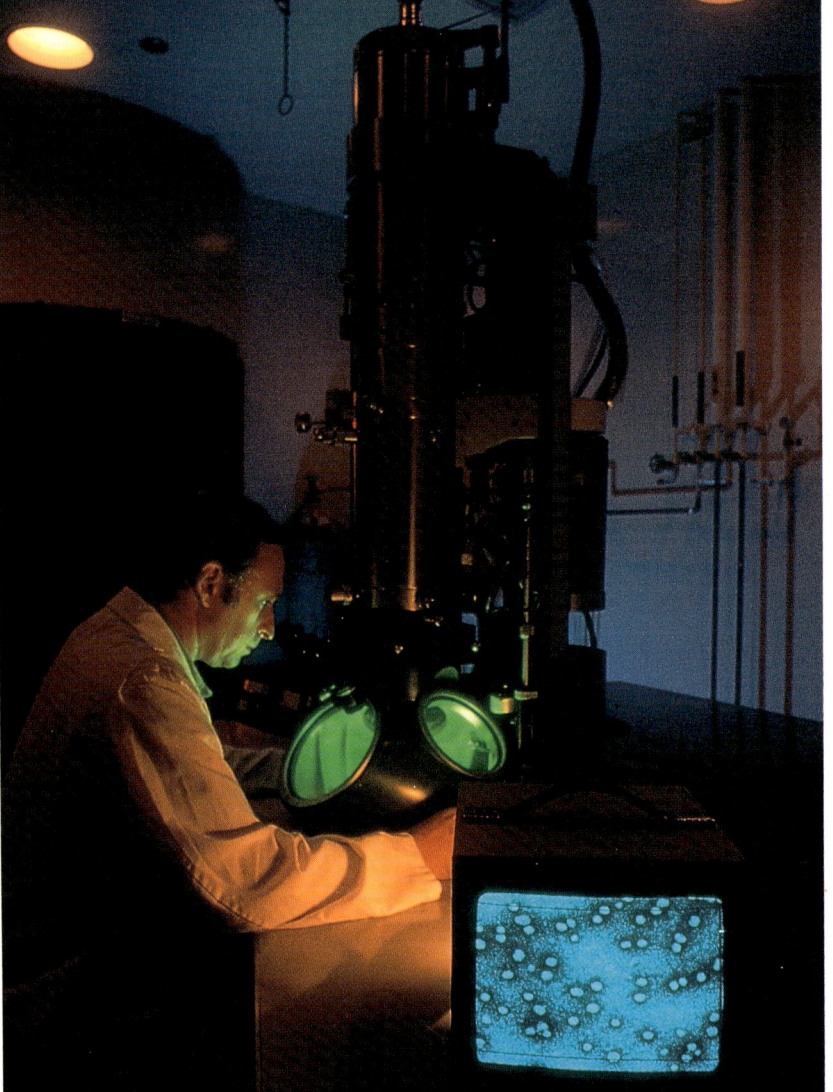

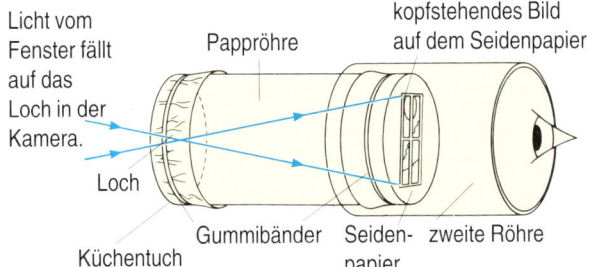

Oben: Eine leicht zu bauende Lochkamera. Damit kann man zwar keine Fotos machen, aber Dinge abbilden: Wenn man die Kamera auf einen hellen Gegenstand richtet, z. B. auf das Fenster in einem ansonsten dunklen Raum, erscheint das Bild des Fensters auf dem Seidenpapier.

BILDERZEUGUNG OHNE LICHT

Nicht nur das Licht ist Träger optischer Informationen. Auch Röntgenstrahlen, Elektronenstrahlen, Mikrowellen und Radiowellen können Bilder erzeugen. Diese verschiedenen Arten von Strahlen und Wellen werden unter dem Sammelbegriff „Strahlung" zusammengefaßt, denn sie werden von einer Quelle abgestrahlt. Mit Strahlung ist also nicht nur die gefährliche Strahlung in einem Atomkraftwerk gemeint.

GRENZEN DES MACHBAREN

Der Erzeugung von Bildern sind gewisse Grenzen gesetzt. So ist mit Lichtmikroskopen keine millionenfache Vergrößerung möglich.

Es gibt also eine Grenze, bis zu der man mit

Hilfe von Licht vergrößern kann. Der Grund dafür klingt zunächst kompliziert, denn er hat mit der Wellenlänge des Lichts zu tun. Licht breitet sich in Form winziger Wellen aus (siehe S. 172), und als Wellenlänge bezeichnet man die Entfernung zwischen zwei aufeinanderfolgenden Scheitelpunkten der Welle. Eine Welle kann grundsätzlich nur Informationen über Dinge mit sich tragen, die größer sind als ihre eigene Wellenlänge. Die Wellenlänge des Lichts liegt unter einem Millionstel Meter, und aus diesem Grund kann man – gleichgültig, wie gut das verwendete Mikroskop auch sein mag – nur Dinge sehen, die größer sind als ein Millionstel Meter.

Anhand eines Beispiels soll dieser schwierige Sachverhalt verdeutlicht werden: Stell dir einmal vor, du würdest versuchen, deinen Namen mit einem dicken Pinsel auf ein kleines Blatt zu schreiben. Das Ergebnis wäre wahrscheinlich nur ein Farbklecks. Ein Bild mit Hilfe einer Welle zu erzeugen, deren Wellenlänge größer ist als der Gegenstand, der abgebildet werden soll, ist so, als würde man seinen Namen mit einem zu dicken Pinsel schreiben. Diese Grenze der Abbildbarkeit eines Gegenstands gilt gleichermaßen für alle Arten von Strahlung.

Will man Dinge betrachten, die kleiner sind als die Wellenlänge des Lichts, so verwendet man einen Elektronenstrahl anstelle von Licht. Allerdings kann man bei Elektronenstrahlen keine gewöhnlichen Linsen verwenden. Darüber hinaus bewegen sich Elektronen nur im Vakuum fort. Beim Elektronenmikroskop befinden sich die gesamte Apparatur sowie das Untersuchungsobjekt in einer Röhre, in der ein Vakuum herrscht. Anstelle von Linsen verwendet man zylindrische Elektromagnete mit einem winzigen Loch in der Mitte, die den Elektronenstrahl bündeln. Die Elektronen treffen danach auf einen Leuchtschirm und erzeugen ein stark vergrößertes Bild. Der Code ist somit erfolgreich „geknackt".

ZERLEGUNG VON BILDERN

Mit Hilfe einer Linse oder einer Lochkamera werden alle Teile bzw. Punkte des Bildes gleichzeitig wiedergegeben. Anders ausgedrückt: Die gesamte Information wird zur selben Zeit decodiert. Linsen und Lochkameras sind aber nicht für alle Arten von Strahlung geeignet. Zum Codieren von Informationen wird daher gelegentlich ein besonderes Verfahren, das „Scannen" (Abtasten), verwendet.

Rechts: Dieses furchteinflößende „Monster", das hier in ca. 25facher Vergrößerung abgebildet ist, ist ein Getreidekäfer. Gelb ist der Teil des Korns dargestellt, in dem er herangewachsen ist. Das Bild stammt von einem Elektronenmikroskop, die Farbgebung aus dem Computer.

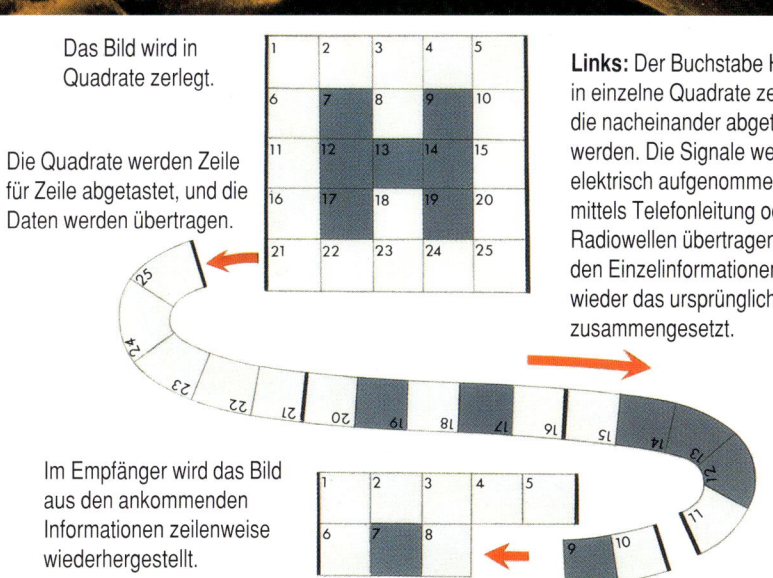

Das Bild wird in Quadrate zerlegt.

Die Quadrate werden Zeile für Zeile abgetastet, und die Daten werden übertragen.

Links: Der Buchstabe H wird in einzelne Quadrate zerlegt, die nacheinander abgetastet werden. Die Signale werden elektrisch aufgenommen und mittels Telefonleitung oder Radiowellen übertragen. Aus den Einzelinformationen wird wieder das ursprüngliche Bild zusammengesetzt.

Im Empfänger wird das Bild aus den ankommenden Informationen zeilenweise wiederhergestellt.

Fernsehen, Radar und auch bestimmte medizinische Untersuchungsgeräte arbeiten nach diesem Prinzip. Es ist vor allem dann von Nutzen, wenn man ein Bild über Kabel oder mittels Radiowellen übertragen muß.

Im ersten Schritt wird das Bild gleichmäßig in kleine Teile zerlegt. Diese Stücke werden dann dorthin geschickt, wo sie gebraucht werden, und dort wieder zum ursprünglichen Bild zusammengesetzt. Es ist möglich, ein Bild in mehr als eine Million Teile zu zerlegen. Wenn das Bild ein Objekt in Bewegung darstellen soll, muß bis zu 25mal pro Sekunde ein neues Bild verarbeitet werden!

Oben: Das orangefarbene Gerät an dieser Radarantenne sendet die Mikrowellen aus, die von dem großen Metallgitterspiegel gebündelt werden, und empfängt auch deren Echo.

RADAR

Beim Radar arbeitet man mit Mikrowellen, um Flugzeuge oder andere Objekte aufzuspüren (zu den Mikrowellen siehe auch S. 174). Die Wellen werden als gebündelter Strahl von einer Radarantenne ausgesandt. Sobald sie auf ein Flugzeug treffen, werden sie reflektiert. Je näher das Flugzeug ist, desto früher kehrt ein Teil der reflektierten Wellen zur Radaranlage zurück.

Das Bild auf dem Radarschirm entsteht nach dem Abtastprinzip. Das Drehen der Antenne bewirkt, daß die Wellen dem sich bewegenden Objekt folgen können; auf dem Bildschirm wird diese Bewegung durch einen Lichtstrahl wiedergegeben.

Unten: Ultraschallwellen werden von Knochen besser reflektiert als von weichen Geweben. Dieses Ultraschallbild zeigt einen Fötus im Alter von ungefähr 16 Wochen im Mutterleib. Der Kopf ist rechts zu sehen, die Beinchen links.

BILDVERARBEITUNG IN DER MEDIZIN

In der Medizin gibt es eine ganze Reihe von Geräten, mit denen Bilder vom Körperinnern angefertigt werden können. Dabei kommen verschiedene Wellenarten zum Einsatz.

Mit Ultraschall kann z. B. ein Fötus (ein ungeborenes Baby) im Mutterleib betrachtet werden. Ultraschallwellen haben eine so hohe Frequenz, daß sie vom menschlichen Ohr nicht wahrgenommen werden. Bestimmte Körpergewebe reflektieren die Schallwellen besser als andere. Ultraschall ist für den Fötus ungefährlicher als beispielsweise Röntgenstrahlen, die das Gewebe schädigen können.

Computertomographen, die sozusagen „schichtweise" Bilder vom Patienten liefern, arbeiten mit Röntgenstrahlen. Die Bilder, die sie erzeugen, sind wesentlich aufschlußreicher als normale Röntgenaufnahmen. Im Computer werden nämlich alle Einzelinformationen zu einer Schichtaufnahme vom Körper zusammengesetzt.

ATOME SICHTBAR GEMACHT

Da die Wellenlänge des Lichts größer als der Durchmesser von Atomen, den Bausteinen der Materie, ist, kann man mit ihm keine Bilder von so winzigen Dingen wie Atomen aufnehmen.

Die Wellenlänge der Röntgenstrahlen wäre kurz

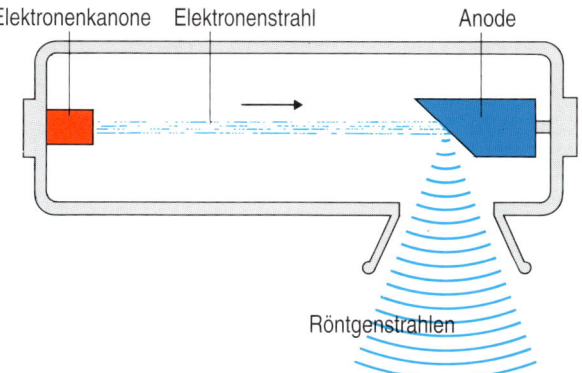

Elektronenkanone   Elektronenstrahl   Anode

Röntgenstrahlen

Oben: In einer Röntgenröhre werden Elektronen aus der Elektronenkanone mit Hilfe von Hochspannung (20 000 Volt oder mehr) auf die Anode gerichtet. Sie treffen mit so großer Wucht auf die Anode, daß deren Atome angeregt werden und Röntgenstrahlen aussenden.

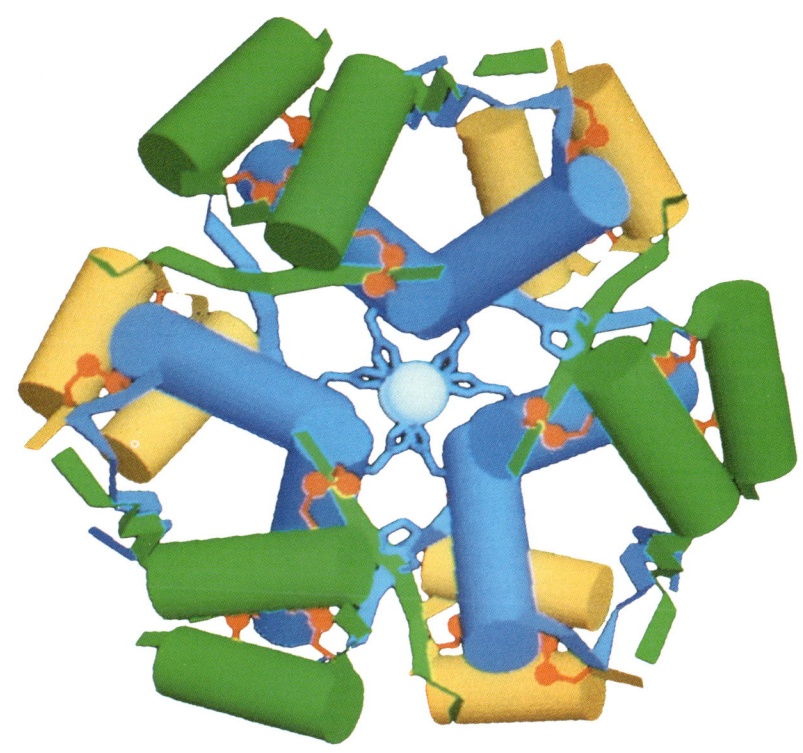

genug, um Atome abzubilden. Es gibt allerdings keine Methode, mit der man die Informationen in den Röntgenstrahlen decodieren kann, da es keine Linsen zur Bündelung von Röntgenstrahlen gibt. Zur Lösung dieses Problems wurde eine Technik entwickelt, die sogenannte Röntgenbeugung. Dabei wird ein winziges Stück des Untersuchungsobjekts in einen Röntgenstrahl gehalten, so daß die Wellen reflektiert und gebrochen werden. Das so erzeugte Muster kann danach fotografiert werden.

Da das Muster nicht direkt decodiert werden kann, müssen die Wissenschaftler mit detektivischem Scharfsinn herausfinden, welche Atomanordnung für dieses Muster verantwortlich ist. Mit dieser indirekten Methode der Bilderzeugung ist man übrigens der Doppelhelix der DNA, dem Molekül des Lebens (siehe S. 56), auf die Spur gekommen.

HOLOGRAPHIE

Oben: Statt echte Modelle zu bauen, werden von Wissenschaftlern am Computer dreidimensionale Gegenstände abgebildet, die man drehen und von allen Seiten betrachten kann. Hier ist die Struktur des Hormons wiedergegeben, das die Insulinproduktion im Körper steuert.

Links: Der Junge betrachtet ein anderes visuelles Modell — ein dreidimensionales Bild von einem zylindrischen Hologramm, das von Laserlicht beleuchtet wird.

Um ein Hologramm, ein dreidimensionales Bild eines Objekts, herzustellen, braucht man das einfarbige Licht aus einem Laser. Der Laserstrahl wird dazu in zwei Hälften geteilt. Die eine Hälfte des Strahls scheint auf das Objekt und wird von ihm reflektiert. Der reflektierte Strahl verbindet sich mit dem Licht der zweiten Hälfte (dem sogenannten Referenzstrahl) und bildet ein Muster aus Interferenzringen. Das Hologramm selbst ist eine Fotografie dieses Musters. Es enthält alle Informationen, die benötigt werden, um ein Bild zu produzieren, sobald Laserlicht durch es hindurchscheint oder gewöhnliches Licht auf dieses Bild fällt.

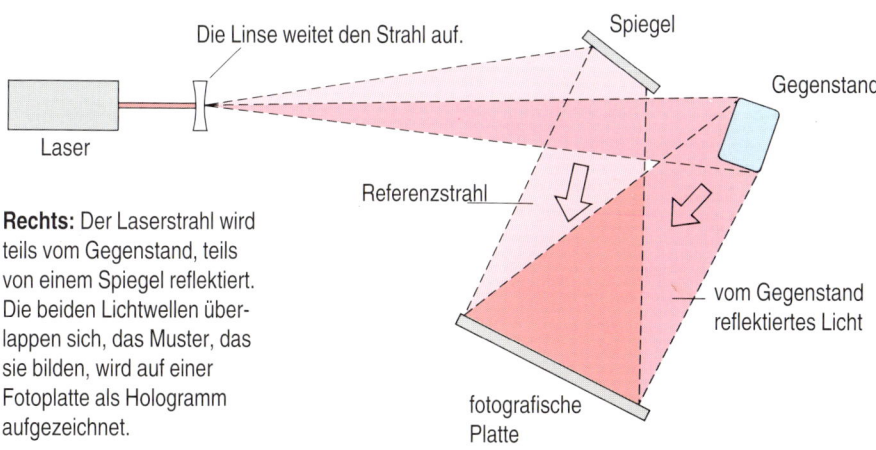

Die Linse weitet den Strahl auf.   Spiegel

Laser   Gegenstand

Referenzstrahl

Rechts: Der Laserstrahl wird teils vom Gegenstand, teils von einem Spiegel reflektiert. Die beiden Lichtwellen überlappen sich, das Muster, das sie bilden, wird auf einer Fotoplatte als Hologramm aufgezeichnet.

vom Gegenstand reflektiertes Licht

fotografische Platte

DIE WELT DER FARBEN

Die Welt um uns fasziniert durch ihre Farbenpracht. Erstaunlich ist dabei, daß unsere Augen lediglich drei Grundfarben wahrnehmen können. Farben sind in der Natur mehr als nur Verzierungen. Für Tiere und Pflanzen sind sie lebenswichtig, und in der Wissenschaft können sie Aufschluß über die Eigenschaften eines Stoffes geben.

Über Farben machen wir uns wenig Gedanken — daß es sie gibt, nehmen wir ganz selbstverständlich hin. Ohne sie böte die Welt aber ein tristes Bild. Wir würden alles nur in Grautönen sehen, wie beim Schwarzweißfernsehen.

Ungefähr einer von zwölf Jungen und eines von 200 Mädchen sind farbenblind. Das bedeutet aber nicht, daß sie alles um sich herum in Schwarzweiß wahrnehmen. Farbenblinde sehen durchaus einige Farben, können aber ganz bestimmte Farbtöne nicht wahrnehmen, in der Regel Rot und Grün.

FARBEN AUS WEISSEM LICHT

Das Licht, das von der Sonne zu uns kommt, ist weiß. Dieses Weiß setzt sich allerdings aus vielen Farben zusammen. Isaac Newton benutzte im Jahre 1666 ein Glasprisma, um das Sonnenlicht in seine Bestandteile, in das sogenannte Spektrum, zu zerlegen. Er konnte zeigen, daß weißes Licht eine Mischung aus allen Farben des Regenbogens ist. Regentropfen können wie ein Prisma wirken, und so kommt es, daß wir einen Regenbogen sehen, wenn die Sonne scheint und es gleichzeitig regnet.

Unten: Ein Regenbogen über den Bergen von Arizona. Die Regentropfen verhalten sich wie winzige Glasprismen: Sie zerlegen das Sonnenlicht in seine Einzelfarben und reflektieren diese. Da das Sonnenlicht von hinten kommt und der Regenbogen bis zum Boden reicht, muß der Regen zwischen der Kamera und den Bergen niedergehen.

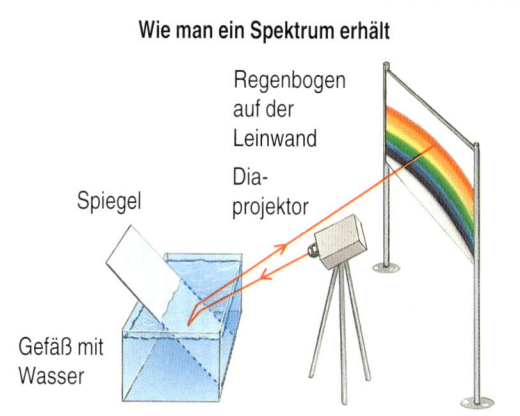

Wie man ein Spektrum erhält

Regenbogen auf der Leinwand

Diaprojektor

Spiegel

Gefäß mit Wasser

Oben: Statt des Dias nimmt man Pappe mit einem schmalen, waagerechten Schlitz. Das Licht fällt auf den Spiegel, der schräg im Wasser steht. Das Wasser zwischen Spiegel und Wasseroberfläche wirkt wie ein Prisma und erzeugt ein Spektrum, das auf der Leinwand zu sehen ist.

Unten: Spektralzerlegung mit einem Glasprisma

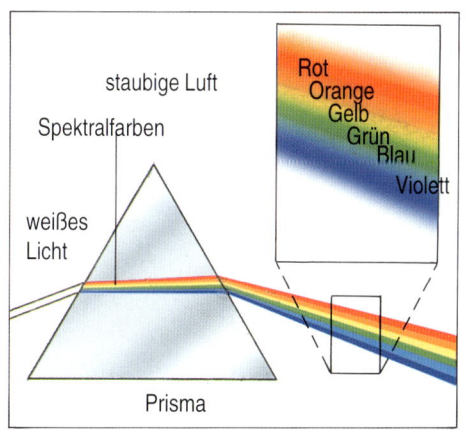

staubige Luft

Spektralfarben

weißes Licht

Rot
Orange
Gelb
Grün
Blau
Violett

Prisma

Du kannst selbst einen Regenbogen machen: Nimm einen Gartenschlauch, und stell dich mit dem Rücken zur Sonne. Dann spritz Wasser in einem fein verteilten Strahl aus dem Schlauch. Im Sprühnebel müßtest du einen Regenbogen sehen.

Schon immer gab es Diskussionen darüber, aus wie vielen Farben ein Regenbogen besteht. Die meisten Menschen sagen, es seien sieben: Rot, Orange, Gelb, Grün, Hellblau, Dunkelblau und Violett.

Tatsächlich enthält der Regenbogen aber Millionen von Farbnuancen, die kontinuierlich ineinander übergehen, wie etwa die Farben Rot und Orange: Zwischen ihnen gibt es eine Menge Zwischentöne, die wir Orangerot, Dunkelorange, Rotorange usw. nennen müßten. Zur Vereinfachung benutzt man aber nur die sieben Namen für die Grundfarben. Dann gibt es noch Farben, die nicht im Regenbogen zu finden sind, wie Kirschrot oder Magenta (Purpur). Diese entstehen, wenn man bestimmte Grundfarben miteinander mischt oder wenn man bestimmte Farben aus dem weißen Licht entfernt.

Kombiniere zwei Primärfarben: Du erhältst eine Sekundärfarbe.

Die dritte, nichtverwendete Primärfarbe ist hier die Komplementärfarbe.

Kombiniere die Sekundärfarbe mit ihrer Komplementärfarbe: Das Ergebnis ist Weiß.

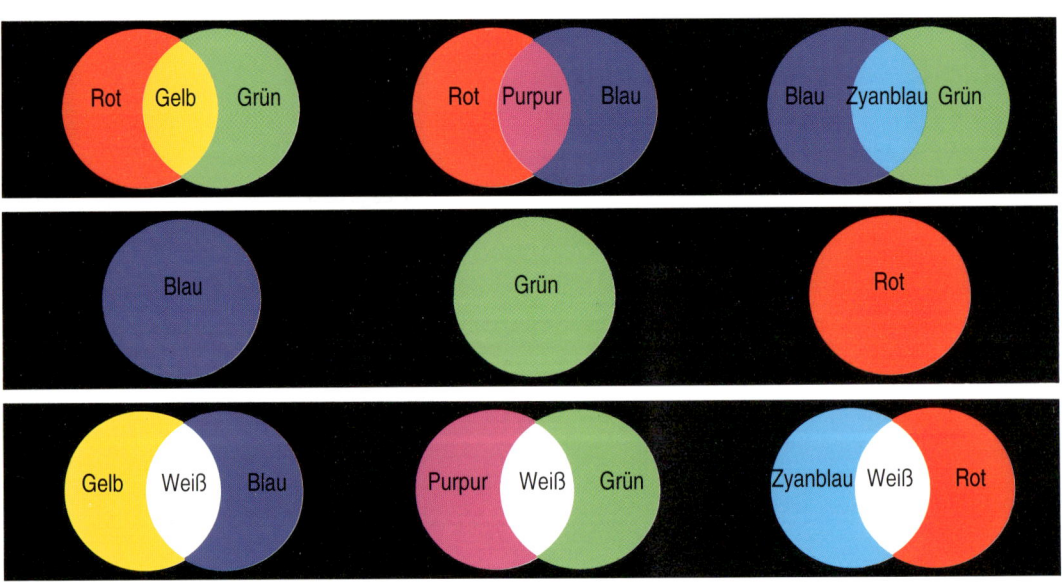

Oben: Wird verschiedenfarbiges Licht miteinander kombiniert, addieren sich die Farben. Kombiniert man zwei Primärfarben (d. h. Rot, Grün oder Blau) zu gleichen Teilen miteinander, so erhält man eine Sekundärfarbe (Gelb, Purpur oder Zyanblau). Durch Kombinieren unterschiedlicher Anteile kann man jede denkbare Farbe erzeugen.

ADDITIVE FARBMISCHUNG

Um zu zeigen, wie sich verschiedene Farben zusammen verhalten, bildet man sie auf einer Leinwand ab und läßt sie überlappen. Rotes und blaues Licht zusammen ergeben Magenta (Purpur), grünes und blaues Licht bilden eine bläulichgrüne Farbe namens Zyanblau, und aus der Mischung von rotem mit grünem Licht entsteht Gelb. Rot, Grün und Blau zusammen ergeben Weiß.

Da hier Licht zu Licht hinzugefügt wird, nennt man die drei Farben Rot, Grün und Blau additive Primärfarben. Manche Menschen sind überrascht, daß rotes und grünes Licht zusammen Gelb ergeben, aber sie haben nur die additive Mischung von Licht mit dem Anmischen von Farbe verwechselt.

Die einzelnen Farben können auch in verschiedenen Stärken (Intensitäten) kombiniert werden. So ergibt starkes rotes Licht gemischt mit schwachem grünen Licht nicht Gelb, sondern Orange.

Werden zwei Primärfarben zusammengegeben,

wie zum Beispiel Rot und Grün, nennt man das Ergebnis (hier Gelb) additive Sekundärfarbe. Die nichtverwendete Primärfarbe (hier Blau) nennt man Komplementärfarbe. Komplementärfarbe und Sekundärfarbe addieren sich wieder zu Weiß. Man könnte auch sagen: Wenn man Blau von Weiß wegnimmt, ergibt dies Gelb, und Weiß minus Grün ergibt Purpur, und Weiß minus Rot wird zu Zyanblau. Gelb kann man demnach „Minus-Blau", Purpur „Minus-Grün" und Zyanblau „Minus-Rot" nennen.

FARBENSEHEN

Das menschliche Auge mit seiner Linse, die das Bild erzeugt, funktioniert ähnlich wie ein Fotoapparat. Anstelle des Films, der belichtet wird, hat unser Auge die Netzhaut, eine äußerst empfindliche „Leinwand". Die Netzhaut enthält vier Arten lichtempfindlicher Zellen.

Rechts: Das menschliche Auge im Längsschnitt. Die Netzhaut, die dem Film im Fotoapparat entspricht, empfängt ein Bild. In der Netzhaut sitzen Millionen lichtempfindlicher Nervenzellen, von denen bestimmte jeweils auf eine der drei Farben Rot, Grün und Blau ansprechen. Zwischen Hornhaut und Linse befindet sich eine wäßrige Flüssigkeit und zwischen Linse und Netzhaut eine geleeartige Substanz, der Glaskörper.

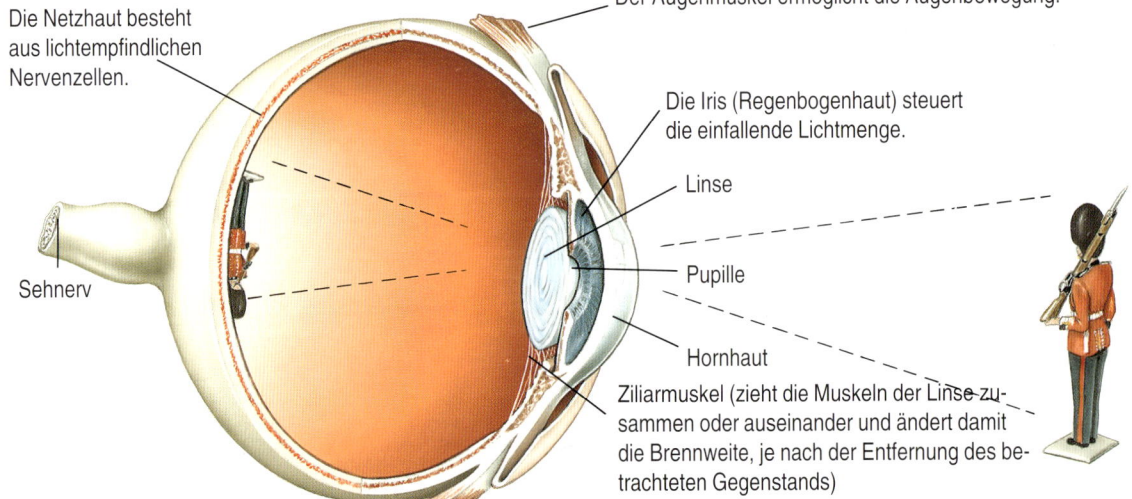

Der Augenmuskel ermöglicht die Augenbewegung.

Die Netzhaut besteht aus lichtempfindlichen Nervenzellen.

Die Iris (Regenbogenhaut) steuert die einfallende Lichtmenge.

Linse

Pupille

Hornhaut

Sehnerv

Ziliarmuskel (zieht die Muskeln der Linse zusammen oder auseinander und ändert damit die Brennweite, je nach der Entfernung des betrachteten Gegenstands)

Zu ihnen gehören die sogenannten Stäbchen, zuständig für die Wahrnehmung von Weiß und Schwarz. Die Stäbchen ermöglichen das Sehen in der Dämmerung. Die anderen drei Arten von Zellen heißen Zapfen, jede von ihnen spricht auf eine bestimmte Farbe an: eine auf rotes Licht, die zweite auf grünes Licht und die dritte auf blaues Licht.

Wenn du also eine gelbe Osterglocke siehst, senden die rot- und die grünempfindlichen Zapfen Signale zum Gehirn, während die blauempfindlichen Zapfen ruhen. Stäbchen und Zapfen gehören zu den Rezeptoren, d. h. zu den Empfängern für Sinnesreize.

WIE GEGENSTÄNDE FARBIG WERDEN

Bei farbigen Glasfenstern absorbieren (verschlucken) die dem jeweiligen Glas beigefügten Chemikalien einige der im weißen Tageslicht enthaltenen Farben; andere lassen sie dagegen durch. So absorbiert gelbes Glas blaues Licht, und blaues Glas absorbiert rotes und grünes Licht. Die Wissenschaftler bezeichnen diesen Vorgang als „selektive Absorption und Transmission" (gezieltes Aufnehmen und Durchlassen), da bestimmte Farben vom Glas ab-

| **Teste dein Farbsehvermögen!** |
| Mit dem folgenden Experiment kannst du die Rezeptoren in deinem Auge testen: Male oder lege ein ungefähr je 7,5 cm breites und langes farbiges Viereck in die Mitte eines Blatts aus schwarzem Papier, das doppelt so groß ist. Lege dann ein weißes Blatt neben das schwarze, und schaue zuerst konzentriert auf das farbige Stück Papier. Dabei zählst du bis 20. Danach schaust du genauso konzentriert auf das weiße Papier. Wenn dein farbiges Papierstück grün ist, ermüden die Grünrezeptoren in der Netzhaut, während die roten und blauen weiter „frisch" sind. Keiner der Rezeptoren im schwarzen Teil des Bildes ermüdet. Daher siehst du, wenn du auf das weiße Papier starrst, ein purpurfarbenes Viereck statt des grünen (Purpur = „Minus-Grün"). Ein ursprünglich gelbes Viereck erscheint nun blau. Es ist also die jeweilige Komplementärfarbe zu sehen. |

sorbiert werden, während der Rest das Glas ungehindert passieren kann.

Die Farbstoffe in gelben Blumen absorbieren Blau und reflektieren Rot und Grün. Die Kombination von rotem und grünem Licht ergibt Gelb. Von einem grünen Blatt wird rotes und blaues Licht absorbiert, und das grüne Licht wird reflektiert. All diese Beispiele verdeutlichen das Prinzip der „selektiven Absorption und Reflexion": Bestimmte Farben werden absorbiert, und die übrigen werden reflektiert.

Links: (Weißes) Sonnenlicht scheint durch ein farbiges Glasfenster in der Kirche St. Martin of Tours in Basildon. Die Farbstoffe im Glas absorbieren einige Farben, lassen aber die restlichen durch, so daß das Licht, das in den Innenraum gelangt, farbig ist. Es werden zum Beispiel von den grünen Glasscheiben das gesamte rote und ein Teil des blauen Lichts absorbiert, so daß grünes Licht, mit etwas Blau gemischt, durch die Scheiben scheint.

MISCHEN VON FARBEN

Mischt man anstelle von Licht Malfarben miteinander, so erhält man aus Rot und Grün nicht etwa Gelb, sondern einen schmutzigdunklen Ton. Zwar erhalten die einzelnen Farben ihr Aussehen durch selektive Absorption und Reflexion; mischt man sie aber miteinander, dann wird soviel Licht „verschluckt", daß nur wenig für die Reflexion bleibt. Denn Rot absorbiert einen Teil des grünen und des blauen Lichts und Grün einen Teil des roten und des blauen Lichts.

Wäscht man nach dem Malen die Pinsel aus, erhält das Wasser nach und nach eine schlammigbraune Farbe. Dies läßt sich leicht erklären, wenn man sich das Prinzip der „selektiven Absorption und Reflexion" nochmals vor Augen führt.

Wenn das Pinselspülwasser Rot und Grün enthält, werden alle drei additiven Primärfarben absorbiert, wobei Grün zu einem noch größeren Anteil absorbiert wird als die anderen zwei. „Minus-Grün" ergibt Purpur; daher erhält man eine sehr dunkle

Farbe mit leicht purpurfarbenem Charakter — anders ausgedrückt: ein schmutziges Purpur. Je mehr Farbe also von den Pinseln ins Wasser gelangt, desto mehr Licht wird absorbiert, so daß kaum etwas zum Reflektieren übrigbleibt und die sich ergebende Farbe sehr dunkel ist.

Um zu verhindern, daß man nur dunkle Töne erhält, benutzt man zum Mischen von Farben die additiven Sekundärfarben. Arbeitet man mit Purpur, Gelb und Zyanblau, so absorbiert jede dieser Farben lediglich eine Primärfarbe. Im Falle von Purpur („Minus-Grün"), gemischt mit Gelb („Minus-Blau"), entsteht ein leuchtendes Rot. Purpur und Zyanblau ergeben Blau, und aus Zyanblau und Gelb wird Grün.

Maler, die mit Öl- oder Akrylfarbe arbeiten, behelfen sich mit einem Trick, um zu verhindern, daß beim Anmischen zu dunkle Farben entstehen. Sie geben weiße Farbe zur Mischung und führen so einen Teil des Lichts wieder zu. Rot und Blau ergeben zum Beispiel ein sehr dunkles Lila. Gibt man etwas Weiß hinzu, erhält man einen kleinen Anteil aller drei Primärfarben, und das Ergebnis der Mischung ist ein leuchtendes Purpur.

VIERFARBDRUCK

Farbdrucke erzielt man dadurch, daß man drei einfarbige Bilder und zusätzlich ein Schwarzweißbild übereinander druckt. Das menschliche Auge besitzt Rot-, Grün- und Blau-Rezeptoren. Dennoch arbeiten die Drucker nicht mit diesen Farben, sondern jeweils mit den „Minusfarben" Gelb, Purpur (Magenta) und Zyanblau.

Ein gedrucktes Farbbild entsteht folgendermaßen: Zunächst stellt man eine Schwarzweißfotografie her, wobei ein Blaufilter vor das Objektiv der Kamera gesetzt wird. Nach dem Entwickeln erscheinen alle Teile des Fotos, die kein blaues Licht abgegeben haben, auf dem fotografischen Film als schwarz, und diejenigen, die ausschließlich blau abgaben, als weiß. Grautöne auf dem Film geben die verschiedenen Blauschattierungen wieder.

Dieses erste Bild wird nun mit gelber Farbe gedruckt, so daß die auf dem Film schwarzen Teile gelb und die auf dem Film weißen Teile weiß erscheinen. Das Bild besteht aus vielen tausend winzigen gelben Punkten auf weißem Hintergrund.

Gleichzeitig mit dem ersten Bild wird ein Foto mit einem Grünfilter vor der Kamera aufgenommen. Dieses zweite Schwarzweißbild wird nun in Purpur über das erste Foto gedruckt. Außerdem

Unten: Hier sieht man das Ergebnis der Mischung verschiedener Malfarben. Rote Farbe absorbiert blaues und grünes Licht, blaue Farbe absorbiert rotes und grünes Licht. Verrührt man rote und blaue Farbe miteinander, wird ein Teil der Farben absorbiert, Grün davon am meisten. Daher erhält man die Komplementärfarbe zu Grün, also Purpur (= „Minus-Grün"). Allerdings wird die Farbe sehr dunkel. Einen helleren Farbton erzielt man bei Öl-, Akryl- und Wasserfarben durch Zugabe von Weiß.

GELB   **PURPUR**   **ZYANBLAU**   **SCHWARZ**   **ALLE 4 FARBEN ZUSAMMEN**

wird ein drittes Bild mit einem Rotfilter vor dem Objektiv aufgenommen. Dieser Schwarzweißabzug wird über die ersten beiden gedruckt, wobei zyanblaue Farbe verwendet wird.

Mit einem einfachen Test läßt sich überprüfen, ob bei diesem Vorgang wirklich die richtigen Farben herauskommen:

Angenommen, das Bild, das gedruckt werden soll, zeigt eine gelbe Blume. Diese reflektiert rotes und grünes Licht, jedoch kein blaues. Daher wird sie beim ersten Bild gelb gedruckt, beim zweiten weiß, ebenso beim dritten. Schließlich bleibt das Gelb übrig, und die Blume hat im Druck ihre echte Farbe.

Außerdem sei noch ein grünes Blatt auf dem Foto. Dieses reflektiert Grün, aber weder Rot noch Blau. Es erscheint daher gelb im ersten Bild, weiß im zweiten und zyanblau im dritten. Gelbe („minusblaue") Farbe, gemischt mit zyanblauer („minusroter") Farbe absorbiert alle Farben außer Grün. Das Blatt wird im Druck daher korrekt grün wiedergegeben.

Schließlich denken wir uns noch eine schwarze Vase. Schwarz absorbiert das gesamte Licht, reflektiert also weder Rot noch Grün, noch Blau. Daher werden diesmal die drei Sekundärfarben Zyanblau, Magenta und Gelb gedruckt. Jetzt könnte man denken, daß diese Farben zusammen das gesamte Licht absorbieren. Druckfarben absorbieren aber nicht alle Farben vollständig, so daß ein schmutziges Braun entsteht. Daher nehmen die Drucker noch ein Schwarzweißbild auf und drucken es über die ersten drei.

DAS FARBFERNSEHEN

Das Farbfernsehen arbeitet mit additiven Farbmischungen aus den Primärfarben Rot, Grün und Blau. Bei einem Farbfernseher besteht der Bildschirm aus Tausenden winziger Streifen oder Löcher

(Lochmaske), die jeweils in einer der Farben Blau, Rot und Grün leuchten können. Die roten Teile eines Bildes bringen nur die roten Löcher zum Leuchten. Gelb in einem Bild spricht die roten und die grünen Löcher an, und Weiß bringt alle drei Arten zum Leuchten. Da die Löcher winzig klein sind, überlagern sich beim Betrachten einige von ihnen im Auge und erzeugen eine additive Farbmischung, die das Auge als eine einzige Farbe wahrnimmt.

Es ist wirklich erstaunlich, daß die Farbenpracht eines tropischen Fisches oder eines Vogels, die wir auf dem Bildschirm sehen, aus nur drei Farben zustande kommt.

Tatsächlich handelt es sich beim Fernsehbild um eine Art Täuschung. Wenn die Fernsehingenieure auch denken, sie würden eine Art Wunder vollbringen, so liegt das eigentliche Geheimnis in der Leistung unseres Gehirns. Denn das Gehirn muß aus den drei Arten von Farbinformation das vielfarbige Bild erzeugen.

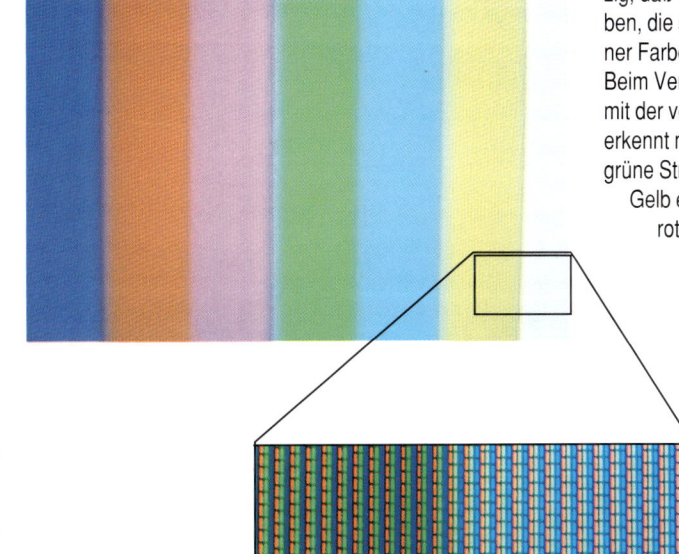

Oben: Für ein Farbbild muß man vier einzelne Bilder übereinander drucken. Das erste wird mit Hilfe eines Blaufilters aufgenommen und mit gelber Farbe gedruckt; für das zweite benutzt man einen Grünfilter und druckt es in Purpur, das dritte schließlich erstellt man mit Hilfe eines Rotfilters und druckt es in Zyanblau. Für das vierte Bild in Schwarzweiß wird kein Filter verwendet.

Unten: Das Farbfernsehen arbeitet nach dem Prinzip der additiven Farbmischung. Der Bildschirm besteht aus winzigen Streifen, die blau, rot bzw. grün leuchten können. Diese Streifen sind so winzig, daß das Auge die Farben, die sie abgeben, zu einer Farbe zusammensetzt. Beim Vergleich der normalen mit der vergrößerten Ansicht erkennt man, daß rote und grüne Streifen zusammen Gelb ergeben, während rote, blaue und grüne Streifen sich zu Weiß addieren.

SELTSAME LICHTEFFEKTE

Die meisten Gegenstände sehen aufgrund des Prinzips der selektiven Absorption und Reflexion farbig aus. Normalerweise sehen wir Dinge bei Tageslicht, d. h., wenn weißes Licht auf sie fällt. Sobald aber andersfarbiges Licht verwendet wird, ändert sich auch die Farbe der Gegenstände. Betrachten wir einmal drei T-Shirts — ein rotes, ein grünes und ein blaues — in gelbem („minusblauem") Licht. Das rote T-Shirt behält seine rote Farbe, denn ein wenig rotes Licht wird reflektiert. Entsprechendes gilt für das grüne T-Shirt: Es bleibt grün. Das blaue T-Shirt allerdings sieht schwarz aus, da kein blaues Licht zum Reflektieren vorhanden ist.

In vielen Straßen stehen Natriumdampflampen. Sie geben gelbes Licht ab, aber im Gegensatz zum normalen Gelb handelt es sich hier lediglich um einen sehr kleinen Ausschnitt aus dem Spektrum, der überhaupt keine Rot-, Grün- oder Blauanteile enthält. In der Beleuchtung dieser Lampen sehen Personen leicht kränklich aus, denn ihre Lippen und Wangen wirken dunkel, und ihre Haut erscheint fahl.

Licht, das nicht rein weiß, sondern leicht gefärbt ist, führt zwar nicht zu solch dramatischen Effekten, kann aber die Farbwahrnehmung erheblich beeinflussen. Aus diesem Grund sollte man Kleidung vor dem Kauf auch bei Tageslicht betrachten, um keine bösen Überraschungen zu erleben.

FARBEN IM TIER- UND PFLANZENREICH

In der Natur spielen Farben eine große Rolle. Vögel setzen ihre Farbe ein, um einen Partner für sich zu werben. Blumen locken Insekten an, die für die Verbreitung von Pollen unter ihnen sorgen. Im Winter lassen sich farbige Beeren leichter finden. Giftige Raupen oder Insekten sind häufig grell bunt und warnen auf diese Weise die anderen Tiere davor, sie zu fressen.

Dann gibt es Tiere, die Farbe zur Tarnung vor Feinden einsetzen. Durch sein gestreiftes Fell ist der Tiger zum Beispiel in hohem Gras schlecht zu erkennen. Der Leopard hat Punkte, die man für die Reflexe des Sonnenlichts zwischen den Bäumen halten kann. Chamäleons können die Farbe ihrer Umgebung annehmen und sich so beinahe unsichtbar machen.

Auch einige Fisch- oder Eidechsenarten sind in der Lage, ihre Farbe zu verändern. Die Haut, die die Grundfarbe bildet, ist über und über mit klei-

Unten: Natriumdampflampen leuchten intensiv gelb ohne Rot- oder Grünanteile. Gelb ist in der Natur eine Mischung aus Rot und Grün. Unter Natriumlicht erscheinen rote Gegenstände sehr dunkel, da kein rotes Licht zum Reflektieren vorhanden ist.

nen, andersfarbigen Zellen besetzt. Das Tier ändert seine Farbe, indem diese Zellen sich plötzlich vergrößern und sich deren Farbe mit der Grundfarbe mischt.

Auch der Mensch kann seine Gesichtsfarbe ändern, allerdings nicht ganz so drastisch. So erröten wir bei Aufregung, werden blaß vor Angst. In der Sonne färbt sich unsere Haut allmählich dunkler.

Es ist erstaunlich, wie sehr wir von Farben beeinflußt werden. In Räumen mit blaßblauen Wänden fühlen wir uns ganz entspannt, in rotgestrichenen Räumen dagegen eher nervös. Vielleicht kommt dies daher, daß Blau uns an den Himmel an einem Sommertag erinnert, während wir Rot mit Feuer oder Blut in Verbindung bringen.

Außerdem sind wir daran gewöhnt, daß bestimmte Dinge eine bestimmte Farbe haben. Wir reagieren dann ziemlich verwirrt, wenn solche Dinge plötzlich anders aussehen. Ein Teller mit braunen Würstchen, grünen Erbsen und gelbem Kartoffelbrei sieht für uns völlig normal aus. Wenn aber die Speisen mit Lebensmittelfarbe gefärbt sind, so daß die Würstchen blau, die Erbsen grau und der Kartoffelbrei grün aussieht, finden wir das kaum appetitlich.

Wir benutzen Farbbezeichnungen auch, um eine Gemütsverfassung zu beschreiben. So sagen wir, jemand sieht rot vor Wut, ist grün und gelb vor Neid oder ärgert sich grün und blau.

Oben: Dieser Pfeilgiftfrosch aus Mittelamerika sucht einen Partner. Mit seiner leuchtenden Rot- und Blaufärbung signalisiert er anderen Tieren, daß er ungenießbar ist.

Links: Man muß hier schon sehr genau hinschauen, um den Blattschwanzgecko aus Ostaustralien zu erkennen. In Farbe und Muster hat er sich dem Baumstamm so gut angepaßt, daß seine Tarnung fast vollkommen ist.

Oben: Ein Korallenriff im Roten Meer mit phantastisch leuchtenden Farben. Einige Fische haben die Farbe der Korallen, um sich zu tarnen; andere Fische erkennen an Farben ihre Artgenossen. Das Tiefblau des Wassers rührt größtenteils von der Farbe des Himmels her.

Pflanzen bringen wir auf Anhieb mit Grün in Verbindung. Daher ist es verwunderlich, daß gerade grünes Licht für sie nicht sehr gut ist. Pflanzen benötigen Sonnenlicht, um zu wachsen und sich zu entwickeln. Das Sonnenlicht nehmen sie mit Hilfe des Chlorophylls auf, einem Pflanzenfarbstoff, der hauptsächlich in den Blättern sitzt. Chlorophyll absorbiert rotes und blaues, aber nur wenig grünes Licht, das daher reflektiert, also nicht aufgenommen wird. Aus diesem Grund sehen die Blätter für uns grün aus.

FARBEN IN DER CHEMIE

Dem Chemiker verraten Farbänderungen viel über die Eigenschaften von Substanzen. Erhitzt man eine Substanz in einer Flamme, so nimmt diese die Farbe an, die für die Elemente in der Substanz typisch ist. Zum Beispiel lassen alle chemischen Stoffe, die Natrium enthalten, die Flamme gelb erscheinen, ähnlich wie bei Natriumdampflampen. Chemische

Verbindungen mit Blei färben die Flamme fliederfarben. Daher ist ein Test mit Hilfe der Flamme eine einfache Möglichkeit, die Zusammensetzung mancher Substanzen zu ermitteln.

Mitunter ist es wichtig herauszufinden, ob es sich bei einer Lösung um eine Säure oder um eine Lauge handelt. Dafür benutzt man sogenannte Indikatoren. Lackmuspapier ist ein solcher Indikator. Es färbt sich rot, wenn es in eine Säure gesteckt wird, und blau in einer Lauge. Zum Vergleich zieht man genormte Farbkarten heran und kann an der Farbnuance die Stärke einer Säure oder Lauge ablesen.

SEIFENBLASEN UND ANDERE DÜNNE SCHICHTEN

Sicher hast du schon einmal Seifenblasen gesehen, die in allen erdenklichen Farben schillern. Wie es dazu kommt, ist etwas anderes als beim Regenbogen.

Ein wenig Farbenchemie im Haushalt

Stell aus einem Teelöffel schwarzem Johannisbeersaft und einem Eßlöffel Wasser eine Lösung her, und mische diese mit ein wenig gewöhnlichem Soda, Badesalz oder Natron. Die Lösung färbt sich blau; sie ist alkalisch, d. h. eine Lauge. Nach Zugabe von Zitronensaft oder Essig wird die blaue Mischung rot, was beweist, daß eine Säure vorliegt. Wiederhole das Experiment mit anderen Säften.

Wenn weißes Licht auf eine dünnwandige Seifenblase fällt, müssen die Lichtwellen von der Wandinnenfläche eine weitere Strecke zurücklegen als diejenigen, die von der Oberfläche reflektiert werden. Daher sind die beiden reflektierten Wellen nicht ganz im Gleichtakt. Der Unterschied zwischen den Wellen ist um so größer, je dicker die Wand der Seifenblase ist; außerdem hängt er vom Einfallswinkel und von der Wellenlänge des Lichts ab. Da die verschiedenen Farben des weißen Lichts unterschiedliche Wellenlängen haben (siehe S. 172), laufen sie in den verschiedenen Zonen der Seifenblase nicht synchron. Wenn sich Wellen überlagern, heben sie sich gegenseitig teilweise auf, und eine der Farben wird dadurch „verschluckt". Daher sieht man an einigen Stellen Weiß minus eine bestimmte Farbe, und das Ergebnis ist z. B. Purpur.

Den Überlagerungseffekt von Lichtwellen nennt man Interferenz. Sie ist auch die Ursache dafür, daß eine Öl- oder Benzinpfütze auf der Straße in vielen Farben schillert. Fällt nämlich weißes Licht auf den Ölfilm, wird es von der oberen und von der unteren Oberfläche des Films so reflektiert, daß die austretenden Wellen nicht im Gleichtakt miteinander sind. Die Wellen überlagern sich und löschen einander teilweise aus, so daß in bestimmten Betrach-

tungswinkeln bestimmte Farben fehlen. Die Farbe erhält der Film jeweils von dem verbleibenden, nichtausgelöschten Licht. Das Farbmuster beruht darauf, daß die Oberfläche des Ölfilms unterschiedlich dick ist.

Außerdem ist die Interferenz verantwortlich für die Farben auf der Innenseite von Muscheln, die mit mehreren dünnen Schichten eines durchsichtigen Materials überzogen sind.

Betrachtet man eine CD genauer, sieht man, daß sie in den Farben des Regenbogens schillert. Diesen Effekt kannst du einmal in einem dunklen Zimmer ausprobieren, in dem sich als einzige Lichtquelle eine starke Glühbirne oder eine Taschenlampe befindet. Auch hier ist die Interferenz die Ursache für die Farben. Die mikroskopisch kleinen Rillen auf der CD reflektieren das Licht in unterschiedlicher Weise, so daß dessen Wellen bei bestimmten Farben einander auslöschen können.

Alle diese verschiedenen Effekte haben gemeinsam, daß sie auf der Zerlegung des weißen Lichts in verschiedene Farben beruhen.

Unten: Hier sieht man die Farben, die ein Ölfilm auf dem Wasser erzeugt.

Unten: Wenn Licht auf eine Seifenblase fällt, wird es teils von der Innen-, teils von der Außenseite der Blasenwand reflektiert. Die Lichtstrahlen legen also unterschiedliche Entfernungen zurück, je nachdem, wie dick die Blase ist und in welchem Winkel das Licht einfällt.

Der Lichtstrahl trifft auf die Seifenblase.

reflektiertes Licht

Zusätzliche Strecke, die das Licht zurücklegen muß, das von der Innenseite der Blase reflektiert wird.

Seifenblase

DIE WELT DES SCHALLS

Unsere Welt ist voller Geräusche — mal sind sie so leise wie ein Flüstern, mal so laut wie ein Flugzeugmotor. Um welche Art von Lauten es sich auch handelt, eines ist allen gemeinsam: Sie gelangen als winzige Luftdruckänderungen an unser Ohr. Die Druckänderungen werden durch Schwingungen verursacht. Treten diese regelmäßig auf, sprechen wir von Tönen oder Klängen.

Rechts: Oszilloskopische Darstellung der Schallwellen (jeweils mit einer Dauer von ungefähr 1/15 Sekunde), die zustande kommen durch a) Klatschen, b) Pfeifen eines hohen Tons, c) Summen einer Fliege, d) Ton aus einer Altflöte, der eine Oktave tiefer als der von b) ist, e) Posaunenton, der dreieinhalb Oktaven tiefer als der Ton von b) ist, f) Ton aus einem Fagott, der vier Oktaven tiefer als der von b) ist.

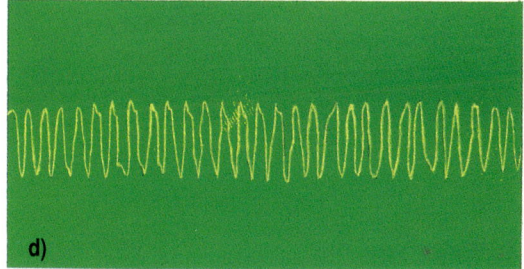

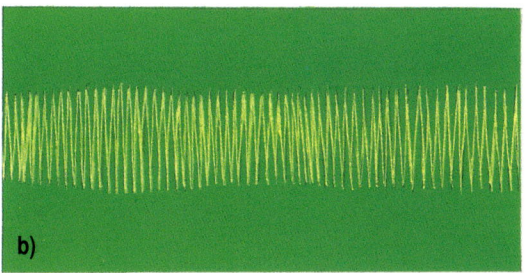

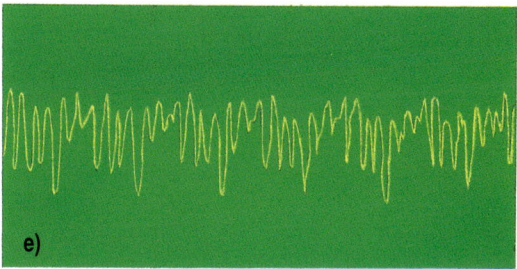

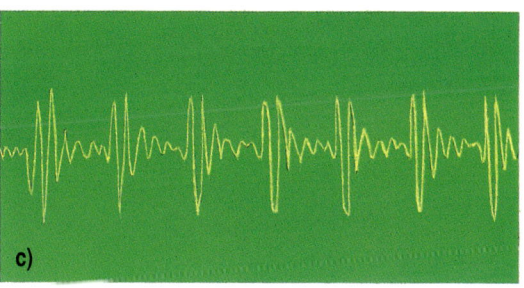

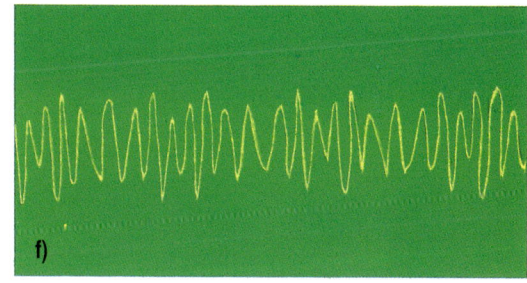

Links: Dieses Gamelan-Orchester aus Bali spielt überwiegend auf Schlaginstrumenten, die Laute wie von Glocken oder Gongs erzeugen. Die bronzenen Becken links erzeugen jeweils nur einen bestimmten Ton. Die Instrumente rechts, die an ein Xylophon erinnern, bestehen aus gewölbten Metallplatten.

DRUCKÄNDERUNGEN

Laute sind rasche Luftdruckänderungen, die von unseren Ohren wahrgenommen werden. Wenn man z. B. die Hand vor einen sehr großen, laut gestellten Lautsprecher hält, kann man die Luftbewegung bei tiefen Tönen sogar fühlen.

Unterhält man sich in normaler Lautstärke, machen die Druckänderungen lediglich Millionenbruchteile aus. Damit dir klar wird, welche winzigen Veränderungen dies sind, stell dir einmal vor, daß du einen Ballon bis zu einem Durchmesser von ca. 20 cm aufbläst. Wenn du dann die Ballonhaut mit einem stumpfen Stift einige Millimeter tief eindrückst, wird dadurch der Druck im Ballon um einen Millionenbruchteil erhöht. Tust du dies langsam, hörst du überhaupt nichts. Benutzt du aber statt des Stifts eine spitze Nadel, bewirkst du eine starke Druckänderung und hörst einen Knall, denn der Ballon platzt.

Kleine oder große Druckänderungen breiten sich in Form von Wellen durch die Luft aus. Schallwellen bewegen sich aber nicht auf und ab wie die Wellen im Meer. Vielmehr handelt es sich um aufeinanderfolgende Ab- und Zunahmen des Drucks, die sich fortpflanzen.

LAUTE ENTDECKEN

In einer Schallwelle wird ein Luftmolekül von seinem Platz gestoßen, dann das nächste und so fort. Jede einzelne Druckerhöhung (Kompression) in dieser Welle breitet sich in alle Richtungen aus, mit einer Geschwindigkeit von rund 330 m/s, also mit Schallgeschwindigkeit. Sobald eine Kompression an das Ohr gelangt, entsteht ein Druck auf das Trommelfell, und über das kompliziert aufgebaute Innenohr gelangt ein Signal von den Nervenenden dort zum Gehirn. Das Ergebnis ist der Ton, den man hört.

HOHE UND TIEFE TÖNE

Zum Messen der Veränderungen in Schallwellen benutzen die Wissenschaftler ein sogenanntes Oszilloskop, das die Druckänderungen auf einem Bildschirm wiedergibt.

Vielleicht hast du im Fernsehen schon einmal ein Oszilloskop gesehen, das die Herztätigkeit eines Patienten aufzeichnet. Ein kleiner Lichtpunkt bewegt sich über den Bildschirm und springt gleich-

stärke beeinflußt die Wiedergabe: Je lauter ein Ton ist, desto stärker sind die Druckänderungen und damit auch die Auf- und Abbewegungen der Wellenlinie auf dem Oszilloskop.

Töne erzeugen und hören

Um einen Ton zu erzeugen, den wir musikalisch nennen, müssen die Druckänderungen in regelmäßigen Abständen erfolgen. Verschiedene Töne liegen vor, wenn die Druckänderungen unterschiedlich schnell aufeinander folgen. Wissenschaftlich ausgedrückt bedeutet das dann: Die Frequenz der Schallwellen ist eine andere.

Die Frequenz eines Tons, d. h. die Anzahl der Druckänderungen pro Sekunde, wird in Hertz (Hz) gemessen. Ein Ton, der 440 Druckänderungen pro Sekunde verursacht, hat eine Frequenz von 440 Hz. Er heißt Kammerton „a".

Um einen gleichmäßigen Ton zu erzeugen, benutzt man gewöhnlich einen Gegenstand, der regelmäßig vibriert (schwingt). Schlägt man ein Lineal am freien Ende an, das am anderen Ende auf einem Tisch festgehalten wird, zupft man an einem gespannten Gummiband oder an einer Geigensaite, bläst man über die Öffnung einer Flasche oder betätigt man eine Glocke – der Effekt

Oben: Der erste Dominostein, der umfällt, bringt den nächsten zum Umfallen. Dies setzt sich durch die ganze Reihe fort, bis auch der letzte Stein umgefallen ist. Bei dieser „Dominowelle" pflanzt sich der Stoß durch die ganze Reihe fort; bei einer Schallwelle ist es die Druckänderung, die von einem Luftmolekül zum nächsten weitergegeben wird.

zeitig nach oben und unten. Dabei zeichnet er eine Linie.

Schließt man ein Mikrophon an das Oszilloskop an, beeinflussen seine Signale die Auf- und Abbewegung des Punkts, je nachdem, ob der Druck gerade zu- oder abnimmt. Die Form der Schallwelle läßt sich so auf dem Bildschirm nachzeichnen.

Abhängig von der Schallquelle entstehen unterschiedliche Bilder auf dem Oszilloskop. Das Klatschen des Publikums im Theater z. B. bewirkt unregelmäßige Druckänderungen. Solche Laute nennt man gewöhnlich Geräusche. Folgen die Druckänderungen jedoch einem regelmäßigen Muster, wie z. B. beim Flügelschlag einer Biene, empfinden wir den Laut als Ton oder Klang. Der Ton aus einer Pfeife ist noch regelmäßiger. Hier erscheint eine regelmäßige Wellenlinie auf dem Oszilloskop. Ein tieferer Ton aus einer Blockflöte erzeugt ein ähnliches Bild wie das Pfeifen, allerdings liegen die Wellenberge weiter auseinander. Mit einem Fagott schließlich werden Töne erzeugt, deren Bilddarstellung auch regelmäßig ist, aber eine kompliziertere Form hat.

Allgemein gilt: Je durchdringender ein Ton ist, desto komplizierter ist seine Form auf dem Bildschirm. Auch die Laut-

Oben: Das Alphorn wird hergestellt aus dem Stamm eines jungen Baumes, der in zwei Hälften geteilt und ausgehöhlt wird. Danach werden die Hälften wieder zusammengesetzt. Gespielt wird es wie ein Horn, seine Töne sind aber tiefer und sehr laut.

ist immer derselbe: Durch die Vibrationen, die regelmäßige Änderungen des Drucks in der Luft bewirken, entsteht ein mehr oder weniger reiner Ton.

Um verschiedene Töne zu erzeugen, muß die Frequenz der Schwingung verändert werden. Bei

dem Lineal, das wir über der Tischkante vibrieren lassen, geschieht dies, indem wir ein kürzeres oder längeres Stück über die Kante ragen lassen. Beim Gummiband können wir die Tonhöhe verändern, indem wir das Band unterschiedlich straff spannen.

Je schneller die Vibrationen aufeinanderfolgen, desto höher ist die Frequenz des Tons. Allerdings kann das menschliche Ohr nur einen bestimmten Frequenzbereich wahrnehmen. Die untere Grenze liegt bei einer Frequenz von etwa 20 Hz (20 Schwingungen pro Sekunde). Der tiefste Ton auf dem Klavier hat eine Frequenz von ungefähr 30 Hz. Die höchste Frequenz, die wir noch wahrnehmen können, liegt bei 20 000 Hz, wobei diese Grenze mit fortschreitendem Alter sinkt.

BITTE ETWAS LAUTER!

In einer Welt voller Lärm und geschäftigem Treiben zu fordern, daß Töne noch lauter sein müßten, erscheint ziemlich unvernünftig; bei Musikinstrumenten ist dies allerdings gar nicht so abwegig, wie der folgende Versuch zeigt:

Spanne ein dünnes Gummiband zwischen Daumen und Zeigefinger, und zupfe daran. Du hörst einen Ton, aber er ist sehr leise.

Jetzt nimm das eine Ende des Gummis in den Mund, und wickle das andere über deinen Daumen. Wenn du jetzt zupfst, ist der Ton lauter.

Beim ersten Versuch führt das dünne Gummiband nur zu sehr geringen Druckänderungen in der Luft. Tatsächlich bewegt sich die Luft um das Band herum und wird fast nicht komprimiert (zusammengedrückt). Beim zweiten Versuch gelangt der Ton nicht nur von außen zu den Ohren, sondern auch über den Kieferknochen.

Auch die Saiten einer Geige oder einer Gitarre erzeugen eigentlich viel zu leise Töne. Daher muß auch hier ein Weg gefunden werden, die Stärke der Druckänderungen in der Luft zu verändern.

Deshalb haben solche Instrumente einen Klangkörper, über den die Saiten gespannt sind. Er verstärkt die Schwingungen, die die Luft erfährt. In der Regel besteht dieser Klangkörper aus Holz und hat eine für das Instrument charakteristische Form; bei den Saiteninstrumenten wie Geige, Cello oder Kontrabaß fallen vor allem die Größenunterschiede auf. Bei Klavier und Harfe sind die Saitenenden mit einem Resonanzboden verbunden, wodurch derselbe Effekt erzielt wird.

Der Klangkörper eines Instruments beeinflußt den Ton in Klangfarbe und Lautstärke. Bei einer schlecht gebauten Geige kann es zum Beispiel passieren, daß manche Töne lauter als andere klingen;

Oben: Streichquartett in Kostümen des 18. Jahrhunderts. Links sitzen die beiden Geiger, rechts hinten der Viola-Spieler, vorne rechts der Cellist. Alle Instrumente haben vier Saiten. Die höchste Saite hat bei der Geige einen Grundton von 660 Hz, bei der Viola von 440 Hz und beim Cello von 220 Hz. Die Frequenz der übrigen Saiten beträgt stets 2/3 derjenigen der jeweils darüberliegenden.

Rechts: Die Konzertharfe hat 46 bis 48 Saiten, von denen jede einen ganz bestimmten Ton erzeugt. Die Saiten entsprechen den weißen Tasten des Klaviers. Sieben Pedale ermöglichen es, jeden Ton um einen Halb- oder Ganzton zu erhöhen. Zur besseren Orientierung für die Musikerin sind alle ‚C' rot und alle ‚F' lilafarben markiert.

ein solches Instrument gleichmäßig zu spielen ist daher auch für einen geübten Geiger sehr schwer. Der Unterschied zwischen einer billigen und einer teuren Geige wie etwa einer Stradivari liegt in erster Linie im Bau des Klangkörpers.

TRÄGE KÖRPER

Bei Saiteninstrumenten dauert es ein Weilchen, bis der Klangkörper anfängt zu vibrieren. Schuld daran ist die sogenannte Trägheit, d. h. das Bestreben eines jeden Körpers, im ursprünglichen Bewegungszustand (z. B. in Ruhe) zu verharren. Auch wenn diese Anfangsverzögerung lediglich den Bruchteil einer Sekunde beträgt, kann das Gehirn daran erkennen, um welches Instrument es sich handelt.

Den Beginn eines Tons nennt man Einschwingvorgang. Er ermöglicht es uns, bestimmte Instrumente aus einem Orchester herauszuhören. Denn unser Gehirn registriert die Ankunft der einzelnen Töne und ermöglicht es uns so, bewußt einzelnen Instrumenten zuzuhören, auch wenn viele gleichzeitig spielen. Das Gehirn kann diese Einschwingdauer unglaublich rasch zuordnen. Das ist deshalb möglich, weil es bereits „programmiert" ist, d. h., es hat die verschiedenen Instrumente bereits früher einmal gehört und erkennt sie deshalb wieder.

BLASINSTRUMENTE

Bei Blasinstrumenten wie der Quer- oder der Blockflöte wird eine Luftsäule im Innern des Instruments zum Schwingen gebracht. Die Frequenz (die Höhe) des Tons hängt von der Länge der Luftsäule ab. Bei langen Instrumenten ist die Luftsäule größer als bei kurzen, entsprechend ist der Ton tiefer.

Eines der einfachsten Instrumente, die nach diesem Prinzip funktionieren, ist das nigerianische Shantu. Es wird aus einem ausgehöhlten länglichen Kürbis hergestellt, der bis zu 50 cm lang sein kann und an beiden Enden offen ist. Zum Erzeugen eines Tons schlägt der Spieler mit dem Instrument auf den Oberschenkel. Jedes Shantu bringt nur eine einzige Tonhöhe hervor, die von der Länge des Instruments abhängt. Spieler mit unterschiedlich langen Instrumenten können gemeinsam eine komplizierte Melodie spielen.

Beim Shantu verursacht jeder Schlag Druckwellen, die ungefähr fünf oder sechs Mal durch das Instrument laufen, so daß der Ton nur den Bruchteil einer Sekunde anhält, bevor er wieder verklingt.

Bei anderen Instrumenten werden verschiedene Töne dadurch erzeugt, daß man Löcher verschließt bzw. öffnet. Je mehr Löcher geschlossen sind, desto tiefer ist der Ton.

Will man einen Ton produzieren, der länger an-

wird, um eine Schwingung aufrechtzuerhalten, spricht man von Resonanz.

Bei Instrumenten wie der Quer- oder der Blockflöte beginnt die Luftsäule zu schwingen, wenn ein Luftstrom auf die Öffnung trifft. Diese Instrumente besitzen nämlich eine Kante an einer Öffnung ihres Rohres. Trifft der Luftstrom nun auf diese Kante, so kann er entweder nach außen entweichen oder eine Druckwelle im Rohr hervorrufen. Wenn er in das Rohr hineinläuft, staut er sich dort und erzeugt einen Überdruck, der eine gegenläufige Bewegung erzeugt. Sobald der Druck wieder abgebaut ist, wechselt der Luftstrom im Rohr wieder seine Richtung, erzeugt wieder einen Überdruck usw.

Bei einigen Blasinstrumenten, z. B. bei der Oboe, sorgt ein Rohrblatt, auf oder über das man bläst, für die Luftschwingungen im Instrument. Dieses Rohrblatt wirkt wie ein Ventil, das einen Luftstoß durchläßt, sobald es geöffnet wird. Trifft dieser Luftstoß jeweils in dem Moment ein, in dem die Luftsäule im Instrument ihren Rückweg beginnt, entsteht ein gleichmäßiger Ton. Andererseits verursacht ein Luftstoß, der zum falschen Zeitpunkt eintrifft, einen unsauberen Ton — ein Quietschen oder Quaken. Das hört man häufig bei Anfängern.

Anhand eines einfachen Versuchs kannst du leicht nachvollziehen, wie sich eine Schallwelle durch ein Blasinstrument fortpflanzt. Nimm eine große Spielzeugspirale aus Metall, die man z. B.

Oben: Das Cheng stammt aus China. In jeder Pfeife sitzt eine Metallzunge, die anschlägt, wenn ein Fingorloch goöffnct wird. Das Cheng gilt als Vorläufer der Mundharmonika.

hält, muß mehr Energie für seine Erzeugung aufgebracht werden und dies jeweils genau zum richtigen Zeitpunkt. Ein Beispiel verdeutlicht, warum dies wichtig ist: Stell dir vor, daß du ein Kind auf einer Schaukel anschubst. Wenn du genau in dem Moment einen Stoß gibst, in dem die Schaukel auf ihrem höchsten Punkt angekommen ist, kannst du eine große Bewegung mit relativ geringem Aufwand erzielen. Sobald du aber anschubst, wenn die Schaukel noch zurückschwingt, kommt sie aus dem Rhythmus (und das Kind kann sogar herunterfallen). Wenn relativ wenig Energie „portionsweise" im richtigen Rhythmus zugeführt

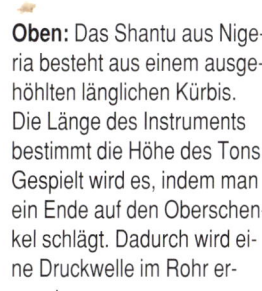

Oben: Das Shantu aus Nigeria besteht aus einem ausgehöhlten länglichen Kürbis. Die Länge des Instruments bestimmt die Höhe des Tons. Gespielt wird es, indem man ein Ende auf den Oberschenkel schlägt. Dadurch wird eine Druckwelle im Rohr erzeugt.

Unten: Eine Schaukel ist ein gutes Beispiel für die Resonanz. Erfolgt der Anstoß im richtigen Augenblick, ist nur wenig Energie nötig, um eine große Schwingung aufrechtzuerhalten. Wird allerdings zum falschen Zeitpunkt angestoßen, kommt die Schaukel sehr schnell zum Stillstand.

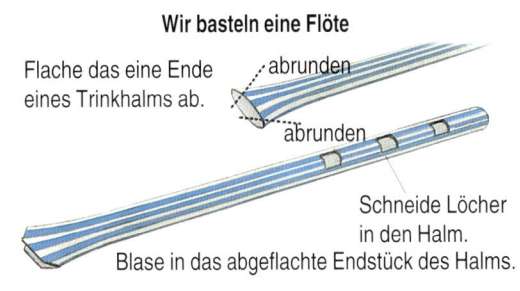

Wir basteln eine Flöte

Flache das eine Ende
eines Trinkhalms ab.

abrunden

abrunden

Schneide Löcher
in den Halm.
Blase in das abgeflachte Endstück des Halms.

Schneide einen Trinkhalm auf ca. 12 cm Länge zurecht,
und flache etwa 3 cm am Ende ab. Bewege dazu den Halm
zwischen dem Daumen und einer stumpfen Messerklinge
auf- und ab. Runde dann das abgeflachte Ende an beiden
Seiten mit der Schere ab. Jetzt ist die Flöte fertig. Zum
Spielen steckst du das abgeflachte Ende in den Mund und
schließt die Lippen fest darum. Dann atme tief ein und blase kräftig in den Halm. Wenn du Löcher in den Halm
schneidest, kannst du sogar verschiedene Töne spielen.

BLECHBLASINSTRUMENTE

Bei Blechblasinstrumenten wie Trompete und Po-
saune bewegen sich ebenfalls Druckwellen im Instrument hin und her. Hier wird die Energie, die
den Ton aufrechterhält, durch die schwingenden
Lippen des Spielers hindurch zugeführt.

Wenn du einen drei bis vier Meter langen Gartenschlauch nimmst und in das eine Ende hinein-
bläst, kannst du mit etwas Übung eine ganze Reihe
von Tönen erzeugen! Für den tiefsten Ton bewegen
sich die Wellen ungefähr so auf und ab wie in einem Rohrblattinstrument.

Aber es gibt keinen Grund, weshalb sich nicht
auch andere Druckwellen durch das Instrument bewegen sollten. Wenn beispielsweise die Lippen des
Spielers dreimal so schnell vibrieren, bewegen sich
in derselben Zeit drei Druckschwankungen hin und
her, und der erzeugte Ton hat die dreifache Frequenz. Auf einem Blechblasinstrument lassen sich
Töne mit zwei-, drei- oder vierfacher Frequenz erzeugen — und dies viel leichter als auf einem Gartenschlauch.

Durch die Veränderung der Lippenspannung
läßt sich nur eine begrenzte Zahl von Tönen erzeugen. Beim Bügel- und beim Posthorn sind diese
Grundtöne die einzigen, die sich leicht hervorbrin-
gen lassen. Die tieferen Töne liegen sehr weit aus-

eine Treppe hinunterlaufen lassen kann. Lege diese
Spirale auf einen Tisch, und spanne sie zwischen
deinen Händen. Dann mache mit der einen Hand
eine schnelle Bewegung nach innen, so daß dadurch die Windungen der Spirale zusammengedrückt werden.

Die Druckwelle, die du ausgelöst hast, durch-
läuft nun die Spirale und kehrt wieder zurück, sobald sie das Ende erreicht hat.

Rechts: In fast allen Blaska-
pellen gibt es Trompeten. Auf
der Trompete kann man
durch Veränderung der Lippenspannung fünf Naturtöne
erzeugen. Durch Niederdrük-
ken der Ventile in verschiedenen Kombinationen lassen
sich auch Töne dazwischen
erzeugen.

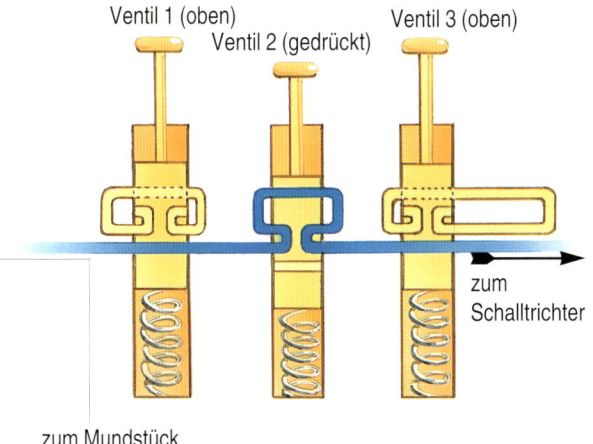

Ventil 1 (oben) Ventil 2 (gedrückt) Ventil 3 (oben)

zum Schalltrichter

zum Mundstück

Oben: Die Trompete hat drei Ventile, die niedergedrückt werden können. Das Niederdrücken eines Ventils verlängert praktisch die Trompete, so daß der Ton tiefer wird. Das mittlere Ventil macht den Ton einen Halbton tiefer, das auf dem Bild links abgebildete Ventil macht den Ton um eine ganze Note tiefer und das rechte Ventil um eineinhalb Töne.

einander, so daß keine anderen Melodien als die bekannten Hornsignale gespielt werden können.

Trompete, Waldhorn und Tuba gehören zu den Instrumenten mit Ventilen. Drückt man diese nieder, erreicht man den gleichen Effekt, als würde man die Länge des Instruments verändern. Durch Drücken der Ventile in unterschiedlichen Kombi-

nationen kann man mehrere Töne zwischen den Grundtönen erzeugen. Bei der Zugposaune wird die Länge der Luftsäule dadurch verändert, daß man den Zug hereinschiebt oder herauszieht.

ELEKTRONISCH ERZEUGTE KLÄNGE

Genauso, wie eine Saite oder die Luftsäule in einem Instrument vibriert, kann dies der elektrische Strom in einer Leitung. Wird vom Verstärker eine geringe Wechselspannung auf den Lautsprecher gegeben, so fängt dieser an zu vibrieren und erzeugt einen Ton.

Die ersten Experimente zu elektrisch produzierten Tönen fanden bereits in den 30er Jahren statt. Bei einem dieser Versuche verwendete man eine Metallscheibe mit Zähnen, wie man sie auch von der Kreissäge her kennt. Diese Scheibe drehte man dann in der Nähe eines Magneten, um den eine Spule gewickelt war. Je nachdem, wie schnell sich die Zähne am Magneten vorbeibewegten, änderte sich der Strom in der Spule mit unterschiedlicher Frequenz (vgl. auch S. 168).

Heute gibt es Synthesizer, die rein elektronisch arbeiten, also ohne Räder und Spulen. Im Grunde handelt es sich bei ihnen um Computer. Sie errechnen die genaue Form der benötigten Schallwelle und produzieren die ihr entsprechende Wechsel-

Unten: Viele Rockbands produzieren ihren Sound mit Hilfe der Elektronik. Signale von den Instrumenten werden zum Verstärker und von dort zu den Lautsprechern geschickt. Gelegentlich werden die Signale zusätzlich vom Computer bearbeitet und erzeugen so eine Fülle verschiedener Klänge.

spannung, mit der ein Lautsprecher betrieben wird. Vorausgesetzt, der Computer ist leistungsfähig genug, kann man so alle denkbaren Klänge erzeugen.

Ein Vorteil der Synthesizer ist, daß sie den Klang vieler Instrumente nachahmen können. Dadurch lernt man, wie die Töne der verschiedenen Instrumente zustande kommen. Manchmal klingen die Synthesizer allerdings zu perfekt. Das menschliche Gehör bevorzugt anscheinend den Klang eines echten Instruments mit seinen Besonderheiten.

TIERLAUTE

Bienen, Wespen und Mücken haben Flügel, deren Bewegung ein Summen in der Luft erzeugt. Grillen und Grashüpfer erzeugen Zirplaute, indem sie ihre Beine oder Flügel aneinanderreiben. Diese Lauterzeugung heißt Zirpen. Es dient der Verständigung.

Viele Insekten besitzen Ohren, die dem menschlichen Ohr allerdings kaum gleichen und oft an merkwürdigen Stellen sitzen. Bei der Grille sitzen sie z. B. an den Vorderbeinen, beim Grashüpfer am Bauch.

Möglicherweise war der Frosch in der Entwicklungsgeschichte das erste Tier, das eine Stimme ausgebildet hat. Frösche haben eine Schallblase, die sich unterhalb des Mauls befindet und wie ein Ballon aufgeblasen werden kann. Der Frosch tut dies, indem er das Maul schließt und durch die Nasenlöcher Luft einatmet.

Über der Öffnung der Schallblase befinden sich Membranen (d. h. dünne, gespannte Häute), die den Stimmbändern im Kehlkopf des Menschen entsprechen. Die Luft, die in die Blase oder aus ihr herausgedrückt wird, erzeugt das charakteristische Froschgequake. Einen ähnlichen Effekt kann man erzielen, wenn man zwei Grashalme zwischen den Fingern spannt und durch die kleine Öffnung hindurchbläst. Allerdings klingt der so erzeugte Laut eher wie ein heiserer Schrei.

Frösche besitzen auch ein Trommelfell, jedoch kein äußeres Ohr. Das

Rechts: Dieser Ochsenfrosch aus Südamerika bläst den Lautsack auf und verstärkt damit sein Quaken. Allerdings besitzen nur die Männchen einen solchen Stimmsack. Ihr Quaken ist zehnmal weiter zu hören als das von Fröschen ohne diesen „Verstärker".

Trommelfell liegt als Membran auf gleicher Höhe wie die Haut.

Das Stimmbildungsorgan der Vögel heißt Syrinx. An der Luftröhre der Vögel sitzen Membranen, die von Muskeln bewegt werden. Die Ohren der Vögel ähneln denen des Frosches, allerdings liegen die Membranen der Ohren unter dem Federkleid.

Ohren und Stimmapparat der meisten Säugetiere sind ähnlich aufgebaut wie beim Menschen. Fledermäuse besitzen allerdings besonders geformte Mäuler und Ohren. Sie senden die Töne in eine bestimmte Richtung aus und können anhand des Echos beurteilen, wo sich Hindernisse oder Beutetiere befinden. Die von den Fledermäusen abgege-

benen Töne sind für uns fast alle unhörbar hoch. Man spricht hier von Ultraschall.

Pferde drehen ihre Ohren in verschiedene Richtungen, um Laute zu orten. Der Mensch kann seine Ohren zwar nicht bewegen, besitzt aber dennoch ein sehr gutes System, um festzustellen, woher ein Geräusch kommt. Laute erreichen unsere beiden Ohren zu geringfügig verschiedenen Zeitpunkten. Das Gehirn mißt die Zeitdifferenz und ermittelt daraus die Richtung, aus der der Laut kommt.

Der Mensch besitzt von allen Säugetieren den kompliziertesten Stimmapparat. Die Stimmbänder erzeugen die Grundtöne, und diese werden in den Nebenhöhlen der Nase, im Rachen, im Mundraum und in der Brust moduliert (abgewandelt).

Unten: Die Grafik zeigt, in welchem Frequenzbereich die Laute bestimmter Tiere oder die Klänge einzelner Instrumente liegen, außerdem den Frequenzbereich, den bestimmte Lebewesen wahrnehmen können. Auf der Frequenzskala entspricht C_4 dem eingestrichenen C. C_5 liegt eine Oktave darüber, C_6 eine weitere Oktave, usw.

INFORMATIONSAUSTAUSCH

Seit Millionen Jahren haben sich Lebewesen durch den Austausch von Informationen das Überleben gesichert. Der Mensch von heute befindet sich mitten im Zeitalter der elektronischen Revolution. Damit hat er die Chance, mehr Informationen weiterzugeben als je zuvor in der Geschichte.

INFORMATIONSAUSTAUSCH IM TIERREICH

Im Tierreich spielt der Austausch von Informationen eine große Rolle. Für das Überleben sind vier Fragen besonders wichtig:

1. Wie kann man einen Partner finden, um mit ihm gemeinsam das Überleben der Art zu sichern?
2. Wo gibt es Nahrung und Wasser?
3. Droht Gefahr?
4. Wie kann ein Gebiet gegenüber Artgenossen und anderen Arten als eigenes markiert werden?

Viele Tiere sind auf sich allein gestellt, wenn sie sich diese Informationen beschaffen wollen. Bei zahlreichen Arten gibt es aber auch Formen der Zusammenarbeit. In der Regel kommt die Hilfe von den eigenen Artgenossen, gelegentlich aber auch von anderen Spezies.

PARTNERSUCHE

Bei vielen Tieren spielen optische Reize eine wichtige Rolle bei der Partnersuche. Vielfach ist das Männchen farbenprächtiger als das Weibchen. Oft benutzt das Männchen sein imposantes Äußeres, um das ausgewählte Weibchen zu beeindrucken und von ihm als Partner gewählt zu werden. Bei Vögeln, Fischen und vielen anderen Tieren kommt noch ein kompliziertes Balzverhalten hinzu, zuweilen in Form ausgeklügelter Tänze. Man hat z. B. bei großen Haubentauchern beobachtet, daß sie beim Balzen einander über der Wasseroberfläche anschauen, die Brust hochstemmen und den Kopf auf und nieder sowie nach rechts und links bewegen.

Zuvor muß allerdings die Suche stattfinden, was sich etwa im Dickicht des Regenwalds schwierig gestalten kann. In einer solchen Situation wird dann die Stimme eingesetzt. Das Quaken der Frösche oder den Gesang der Vögel kann man über weite Strecken hören. Viele Säugetiere haben typische Rufe oder Schreie, mit denen sie sich melden.

Normalerweise sind es die Männchen, die sich aktiv auf Partnersuche begeben; die Weibchen übernehmen allerdings auch einen bestimmten Part, indem sie etwa Duftstoffe aussenden. Diese Duftstoffe enthalten Lockstoffe, die sogenannten Pheromone, die über große Strecken von den Männchen wahrgenommen werden. Dieses Verfahren ist vielen Tieren zu eigen, auch Insekten wie Motten oder Ameisen. Es ist eine der wichtigsten Methoden, das Überleben der eigenen Art zu sichern.

Links: Die Hirsche tragen ihren Kampf um das Recht aus, sich mit einer Gruppe von Weibchen zu paaren. Der Gewinner wird darüber hinaus auch Beschützer der weiblichen Tiere. Einer der am besten ausgebildeten Instinkte der Tiere ist es sicherzustellen, daß nur die Gene der stärksten und gesündesten Tiere an nachfolgende Generationen weitergegeben werden.

Oben: Diese Mandschuren-Kraniche führen einen rituellen Brautwerbetanz auf. Das Weibchen entscheidet danach, welches Männchen ein geeigneter Partner ist.

Oben: Werbung mit leuchtenden Farben ist keine Erfindung der Neuzeit: Dieser Mandrill wirbt mit seiner Farbenpracht um eine Partnerin.

Haben die Tiere einen Partner gefunden, zeugen sie Nachwuchs und geben so genetische Informationen weiter. Gene sind Abschnitte auf dem langen Chromosomenstrang, der die Informationen zum Bau eines kompletten Lebewesens trägt (siehe S. 61). Ein Kind erhält die eine Hälfte der Gene von der Mutter, die andere vom Vater. Für Tiere ist es ein großer Vorteil, einen Partner mit Eigenschaften zu haben, die dem Nachwuchs die besten Überlebenschancen bieten.

AUCH PFLANZEN BRAUCHEN PARTNER

Unten: Dieser Kolibri sammelt Nektar aus Blüten. Dabei nimmt er mit seinem Gefieder Pollen auf und trägt ihn weiter zur nächsten Blume. Wenn der Kolibri in der Luft steht, schlägt er so schnell mit seinen Flügeln, daß ein Summton zu hören ist.

Auch Pflanzen müssen sich vermehren, um das Überleben ihrer Art sicherzustellen, aber anders als die Tiere können sie sich nicht von ihrem Platz wegbewegen, um einen Partner zu suchen. Zur Lösung dieses Problems haben die Pflanzen einfallsreiche Methoden entwickelt, damit ihr Pollen mit den männlichen Samenzellen zu anderen Pflanzen derselben Art getragen wird, so daß die weiblichen Zellen befruchtet werden können.

Manche Pflanzen verlassen sich zum Transport ihres Pollens auf den Wind. Die Mehrzahl aber verläßt sich auf Insekten, die diese Arbeit übernehmen. Um aber überhaupt Insekten anlocken zu können, müssen die Pflanzen sich bemerkbar machen und auch eine Gegenleistung anbieten.

Farbe ist eine Möglichkeit, wie Blumen darauf hinweisen, daß süßer, schmackhafter Nektar in ihrem Innern gratis verfügbar ist. Sobald ein Insekt sich auf der Pflanze niederläßt, nimmt es nebenbei Pollen auf und trägt diesen zur nächsten Pflanze weiter. Manche Blumen können ultraviolettes Licht reflektieren und damit bestimmte Falterarten anlocken.

Geruch ist ein weiterer Lockstoff, der die Blumen für die Insekten so verführerisch macht. Mag der Duft der Blumen auch für unsere Nasen noch so erfreulich sein — höchstwahrscheinlich wurde er entwickelt, um Insekten anzulocken.

NAHRUNGSSUCHE

Die meisten Tiere befinden sich ständig auf Nahrungssuche, denn nur so können sie überleben. Einige ziehen es vor, als Einzelgänger große Gebiete zu durchstreifen — sie brauchen ihre Beute dann nicht zu teilen. Bei anderen Arten ist die gemeinsame Jagd üblich.

Die Bienen haben ein besonders ausgeklügeltes System entwickelt, mit dem sie die Informationen über die Futterplätze weitergeben. Im Bienenstock führen sie eine Art Tanz auf, bei dem sie ihren Körper in eine bestimmte Richtung bewegen. Mit diesem Tanz teilen sie den anderen Bienen ihres Stammes mit, in welcher Richtung — relativ zur Sonne — und Entfernung sich Blumen mit reichem Nektarvorrat befinden.

GEFAHR IM VERZUG

Viele Tiere warnen ihre Artgenossen mit einem bestimmten Schrei vor drohender Gefahr. So machen es Vögel, deren Warnrufe sehr laut sein können. Diesen Umstand macht sich auch der Mensch zunutze: So werden in der Umgebung von Flughäfen oft Tonbänder mit den Warnschreien von Vögeln abgespielt, um die Artgenossen daran zu hindern, auf den Flugplatz zu fliegen. Vögel können für Flugzeuge durchaus gefährlich werden, umgekehrt sind auch die Flugzeuge ein „Feind" der Vögel.

Einige Tiere achten auch auf die Alarmmeldungen anderer Tiere. Manche stellen Wachposten auf, die nach Gefahr Ausschau halten und ihre Artgenossen dann warnen. Auf diese Weise kann sich der Rest der Gruppe auf die Nahrungssuche konzentrieren.

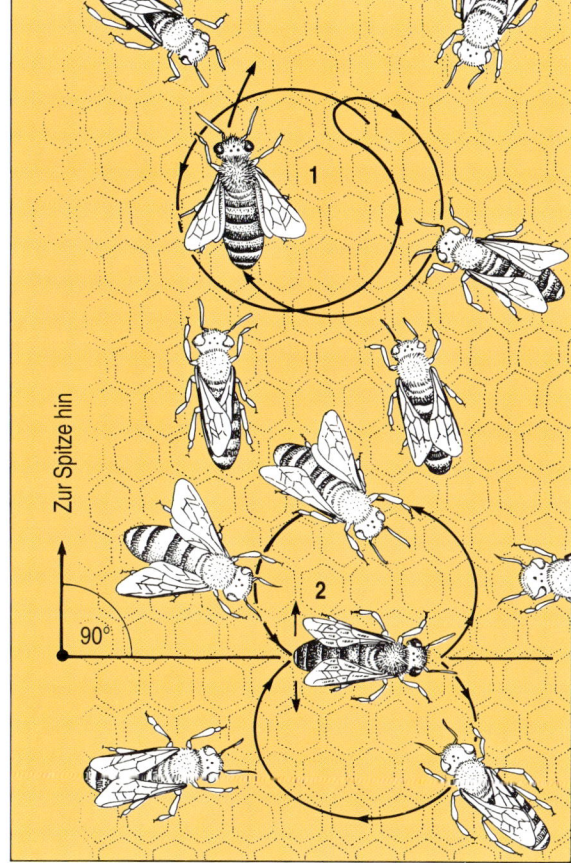

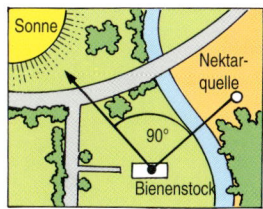

Links und oben: Arbeiterinnen eines Bienenvolks, die zum Bienenstock zurückkehren, führen einen Tanz auf, mit dem sie den anderen Bienen mitteilen, wo Blumen mit Nektar sind. Stehen die Blumen in der Nähe, führen sie einen einfachen Rundtanz auf (1). Sind die Blumen aber weiter entfernt, zeigen sie dies mit einem komplizierten Schwänzeltanz an (2). Die Geschwindigkeit, mit der sie ihren Körper hin- und herschwingen, gibt die Entfernung zu den Blumen an. Im Mittelteil des Tanzes bedeutet die Richtung der Biene relativ zum Bienenstock die Position der Blumen bezogen auf den Sonnenstand.

Links: Viele Tiere helfen sich gegenseitig, indem sie einander vor drohender Gefahr warnen. Dieses Erdmännchen in der südafrikanischen Kalahari-Wüste steht als Wachposten auf einem hohen Stein. Aufmerksam beobachtet es die Umgebung und warnt seine Artgenossen vor feindlichen Eindringlingen.

Viele Tiere hinterlassen Geruchsmarken aus Urin oder Kot. Manche besitzen an verschiedenen Körperstellen Drüsen, mit deren Sekret sie ihr Territorium markieren. Beim Wild z. B. sitzen solche Drüsen in der Nähe der Augen; sie werden an Baumstämmen gerieben und geben so eine Duftmarke ab. Großkatzen wie der Leopard oder der Gepard spritzen ihren Urin an Baumstämme. Hunde und verwandte Tiere besitzen Afterdrüsen, aus denen sie ein Sekret ausscheiden.

Mit Hilfe der sogenannten Gaschromatographie haben Wissenschaftler die chemischen Stoffe analysiert, aus denen sich die Duftstoffe der Tiere zusammensetzen. Es gibt Dutzende solcher Substanzen, mit denen eine ganze Reihe von Botschaften übertragen wird. Auf diese Weise erfahren andere Tiere, ob die Markierungen von einem Artgenossen oder einem Feind, einem Männchen oder einem Weibchen stammen, ob das fremde Tier paarungsreif ist, welchen Rang es innerhalb seiner Gruppe innehat und ob es das Territorium für sich beansprucht oder es lediglich besucht hat.

MENSCHLICHE KOMMUNIKATION

Das menschliche Gesicht ist sehr vielfältig im Ausdruck. Darüber hinaus besitzt der Mensch zwei Gliedmaßen – die Arme –, die er nicht zur Fortbewegung benötigt. Man darf annehmen, daß sich die

Oben: Dieser Gepard spritzt als Geruchsmarke etwas Urin an einen Baumstamm. Diese Geruchssignale enthalten eine ganze Reihe von Informationen, u. a. über die Art, das Alter und das Geschlecht des Tieres. Außerdem dienen sie als Warnung an andere Tiere, sich aus dem Gebiet fernzuhalten.

MARKIERUNGEN SETZEN

Tiere verständigen sich mit Hilfe von Farbe, Bewegung und Lauten, doch gelegentlich ist es erforderlich, bleibende Botschaften zu hinterlassen.

Viele Tiere beanspruchen ein bestimmtes Gebiet für sich allein und versuchen alles, um ihr Territorium gegen Eindringlinge zu verteidigen. Um ein Gebiet aber als ihres kenntlich zu machen, müssen die Tiere es markieren. Der Mensch hilft sich damit, Zäune zu errichten und Schilder aufzustellen. Tiere müssen mit anderen Methoden arbeiten; eine weitverbreitete ist das Setzen von Geruchsmarken.

Wir Menschen legen im allgemeinen großen Wert auf Sauberkeit und Frische, so daß wir es manchmal irritierend finden, weshalb so viele Tiere es anscheinend lieben, ihre Nasen in die überriechendsten Stoffe zu stecken. Für Tiere ist der Geruch aber praktisch eine Visitenkarte, die ihnen wertvolle Hinweise liefert.

Oben: Diese Tontafel mit Keilschriftzeichen stammt aus Sumer (dem heutigen Irak). Sie ist rund 4 000 Jahre alt und diente als Quittung für entliehenes Werkzeug.

Menschen von Anfang an durch Mimik und Gestik verständigt haben. Später kam dann die Sprache hinzu.

Diese Verständigungsformen konnten nur dann sinnvoll eingesetzt werden, wenn die Menschen, die sich miteinander verständigen wollten, relativ nahe beieinander lebten. Denn diese Botschaften ließen sich nicht speichern. Als dann die Schrift entwickelt wurde, entfiel diese Voraussetzung.

Die erste überlieferte Handschrift ist eine Tontafel mit einer Reihe von Einkerbungen. Nachdem die Menschen die Schrift entwickelt hatten, waren sie in der Lage, Botschaften aufzubewahren oder von einem Ort zum anderen zu schicken. Noch heute können wir schriftliche Mitteilungen, die teilweise mehr als 4 000 oder 5 000 Jahre alt sind, in den Museen bewundern.

Bevor die Menschen sich miteinander verständigen können, müssen sie sich darauf einigen, was ihre Laute und Zeichen eigentlich bedeuten. Deutsch sprechende Menschen wissen, was mit dem Wort „Hund" gemeint ist, die Franzosen sagen dazu allerdings „chien". Verständigung ist also nur mit Hilfe eines „Codes" (einer Übereinkunft über die Bedeutung der einzelnen Zeichen) möglich, auf den man

Rechts: Diese fünf Alphabete stehen stellvertretend für die vielen Schriftsysteme, die zur Weitergabe geschriebener Information dienen. 1) Griechisch, 2) Kyrillisch (aus Rußland), 3) Dewanagari (aus Nordindien), 4) Hebräisch, 5) Arabisch

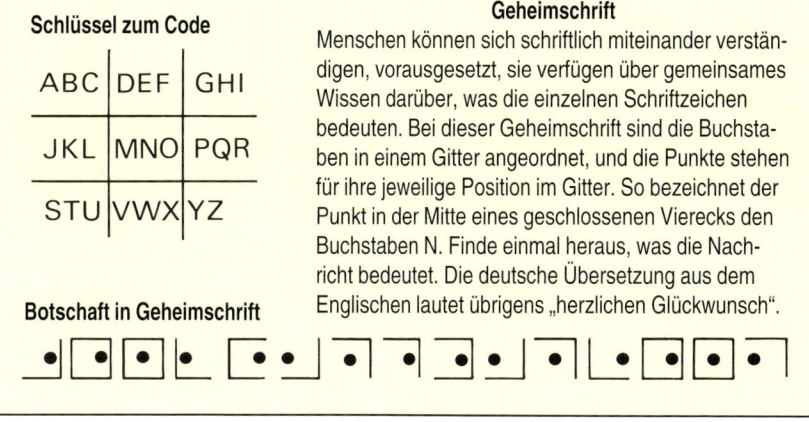

Schlüssel zum Code

ABC	DEF	GHI
JKL	MNO	PQR
STU	VWX	YZ

Botschaft in Geheimschrift

Geheimschrift

Menschen können sich schriftlich miteinander verständigen, vorausgesetzt, sie verfügen über gemeinsames Wissen darüber, was die einzelnen Schriftzeichen bedeuten. Bei dieser Geheimschrift sind die Buchstaben in einem Gitter angeordnet, und die Punkte stehen für ihre jeweilige Position im Gitter. So bezeichnet der Punkt in der Mitte eines geschlossenen Vierecks den Buchstaben N. Finde einmal heraus, was die Nachricht bedeutet. Die deutsche Übersetzung aus dem Englischen lautet übrigens „herzlichen Glückwunsch".

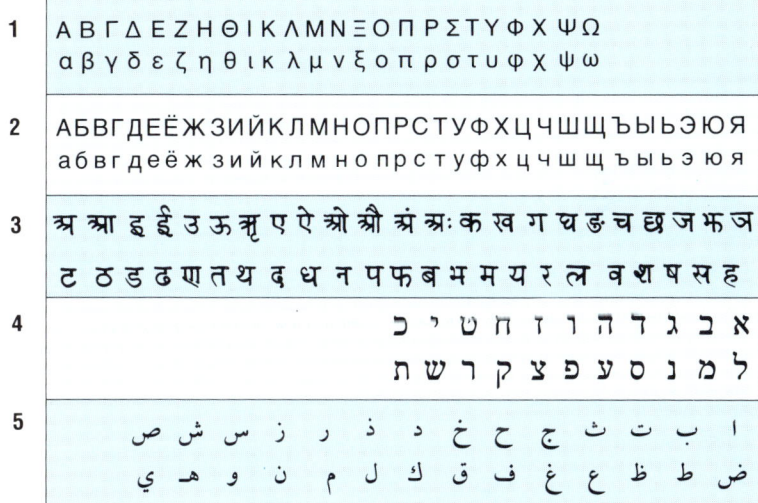

sich vorher geeinigt hat. Unsere Sprache ist für uns allerdings so selbstverständlich, daß wir sie gar nicht mehr als Code bezeichnen würden.

Auch unser Alphabet ist ein Code, wie alle Schriftzeichen, die es auf der Welt gibt. Zur Übermittlung von Informationen läßt sich jeder beliebige Code verwenden, die Verständigung verläuft allerdings nur dann reibungslos, wenn die Beteiligten in die Geheimnisse des jeweiligen Codes eingeweiht sind.

INFORMATIONEN AUF LAGER

Bücher sind regelrechte Informationslager. Daher gehören die Bibliotheken zu den größten Informationslagerstätten, die man sich denken kann. Allerdings ist die dort gelagerte Information nur dann von Nutzen, wenn man auch weiß, wie man sie ab-

Links: Blick in den Lesesaal der British Library in London. Bücher sind ein nützliches Mittel, Informationen zu speichern und weiterzugeben – vorausgesetzt, sie sind so geordnet, daß man sie auch wiederfindet.

rufen kann. Ein Inhaltsverzeichnis in einem Buch ist eine Hilfe. Bevor man es aber nutzen kann, muß man das richtige Buch finden.

In Bibliotheken werden die Bücher nach einem bestimmten System geordnet. Sachbücher erhalten z. B. in der Regel eine Kombination aus Buchstaben und Zahlen. Es ist allerdings nicht ganz leicht, die Bücher so zu klassifizieren, daß man sie auch leicht wiederfindet. Unter welches Stichwort fällt z. B. ein Buch, das vom Gesang der Vögel handelt: unter „Vögel", „Musik" oder „Laute"?

Seit dem Einzug des Computers in die Bibliotheken kann man einen großen Vorteil dieser Technik nutzen: Die einzelnen Titel werden unter verschiedenen Themengebieten aufgeführt. Herkömmliche Kataloge mit Karteikarten würden viel zu groß und unhandlich, wenn man jedes Buch unter verschiedenen Einträgen aufführen wollte.

DIE DIGITALE REVOLUTION

Ursprünglich wurden die Computer entwickelt, um Berechnungen schnell ausführen zu können. Die Computer von heute sind so leistungsstark, daß sie Informationen aller Art, auch Wörter und Bilder, verarbeiten können.

Computer arbeiten nach dem Binärsystem und nicht nach dem Dezimalsystem, d. h., es gibt nur die beiden Ziffern 0 und 1. Die Zahlen 1, 2, 3, 4 und 5 haben im Binärsystem die Schreibweise 1, 10, 11, 100 und 101. Bei elektronischen Geräten besteht der Vorteil des Binärsystems darin, daß sich

die Ziffern 0 und 1 durch die Schalterstellungen „an" und „aus" darstellen lassen. Aus diesem Grund können Mikrochips mit Millionen winziger Schaltkreise in kurzer Zeit eine Unmenge von Zahlen verarbeiten. Mit Hilfe des Binärsystems lassen sich Zahlen auch auf andere Weise darstellen, z. B. als magnetisierte bzw. unmagnetisierte Abschnitte auf Magnetbändern oder auch als schwarzweiße Streifen auf Papier.

Auf diesem Prinzip beruhen die Strichcodeleser, die man aus dem Supermarkt kennt. Fast alle Waren haben einen Aufkleber oder Aufdruck mit einem Strichcode (auch dieses Buch hat einen solchen auf der Rückseite), der jedes Produkt anhand einer Zahlenfolge im Binärcode beschreibt. Die Streifen sind so angeordnet, daß der Wechsel von Weiß nach Schwarz (und umgekehrt) die Binärzahl 1 wiedergibt. Wenn die Farbe nach einem bestimmten Abstand gleichbleibt, bedeutet dies 0. An der Kasse wird die Zahlenfolge mit Hilfe eines Scanners (Abtasters), der einen Laserstrahl benutzt, in die Kasse eingelesen. Das reflektierte Licht wird dabei von Sensoren aufgenommen und an einen Computer weitergegeben, der auch mit der Kasse und deren Anzeige verbunden ist.

DIGITAL ODER ANALOG?

Nicht alle Maße oder Anzeigen werden in digitaler Form, d. h. als Zahlen, wiedergegeben. Viele Uhren zeigen die Zeit mit Hilfe zweier sich im Kreis bewegender Zeiger an. Eine solche Anzeige nennt man analog.

Die Maßangaben erfolgen hier nicht mit Hilfe von Zahlen, sondern durch Zeiger, die ständig ihre Position ändern. Ein Tachometer funktioniert nach diesem Prinzip, ebenso das Oszilloskop, das mit Hilfe von Linien z. B. Schallwellen (wie auf S. 31) aufzeichnet.

Computer können analoge Daten verarbeiten, allerdings müssen diese zuvor digitalisiert werden. Schallwellen übertragen z. B. analoge Informationen, die man digital auf Compact Discs (CDs) speichern kann. Im Abspielgerät, dem CD-Player, befindet sich ein kleiner Computer, der die digitalen Informationen von der CD liest und diese zur Ausgabe über den Lautsprecher wieder in eine analoge Form umwandelt.

Warum sollte man die digitale Form der analogen vorziehen? Anhand eines Beispiels läßt sich diese Frage beantworten. Man nehme eine Nachricht, die über eine sehr schlechte Telefonleitung bei star-

Unten: Glasfaserkabel übertreffen als Telefonleitungen in ihrer Leistungsfähigkeit die herkömmlichen Kupferkabel. Dieses Glasfaserkabel ist aufgeschnitten, damit man die einzelnen optischen Fasern im Innern erkennen kann. Mit Hilfe von Laserlicht können Tausende digitaler Botschaften gleichzeitig über ein solches Kabel übertragen werden, bei Entfernungen bis zu 50 km sogar ohne zusätzliche Verstärkung.

kem Hintergrundgeräusch übertragen werden soll. Wird diese Nachricht in Form von Sprache übermittelt, kann man die Wörter möglicherweise kaum verstehen. Mit Hilfe des Morsealphabets, mit dem die Nachricht in Punkte und Striche zerlegt wird, ist die Übertragungsgenauigkeit höher. Sprache steht hier für analoge Information, der Morsecode für digitale Information.

Die herkömmlichen Schallplatten gehören zu den analogen Medien. Die Rillen auf der Schallplatte sind etwas ungleichmäßig, da sie die Schallwellen genau nachzeichnen. Das Hauptproblem bei der Schallplatte ist, daß jedes Staubkörnchen und jeder Kratzer den Tonarm zum Hüpfen bringt, wodurch unerwünschte Störungen entstehen.

Bei digitalen Tonaufnahmen, also bei der CD, kann Staub bewirken, daß der falsche Titel ausgewählt wird. Allerdings läßt sich der Computer so programmieren, daß solche plötzlichen Änderungen nicht vorkommen. Ein weiterer Vorteil des CD-Players gegenüber dem Plattenspieler ist, daß keine verschleißanfällige Nadel erforderlich ist. Die Information in binärer Form ist auf der CD in Form von mikroskopisch kleinen Mustern auf der Oberfläche codiert. Ein Laserstrahl tastet die Oberfläche ab – ähnlich wie beim Strichcodeleser im Supermarkt.

Die meisten Telefonsysteme arbeiten heutzutage digital. Toninformationen, die in digitale Form umgewandelt werden, lassen sich als eine Reihe elektrischer Impulse über ein Kabel oder als Lichtimpulse über ein Glasfaserkabel übertragen. Für längere Entfernungen lassen sich Radio- oder Mikrowellenverbindungen nutzen. Vielfach werden auch Satelliten in der Telekommunikation eingesetzt. Mit Faxgeräten können Schriftstücke, auch Bilder, über die Telefonleitung verschickt werden.

ELEKTRONISCHE BÜCHER

Wörter und Bilder aus Büchern lassen sich in digitaler Form auf CD-ROM (Compact Disc Read Only Memory, also mit einem Speicher, von dem man nur lesen, den man aber nicht beschreiben kann) speichern. Später kann man die Daten dann auf dem Computer abrufen und wieder sichtbar machen. Auch bewegte Bilder und Geräusche lassen sich so wiedergeben. Ein Vorteil dieses Systems ist die riesige Datenmenge, die mit diesem Verfahren gespeichert werden kann. So lassen sich auf einer einzigen CD-ROM nicht nur dieses Buch, sondern noch 20 weitere festhalten.

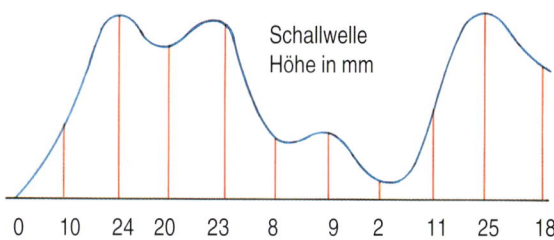

Schallwelle
Höhe in mm

0 10 24 20 23 8 9 2 11 25 18

Links: Analoge Signale (hier: eine Schallwelle) lassen sich in digitale Signale verwandeln, indem die Stärke der Druckschwankung in regelmäßigen Abständen gemessen wird. Diese Höhen des Kurvenzuges werden dann als Binärzahlen ausgedrückt (s. u.).

Höhe in mm	Angabe in Binärzahlen
0	0
10	1010
24	11000
20	10100
23	10111
8	1000
9	1001
2	10
11	1011
25	11001
18	10010

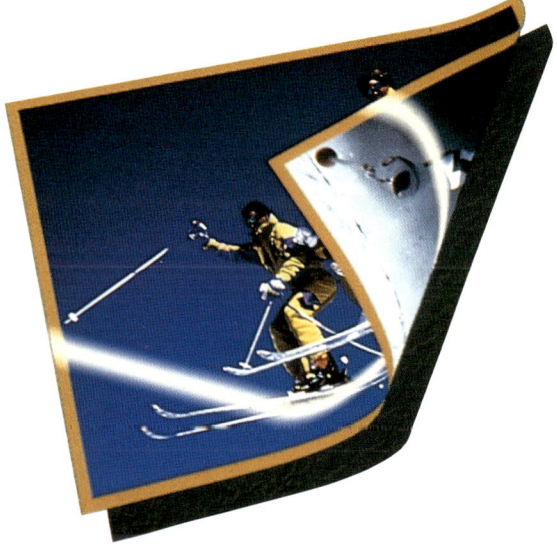

Oben: Digitalisierte Bilder lassen sich am Computer vielfältig bearbeiten, man kann sie drehen, verkleinern, vergrößern oder ihre Farbe verändern.

Links: Das zwanzigbändige Oxford English Dictionary (Wörterbuch der englischen Sprache) enthält mehr als eine halbe Million Einträge und mehr als zwei Millionen Zitate. Das gesamte Wörterbuch läßt sich auf einer einzigen CD-ROM unterbringen.

DIE WELT UNTER DER LUPE

Seit dem Altertum haben Wissenschaftler in detektivischer Spürarbeit die Vielfalt der Stoffe auf der Erde ergründet. Ihre Ergebnisse zeigen, daß alles in der Welt aus winzigen Bausteinen besteht. Diese Bausteine lassen sich auf millionen-fache Weise zusammenfügen .

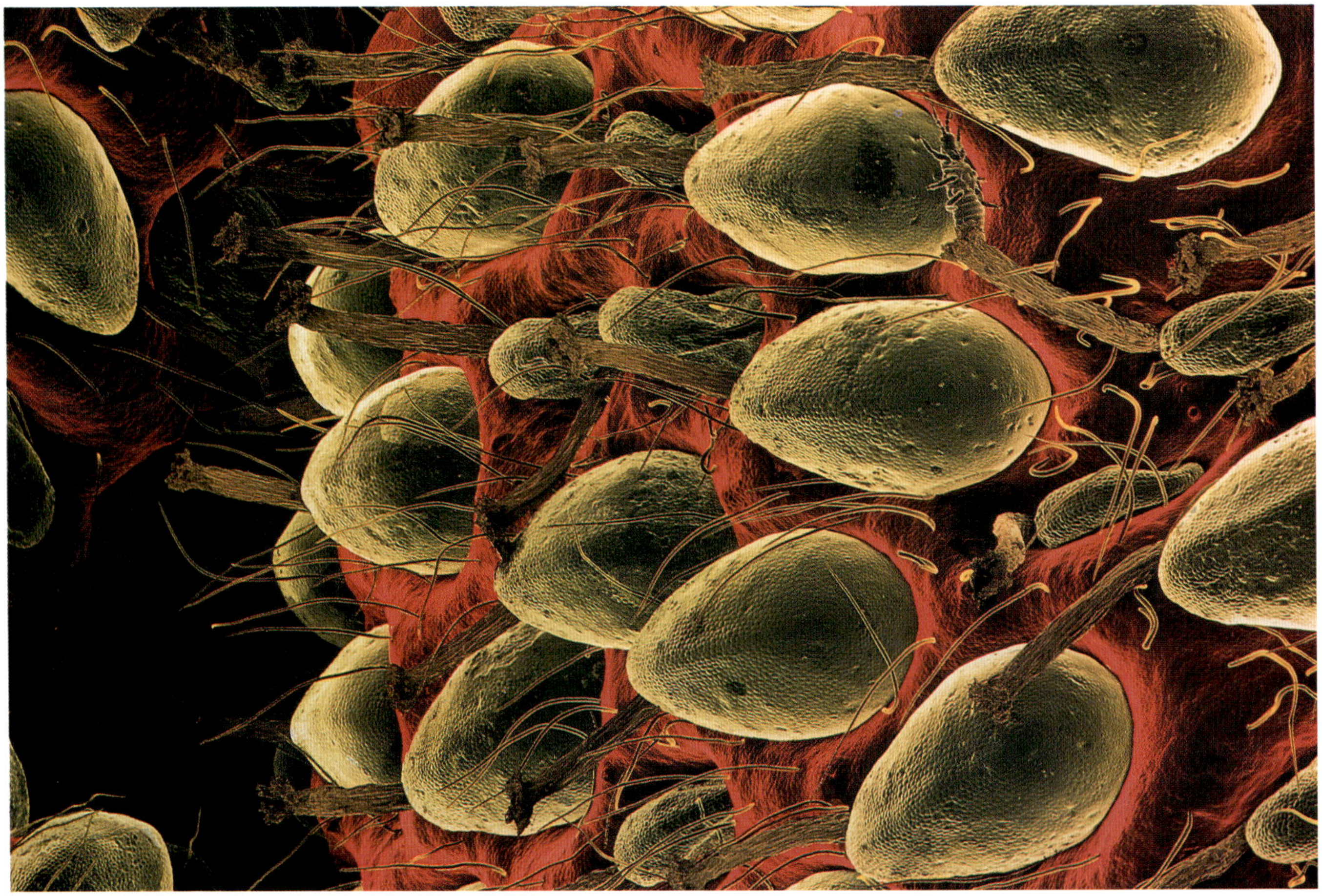

Rechts: Die Spitze einer Injektionsnadel in 25facher Vergrößerung. Die Aufnahme stammt von einem Rasterelektronenmikroskop, die Farben wurden mit Hilfe eines Computers nachträglich eingefügt. Die rötlichen Punkte an der Spitze sind Bakterien.

Ganz rechts: Dieselbe Nadel in 400facher Vergrößerung. Die Spitze der Nadel ist leicht geknickt; an diesem Knick sammeln sich die Bakterien.

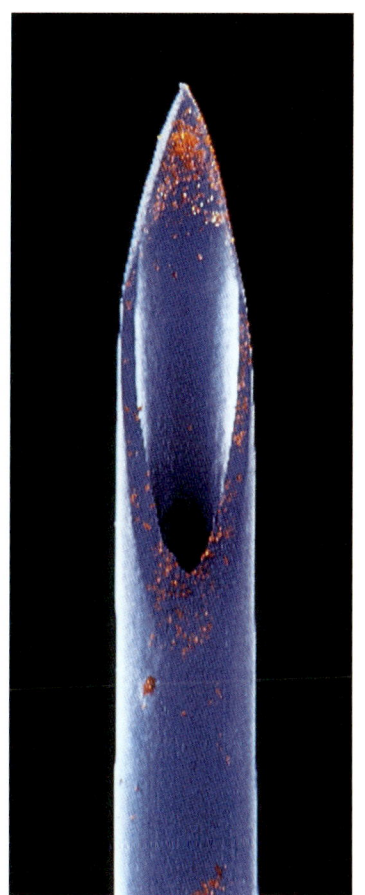

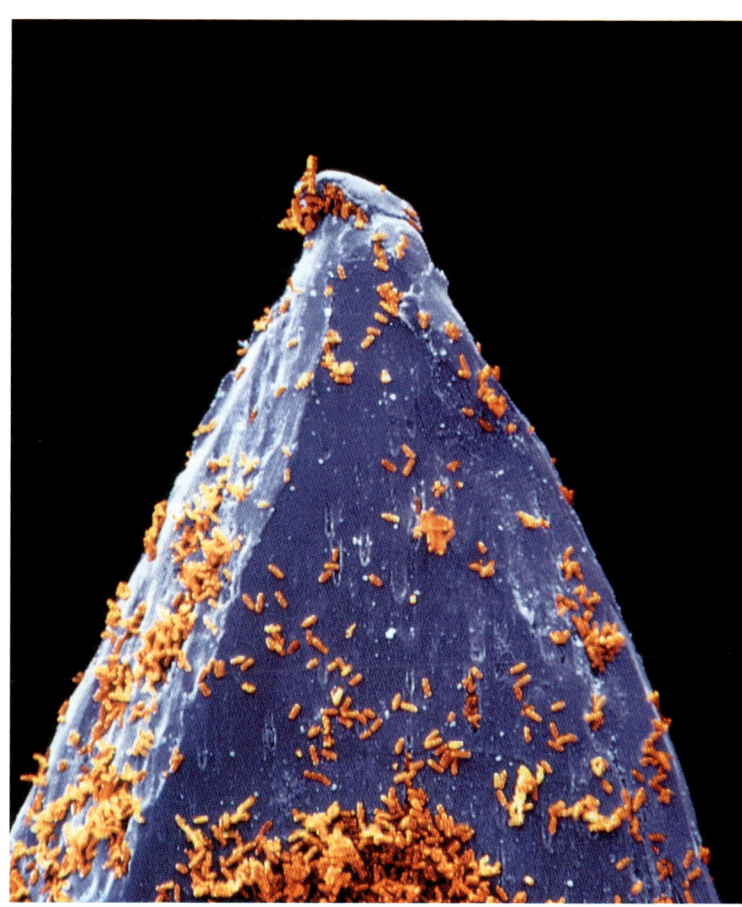

Links: Rasterelektronenmikroskopische Aufnahme einer Erdbeere in 25facher Vergrößerung. Solche Aufnahmen sind zunächst schwarzweiß; die Farben wurden hier mit einem Computer erzeugt, damit das Bild der echten Frucht ähnlicher sieht. Die ovalen grünen Gebilde sind die Samen, die außerhalb des Fruchtfleischs liegen. Griffel und Narben sind bräunlich gelb dargestellt.

Substanzen kann man danach einteilen, ob sie tierisch, pflanzlich oder mineralisch sind. Dein Körper besteht aus tierischen Substanzen, und die auf der gegenüberliegenden Seite abgebildete Erdbeere gehört zu den pflanzlichen Stoffen. Tote Gegenstände wie z. B. Metalle oder Kunststoffe gehören zur dritten Gruppe, sie sind mineralisch. Man weiß heute, daß tierische und pflanzliche Substanzen eng miteinander verwandt sind und daß sie letztlich aus den gleichen Bausteinen aufgebaut sind wie die mineralischen Stoffe.

HALBIEREN, VIERTELN, ACHTELN ...

Schon die alten Griechen machten sich Gedanken darüber, was wohl geschieht, wenn man eine Substanz immer weiter zerkleinert. Kann man damit unendlich lange fortfahren? Oder wird man irgendwann einen Punkt erreichen, an dem eine weitere Zerkleinerung nicht mehr möglich ist? Die alten Griechen gelangten bei ihren Überlegungen zu der Schlußfolgerung, daß alle Stoffe aus winzig kleinen unteilbaren Bausteinen bestehen müssen. Einen direkten Beweis hatten sie dafür jedoch noch nicht.

Die moderne Wissenschaft ist ebenfalls der Auf-

fassung, daß die Materie aus kleinen Bausteinen besteht. Sie werden als Atome bezeichnet, vom griechischen Wort „atomos", was „unteilbar" bedeutet. Allerdings wissen wir heute, daß auch Atome in noch kleinere Bestandteile zerlegt werden können.

In der Natur gibt es ungefähr hundert verschiedene Arten von Atomen. Stoffe, die aus nur einer einzigen Atomsorte bestehen, heißen Elemente.

GRAPHIT UND DIAMANT

Atome können sich auf viele verschiedene Arten zusammenlagern und bauen so Millionen unterschiedlicher Substanzen auf. Wasserstoffatome sind die leichtesten Atome, Uranatome gehören zu den schwersten. Ein einzelnes Atom ist die kleinste Menge eines Elements, die existieren kann.

Substanzen, die ganz verschieden aussehen, können trotzdem aus Atomen desselben Elements aufgebaut sein. So besteht Diamant ausschließlich aus Kohlenstoffatomen. Diamanten sind sehr hart und durchsichtig, und wenn sie richtig geschliffen sind, glitzern und funkeln sie im Sonnenlicht.

Auch Graphit besteht nur aus Kohlenstoffatomen, trotzdem besitzt er ganz andere Eigenschaften als Diamant. Graphit ist eine dunkelgraue, weiche Substanz, die z. B. zu Bleistiftminen verarbeitet wird. Seine Eigenschaften unterscheiden sich deshalb so sehr von denen des Diamanten, weil die Kohlenstoffatome in ihm auf andere Weise angeordnet und verbunden sind.

In vielen Fällen kann man verschiedene Elemente sich miteinander vermischen lassen, um eine Substanz mit neuen nützlichen Eigenschaften zu erhalten. Dazu wollen wir uns einmal ein paar Beispiele ansehen.

Gold ist ein Element. Es ist ein Metall, das immer glänzend bleibt, ohne daß man es polieren muß. Es ist jedoch sehr weich. Wenn man einen Ring aus purem Gold anfertigen würde, wäre er sehr empfindlich und würde leicht kaputtgehen. Deshalb mischt man ein wenig Kupfer in das Gold. Die Mischung ist härter als das reine Gold und daher besser für die Herstellung von schönen und haltbaren Schmuckstücken geeignet.

Links: Rasterelektronenmikroskopische Aufnahme von Kochsalzkristallen (Natriumchlorid) in 250facher Vergrößerung. Die Farben wurden auch hier mit Hilfe eines Computers erzeugt, damit die Formen deutlicher zu erkennen sind. Die glatten Flächen und die exakt rechtwinklige Struktur sind natürlichen Ursprungs. Sie entstehen, weil die Atome von Natrium und Chlor in einem regelmäßigen räumlichen Gitter angeordnet sind.

Kupfer ist ebenfalls ein Element. Es ist ein Metall, das an der Luft im Laufe der Zeit matt und stumpf wird. Wenn man es mit Zink vermischt, erhält man Messing, das härter als reines Kupfer ist und an der Luft nicht so matt wird. Mischt man das Kupfer statt dessen mit Zinn, so erhält man Bronze, die sich gut gießen läßt und für Bildhauerkunstwerke oder Glocken verwendet wird.

Stahl besteht hauptsächlich aus dem Element Eisen. Er enthält aber auch geringe Mengen Kohlenstoff und andere Elemente, die ihn zäher und härter als reines Eisen machen und die das Rosten des Eisens weitgehend verhindern.

In vielen Substanzen sind Atome unterschiedlicher Elemente fest zu winzigen Gruppen verbunden. Dadurch entstehen völlig neue Stoffe, deren Eigenschaften nichts mehr mit denen der Elemente zu tun haben, aus denen sie bestehen. Beispielsweise ist die kleinste Menge Wasser, die existieren kann, ein Teilchen aus zwei Wasserstoffatomen und einem Sauerstoffatom, die miteinander verbunden sind. Man nennt dieses Teilchen ein Wassermolekül; Chemiker formulieren es als Formel H_2O.

Wenn Elemente sich wie beim Wasser chemisch verbinden, dann nennt man die neue Substanz, die dabei entsteht, eine Verbindung. Eine Verbindung besitzt völlig andere Eigenschaften als die Elemente, aus denen sie zusammengesetzt ist. Beispielsweise sind Sauerstoff und Wasserstoff Gase, während Wasser normalerweise eine Flüssigkeit ist.

BLICK INS INNERE

Sowohl Graphit als auch Diamant bestehen aus Kohlenstoffatomen. Um herauszufinden, warum sie so unterschiedliche Eigenschaften besitzen, haben Wissenschaftler untersucht, wie die Atome in ihnen angeordnet sind. Leider kann man die Atome nicht mit einem Mikroskop beobachten, da sie viel zu klein sind. Eine Methode namens Röntgenbeugung bewirkt aber beinahe das gleiche.

Sie funktioniert so: Man lenkt einen Röntgenstrahl auf die zu untersuchende Substanz. Die Röntgenstrahlen werden von den Atomen abgelenkt und erzeugen auf einem Filmstreifen dunkle Flecken. Aus dem Fleckenmuster können Wissenschaftler bestimmen, wie die Atome in der Substanz angeordnet sind.

Die Kohlenstoffatome im Diamanten sind in einer regelmäßigen und sehr festen Gitterstruktur angeordnet. Deshalb ist ein Diamant so hart. Im Graphit liegen die Kohlenstoffatome in Schichten

Rechts: Die beiden Fotos zeigen einen Diamanten, der von einem Juwelier geschliffen und poliert wurde, sowie einige Bleistiftminen aus Graphit. Diamant und Graphit bestehen beide aus reinem Kohlenstoff. Im Diamant ist jedes Kohlenstoffatom mit vier anderen verbunden, so daß ein festes Gerüst entsteht. Im Graphit sind die Atome in Schichten angeordnet. Die Schichten sind untereinander nur lose verbunden, sie können leicht übereinanderrutschen und dadurch voneinander getrennt werden. Deshalb bleibt auf dem Papier eine Graphitspur zurück, wenn man mit der Spitze eines Bleistifts darüberfährt.

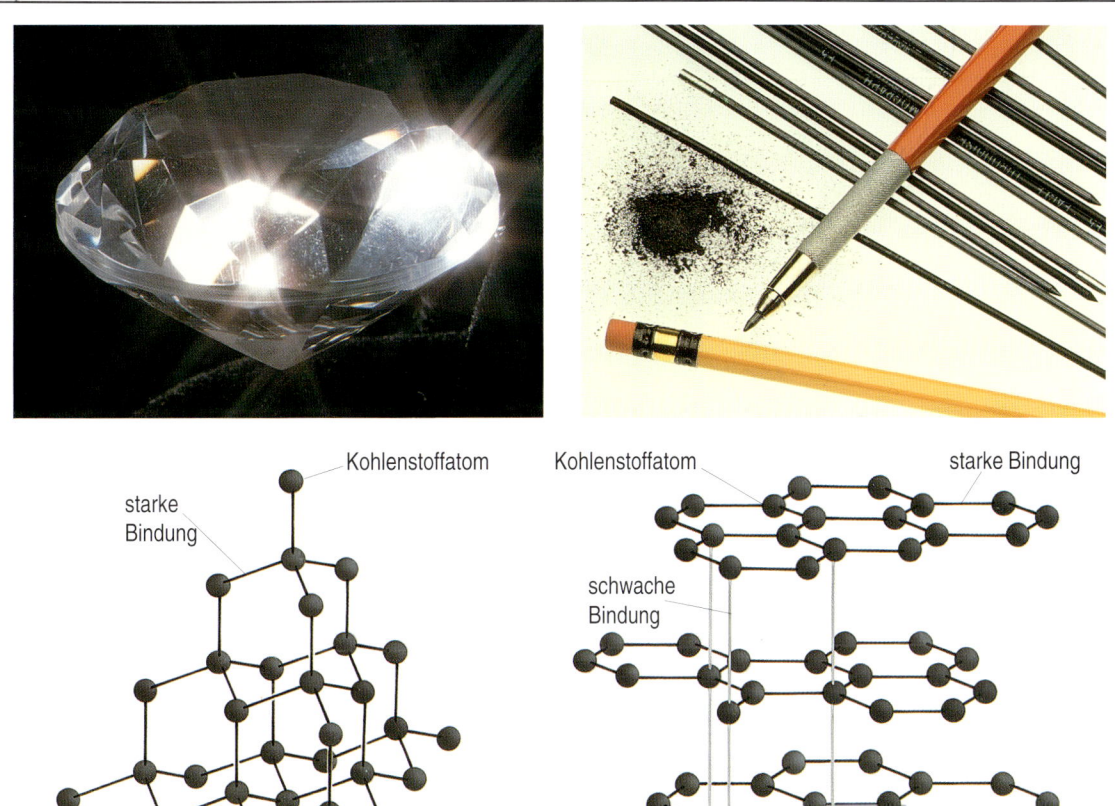

übereinander. Jedes Atom ist sehr fest mit drei anderen Atomen in derselben Schicht verbunden. Die Abstände zwischen den Schichten sind größer als die Abstände der Atome im Diamanten, die Schichten sind daher nur lose miteinander verbunden und können leicht übereinander hinweggleiten. Das ist der Grund, warum Graphit so viel weicher ist als Diamant. Wenn du mit deinem Bleistift über ein Blatt Papier fährst, werden Graphitschichten von der Mine abgeschabt und bleiben auf dem Papier zurück.

ELEMENTE UND VERBINDUNGEN

Viele Substanzen können fest, flüssig und gasförmig vorkommen. Beispielsweise ist Wasser normalerweise flüssig, aber wenn man es in den Gefrierschrank stellt und abkühlt, wird es zu festem Eis. Wenn man es erhitzt, verdampft es und beginnt dann zu sieden; das entstehende Gas nennen wir Wasserdampf. Das Sieden ist nur eine schnelle Form der Verdampfung, die beim Wasser normalerweise bei 100 °C eintritt.

Der Übergang zwischen Festkörper, Flüssigkeit und Gas — zum Beispiel das Verdampfen einer Flüssigkeit oder das Schmelzen eines Feststoffs — wird als physikalische Zustandsänderung bezeichnet. Die chemische Substanz bleibt dabei dieselbe. Im Gegensatz dazu kann man im Labor Wasser herstellen, indem man Wasserstoff mit Sauerstoff verbrennt, d. h. ihn mit Sauerstoff reagieren läßt. Das ist eine chemische Zustandsänderung, die man nicht so ohne weiteres rückgängig machen kann.

Unten: Eisberge in der Antarktis. Unter Bedingungen, wie sie hier herrschen, kann Wasser als Feststoff (Eis), Flüssigkeit und Gas (Wasserdampf) vorkommen.

flüssigem Wasser bilden sich dauernd neue Bindungen zwischen den Molekülen und brechen gleich wieder. Die Moleküle können sich aneinander vorbeibewegen, daher kann die Flüssigkeit fließen.

Wenn das Wasser dann weiter erhitzt wird, werden die Schwingungen der Moleküle so heftig, daß die Bindungen zwischen ihnen vollkommen gebrochen werden. Die Moleküle fliegen im Dampf einzeln durcheinander.

Wassermolekül

Feststoff (Eis) flüssiges Wasser Gas (Wasserdampf)

Oben: Jedes Wassermolekül besteht aus einem Sauerstoffatom und zwei Wasserstoffatomen. Im Eis liegen die Moleküle an festen Orten und bilden einen stabilen Kristall. In flüssigem Wasser liegen sie immer noch dicht beieinander, können sich aber aneinander vorbeibewegen. Im Gas sind sie weiter voneinander entfernt und bewegen sich frei.

Eis, flüssiges Wasser und Wasserdampf bestehen alle aus Wassermolekülen. Der Unterschied zwischen ihnen liegt in den Abständen zwischen den einzelnen Molekülen. Im Eis liegen sie dicht beieinander und bilden eine regelmäßige Struktur (ähnlich wie die Kohlenstoffatome im Diamant).

Auch in einem Festkörper wie Eis schwingen die Moleküle immer ein wenig hin und her. Wird sehr kaltes Eis langsam erwärmt, dann wird die Schwingung der Moleküle immer heftiger, bis irgendwann die lockeren Bindungen zwischen den Molekülen zu brechen beginnen — der Feststoff schmilzt. In

METALLE

Etwa drei Viertel aller Elemente sind Metalle; die meisten von ihnen sind allerdings recht selten. Zu den häufigen Metallen gehören Eisen, Kupfer, Zink, Aluminium und Blei.

Viele Metalle besitzen einige gemeinsame Eigenschaften, obwohl nicht unbedingt jedes Metall alle diese Eigenschaften besitzen muß. Frisch geschnittene oder gesägte Metalloberflächen glänzen meist. Metalle leiten Wärme und Elektrizität. Unter Belastung biegen oder dehnen sie sich. Und häufig geben sie ein typisches Geräusch, wenn wir dagegen schlagen.

Links: Wenn Eiskristalle schnell wachsen, z. B. in Gewitterwolken, dann bilden sie schöne symmetrische Formen, wie dieser einzelne Schneekristall. Jeder Kristall sieht anders aus, aber alle besitzen die gleiche sechszählige Symmetrie. (Man kann das Bild sechsmal um 60° drehen, und jedesmal sieht es gleich aus.)

Rechts: Der Eiffelturm in Paris wurde im Jahre 1889 erbaut; er ist 300 m hoch. Obwohl er aus relativ dünnen Stahlträgern besteht, kann er nicht einstürzen. Seine Stabilität kommt durch die Art und Weise zustande, wie die Stahlträger zu einem dreidimensionalen Netz verbunden sind — ganz ähnlich wie die Verknüpfung der Kohlenstoffatome in einem Diamanten.

AUFBAU DER ELEMENTE

Gold ist ein Element, das in der Natur als reines Metall vorkommt. An manchen Orten kann man es in kleinen Klumpen aus dem Boden graben. Die meisten Elemente kommen dagegen in Form ihrer Verbindungen vor. So findet man Kupfer häufig in Verbindungen mit Schwefel oder Sauerstoff (manchmal kommt es aber auch als Metall vor). Um aus der Verbindung das reine Kupfer zu erhalten, muß man die Verbindung in einem chemischen Prozeß spalten.

Goldatome verbinden sich nicht leicht mit anderen Atomen. Chemiker sagen daher, Gold sei kaum reaktiv. Das ist auch der Grund, warum es in reiner Form in der Natur vorkommt. Kupfer ist reaktiver, seine Atome verbinden sich leichter mit anderen Atomen, daher kommt es in der Natur als Verbindung vor. Um herauszufinden, warum manche Elemente reaktiver sind als andere, müssen wir die Atome näher betrachten.

Atome sind außerordentlich klein. Ein Goldring enthält mehr als 10 000 000 000 000 000 000 000 Goldatome! Sie bestehen aus noch kleineren Teilchen, die man Protonen, Neutronen und Elektronen nennt (vgl. S. 98). Protonen und Neutronen bilden zusammen den Atomkern. Die viel leichteren Elektronen bilden eine Art Wolke um den Atomkern. Wenn wir uns vorstellen, daß das ganze Atom so groß wie ein Fußballfeld wäre, so hätte der Kern nur ungefähr die Größe einer Erbse! Die Elektronen wären dann noch kleiner — etwa wie Zukkerkörnchen, die am Rand des Fußballfelds verstreut sind. Letztlich besteht ein Atom damit vor allem aus leerem Raum.

Die Anzahl der Elektronen und ihre Anordnung um den Kern bestimmen, um was für ein Atom es sich handelt und wie es sich verhält.

In den meisten Metallen liegen die Atome dicht beisammen, und einige der Elektronen sind nicht an ein bestimmtes Atom gebunden, sondern können sich frei durch das Metall bewegen. Elektrischer Strom besteht aus Elektronen, die durch das Metall fließen; aus diesem Grund können Metalle den Strom so gut leiten.

Die Tabelle der Elemente

Nr.	Name	Symbol	Zustand	Nr.	Name	Symbol	Zustand	Nr.	Name	Symbol	Zustand
1	Wasserstoff	H	gasförmig	36	Krypton	Kr	gasförmig	70	Ytterbium	Yb	fest
2	Helium	He	gasförmig	37	Rubidium	Rb	fest	71	Lutetium	Lu	fest
3	Lithium	Li	fest	38	Strontium	Sr	fest	72	Hafnium	Hf	fest
4	Berylium	Be	fest	39	Yttrium	Y	fest	73	Tantal	Ta	fest
5	Bor	B	fest	40	Zirconium	Zr	fest	74	Wolfram	W	fest
6	Kohlenstoff	C	fest	41	Niob	Nb	fest	75	Rhenium	Re	fest
7	Stickstoff	N	gasförmig	42	Molybdän	Mo	fest	76	Osmium	Os	fest
8	Sauerstoff	O	gasförmig	43	Technetium	Tc	fest	77	Iridium	Ir	fest
9	Fluor	F	gasförmig	44	Ruthenium	Ru	fest	78	Platin	Pt	fest
10	Neon	Ne	gasförmig	45	Rhodium	Rh	fest	79	Gold	Au	fest
11	Natrium	Na	fest	46	Palladium	Pd	fest	80	Quecksilber	Hg	flüssig
12	Magnesium	Mg	fest	47	Silber	Ag	fest	81	Thallium	Tl	fest
13	Aluminium	Al	fest	48	Cadmium	Cd	fest	82	Blei	Pb	fest
14	Silicium	Si	fest	49	Indium	In	fest	83	Bismut	Bi	fest
15	Phosphor	P	fest	50	Zinn	Sn	fest	84	Polonium	Po	fest
16	Schwefel	S	fest	51	Antimon	Sb	fest	85	Astat	At	fest
17	Chlor	Cl	gasförmig	52	Tellur	Te	fest	86	Radon	Rn	gasförmig
18	Argon	Ar	gasförmig	53	Jod	I	fest	87	Francium	Fr	fest
19	Kalium	K	fest	54	Xenon	Xe	gasförmig	88	Radium	Ra	fest
20	Calcium	Ca	fest	55	Cäsium	Cs	fest	89	Actinium	Ac	fest
21	Scandium	Sc	fest	56	Barium	Ba	fest	90	Thorium	Th	fest
22	Titan	Ti	fest	57	Lanthan	La	fest	91	Protactinium	Pa	fest
23	Vanadium	V	fest	58	Cer	Ce	fest	92	Uran	U	fest
24	Chrom	Cr	fest	59	Praseodym	Pr	fest	93	Neptunium	Np	fest
25	Mangan	Mn	fest	60	Neodym	Nd	fest	94	Plutonium	Pu	fest
26	Eisen	Fe	fest	61	Promethium	Pm	fest	95	Americium	Am	fest
27	Kobalt	Co	fest	62	Samarium	Sm	fest	96	Curium	Cm	fest
28	Nickel	Ni	fest	63	Europium	Eu	fest	97	Berkelium	Bk	fest
29	Kupfer	Cu	fest	64	Gadolinium	Gd	fest	98	Californium	Cf	fest
30	Zink	Zn	fest	65	Terbium	Tb	fest	99	Einsteinium	Es	fest
31	Gallium	Ga	fest	66	Dysprosium	Du	fest	100	Fermium	Fm	fest
32	Germanium	Ge	fest	67	Holmium	Ho	fest	101	Mendelevium	Md	fest
33	Arsen	As	fest	68	Erbium	Er	fest	102	Nobelium	No	fest
34	Selen	Se	fest	69	Thulium	Tm	fest	103	Lawrencium	Lr	fest
35	Brom	Br	flüssig								

Oben: Die systematische Reihenfolge der Elemente. Die Nummer gibt die Anzahl der Elektronen in jedem Atom dieses Elements an. Dem Namen des Elements folgt das Symbol (z. B. H oder He), mit dem die Wissenschaftler dieses Element in chemischen Formeln abkürzen. Der angegebene Zustand gilt für eine Temperatur von 25 °C und normalen Atmosphärendruck.

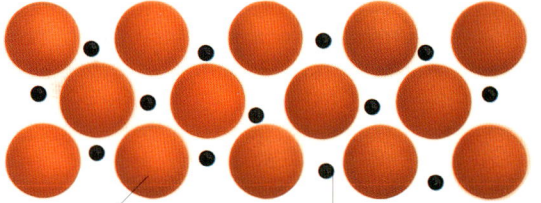

Kupferatom   Elektron, kann sich frei bewegen

Oben: Wenn ein Metall ein Festkörper oder eine Flüssigkeit ist, können sich die äußeren, schwach an die Atome gebundenen Elektronen frei zwischen den Atomen bewegen. Wenn sich alle Elektronen in dem Metall in die gleiche Richtung bewegen, nennt man diese Bewegung einen elektrischen Strom.

LEGIERUNGEN

Nicht alle reinen Metalle lassen sich gut verarbeiten. Die Atomschichten können oft leicht übereinandergleiten (wie im Graphit), daher sind viele Metalle sehr weich. Um bessere Werkstoffe zu erhalten, mischt man daher oft andere Metalle zu. Diese Mischung nennt man Legierung. So ist z. B. Messing eine Legierung aus Kupfer und Zink.

Rechts: Das Element Quecksilber ist ein Metall. Im Gegensatz zu allen anderen Metallen ist es bei Zimmertemperatur flüssig. Es benetzt die meisten Oberflächen nicht und bildet glänzende, runde Tropfen. Es ist sehr giftig und darf nie offen herumstehen, da schon sein Dampf gesundheitsschädlich ist.

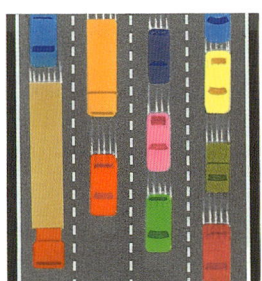

Verkehr fließt frei.

LKW verursacht Stau.

Oben: Der Verkehrsfluß auf einer Autobahn kann schon durch einen stehenden Lastwagen gestoppt werden. Ähnliches geschieht, wenn man zu einem aus kleinen Atomen bestehenden Metall einige große Atome zumischt. So läßt sich reines Aluminium mühelos biegen und dehnen, da seine Atome leicht übereinandergleiten können. Wenn man etwas Kupfer zugibt, entsteht die Legierung Duralumin, ein härteres und stabileres Material.

Aluminium ist ein weiches, sehr leichtes Metall. Um es härter zu machen, kann man ein wenig Kupfer zumischen. Die entstandene Legierung nennt man Duralumin; sie wird häufig im Flugzeugbau eingesetzt. Die größeren Kupferatome hindern in dieser Legierung die Schichten von Aluminiumatomen daran, übereinander hinwegzugleiten.

Stahl ist eine Legierung, die außer Eisen noch Kohlenstoff (und meist noch andere Elemente) enthält. Stahl ist eine der härtesten Legierungen. Er wird unter anderem in Bauwerken eingesetzt, um Wände aus Beton oder Stein stabiler zu machen.

KÜNSTLICHE MATERIALIEN

In chemischen Fabriken kann man neue Substanzen auf chemischem Weg herstellen. Zu diesen künstlichen Materialien gehören z. B. Kunststoffe wie Polyethylen oder PVC (Polyvinylchlorid) oder Kunstfasern wie Nylon oder Polyester. Diese Substanzen haben alle eines gemeinsam: Sie bestehen aus vielen gleichen kleinen Molekülen, die in einer langen Kette miteinander verbunden sind und so sehr große Moleküle bilden.

Solche Substanzen, die aus verketteten kleinen Molekülen bestehen, nennt man Polymere (griech. „poly" für viel und „meros" für Teil). Der Name eines Polymers sagt oft, aus welchen kleinen Molekülen es zusammengesetzt ist. Wenn viele Ethenmoleküle zu einer langen Kette verbunden werden, entsteht Polyethen, auch Polyethylen genannt — so einfach ist das! Nicht alle Polymere sind künstlich hergestellt. Zu den natürlichen Polymeren gehören z. B. Wolle, Baumwolle oder Seide.

Kunststoffe wie Polyethylen oder PVC lassen

sich leicht formen und verarbeiten, sie werden auch als Thermoplaste bezeichnet. Sie schmelzen bei relativ niedrigen Temperaturen und können beliebig oft schmelzen und wieder erstarren.

Andere Kunststoffe können nicht mehr geschmolzen werden, wenn sie einmal hart sind. Sie enthalten Querverbindungen zwischen den einzelnen Molekülketten, die eine feste, starre Struktur erzeugen. Solche Kunststoffe heißen Duroplaste. Die Griffe von Töpfen und Pfannen sind häufig aus einem Duroplast.

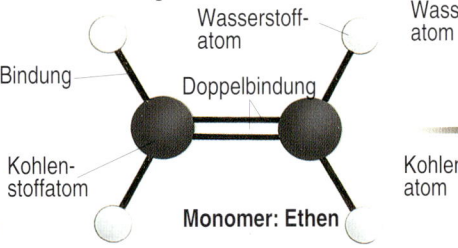

Wasserstoffatom · Wasserstoffatom · Bindung · Doppelbindung · Kohlenstoffatom · Kohlenstoffatom · **Monomer: Ethen**

Oben: Modelle von Ethen- und Polyethenmolekülen. Polyethen ist ein Polymer, das entsteht, wenn sich die kleinen Ethenmoleküle zu einer langen Kette verbinden.

WIE VERBINDUNGEN ENTSTEHEN

Wenn zwei oder mehr Elemente chemisch miteinander reagieren, entsteht eine Verbindung. Diese Reaktion kann auf verschiedene Arten stattfinden (vgl. S. 99 − 100); das Ergebnis ist aber immer, daß die Atome miteinander verbunden sind.

Natrium ist ein Metall, das sogar mit Wasser sehr heftig reagiert. Chlor ist ein gelbgrünes, sehr giftiges Gas, das schon in kleinen Mengen gefährlich ist. Wenn man Natrium und Chlor miteinander reagieren läßt — diese Reaktion kann sehr heftig ablaufen —, so entsteht eine harmlose Verbindung namens Natriumchlorid: gewöhnliches Kochsalz. Diese chemische Reaktion läßt sich mit Hilfe der Elektronenzahlen der beteiligten Atome verstehen.

Atome haben einen Atomkern, der von einer Elektronenwolke umgeben ist. Sie ist für die chemischen Eigenschaften des Elements verantwortlich. Ein Natriumatom hat elf Elektronen. Zwei von ihnen befinden sich sehr nahe am Kern, weitere acht in einer Art Schale in geringer Entfernung von den ersten beiden. Das letzte ist alleine und relativ weit vom Atomkern entfernt. Dieses Elektron ist der Grund, warum Natrium so leicht reagiert.

Ein Chloratom besitzt 17 Elektronen. Wie im Natriumatom befinden sich zwei von ihnen sehr nahe am Kern und acht schalenartig um diese herum. Die restlichen sieben befinden sich in einer weiteren Schale in größerer Entfernung vom Kern. Dem Chloratom fehlt also ein Elektron zu einer Anordnung mit acht Elektronen in der äußersten Schale, die besonders günstig ist.

Wenn Natrium und Chlor miteinander reagieren, so „leiht" das Natriumatom dem Chloratom sein einzelnes äußeres Elektron. Auf diese Weise erreichen beide Atome eine Elektronenwolke mit acht Elektronen in der äußersten Schale. In diesem Zustand sind sie nicht mehr reaktiv. Solange sie beisammen bleiben, können sie nicht mehr mit anderen Substanzen reagieren. Gleichzeitig hält das „ausgeliehene" Elektron die Atome zusammen.

HART WIE PORZELLAN

Ton besteht aus winzigen Plättchen. Wenn Ton mit Wasser vermischt wird, so können sie leicht übereinander hinweggleiten; der Ton wird dann weich und formbar. Wenn das Wasser anschließend durch „Brennen" in einem Brennofen entfernt wird, so wird das Material hart und spröde. Es besitzt aber viele kleine Poren und ist nicht wasserdicht. Deshalb bekommen die Tongefäße in einem zweiten Brenngang eine Glasur. Dabei erhalten sie eine glasartige, wasserdichte Beschichtung.

NATÜRLICH ODER KÜNSTLICH?

In vielen Läden werden „biologische" Lebensmittel angeboten. Damit meint man, daß sie ohne Hilfe von künstlichen Chemikalien erzeugt wurden. Auch Lebewesen bestehen aus chemischen Substan-

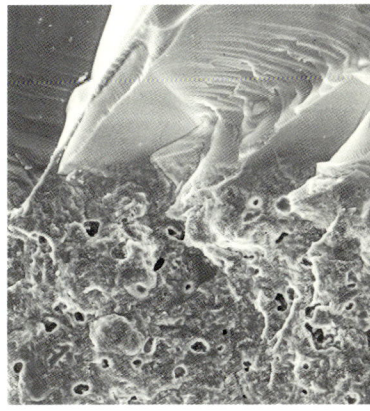

Oben: Schnitt durch Porzellan, 130fach vergrößert. Das Porzellan in der unteren Bildhälfte ist porös. Die Glasur in der oberen Bildhälfte macht es wasserdicht.

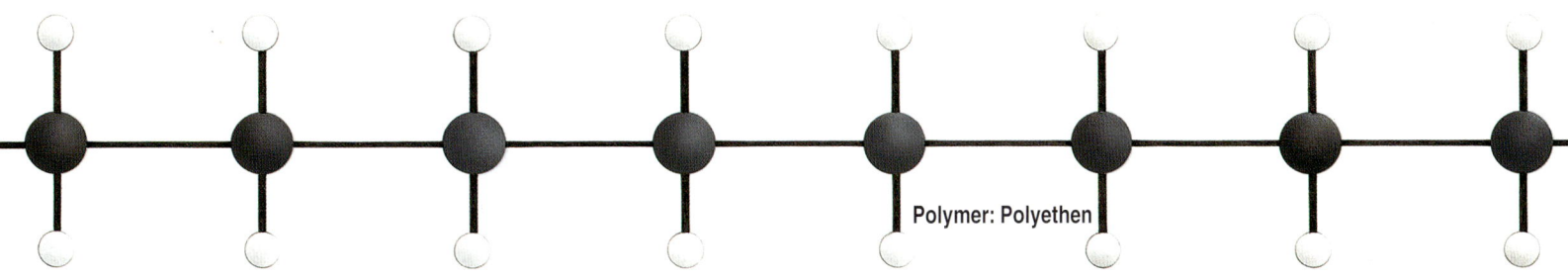

Polymer: Polyethen

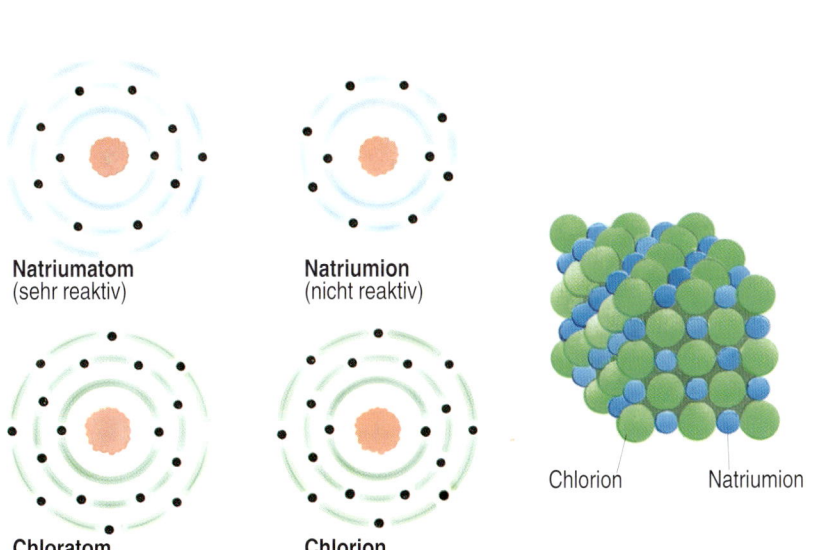

Natriumatom (sehr reaktiv)

Natriumion (nicht reaktiv)

Chloratom (sehr reaktiv)

Chlorion (nicht reaktiv)

Chlorion   Natriumion

Natriumchloridkristall

zen, vor allem aus Kohlenstoffverbindungen (vgl. S. 65). In der Chemie ist es üblich, alle Kohlenstoffverbindungen als organische Verbindungen zu bezeichnen, egal, ob sie in einem Lebewesen oder im Labor entstanden sind. Die Erforschung dieser Substanzen wird als Organische Chemie bezeichnet, wohingegen die Erforschung aller anderen Substanzen in den Bereich der Anorganischen Chemie gehört. Es gibt über hundert Elemente und Millionen von Verbindungen auf der Welt, doch das Leben um uns beruht allein auf Kohlenstoff mit seinen Verbindungen.

Links: Atome, die Elektronen aufgenommen oder abgegeben haben, nennt man Ionen. Um eine gefüllte Elektronenschale zu erreichen, muß das Natriumatom ein Elektron abgeben und das Chloratom ein Elektron aufnehmen. Genau das geschieht bei der Bildung von Natriumchlorid.

Das Geheimnis des Lebens

Unser Körper besteht aus vielen Millionen winziger Zellen, die aus noch kleineren Bausteinen, den Atomen, aufgebaut sind. Die Zellen sind die Grundeinheiten des Lebens. Sie steuern das Wachstum, die Fortpflanzung und sämtliche anderen Lebensvorgänge. Damit dies alles möglich ist, enthält jede einzelne Zelle eines Lebewesens dessen Bauplan in codierter Form.

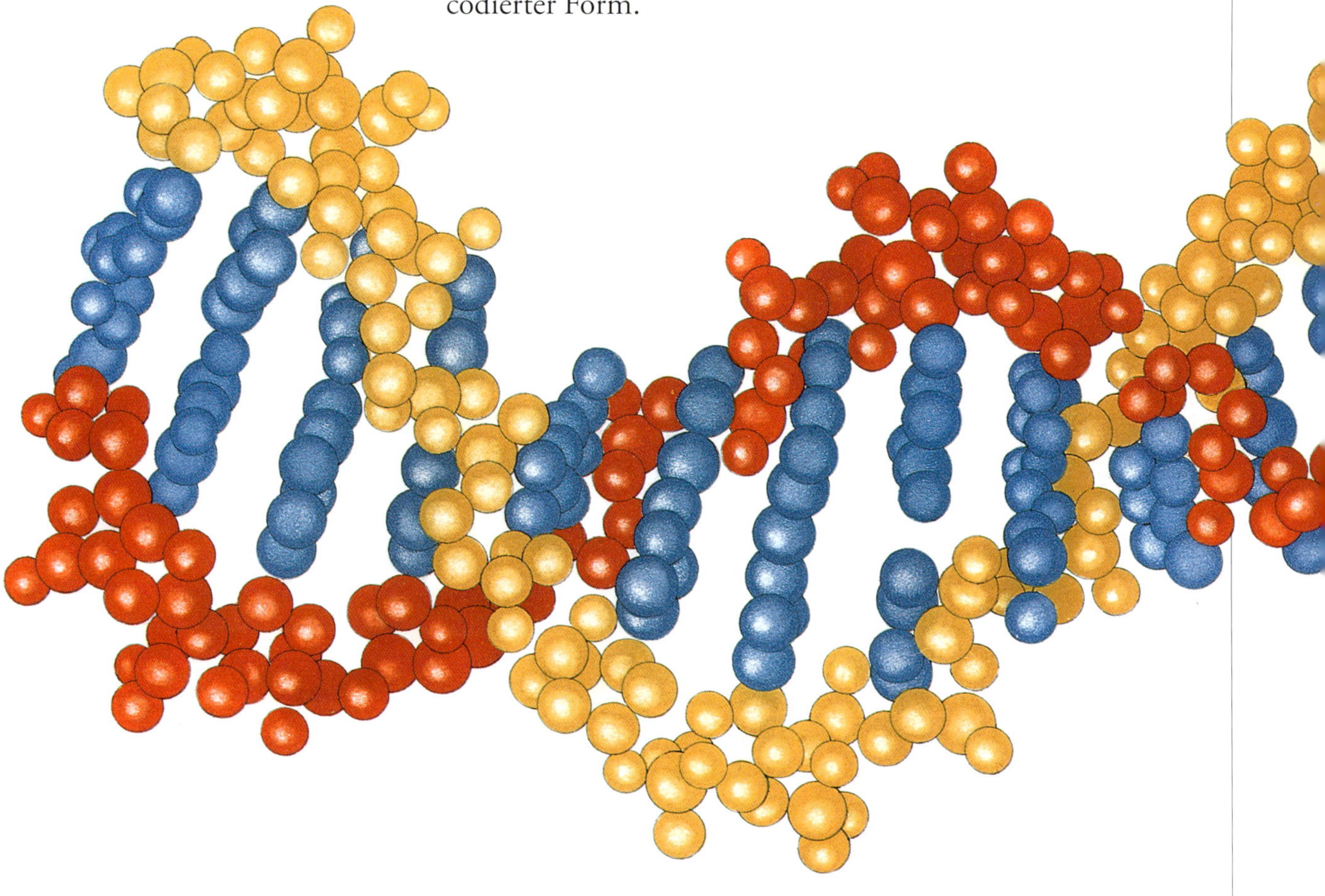

BAUSTEINE UND BAUPLÄNE

Zu den Lebewesen oder Organismen zählen nicht nur Menschen, Tiere und Pflanzen, sondern auch kleinste Lebensformen, die nur im Mikroskop sichtbar sind, wie z. B. Bakterien. Anders als die unbelebte Materie durchlaufen Organismen oftmals vielfältige und tiefgreifende Veränderungen. So wird aus einem befruchteten Hühnerei ein Küken, und eine Eichel wächst mit den Jahren zu einem großen Eichenbaum heran. Kennzeichnend für Lebewesen ist ihre Fähigkeit, sich fortzupflanzen. Jeder Organismus hat seinen eigenen Bauplan als „chemische Nachricht" in jeder seiner Körper-

Unten: Ein Ausschnitt aus einem DNA-Molekül als Computergrafik. Sein Aufbau aus zwei miteinander verbundenen und verdrillten Strängen wurde 1953 entdeckt. Viele Fragen, auf die es bis dahin keine Antwort gegeben hatte, konnten nun geklärt werden, z. B. nach der Art und Weise, wie die genetische Information in Zellen gespeichert ist.

zellen gespeichert und gibt ihn bei der Fortpflanzung als genetische Information (Erbinformation) an seine Nachkommen weiter.

ZELLEN BEI TIER UND PFLANZE

Tiere können sehr unterschiedlich aussehen, dennoch haben auch ihre Zellen vieles gemeinsam. Fast jede Zelle, ganz gleich ob bei Mensch,

Rechts: Die Rasterelektronenmikroskop-Aufnahme zeigt in 5 000facher Vergrößerung Sporen (Dauerformen) des Bakteriums, das bei Zuchtvieh die Infektionskrankheit Milzbrand auslöst. Die Farbe der Darstellung wurde per Computer erzeugt, damit die Sporen besser zu erkennen sind.

Tier oder Pflanze, hat eine „Steuereinheit" namens Zellkern. Dieser enthält in Form langer DNA-Moleküle den chemischen Code, der das Aussehen und sämtliche andere Merkmale des betreffenden Lebewesens bestimmt. Im Kern jeder einzelnen der ungeheuer vielen Zellen, aus denen deine Haut, deine Muskeln und dein Gehirn bestehen, ist also Information über deine Augenfarbe, Haarfarbe, Körpergröße, Nasen- und Ohrenform und Hunderte weiterer Merkmale gespeichert.

Die Substanz im Zellkern, die diesen chemischen Code trägt, heißt DNA; dies ist die Abkürzung für Desoxyribonukleinsäure (der letzte Buchstabe A steht für das englische Wort „acid" = Säure). Jeder Mensch hat seine eigene, individuelle DNA. Sie ist genauso einzigartig und unverwechselbar wie sein Fingerabdruck. Lediglich bei eineiigen Zwillingen stimmt die DNA genau überein.

Die Zellen der Haut, des Blutes und der Muskeln haben alle die gleiche DNA. Also sind überall in deinem Körper, sogar in den Zellen deines großen Zehs, auch Informationen über die Farbe deiner Augen enthalten .

Der Zellkern ist vom Cytoplasma umgeben, eine Art Gelee, das Nährstoffe und eine große Menge weiterer Substanzen enthält. Im Cytoplasma befindet sich außerdem eine Reihe kleinerer Strukturen, die man Organellen nennt. In den Organellen laufen — gesteuert vom Zellkern — alle lebensnotwendigen chemischen Prozesse ab. Im Grunde genommen ist das Cytoplasma also eine Art chemischer Fabrik.

Anders als bei Tierzellen enthält das Cytoplasma von Pflanzenzellen zusätzlich noch kleine grüne Gebilde, die Chloroplasten. In ihnen ist der grüne Blattfarbstoff Chlorophyll eingelagert, der die Energie aus dem Sonnenlicht absorbiert (aufnimmt). Mit Hilfe dieser Energie können grüne Pflanzen ihre Nahrung aus Stoffen, die sie aus der Luft und dem Boden beziehen (siehe auch S. 66), selbst herstellen.

Das Cytoplasma ist von der Zellmembran umgeben. Das ist eine Art Haut, die für Nähr- und Abfallstoffe durchlässig ist. Pflanzenzellen haben außerhalb der Membran noch eine feste Zellwand aus Cellulose.

Zellen können von Viren befallen werden, die so winzig klein sind, daß Hunderte in eine einzige Zelle passen. Ohne eine Zelle als Wirt zeigt ein Virus keinerlei Anzeichen von Leben und gleicht eher dem Molekül einer unbelebten Substanz. Wenn es jedoch auf eine Zelle trifft, kann es deren Membran durchbohren und die Zelle veranlassen, ihre normale Tätigkeit einzustellen und statt dessen Viren-Nachkommen zu produzieren.

Rechts: Die Schnittzeichnung zeigt eine typische tierische Zelle in 2 500facher Vergrößerung. Alle lebenswichtigen chemischen Reaktionen finden mit Hilfe von Organellen im Cytoplasma statt und werden vom Zellkern gesteuert, der die DNA enthält. Die umgebende elastische Membran hält die Zelle zusammen und läßt Nährstoffe nach innen und Abfallstoffe nach außen passieren.

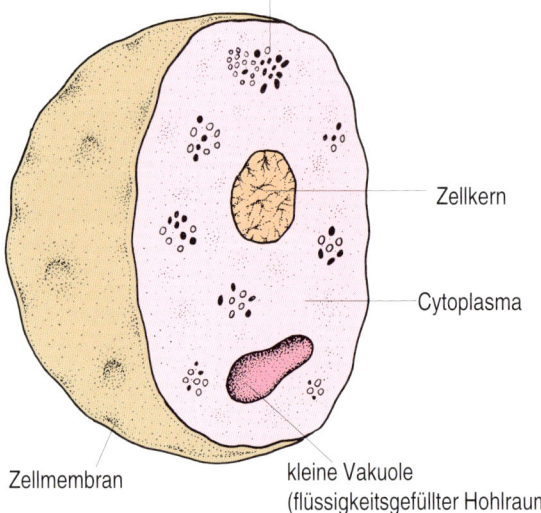

Gespeicherte Nahrung (Öltröpfchen und Glykogen – tierische Stärke)

Zellkern

Cytoplasma

Zellmembran

kleine Vakuole (flüssigkeitsgefüllter Hohlraum)

Rechts: Die Schnittzeichnung zeigt eine typische Pflanzenzelle in 2 500facher Vergrößerung. Wie eine tierische Zelle hat auch sie Zellkern, Cytoplasma und umgebende Membran. Zusätzlich enthält sie grüne Chloroplasten, die die Energie aus dem Sonnenlicht aufnehmen können. Sie unterscheidet sich auch durch ihre große, mit Zellsaft gefüllte Zentralvakuole und die starre Zellwand aus Cellulose von der Tierzelle.

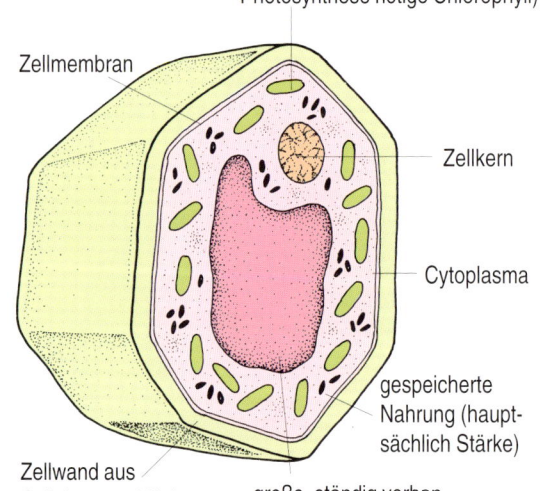

Chloroplast (enthält das zur Photosynthese nötige Chlorophyll)

Zellmembran

Zellkern

Cytoplasma

gespeicherte Nahrung (hauptsächlich Stärke)

Zellwand aus Cellulose, stabilisiert und schützt die Zelle.

große, ständig vorhandene Zentralvakuole

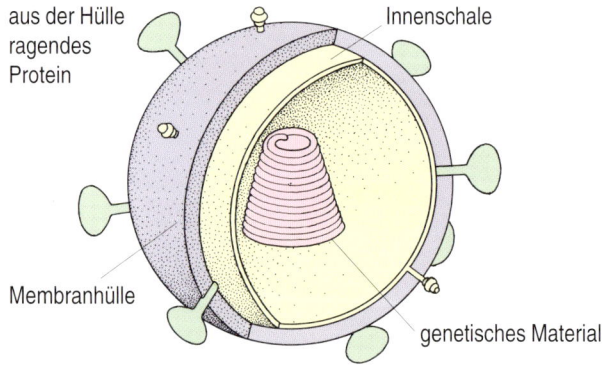

aus der Hülle ragendes Protein

Innenschale

Membranhülle

genetisches Material

Oben: Hier ist in einmillionenfacher Vergrößerung das Virus zu sehen, das die Immunschwächekrankheit AIDS verursacht. Wenn ein solches Virus in eine Zelle eingedrungen ist, „zwingt" es diese, Viren zu produzieren. Schließlich platzt die Zelle, die Viren gelangen ins Blut, und die Infektion breitet sich aus.

EINZELLER UND VIELZELLER

Es gibt Lebewesen, die aus nur einer einzigen Zelle bestehen. Man nennt sie deshalb Einzeller. Meist leben sie im Wasser, denn an Land würden sie in kurzer Zeit austrocknen. Die Amöbe ist ein solcher Einzeller. Sie kommt hauptsächlich in Teichwasser und anderer feuchter Umgebung vor. Eine Amöbe sieht aus wie ein Geleeklümpchen. Sie hat keine feste Körperform und erbeutet ihre Nahrung, indem sie diese mit Ausstülpungen ihres Zellkörpers (Scheinfüßchen) umfließt.

Andere Organismen bestehen aus unterschiedlich großen Zellansammlungen. Man nennt sie Vielzeller. Algen beispielsweise kommen in einzelliger Form vor, können aber auch aus mehreren aneinandergefügen Zellen oder aus vielen Millionen Zellen bestehen, wie es beim Seetang der Fall ist.

Wasser und unverdauliche Stoffe (werden ausgeschieden)

Zellkern

Zellkern

Nahrung (mikroskopisch kleine Alge)

In Bläschen eingeschlossene Nahrung, wird verdaut.

Oben: Eine Amöbe ist ein Einzeller von der Größe eines Stecknadelkopfes. Sie ernährt sich, indem sie die Nahrung umfließt und in ihren Zellkörper aufnimmt.

ZUSAMMENHALT

Die höheren Pflanzen und Tiere sind aus vielen Billionen Zellen aufgebaut und brauchen deshalb eine Art stabilisierenden Rahmen, der auch verhindert, daß sie austrocknen.

Pflanzenzellen haben im Gegensatz zu Tierzellen eine starre Form. Dies hat zwei Gründe. Zum einen sind pflanzliche Zellen von einer dicken Zellwand aus Cellulose umgeben. Zum zweiten befindet sich in ihrem Cytoplasma ein großer zentraler Hohlraum, der mit einer wäßrigen Flüssigkeit (Zellsaft) gefüllt ist, deren Druck die Zelle stabilisiert.

Bei vielen Tieren und beim Menschen sorgt das Skelett für den Zusammenhalt. Es ist aus Zellen aufgebaut und kann in zweierlei Form vorkommen. Manche Tierarten haben ein Außenskelett, das ihren Körper stabilisiert und die Organe schützt. Der Panzer eines Krebses ist ein Beispiel dafür. Bei anderen Tieren und auch beim Menschen bilden die Zellen ein Innenskelett. Beide Skelett-Typen sind so aufgebaut, daß lebende Zellen in eine widerstandsfähige mineralische (also unbelebte) Substanz eingebettet sind.

Oben: Es gibt etwa 7 000 verschiedene Arten von Seetang, die zu den Algen gehören. Algen können aus einer einzigen Zelle bestehen, als Vielzeller aber auch sehr groß werden wie der braune Seetang, dessen Pflanzenkörper bis zu 45 m mißt.

ARBEITSTEILUNG

Organismen, die aus mehr als einer Zelle bestehen, nennt man Vielzeller. Zu dieser Kategorie gehören z. B. Bäume, Grashalme, Katzen und Hunde, und auch du selbst bist ein Vielzeller. Bei Lebewesen dieser Art sind die Zellen spezialisiert, d. h. verschiedenartige Zellen erfüllen unterschiedliche Aufgaben. Dies gilt auch für die Zellen einzelner Körperbereiche: So findet man in einem Laubblatt z. B. Zellen, die Nahrung herstellen, andere steuern die Zu- und Abfuhr von Luft und Wasser usw.

Bei Mensch und Tier sind die Zellen sehr weitgehend spezialisiert. Damit neues Leben entsteht, muß eine Samenzelle des Vaters mit einer Eizelle der Mutter verschmelzen. Bei der männlichen Samenzelle ist das Cytoplasma zu einem langen dünnen „Schwanz" ausgezogen, so daß sie sich „schwimmend" zur Eizelle hinbewegen kann.

Der menschliche Körper ist von einem Netz aus Nerven durchzogen, die aus vielen Millionen Nervenzellen bestehen. Die Nervenzellen transportieren „Botschaften" in Form elektrischer Impulse von

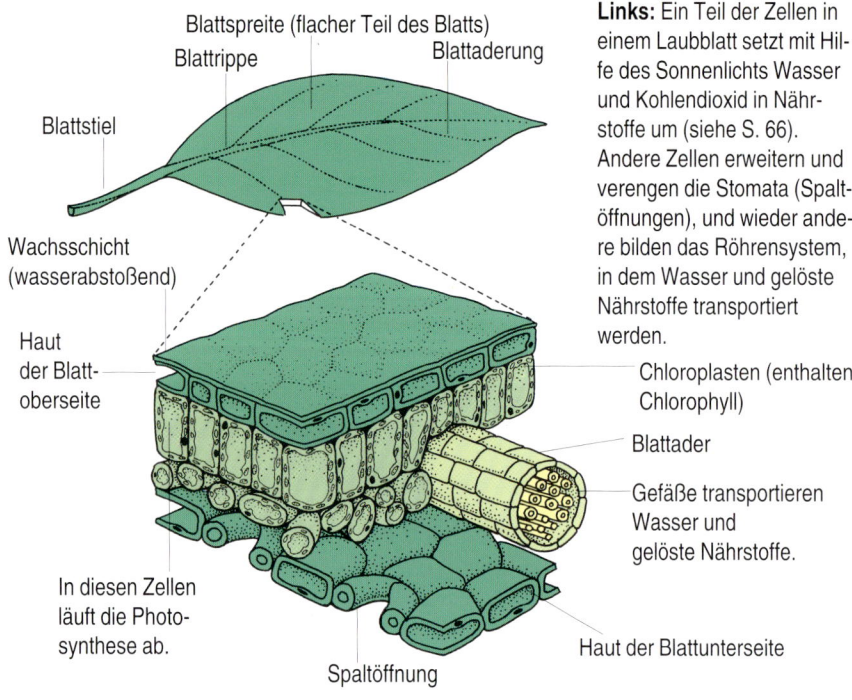

Blattspreite (flacher Teil des Blatts)

Blattrippe

Blattaderung

Blattstiel

Wachsschicht
(wasserabstoßend)

Haut
der Blatt-
oberseite

In diesen Zellen
läuft die Photo-
synthese ab.

Spaltöffnung

Chloroplasten (enthalten
Chlorophyll)

Blattader

Gefäße transportieren
Wasser und
gelöste Nährstoffe.

Haut der Blattunterseite

Links: Ein Teil der Zellen in einem Laubblatt setzt mit Hilfe des Sonnenlichts Wasser und Kohlendioxid in Nährstoffe um (siehe S. 66). Andere Zellen erweitern und verengen die Stomata (Spaltöffnungen), und wieder andere bilden das Röhrensystem, in dem Wasser und gelöste Nährstoffe transportiert werden.

den Sinnesorganen zu Gehirn und Rückenmark und von dort zu den Muskeln (siehe S. 141). Das Cytoplasma der Nervenzellen ist zu dünnen Nervenfasern ausgezogen, die enorm lang sein können. So kann eine einzige Zelle samt ihren Fortsätzen vom großen Zeh bis zum unteren Rückenmark reichen.

DER CODE DES LEBENS

Am Anfang seines Lebens besteht jeder Mensch aus einer Einzelzelle, die gebildet wird, wenn Samen- und Eizelle miteinander verschmelzen. Zu diesem Zeitpunkt entsteht aus dem in den Keimzellen enthaltenen Erbgut von Vater und Mutter die charakteristische DNA des neuen Lebewesens. Die neue Zelle wächst und teilt sich in zwei Zellen. Auch diese wachsen und teilen sich, und so geht es weiter. Diesen Prozeß nennt man Zellteilung. Jede neuge-

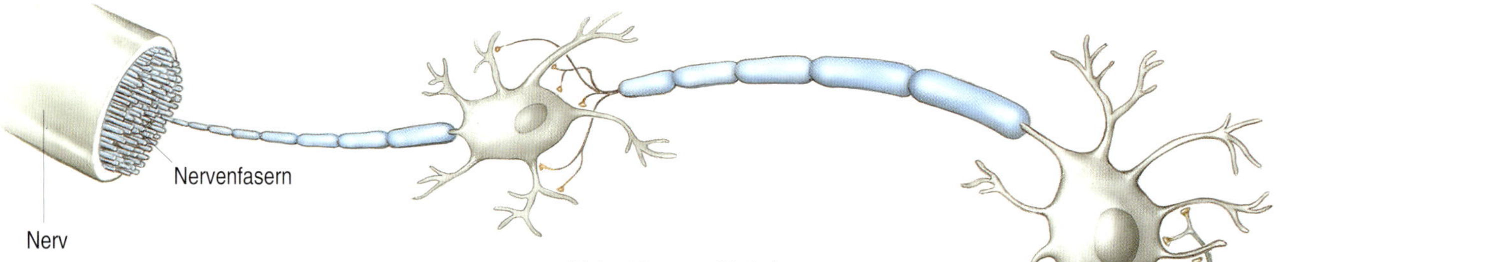

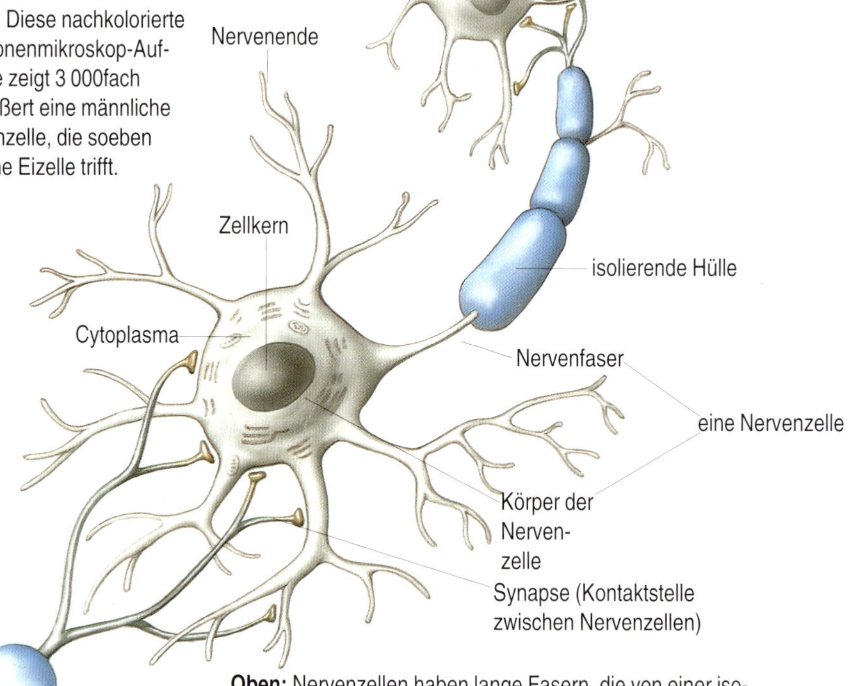

Nervenfasern

Nerv

Links: Diese nachkolorierte Elektronenmikroskop-Aufnahme zeigt 3 000fach vergrößert eine männliche Samenzelle, die soeben auf eine Eizelle trifft.

Nervenende

Zellkern

Cytoplasma

isolierende Hülle

Nervenfaser

eine Nervenzelle

Körper der
Nerven-
zelle

Synapse (Kontaktstelle
zwischen Nervenzellen)

Oben: Nervenzellen haben lange Fasern, die von einer isolierenden Hülle umgeben sind und elektrische Impulse transportieren. Der eigentliche Nerv ist ein Bündel aus vielen solcher Fasern, ähnlich wie ein Telefonkabel, in dem viele Drähte verlaufen.

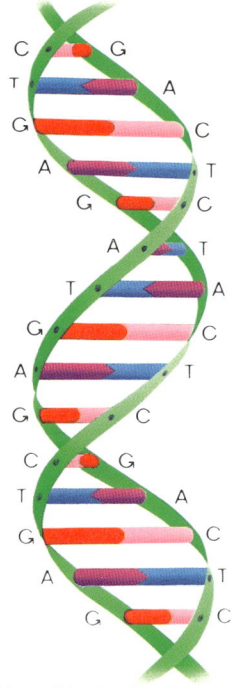

Oben: Dies ist die schematische Darstellung eines kurzen Abschnitts eines DNA-Moleküls. Die Basen, die die Leitersprossen bilden, sind als Balken mit verschieden geformten Verbindungsstellen dargestellt. Es gibt vier Arten von Basen: Adenin (A), Cytosin (C), Guanin (G) und Thymin (T). Die Basen sind chemisch so beschaffen, daß nur T mit A und C mit G Paare bilden können.

bildete Zelle hat in ihrem Zellkern eine exakte Kopie der DNA der Ursprungszelle. Anfangs sind die Zellen alle gleichartig, in späteren Stadien entstehen dann spezialisierte Zellen, die die verschiedenen Teile des Körpers bilden. Auch diese sind mit genau derselben DNA ausgestattet wie alle anderen.

Als Molekül bezeichnet man einen Verband aus Atomen. Auch die DNA liegt in Form von Molekülen vor, die aus jeweils vielen Millionen Atomen aufgebaut sind. Die Atome sind so angeordnet, daß das Molekül wie eine zur Spirale gedrehte Leiter geformt ist. Diese Struktur heißt Doppelhelix.

Die Holme (Seitenteile) der Leiter werden von Atomen der Elemente Wasserstoff, Sauerstoff, Kohlenstoff und Phosphor gebildet. Die Sprossen sind paarweise zusammengefügte chemische Verbindungen namens Basen. Insgesamt gibt es vier solcher Basen: Sie heißen Adenin, Cytosin, Guanin und Thymin oder kurz A, C, G und T. Jede Base ist aus 13 bis 16 Atom-Bausteinen der Elemente Wasserstoff, Sauerstoff, Kohlenstoff und Stickstoff zusammengesetzt.

Die vier Basen sind die Grundlage der gesamten Erbinformation eines jeden Lebewesens. Wenn sie Basenpaare bilden, fügen sich immer nur A und T sowie C und G zusammen. Die Abfolge der Basenpaare im DNA-Molekül stellt in codierter Form den Bauplan des betreffenden Lebewesens dar. Jedes „Wort" des Codes ist eine Abfolge von drei „Basenbuchstaben", die man auch als Triplett bezeichnet (z. B. ATG).

Teilabschnitte der „Leiter" bezeichnet man als Gene. Jedes Gen trägt die Information über ein bestimmtes Merkmal und umfaßt etwa 1 000 „Leitersprossen". Die Gene wiederum sind zu wesentlich

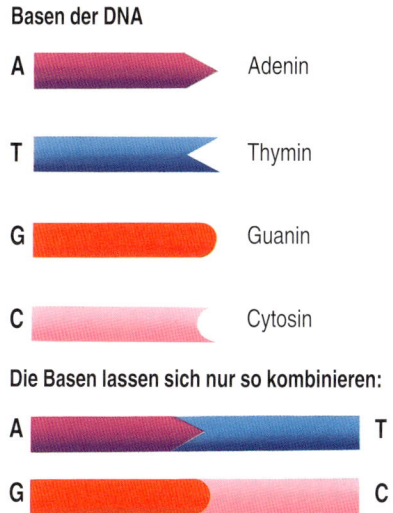

Basen der DNA

A — Adenin

T — Thymin

G — Guanin

C — Cytosin

Die Basen lassen sich nur so kombinieren:

A — T

G — C

Oben: Hier sind die vier verschiedenen Basen der DNA und ihre Kombinationsmöglichkeiten dargestellt. Als Basenpaare bilden sie die Sprossen der Leiter links auf dieser Seite. Ein einziges DNA-Molekül hat viele Millionen Basenpaare. Die Abfolge der Basenpaare ist der genetische Code.

längeren Abschnitten zusammengefaßt, den Chromosomen. Jede menschliche Zelle enthält 46 Chromosomen in Form von 23 Chromosomenpaaren. Die 23 Chromosomenpaare sind aus ungefähr 100 000 einzelnen Genen zusammengesetzt.

Ein Code macht nur dann einen Sinn, wenn er sich in verwertbare Information umsetzen läßt. Bei der DNA läuft dies folgendermaßen ab: Deine Körperzellen bestehen hauptsächlich aus Proteinen. Die Zellen stellen diese Proteine aus Stoffen her, die sie aus ihrer Umgebung aufnehmen. Die DNA enthält in codierter Form sozusagen die Rezepte für die Zubereitung der Proteine.

Links: Bernstein entsteht, wenn zähflüssiges Baumharz erstarrt. Diese Fliegen blieben vor ca. 30 Mio. Jahren an der klebrigen Substanz haften und wurden eingeschlossen, als das Harz zu Bernstein erhärtete. Unser Wissen über das Aussehen prähistorischer Tiere haben wir zum Teil aus solchen Einschlüssen. Es ist jedoch äußerst schwierig, aus den erhalten gebliebenen Tierkörpern DNA zu isolieren.

Unten: Hier ist die Selbstver-
doppelung eines DNA-Mole-
küls dargestellt. Der Doppelstrang trennt sich
reißverschlußartig. An die
beiden Teilstränge lagern
sich freie Basen an und er-
gänzen sie wieder zu zwei
vollständigen DNA-Molekü-
len, die nicht nur miteinander,
sondern auch mit dem Original identisch sind.

Basenpaar

Holme aus Zucker
und Phosphat

Der Doppelstrang
teilt sich.

Zwei neue
Doppelstränge
entstehen, indem
sich freie Basen an
die Teilstränge
anlagern.

Zwei neugebildete,
identische DNA-
Doppelstränge

Basen der DNA

C ■ G
T ■ A
A ■ T
G ■ C

Chemische Substanzen mit Botenfunktion transportieren die Information der entsprechenden
DNA-Abschnitte in das Cytoplasma (die „Fabrik-
halle" der Zelle). Dort werden dann die Proteine
hergestellt, die beispielsweise bewirken, daß du
schwarze oder blonde Haare, dunkle oder helle
Haut, blaue oder braune Augen hast.

AUS EINS MACH ZWEI!

Die DNA hat die Fähigkeit zur Selbstverdoppe-
lung. Sie erzeugt Kopien von sich selbst, indem sie
sich in zwei Teilstränge trennt, an die dann freie Basen (aus dem Cytoplasma) angelagert werden. Um
zu verstehen, wie dies vor sich geht, stellst du dir am
besten den DNA-Doppelstrang als einen „Spezial-
Reißverschluß" mit unterschiedlichen Zähnen vor,
nämlich den Basen A, C, G und T. Bei ihm können
immer nur die „Basenzähne" A und T ineinandergreifen, und das gleiche gilt für C und G. Wenn
sich also der Reißverschluß öffnet (d. h. der Doppelstrang der DNA trennt sich in zwei Teilstränge),
wird sich ein freies A stets an ein T im Teilstrang anlagern, ein freies T stets an ein A usw. So werden die
beiden Teilstränge zu Doppelsträngen (also vollständigen DNA-Molekülen) ergänzt, von denen jeder ganz genauso aufgebaut ist wie das Original.
Auf diese Weise wird die genetische Information an
neue Zellen weitergegeben.

FORTPFLANZUNG — GESCHLECHT-
LICH UND UNGESCHLECHTLICH

Beim Menschen sowie den meisten Tieren und
Pflanzen stammt die DNA der Nachkommen zur
Hälfte von der Mutter und zur Hälfte vom Vater, so
daß sie von jedem Elternteil einige Merkmale übernehmen. Man nennt dies geschlechtliche Fortpflanzung.
   Von den 23 Chromosomenpaaren einer menschlichen Körperzelle stammt je eine Paarhälfte von jedem Elternteil. Welche Hälfte vom Vater und welche von der Mutter kommt, ist bei jedem
Chromosomenpaar zufallsbedingt. Aus diesem
Grund unterscheiden sich Lebewesen, die durch geschlechtliche Fortpflanzung entstanden sind, sehr
stark voneinander.
   Bei anderen Lebewesen sehen die Nachkommen
ganz genauso aus wie der Elternorganismus. So
pflanzt sich eine Amöbe z. B. fort, indem sie sich in

Rechts: Hier sind die 23 Chromosomenpaare eines Menschen unter dem Mikroskop der Größe nach angeordnet. Je eine Paarhälfte stammt von der Mutter, die jeweils andere vom Vater. Die beiden Chromosomen unten rechts sind die Geschlechtschromosomen. In diesem Fall handelt es sich um zwei X-Chromosomen (sie sind X-förmig), also ist die Person, von der dieser Chromosomensatz stammt, weiblich. Eine männliche Person hätte an dieser Stelle ein X- und ein Y-Chromosom.

Unten: Die Wissenschaftlerin nimmt eine gentechnische Veränderung an der DNA eines Patienten vor, der an einer Immunkrankheit leidet. Auf dem Bildschirm ist dargestellt, was die Wissenschaftlerin im Mikroskop sieht. Links auf dem Bildschirm ist die Spitze der Nadel zu sehen, mit der einer Zelle ein künstlich verändertes Gen injiziert wird.

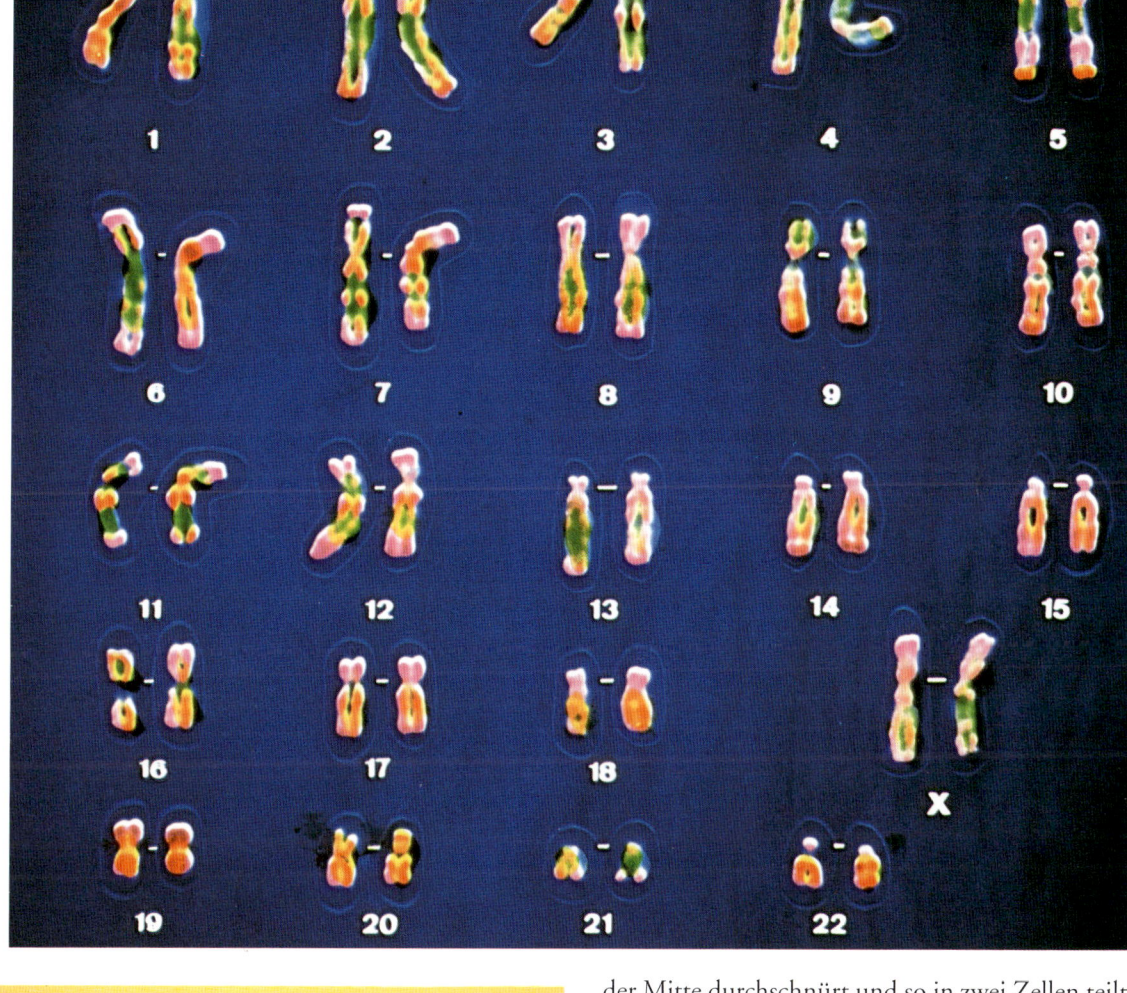

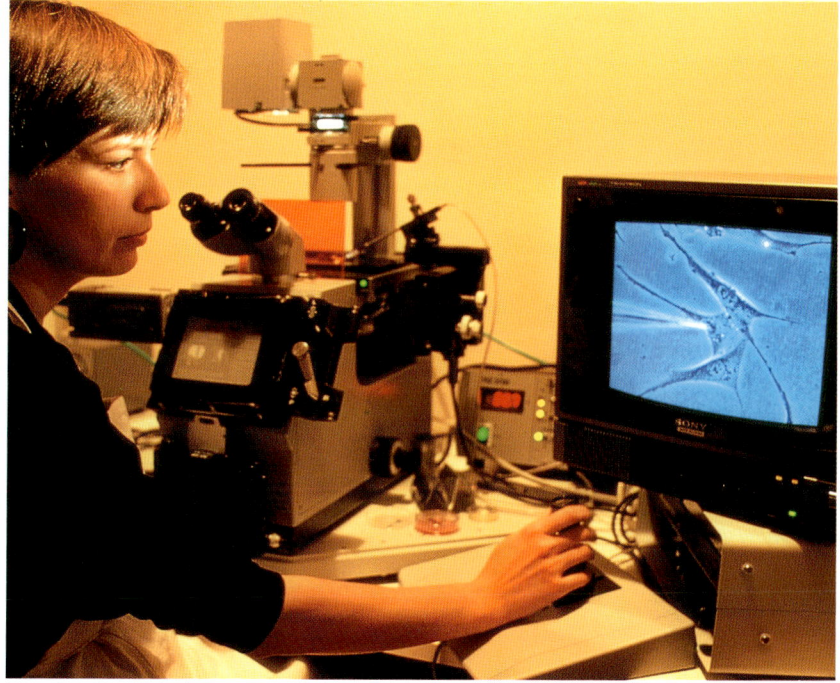

der Mitte durchschnürt und so in zwei Zellen teilt. Jede hat exakt die gleiche DNA-Ausstattung wie die Ausgangszelle. Dies nennt man ungeschlechtliche Fortpflanzung.

GENTECHNIK

Mittlerweile ist es möglich, Gene aus DNA-Molekülen herauszuschneiden und neu zusammenzusetzen. Man nennt dies Gentechnik.

Eine Reihe gefährlicher und schmerzhafter Krankheiten entstehen durch fehlerhafte Gene, so z. B. die Sichelzellenanämie (eine Blutkrankheit). Sie galt bisher als unheilbar, weil sie genetisch bedingt ist. Oft rufen die Möglichkeiten der Gentechnik auch Unbehagen und Kritik hervor, so z. B. bei der Vorstellung, daß man eines Tages Babys mit bestimmten Merkmalen und Eigenschaften „entwerfen" kann.

DIE SONNE: MOTOR DES LEBENS

Ohne Sonne könnten auf der Erde weder Pflanzen noch
Tiere und natürlich auch keine Menschen existieren.
Die Energie aus dem Sonnenlicht ist der Motor eines natürlichen
Kreislaufs, der dem Werden und Vergehen sämtlicher irdischer
Lebensformen zugrunde liegt.

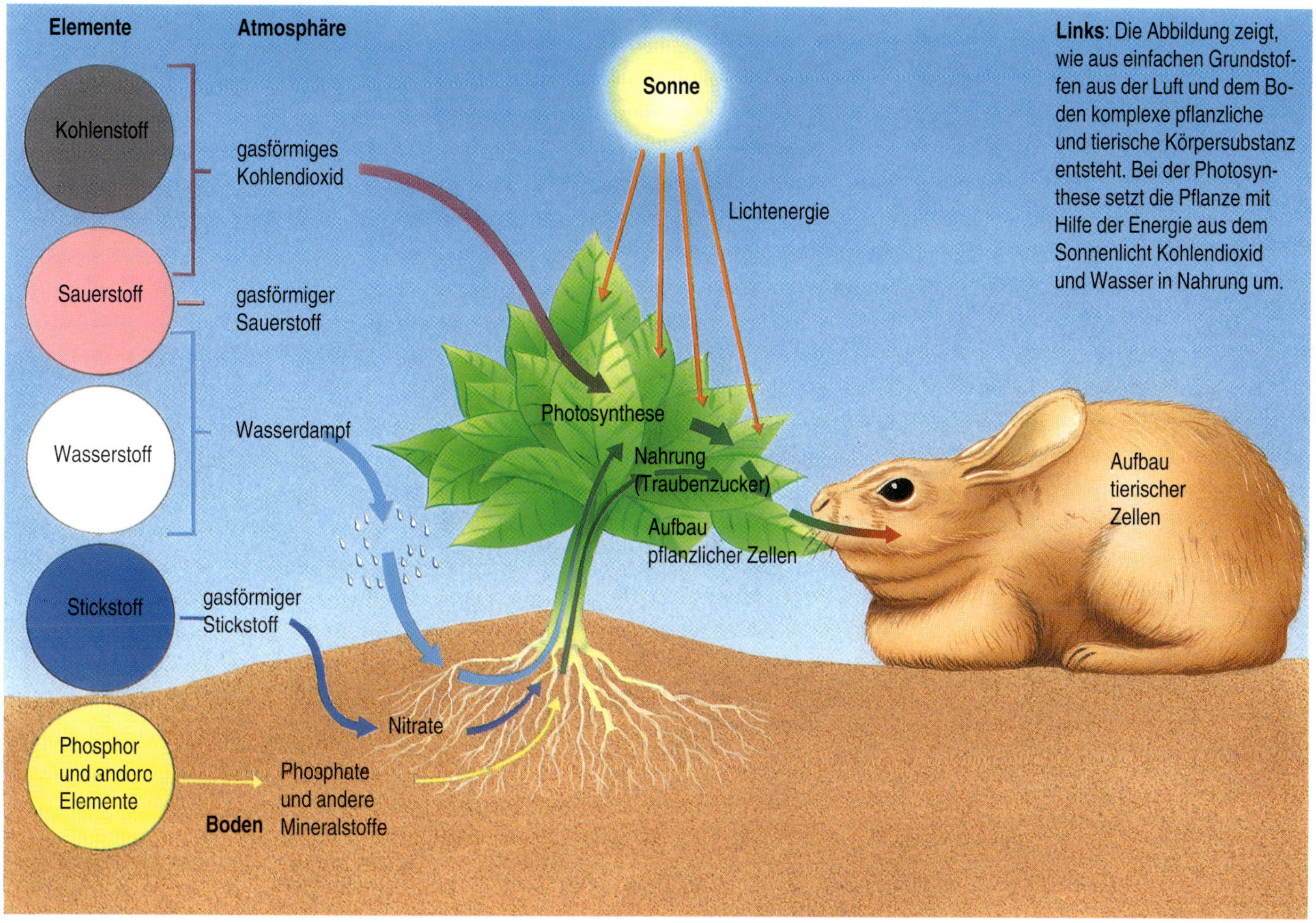

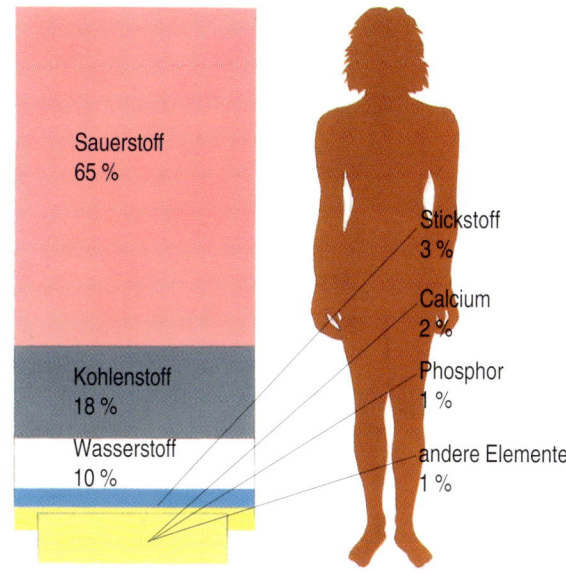

Elemente

Atmosphäre

Kohlenstoff

gasförmiges
Kohlendioxid

Sauerstoff

gasförmiger
Sauerstoff

Wasserstoff

Wasserdampf

Stickstoff

gasförmiger
Stickstoff

Phosphor
und andere
Elemente

Boden

Nitrate

Phosphate
und andere
Mineralstoffe

Sonne

Lichtenergie

Photosynthese

Nahrung
(Traubenzucker)

Aufbau
pflanzlicher Zellen

Aufbau
tierischer
Zellen

Links: Die Abbildung zeigt, wie aus einfachen Grundstoffen aus der Luft und dem Boden komplexe pflanzliche und tierische Körpersubstanz entsteht. Bei der Photosynthese setzt die Pflanze mit Hilfe der Energie aus dem Sonnenlicht Kohlendioxid und Wasser in Nahrung um.

Links: Die Waldbäume nehmen über ihre Blätter Sonnenenergie auf. Diese dient ihnen zur Umwandlung von Kohlendioxid und Wasser in Nährstoffe und zusammen mit Mineralstoffen aus dem Boden zum Aufbau neuer Pflanzensubstanz (also zum Wachsen). Stirbt ein Baum ab, wird seine Substanz von Bakterien und Pilzen abgebaut und wieder dem Boden und der Luft zugeführt.

W ie bei anderen Lebewesen besteht auch dein Körper hauptsächlich aus Atomen der Elemente Kohlenstoff, Sauerstoff, Stickstoff und in sehr geringer Menge aus Wasserstoff. Alle diese Elemente sind in der Atmosphäre enthalten. In der Luft liegen sie als gasförmige Verbindungen vor, in anderen Kombinationen bilden sie bei Pflanzen Blätter und Holz und bei Menschen und Tieren Fleisch und Blut. Dazu sind meist noch geringe Mengen weiterer Elemente erforderlich. Dem Leben und Wachsen liegen komplizierte chemische Vorgänge zugrunde, bei denen die Atome zu immer wieder anderen Verbindungen umgelagert werden.

SELBSTVERSORGER UND NUTZNIESSER

Alle Lebewesen brauchen Nahrung zur Aufrechterhaltung ihrer Lebensvorgänge und zum Wachsen. Aus der Nahrung beziehen sie nicht nur Energie, sondern auch das Rohmaterial zum Aufbau neuer Körpersubstanz. Dabei wird die Nahrung in ihre Bestandteile aufgespalten, die anschließend zu an-

**Elemente in unserem Körper
(in Gewichtsprozent)**

Sauerstoff
65 %

Kohlenstoff
18 %

Wasserstoff
10 %

Stickstoff
3 %

Calcium
2 %

Phosphor
1 %

andere Elemente
1 %

Oben: Hier ist gezeigt, aus welchen Elementen unser Körper aufgebaut ist. Die Atome dieser Elemente gehen verschiedenartige Verbindungen miteinander ein und bilden so die Gewebe und Organe. Zu ca. 60 % besteht unser Körper aus Wasser; ein Großteil des Wasserstoffs und Sauerstoffs ist darin gebunden.

deren Verbindungen zusammengesetzt werden und die verschiedenen Teile des Körpers bilden.

Anders als Menschen und Tiere können Pflanzen keine fertige Nahrung aufnehmen, sondern müssen sie selbst herstellen. Hierzu nehmen sie Stoffe aus der Umgebung auf: über die Blätter gasförmiges Kohlendioxid aus der Luft und über die Wurzeln Wasser aus dem Boden. Mit Hilfe der Energie aus dem Sonnenlicht setzen sie diese beiden Grundstoffe zu Glucose (Traubenzucker) um, die ihnen als Nahrung dient. Man bezeichnet diesen Vorgang als Photosynthese (Photo bedeutet Licht, und Synthese ist ein anderer Ausdruck für das Herstellen neuer Stoffe). Damit die Photosynthese ablaufen kann, brauchen die Pflanzen Lichtenergie von der Sonne.

Pflanzenblätter enthalten den Blattfarbstoff Chlorophyll, der nicht nur ihre Grünfärbung bewirkt, sondern auch die Energie aus dem Sonnenlicht absorbieren (aufnehmen) kann.

Nun ist Glucose nicht die einzige Substanz, die die Pflanzen herstellen.

Ein Teil davon wird in Cellulose umgesetzt. Cellulose ist ein zähes, faseriges Material, das die Wände von Pflanzenzellen bildet und ein Bestandteil von Holz ist. Ein anderer Teil der Glucose wird in Stärke oder Öl umgewandelt, das in Stengeln, Wurzeln, Samen und Früchten gespeichert wird, und ein weiterer Teil dient zur Proteinsynthese (d. h. zum Aufbau von Eiweißstoffen) in den Pflanzenzellen. Zur Herstellung der Proteine werden außerdem geringe Mengen anderer Elemente aus dem Boden benötigt. Die Substanzen, die diese Spurenelemente enthalten, nennt man Mineralien.

Tiere können ihre Nahrung nicht selbst herstellen. Sie ernähren sich von Pflanzen und anderen Tieren. Auch beim Menschen ist dies so. Wenn du eine Kartoffel ißt, ernährst du dich genaugenommen aus dem Stärkevorrat, den die Pflanze in einer Knolle angelegt hat.

ENERGIEQUELLE NAHRUNG

Du beziehst deine Energie aus der Nahrung, indem du sie „verbrennst". Dieser Vorgang ist — wie eine gewöhnliche Verbrennung — eine chemische Reaktion, an der Sauerstoff beteiligt ist. Anders als bei einem Feuer entstehen dabei jedoch weder Rauch noch Flammen und auch keine große Hitze. In deinen Körper-

Unten: Wenn die Libelle die fleischfressende Venusfliegenfalle berührt, schließen sich deren klappenförmige Blatthälften, und das Insekt ist gefangen. Drüsen an den Blattinnenseiten sondern Stoffe ab, die die Beute auflösen. Auf diese Weise deckt die Pflanze ihren Bedarf an Nährstoffen, die sie nicht aus dem Boden bekommt.

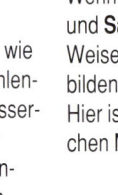

Wenn **Kohlenstoff-** und **Sauerstoff**atome auf diese Weise aneinander gebunden sind, bilden sie gasförmige Kohlendioxidmoleküle.

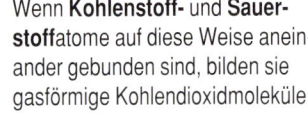

Wenn **Wasserstoff-** und **Sauerstoff**atome auf diese Weise aneinander gebunden sind, bilden sie Wassermoleküle.

Rechts: Hier ist gezeigt, wie Atome der Elemente Kohlenstoff, Sauerstoff und Wasserstoff in unterschiedlicher Kombination verschiedenartige Substanzen bilden.

Wenn **Kohlenstoff-**, **Wasserstoff-** und **Sauerstoff**atome auf diese Weise aneinander gebunden sind, bilden sie lange **Cellulose**moleküle. Hier ist nur ein kleiner Teil eines solchen Moleküls zu sehen.

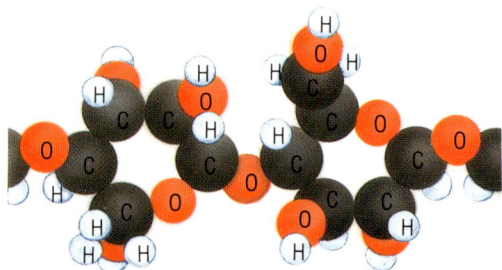

zellen reagieren gelöste Nahrung (in Form von Glucose) und Sauerstoff miteinander, und dabei wird Energie frei. Dieser Prozeß heißt Atmung. Um ihn von der äußeren Atmung über die Atmungsorgane zu unterscheiden, nennt man ihn innere Atmung oder Zellatmung.

Auch Pflanzen atmen und brauchen daher Sauerstoff. Doch im Gegensatz zu Menschen und Tieren erzeugen sie den benötigten Sauerstoff selbst; er fällt bei der Photosynthese an.

SAUERSTOFF IM GLEICHGEWICHT

Wie Pflanzen und Tiere beziehen auch wir Menschen unsere Energie aus den Vorgängen bei der Zellatmung. Dabei werden Glucose und Sauerstoff zu Kohlendioxid und Wasser umgesetzt. Daß deine Atemluft auch Wasserdampf enthält, kannst du feststellen, wenn du eine kalte Fensterscheibe anhauchst und beobachtest, wie sie mit Feuchtigkeit beschlägt.

Diese Gleichung beschreibt, was bei der Zellatmung geschieht:

Glucose + Sauerstoff → Kohlendioxid + Wasser + Energie

Bei der Photosynthese verläuft dieser Vorgang in umgekehrter Richtung. Pflanzen wandeln mit Hilfe der Energie aus dem Sonnenlicht Kohlendioxid und Wasser in Glucose und Sauerstoff um.

Auch dieser Vorgang läßt sich mit einer Gleichung ausdrücken:

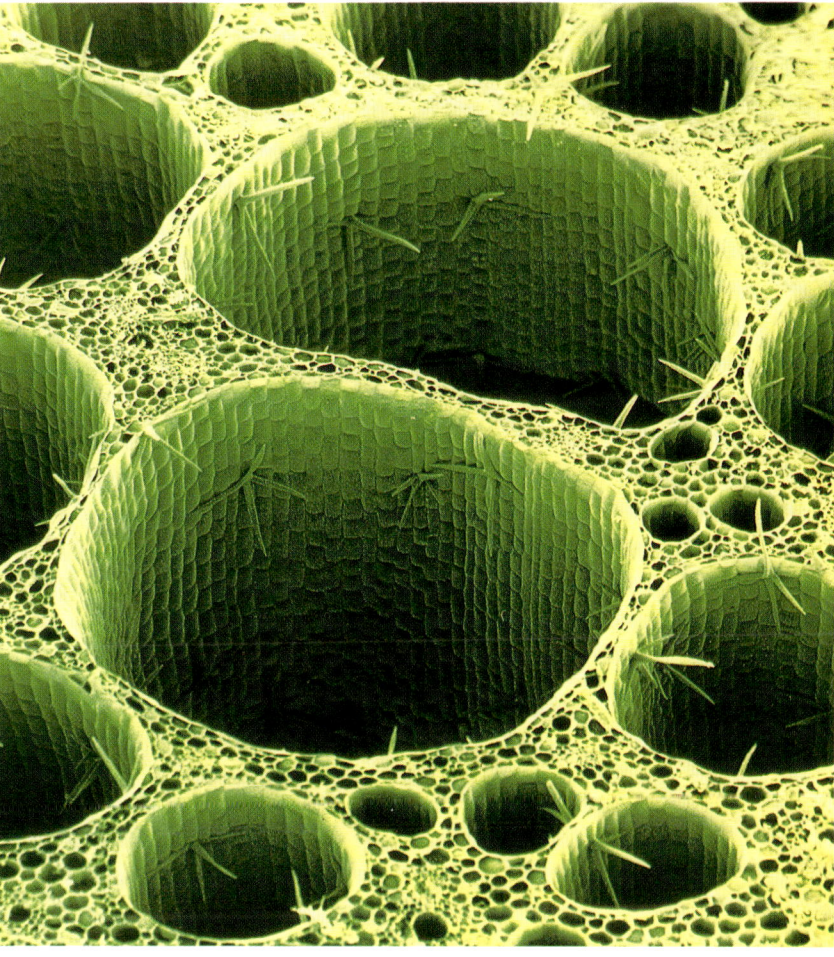

Oben: Ausschnitt in 25facher Vergrößerung aus dem Stengel einer Seerose. Die kleineren Röhren im Sieb- und Holzteil transportieren Wasser und gelöste Stoffe.

Kohlendioxid + Wasser + Energie → Glucose + Sauerstoff

Damit Photosynthese und Zellatmung ablaufen können, müssen gasförmige Stoffe in die Pflanze hinein- und wieder herausgelangen. Zu diesem Zweck haben die Blätter — hauptsächlich an der Unterseite — winzige Stomata (Spaltöffnungen).

DER KOHLENSTOFFKREISLAUF

Kohlenstoff ist eines der wichtigsten Elemente in Lebewesen. Er ist sowohl in den Geweben und Organen unseres Körpers enthalten wie auch in der Substanz von Pflanzen. Kohlendioxid, das die Pflanzen aus der Luft zur Photosynthese aufnehmen und das von Menschen und Tieren ausgeatmet wird, besteht aus Kohlenstoff in Verbindung mit Sauerstoff. Kohlendioxid gelangt auch in die Luft,

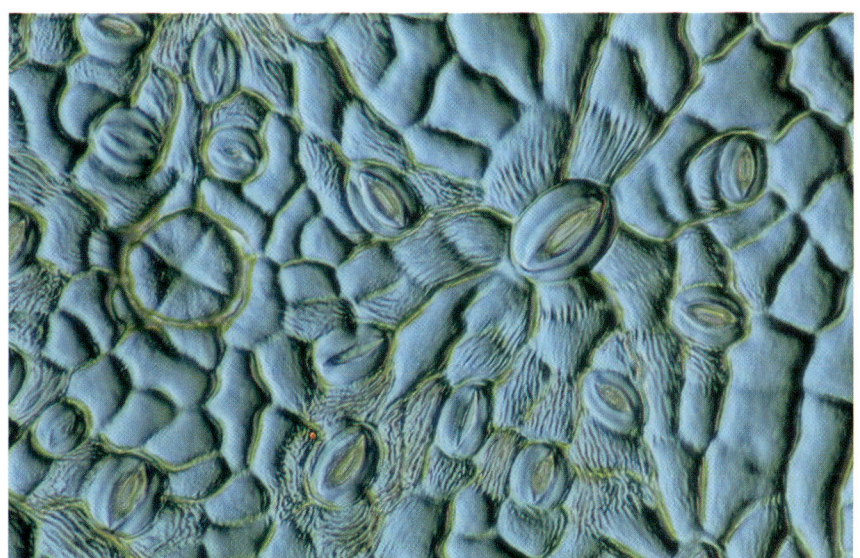

Links: Auf der 1 400fach vergrößerten Oberfläche dieses Blattes sind die länglichen Stomata sichtbar, durch die der Gasaustausch stattfindet. Je zwei Schließzellen verkleinern oder vergrößern bei Bedarf die Öffnungen.

wenn pflanzliche und tierische Rückstände durch Bakterien zersetzt werden; die Bakterien geben bei der Atmung gasförmiges Kohlendioxid ab.

Stark kohlenstoffhaltig sind auch Erdöl und Erdgas, die sich aus den Überresten winziger Meereslebewesen bildeten, sowie Kohle, die vor Jahrmillionen aus abgestorbenen Pflanzen entstand. Erdöl, Erdgas und Kohle bezeichnet man deshalb als fossile Brennstoffe. Bei ihrer Verbrennung wird der darin „eingeschlossene" Kohlenstoff als gasförmiges Kohlendioxid in die Atmosphäre abgegeben.

Kohlenstoff wird ständig wiederverwertet. Aus der Luft gelangt er über Pflanzen, Tiere und Menschen als Zwischenstationen wieder zurück in die Luft. Dieser Prozeß heißt Kohlenstoffkreislauf.

Was der Mensch heute durch die Wiederverwertung von Materialien wie Glas, Kunststoff usw. zu erreichen versucht, hat die Natur beim Kohlenstoff perfekt gelöst.

als die Pflanzen aufnehmen und verwerten können. In der Atmosphäre hat das Kohlendioxid eine ähnliche Wirkung wie die Glasscheiben eines Treibhauses. Es läßt Sonnenlicht von außen durch, verhindert aber, daß Wärme von der Erde in den Weltraum abgestrahlt wird. Wäre dies nicht so, wäre es auf der Erde wesentlich kälter. Ein zu hoher Kohlendioxidgehalt in der Luft bewirkt, daß sich die Atmosphäre langsam aufheizt, und dadurch kann es langfristig zu tiefgreifenden Klimaveränderungen kommen. Man nennt dies globale Erwärmung oder Treibhauseffekt.

Wälder bedecken etwa ein Fünftel des Festlandes der Erdoberfläche. Aufgrund ihrer Fähigkeit, die Qualität der Luftzusammensetzung zu verbessern, nennt man Wälder auch „die grünen Lungen" der Erde. Doch immer mehr Waldgebiete werden durch Eingriffe des Menschen zerstört, etwa durch Abholzen, um den Bedarf an Nutzholz zu decken.

STÖRUNGEN UND IHRE FOLGEN

Durch Aktivitäten des Menschen wird das Gleichgewicht des Kohlendioxidgehalts in der Atmosphäre empfindlich gestört. Bei der Verbrennung fossiler Brennstoffe gelangt mehr Kohlendioxid in die Luft,

DER STICKSTOFFKREISLAUF

Alle Lebewesen brauchen Stickstoff. Dieses Element ist in der Atmosphäre reichlich vorhanden; sie besteht zu vier Fünfteln aus Stickstoff. Die allermeisten Lebewesen können das lebenswichtige Element

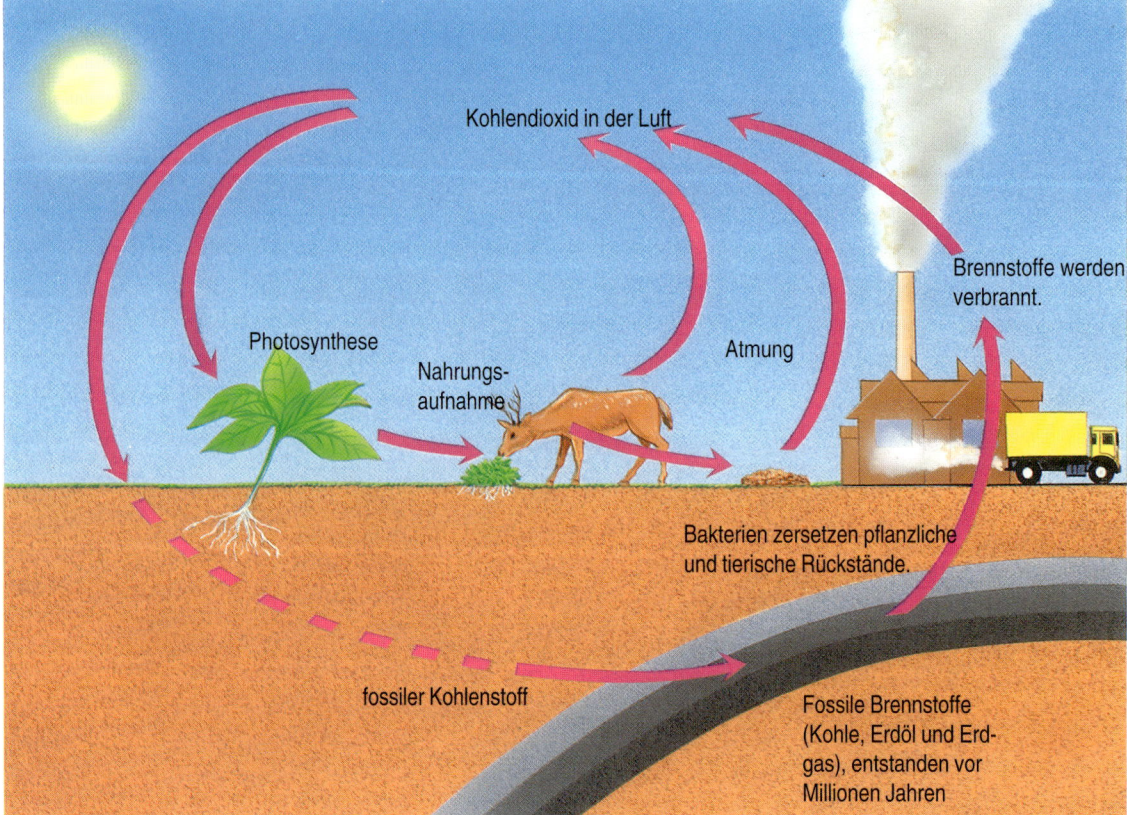

Rechts: Hier ist vereinfacht dargestellt, wie beim Kohlenstoffkreislauf der Kohlenstoff aus der Atmosphäre über Pflanzen, Tiere und fossile Brennstoffe als Zwischenstationen schließlich wieder in die Luft zurückgelangt. Der Kohlenstoffkreislauf ist ein komplexer Prozeß, in dem mehrere Einzelkreisläufe zusammenwirken.

Kohlendioxid in der Luft

Photosynthese

Nahrungsaufnahme

Atmung

Brennstoffe werden verbrannt.

Bakterien zersetzen pflanzliche und tierische Rückstände.

fossiler Kohlenstoff

Fossile Brennstoffe (Kohle, Erdöl und Erdgas), entstanden vor Millionen Jahren

jedoch nicht direkt aus der Luft aufnehmen. Pflanzen decken ihren Bedarf an Stickstoff, indem sie ihn in Form von Nitraten über die Wurzeln dem Boden entziehen. Nitrate kommen auf unterschiedliche Weise in den Boden. Blitze wandeln atmosphärischen Stickstoff in Verbindungen um, die mit dem Gewitterregen in den Boden gelangen und dort von Bakterien zu Nitraten umgesetzt werden. Einige Bakterienarten können als einzige Lebewesen Stickstoff aus der Luft aufnehmen. Sie bauen daraus Nitrate auf. Andere erzeugen Nitrate durch Zersetzen abgestorbener pflanzlicher und tierischer Substanz. Daneben gibt es auch Bakterien, die den gebundenen Stickstoff wieder aus den Nitraten freisetzen und der Luft zuführen.

So ist auch der Stickstoff in einen Kreislaufprozeß eingebunden, in dem er vielfach umgesetzt und ständig wiederverwertet wird.

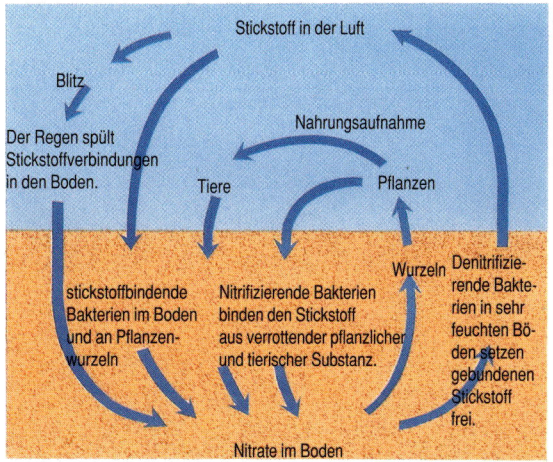

Stickstoff in der Luft

Blitz

Der Regen spült Stickstoffverbindungen in den Boden.

Nahrungsaufnahme

Tiere   Pflanzen

Wurzeln

stickstoffbindende Bakterien im Boden und an Pflanzenwurzeln

Nitrifizierende Bakterien binden den Stickstoff aus verrottender pflanzlicher und tierischer Substanz.

Denitrifizierende Bakterien in sehr feuchten Böden setzen gebundenen Stickstoff frei.

Nitrate im Boden

Oben: Die Abbildung zeigt, wie der Stickstoff im Stickstoffkreislauf aus der Atmosphäre in den Boden, über Pflanzen und Tiere als Zwischenstationen erneut in den Boden und von dort schließlich wieder in die Luft gelangt. Wie beim Kohlenstoffkreislauf gibt es auch hier mehrere Einzelkreisläufe.

Unten: An vielen Stellen bietet der tropische Regenwald in Mittelamerika ein Bild der Zerstörung. Die Bäume werden gefällt, danach wird die gerodete Fläche abgebrannt. Mit der Zeit tragen Wind und Regen den ungeschützten Boden ab. In vielen Teilen der Welt wird der Regenwald im großen Maßstab zerstört; dies fördert schließlich die globale Erwärmung.

Oben: Ein Chamäleon „angelt" sich mit seiner langen Zunge eine Heuschrecke, um sie anschließend zu verspeisen. Da die Heuschrecke ein Pflanzenfresser ist, werden auf diese Weise Nährstoffe, die ursprünglich von Pflanzen hergestellt wurden, im Körper des Chamäleons weiterverwertet.

KETTEN, NETZE, PYRAMIDEN

Grünpflanzen bilden Blätter aus, Schnecken ernähren sich von den Blättern und werden wiederum von Amseln gefressen. Auf diese Weise werden die Nährstoffe in einer Nahrungskette von einem Lebewesen zum anderen weitergegeben. Pflanzen stehen am Anfang der Nahrungskette; man nennt sie auch Produzenten, weil sie Nahrungssubstanzen herstellen. Tiere sind in höheren Stufen der Nahrungsket-

Rechts: An den Wurzeln dieser Saubohne sind kleine Knöllchen sichtbar. Sie enthalten Knöllchenbakterien, die Stickstoff fixieren (binden) können: Sie nehmen ihn aus der Luft auf und setzen ihn in Nitrate um, die die Pflanze über die Wurzeln aufnimmt, wodurch sie ihren Stickstoffbedarf deckt.

te angesiedelt; weil sie bereits fertige Nahrung aufnehmen, bezeichnet man sie als Konsumenten. Ist an einer Nahrungskette auch der Mensch beteiligt, so ist er stets deren Endglied, denn er hat keine natürlichen Freßfeinde.

Für die meisten Lebewesen lassen sich die Freßbeziehungen nicht als geradliniger Ablauf darstellen. Dies kommt daher, daß die meisten Tiere und Pflanzen mehreren Nahrungsketten gleichzeitig angehören.

So wird das Gras einer Weide sowohl von Pferden als auch von Schnecken, Heuschrecken, Wühlmäusen, Kaninchen, Kühen und Schafen gefressen. Von Schnecken wiederum ernähren sich Igel und Drosseln. Drosseln sind die Beute von Turmfalken, die aber auch Wühlmäuse fressen. Wühlmäuse und Kaninchen fallen Füchsen zum Opfer. Und auf der Speisekarte des Menschen schließlich stehen sowohl Kaninchen wie auch Kühe und Schafe. Da jedoch alle Organismen einen Teil ihrer Nahrung zur Aufrechterhaltung ihrer Lebensvorgänge verbrauchen, wird von Stufe zu Stufe weniger Substanz weitergegeben. Wenn man nun dieses Gewirr untersucht, zeigt sich ein Nahrungsnetz: eine komplizierte Struktur aus vielfach miteinander verknüpften Nahrungsketten.

Nahrungsketten und -netze sind vor allem aus zwei Gründen für die Wissenschaft interessant. Zum einen kann man dadurch abschätzen, auf welche Lebewesen sich Verschmutzungen der Umwelt auswirken. So können z. B. Schadstoffe im Gras ei-

Rechts: Dieses Nahrungsnetz zeigt die Freßbeziehungen zwischen verschiedenen
Lebewesen auf einer Weide.
Die Pfeile verlaufen jeweils
von der „Nahrung" zum Konsumenten. Bei diesem Bei-
spiel sind die Grashalme die
Produzenten, und sämtliche
Tiere sowie der Mensch zählen zu den Konsumenten.

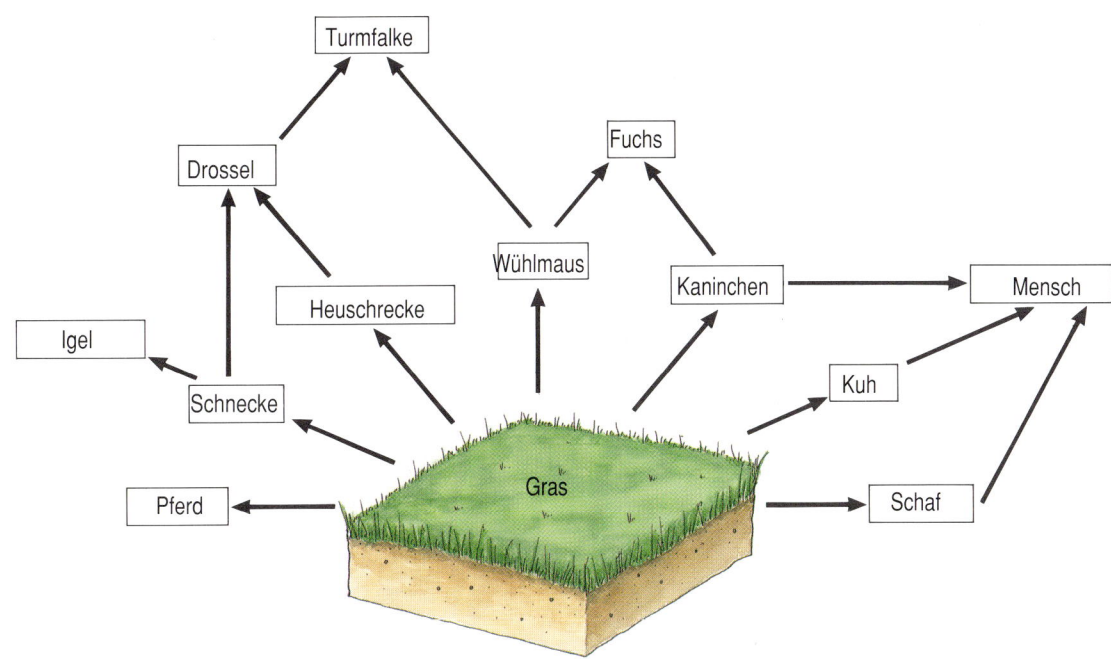

Unten: Die Nahrungspyrami-
de zeigt die Mengen an le-
bender Substanz, die auf den
verschiedenen Stufen der
Nahrungskette vorhanden
sind. Sämtliche Lebewesen
auf einer Stufe dienen den
Lebewesen auf der nächst-
höheren als Nahrung.

ner Weide bei Turmfalken Vergiftungserscheinungen auslösen, obgleich die Turmfalken selbst kein
Gras fressen. Zum zweiten kann man aus den Freßbeziehungen Aufschluß uber die Entwicklung von
Populationen (Tier- und Pflanzenbeständen) gewinnen und Faktoren ermitteln, die den Fortbe-
stand einer Art gefährden.

So sind in einer einfachen Nahrungskette 4 000

Blätter nötig, um 400 Schnecken zu ernähren, und
von 400 Schnecken werden vier Amseln satt. Diese
Zusammenhänge kann man in Form einer Nah-
rungspyramide darstellen. Wenn plotzlich nur noch
halb so viele Blätter vorhanden sind, hat dies zur
Folge, daß sowohl die Schnecken- wie auch die Am-
selpopulation um die Hälfte zurückgeht, sofern keine andere Nahrung zur Verfügung steht.

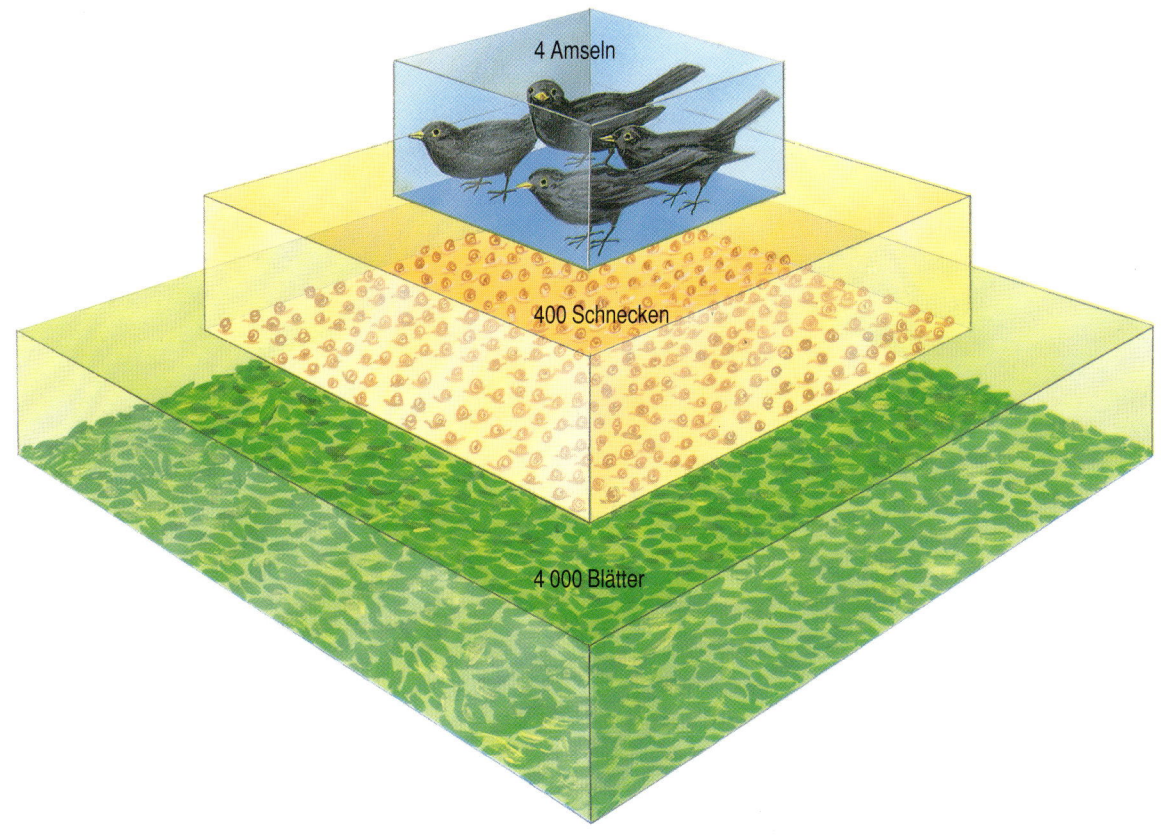

RUND UM DEN MÜLL

Fast alles, was wir nicht mehr brauchen, wandert auf den Müll. Die Menschen produzieren riesige Müllberge. Ein Teil des Abfalls verrottet, ein Teil läßt sich wiederverwenden (recyceln), der Rest aber ist unbrauchbar. Die Lebensdauer vieler Gegenstände ließe sich verlängern, wenn man ihren Zerfallsprozeß aufhielte.

Pflanzliche und tierische Abfälle nennt man organischen Müll (Biomüll). Dazu gehören auch Lebensmittelreste und das Abwasser aus den Haushalten. Mit der Zeit wird dieser Biomüll durch die Tätigkeit mikroskopisch kleiner Lebewesen, der sogenannten Mikroben (zu denen auch Bakterien und Schimmelpilze gehören), in einfachere Bestandteile zerlegt. Man spricht dabei von Verrottung oder Verwesung. Allerdings verschwindet der Abfall nicht einfach. Ein Teil wird in eine Flüssigkeit umgewandelt, die in den Boden eindringt und den Pflanzen als Nährstoff dient, der Rest wird zu Erde.

Abfall, der sich auf natürliche Weise zersetzt, nennt man biologisch abbaubar. Aber nicht jeder Abfallstoff hat diese Eigenschaft. Glas oder Kunststoff beispielsweise verrotten nicht. Solcher Müll stellt uns vor erhebliche Probleme, denn Dosen, Flaschen oder Plastikbecher, die achtlos weggeworfen werden, müssen von der Müllabfuhr abtransportiert und in sogenannten Deponien gelagert werden.

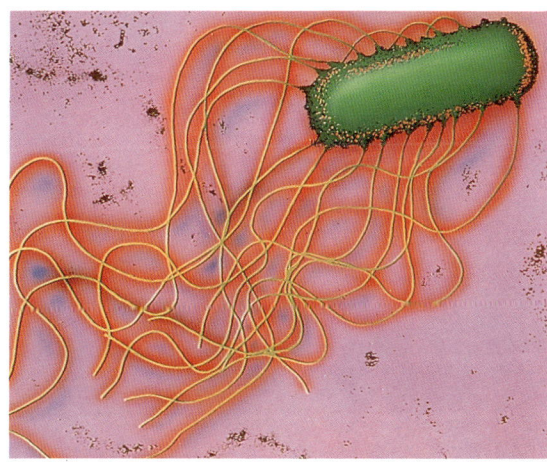

Papier 33 %

Fleischreste und Gemüseabfälle 20 %

Glas 10 %

Metall 8 %

Kunststoff 7 %

Textilien 4 %

anderes 18 %

Oben: Der Müll einer Durchschnittsfamilie macht rund 2 t pro Jahr aus. In dieser Tonne sind die Anteile der verschiedenen Müllarten dargestellt.

PROBLEME DURCH VERPACKUNGS-MÜLL

Unser Hausmüll besteht etwa zu einem Viertel aus Verpackungen. Beim Einkauf erhalten wir Kekse in Schachteln sowie Schrauben und Türgriffe in Kunststoffolien eingeschweißt und Obst oder Gemüse in Plastiktüten. Verpackungen lassen viele

Oben: Salmonelle in 2 200facher Vergrößerung. Die langen Fäden, sog. Flagellen (Geißeln), dienen der Fortbewegung. Rohes Fleisch oder Eier sind ideale Brutstätten für Salmonellen, die Haupterreger einer Art von Lebensmittelvergiftung.

Links: Blick auf eine Müllkippe. Rund 90 % des gesamten Hausmülls lagern in Mülldeponien. Das Gelände, auf dem die Deponie errichtet wird, muß zunächst mit einer dicken Schicht Lehm abgedeckt werden, damit keine Schadstoffe ins Grundwasser sickern können. Tief im Innern des Müllbergs sind Bakterien am Werk und produzieren Methangas.

Rechts: Verpackungen sind notwendig, um die Waren beim Transport oder während der Lagerung zu schützen. Allerdings enden die Verpackungen meistens als nutzloser Müll, der irgendwo entsorgt werden muß.

Waren attraktiver aussehen und verführen zum Kaufen. Immer mehr Menschen fordern heute den Verzicht auf Verpackungen, da diese erheblich zu unserem Müllproblem beitragen. Außerdem belastet auch die Herstellung der verschiedenen Verpackungsmaterialien unsere Umwelt.

Manche Verpackungen müssen aber sein: Durch sie werden etwa empfindliche Güter wie Fernsehgeräte oder Eier beim Transport vor Erschütterungen geschützt.

Das Problem bei vielen Verpackungen, insbesondere denen aus Kunststoff, ist es eben, daß sie nicht biologisch abbaubar sind. Glücklicherweise zerfallen einige Kunststoffarten durch das UV-Licht der Sonne zu einer Art Pulver. Zwar ist der Kunststoff noch vorhanden, benötigt aber viel weniger Lagerplatz.

Warum Lebensmittel verderben

Auf den meisten Lebensmitteln finden wir ein Haltbarkeitsdatum. Dies ist notwendig, weil selbst bei frischer Ware der Zersetzungsprozeß bereits begonnen hat. Dafür verantwortlich sind zu einem Teil Enzyme, die sich in fast allen Nahrungsmitteln finden. Sie beschleunigen die chemischen Abbauprozesse und tragen dazu bei, daß sich Aussehen und Geschmack der Lebensmittel verändern. Hauptverursacher für die Zersetzung sind allerdings Mikroben, die ihrerseits Enzyme abgeben.

Nicht alle Mikroorganismen sind Schädlinge. Täglich nehmen wir mit unserer Nahrung Millionen von ihnen zu uns, ohne etwas davon zu merken. Einige sind sogar ausgesprochen nützlich, etwa diejenigen, die aus Milch Käse oder Joghurt werden lassen. Es gibt zahlreiche Mikrobenarten, die am Zersetzungsprozeß der Lebensmittel beteiligt sind.

Verfahren zur Vernichtung von Mikroben

Einlegen: In Essig sterben die Mikroben ab.

Einsalzen (Pökeln): Salz entzieht den Mikroben Wasser, ohne das sie nicht leben können.

Konservieren: Lebensmittel in einer Dose luftdicht verschlossen, Mikroben durch Erhitzen abgetötet.

Pasteurisieren: Milch oder Saft werden bis zu der Temperatur erwärmt, bei der die Mikroben absterben.

Sterilisieren: Bei höheren Temperaturen werden die Mikroben und deren Sporen abgetötet.

Bestrahlen: Durch Bestrahlung mit Gammastrahlen sterben die Mikroben ab.

Verfahren, die Vermehrung der Mikroben zu verhindern oder zu verlangsamen

Trocknen: Wasserentzug stoppt die Vermehrung der Mikroben.

Kühlen: Lagerung bei niedrigen Temperaturen verlangsamt Vermehrung der Mikroben.

Tiefkühlen: Bei Minusgraden können sich die Mikroben nicht vermehren.

Oben: Methoden der Haltbarmachung von Lebensmitteln. Alle arbeiten nach dem Prinzip, den Mikroben den Nährboden oder die Bedingungen für die Vermehrung zu entziehen.

Rechts: Die Bilderfolge zeigt drei Stadien der Verrottung eines Apfels. Das letzte Foto entstand etwa zwei Monate nach dem ersten. Während des Fäulnisprozesses verwandeln Enzyme, von denen einige durch Bakterien abgegeben werden, den Apfel langsam in eine Flüssigkeit, die den Bakterien als Nahrung dient.

Die meisten Mikroben in den Lebensmitteln gehen durch Erhitzen zugrunde. Auch in der Luft schwirren Mikroben umher, die sich auf gekochten oder rohen Lebensmitteln niederlassen können. Unter für sie günstigen Bedingungen vermehren sie sich sehr schnell, so daß in kürzester Zeit Millionen von ihnen vorhanden sind. Mikroben lieben eine warme, feuchte Umgebung, ideal für sie sind Temperaturen um 37 °C (dies entspricht der menschlichen Körpertemperatur).

HALTBARMACHUNG VON LEBENS-MITTELN

Eines der ersten Verfahren, das zum Haltbarmachen von Lebensmitteln angewendet wurde, war das Trocknen, gefolgt vom Einsalzen (Pökeln). Salz entzieht dem Lebensmittel das Wasser, wodurch die Mikroben absterben. Einlegen in Essig ist eine weitere Methode, da die Mikroben in der sauren Umgebung absterben.

Im 19. Jahrhundert wurde die Konservierung in Dosen entwickelt. Die Lebensmittel werden luftdicht verpackt und die Mikroben durch Erhitzen vernichtet. Eine andere Methode der Wärmebehandlung, das Pasteurisieren (siehe dazu S. 76), verwendet man vor allem bei Milchprodukten und Obstsäften.

Durch Kühlen wird die Geschwindigkeit verringert, mit der sich die Mikroben vermehren und die Enzyme wirken. Einfrieren unterbindet die Vermehrung der Mikroben, weil ihre wäßrige Umgebung nun fest ist. Allerdings können Kühlen und Einfrieren die Mikroben nicht abtöten. Sobald die Lebensmittel aufgetaut sind, erwachen die Mikroben zu neuem Leben und nehmen ihre Tätigkeit wieder auf.

Oben: Der hier abgebildete Schiffszwieback ist über 200 Jahre alt. Bevor Kühlgeräte entwickelt wurden, war die Lagerung von Lebensmitteln, insbesondere auf längeren Reisen, ein großes Problem. Anstatt von Brot mußten sich die Seeleute von Zwieback ernähren.

BESTRAHLUNG VON LEBENSMITTELN

Eine weitere Methode, die Haltbarkeit von Lebensmitteln zu verlängern, ist die Bestrahlung mit Gammastrahlen. Dadurch werden die Mikroben abgetötet, und ein Teil der Enzyme, die am Zersetzungsprozeß beteiligt sind, wird zerstört. Diese Methode hat sich bei frischem Obst und Gemüse anscheinend bewährt — dadurch sehen drei Wochen alte Erdbeeren nämlich immer noch taufrisch aus. Allerdings ist diese Art der Konservierung recht umstritten, ja in vielen Ländern sogar verboten.

WEITERE METHODEN DER HALTBARMACHUNG

Nicht nur Lebensmittel, auch andere organische Stoffe müssen konserviert werden. Vor über 4 000 Jahren haben die Ägypter erste Verfahren entwickelt, die Körper ihrer Verstorbenen zu erhalten. Grund dafür war ihr Glaube, daß der Körper von der Seele in der nächsten Welt gebraucht wird. Die Trockenheit in den Grabkammern trug dazu bei, den Verwesungsprozeß aufzuhalten.

Ebenfalls von den Ägyptern stammt die Technik der Mumifizierung. Dem Verstorbenen wurden da-

1861 nachweisen, daß Mikroben aus der Luft eine Ursache für die Zersetzung von Lebensmitteln sind. Bei einem Versuch füllte er Fleischbrühe in zwei Glasgefäße, brachte sie zum Kochen und ließ sie dann abkühlen. Das eine Gefäß hatte er verschlossen, das andere ließ er offen. Nach einigen Tagen war die Brühe in der offenen Flasche verdorben, die in der verschlossenen Flasche hatte sich dagegen nicht verändert. Pasteur schloß daraus, daß die Ursache für den Verderb aus der Luft in die Brühe gelangt sein mußte. Weiterhin stellte er fest, daß durch Wärmebehandlung die winzigen Mikroorganismen abgetötet werden, die für die Zersetzung der Lebensmittel verantwortlich sind.

Nach Pasteur erhielt das Verfahren der „Pasteurisierung" seinen Namen. Milch z. B. wird pasteurisiert, indem man sie 15 Sekunden lang auf einer Temperatur von ungefähr 70 °C hält und anschließend rasch wieder abkühlt. Durch die Schnelligkeit dieser Behandlung werden die schädlichen Mikroben abgetötet, der Geschmack der Milch bleibt jedoch unverändert. Allerdings bleiben die Sporen der Mikroben dabei erhalten und können neue Mikroben bilden.

Eine weitere Methode der Haltbarmachung ist die Sterilisation, die bei höheren Temperaturen und über einen etwas längeren Zeitraum durchgeführt

Oben: Die „Mary Rose", das Lieblingsschiff des englischen Königs Heinrich VIII., sank 1545. Im Jahre 1982 gelang es, den oben gezeigten Teil des Schiffs aus einer Meerenge vor Portsmouth/ England zu bergen. Um den Zerfallsprozeß des Holzes an der Luft zu stoppen, wurde es mit einem Spezialharz behandelt.

bei die inneren Organe entnommen und ihm danach durch Behandlung mit einem speziellen Salz das Wasser entzogen. Dann wurde der Körper mit Bandagen umwickelt und in einen Sarg gelegt.

Die Archäologen stehen heute häufig vor dem Problem, wie sie Holz haltbar machen können, das lange in der Erde oder unter Wasser gelegen hat. Denn sobald das Holz mit Luft in Berührung kommt, zerfällt es. Aus diesem Grund wird es mit einem speziellen Harz getränkt, um es zu erhalten.

DIE ENTDECKUNGEN VON PASTEUR

Auf verdorbenen Lebensmitteln findet man meist eine Schicht Schimmel, manchmal auch Maden. Früher glaubten die Menschen, daß die Lebensmittel selbst zu Schimmel und Maden würden. Heute wissen wir, daß die Maden aus Eiern schlüpfen, die von Fliegen auf die Lebensmittel gelegt werden. Außerdem ist uns bekannt, daß für die Zersetzung Mikroben verantwortlich sind.

Der französische Chemiker Louis Pasteur konnte

Oben: Louis Pasteur bei der Arbeit in seinem Labor. Auf dem Tisch vor ihm stehen die Glasbehälter, in denen er Fleischbrühe offen bzw. verschlossen aufbewahrte.

wird. Sie tötet die schädlichen Mikroben samt ihren Sporen ab, verändert aber den Geschmack der Milch. H-Milch (= ultrahocherhitzte Milch) wird auf diese Weise hergestellt.

KLÄRUNG TUT NOT

Abwasser enthält außer dem Wasser vor allem Urin, Kot, Speisereste, Fett, Waschmittel, Seife und Schmutz. Im Abwasser befinden sich auch Mikroben, die für den Menschen schädlich sind und Krankheiten auslösen können. Krankheitserreger dieser Art werden auch Keime oder Bazillen genannt.

Bis vor rund zweihundert Jahren war es in den Städten und Dörfern durchaus üblich, das Abwasser einfach in die Straßen zu kippen. Rinnsteine waren so ein idealer Nährboden für allerlei Krankheitserreger, und Cholera und andere gefährliche Erkrankungen konnten sich ungehindert ausbreiten. In den großen Städten wurde das Abwasser in der Regel in die Flüsse geleitet, aus denen aber auch das Trinkwasser stammte.

Heute gibt es fast überall Klärwerke, die das Abwasser aufbereiten. Trotzdem kommt es immer wieder vor, daß Abwässer in Flüsse oder ins Meer gelangen. In einer Kläranlage wird das Abwasser gefiltert, und Mikroorganismen zersetzen die Schadstoffe im Wasser. Übrig bleibt eine Lage Schlamm, die sich am Boden absetzt. Nach der Klärung wird das relativ saubere Wasser in die Flüsse geleitet. Der Schlamm kann als Düngemittel verwendet werden. Die Mikroben produzieren Methangas, das aufgefangen und — ähnlich wie Erdgas — als Brennstoff verwendet werden kann.

RECYCLING

Unser Hausmüll enthält viele wiederverwertbare Materialien. Es ist mühsam, diese Stoffe nachträglich aus dem Müllberg herauszusortieren, daher trennen viele Haushalte ihre Abfallsorten bereits vor der Abfuhr. In den Gemeinden sind an bestimmten Stellen Container für Glas und für Papier aufgestellt, auch Altbatterien und Aluminium (Flaschenverschlüsse, Folien, Dosen) werden zum Teil getrennt gesammelt. Etliche Kunststoffe sind ebenfalls für die Wiederverwertung geeignet. Und auch die Metallteile aus schrottreifen Autos können recycelt werden.

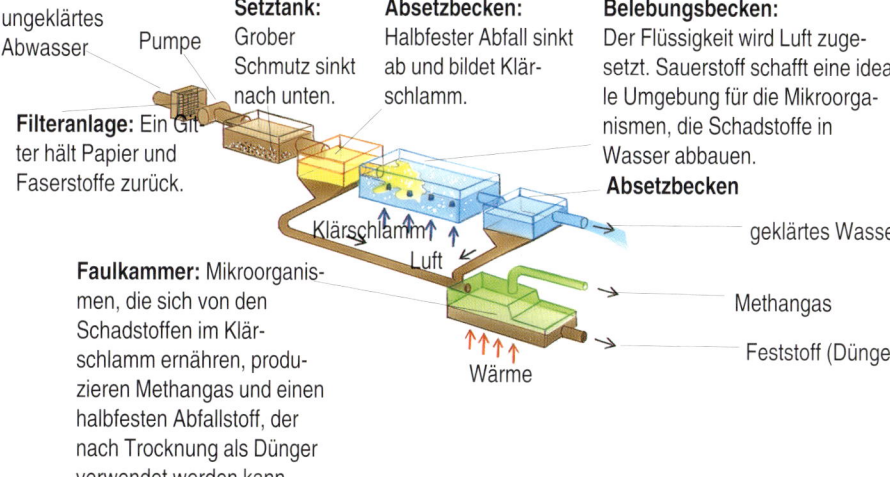

ungeklärtes Abwasser

Pumpe

Setztank: Grober Schmutz sinkt nach unten.

Filteranlage: Ein Gitter hält Papier und Faserstoffe zurück.

Absetzbecken: Halbfester Abfall sinkt ab und bildet Klärschlamm.

Belebungsbecken: Der Flüssigkeit wird Luft zugesetzt. Sauerstoff schafft eine ideale Umgebung für die Mikroorganismen, die Schadstoffe in Wasser abbauen.

Absetzbecken

Klärschlamm

Luft

geklärtes Wasser

Faulkammer: Mikroorganismen, die sich von den Schadstoffen im Klärschlamm ernähren, produzieren Methangas und einen halbfesten Abfallstoff, der nach Trocknung als Dünger verwendet werden kann.

Wärme

Methangas

Feststoff (Dünger)

Die Idee des Recyclings erscheint auf den ersten Blick überzeugend, denn dadurch schrumpft der Müllberg, und es werden weniger Rohstoffe verbraucht. Andererseits lassen sich nicht alle Stoffe wiederverwerten, und die heute üblichen Recyclingverfahren sind noch sehr teuer und verbrauchen viel Energie (Kohle oder Gas).

Die Herstellung von Aluminium ist sehr teuer, so daß sich das Recycling hier auf jeden Fall lohnt. Die Aufarbeitung von Papier ist dagegen aufwendig, da die Druckfarbe entfernt werden muß. Häufig erreicht das recycelte Papier nicht die gleiche Qualität wie das ursprüngliche Produkt. Es ist zuweilen billiger, Bäume zu fällen, als Altpapier zu recyceln, auch wenn dies eine Verschwendung von Holz zu sein scheint.

Ein Großteil des unverwertbaren Restmülls gelangt auf Mülldeponien, was aber in gewisser Weise eine Verschwendung ist, denn auch dieser Müll kann noch nützlich sein. Mikroben, die sich im luftdicht abgeschlossenen Untergrund der Mülldeponie vom organischen Abfall ernähren, produzie-

Oben: Funktionsweise eines Klärwerks. Das ungereinigte Abwasser wird in Wasser und halbfeste Schlämme getrennt. Mikroorganismen bauen dann die Schadstoffe in den Substanzen ab. Schließlich bleiben geklärtes Wasser, Methangas und als Dünger verwendbare Feststoffe übrig.

Unten: Müllhaufen in einer Verbrennungsanlage. Die Anlage dient auch als Kraftwerk, denn die Abwärme, die beim Verbrennen des Mülls entsteht, wird zur Dampfproduktion ausgenutzt. Mit diesem werden Turbinen angetrieben, die ihrerseits Generatoren betreiben.

ren nämlich ähnlich wie in Klärwerken Methan — ein Gas, das zum Heizen von Gebäuden verwendet werden kann.

Ein Teil des Hausmülls wird in Müllverbrennungsanlagen verbrannt. Der Müllberg wird dadurch auf kleine Aschehaufen reduziert, und zum Teil wird die gewonnene Wärme zur Stromerzeugung oder für Fernheizungen verwendet.

Allerdings tragen die Müllverbrennungsanlagen, wie andere Kraftwerke auch, zur Aufheizung der Erdatmosphäre bei, da sie Kohlendioxid ausstoßen (siehe dazu auch S. 68).

Die Müllverbrennungsanlagen sind mit speziellen Filtern ausgestattet, so daß kaum Schadstoffe in die Umwelt gelangen können. Mit Hilfe elektrisch geladener Platten, die Asche und Rauch anziehen (in der Art, wie ein Fernsehbildschirm Staub anzieht, siehe S. 164 – 165), werden die Abgase, die bei der Verbrennung entstehen, gereinigt.

Unten: Wasserverschmutzung an der Küste von Cumbria/England. Der Schaum rührt von Waschmitteln her, die über Abwasserleitungen ins Meer gelangen. Er stört das ökologische Gleichgewicht im Wasser, da der für die Meeresorganismen lebenswichtige Sauerstoff nicht mehr dorthin gelangt.

GEFAHR AUS DEM MÜLL

Bestimmte Abfallstoffe dürfen, da sie zu gefährlich sind, nicht auf gewöhnlichen Mülldeponien abgeladen werden. So müssen die Abwässer und Abfälle aus chemischen Fabriken in Spezialbetrieben entsorgt werden. Dennoch kommt es immer wieder vor, daß solche Chemikalien ins Meer oder die Flüsse gelangen. Eine Abfallart aber, für die es keine Verbrennungsanlagen gibt, übertrifft alle anderen an Gefährlichkeit — der Atommüll, auch nuklearer Abfall genannt.

Nuklearer Abfall ist eine Mischung aus radioaktiven Feststoffen, teilweise auch aus Flüssigkeiten und Gasen. Er stammt von den Brennstäben, die in den Atomkraftwerken regelmäßig ausgetauscht werden müssen. Diese Brennstäbe sind stark radioaktiv und werden daher in Stahl- und Betonbehälter eingeschlossen, die die Strahlung absorbieren. Gefährlich wird es dann, wenn Lecks entstehen, wie z. B. bei einem Unfall im Atomkraftwerk. Atmet man radioaktive Gase ein, kann es zu Strahlenschäden an den Körperzellen und später zu Krebs kommen. Die gleiche Gefahr droht von radioaktivem Staub. Fällt dieser mit dem Niederschlag (Regen oder

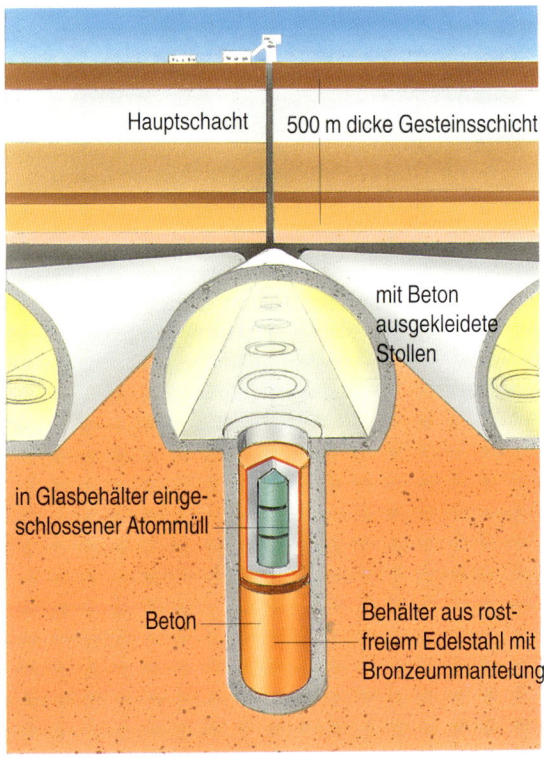

Hauptschacht 500 m dicke Gesteinsschicht

mit Beton ausgekleidete Stollen

in Glasbehälter eingeschlossener Atommüll

Beton

Behälter aus rostfreiem Edelstahl mit Bronzeummantelung

Oben: Lagerstätte für Atommüll. Der radioaktive Abfall wird in dicken, fest verschlossenen korrosionsbeständigen Behältern in mit Beton ausgekleideten Schächten tief in der Erde gelagert. Solche Lagerstätten dürfen nur in Gegenden errichtet werden, die über Jahrtausende geologisch stabil bleiben werden.

Schnee) auf Weideland, kann er in die Nahrungskette oder das Trinkwasser gelangen und auf diesem Weg letztlich in den menschlichen Körper.

Mit der Zeit wird die Strahlung von radioaktivem Material schwächer. Die Wissenschaftler sprechen in diesem Zusammenhang von der Halbwertszeit, d. h. der Zeit, die es dauert, bis die Strahlung nur noch halb so stark ist wie zu Anfang. Radioaktives Radongas hat beispielsweise eine Halbwertszeit von 3,8 Tagen. Das bedeutet, daß sich die Intensität der radioaktiven Strahlung in 3,8 Tagen halbiert, sie verschwindet jedoch niemals völlig. Einige Stoffe haben eine Halbwertszeit von einigen tausend Jahren, und es dauert unvorstellbar lange, bis ihre Radioaktivität einen für den Menschen ungefährlichen Wert erreicht hat.

Atommüll nimmt nicht viel Platz ein. Der gesamte hochgradig radioaktive Abfall Großbritanniens der vergangenen 30 Jahre würde z. B. in zwei normal große Häuser passen. Allerdings muß der Abfall über viele Jahrzehnte extrem sicher gelagert werden, entweder tief im Boden oder auf dem Meeresgrund. Vor dieser sogenannten Endlagerung sind verschiedene Probleme zu lösen: Die Behälter für den Abfall müssen so beschaffen sein, daß sie über Hunderte von Jahren weder brechen noch sonstwie zerstört werden. Als Lagerstätten kommen nur solche Gegenden in Frage, in denen keinerlei geologische Veränderungen zu erwarten sind. Für den Transport müssen Lastkraftwagen oder Züge verwendet werden, die auch einen Unfall überstehen können, ohne daß sich Lecks bilden.

KORROSION

Die wenigsten Autos werden älter als 15 Jahre. Besitzer alter Autos beklagen sich häufig über den Verschleiß am Fahrgestell. Autos verrotten zwar nicht, aber der Stahl, aus dem sie hergestellt sind (und der zum größten Teil aus Eisen besteht), korrodiert. Korrosion ist ein chemischer Prozeß, bei dem sich die Atome des Eisens mit den Atomen des Sauerstoffs aus der Luft verbinden und eine rotbraune, bröckelige Schicht bilden, den sogenannten Rost (Eisenoxid).

Einige Metalle korrodieren überhaupt nicht. Chemisch ausgedrückt heißt das, sie reagieren weder mit Sauerstoff noch mit Wasser. Gold ist ein solches Metall. Da es außerdem selten vorkommt und einen herrlichen Glanz hat, wurde es schon immer hoch geschätzt. Gegenstände aus Gold glänzen nach Jahrzehnten noch schön wie am ersten Tag.

Links: Dieses Wikingerschwert ist über 900 Jahre alt. Ein Teil seiner Eisenklinge ist weggerostet. In Gegenwart von Wasser verbindet sich Eisen mit dem Sauerstoff der Luft und wird dabei zu Rost. Aus diesem Grund ist die Schneide derart zerstört. Das Gold und das Silber am Griff sehen aber immer noch neu aus. Diese beiden Metalle, sogenannte Edelmetalle, korrodieren nicht.

Rosttest

Gefäß

Salatöl

Eisen-
nagel

Leitungs-
wasser

abgekoch-
tes Wasser

Der Beweis, daß Wasser nur zusammen mit Luft Eisen zum Rosten bringt: Ein Eisennagel wird in ein Gefäß mit Leitungswasser gelegt, das gelösten Luftsauerstoff und winzige Luftbläschen enthält. Ein zweiter Eisennagel befindet sich in abgekochtem Wasser ohne Sauerstoff. Zudem schwimmt oben Salatöl, durch das kein Sauerstoff dringen kann. Das abgekochte Wasser kühlt ab und wird ins Gefäß gegossen, ohne daß sich Luftblasen bilden. Nach einigen Tagen hat der Eisennagel im Leitungswasser Rost angesetzt, der im abgekochten Wasser dagegen nicht.

Unten: Die Hafenbrücke in Sydney/Australien hat eine Spannweite von über 500 m. Auf ihr verlaufen acht Autospuren, zwei Eisenbahngleise und ein Fußweg. Die Stahlkonstruktion der Brücke ist durch einen Anstrich vor Korrosion geschützt, allerdings wird dieser ständig von Wind, Regen und Gischt angegriffen. Daher gehören Malerarbeiten an der Brücke zum Alltag.

MITTEL GEGEN KORROSION

Das meistverwendete Metall ist der Stahl, der äußerst fest und widerstandsfähig und dabei relativ einfach herzustellen ist. Da er aber hauptsächlich aus Eisen besteht, besitzt er einen großen Nachteil — er rostet. Edelstahl enthält Chrom und Nickel, die das Rosten verhindern, er ist aber viel zu teuer, als daß man ihn in großer Menge für Gebäude, Stahlträger, Autos, Schiffe oder Brücken verwenden könnte.

Eisen und Stahl rosten nur in Anwesenheit von Wasser und Luft. Ohne Mithilfe des Wassers können sich die Eisenatome nicht mit dem Sauerstoff verbinden. Daher gibt es mehrere Methoden, das Rosten zu stoppen oder zumindest zu verlangsamen: Beim einfachsten Verfahren wird das Metall mit einem Schutzanstrich oder Kunststoffüberzug versehen, so daß weder Luft noch Wasser daran kommen.

Dieser Schutz gegen Korrosion wirkt aber nur so lange, wie die Schicht intakt ist. Wirksamer ist daher das Verfahren der Galvanisierung: Dabei erhält das Eisen oder der Stahl eine Schutzschicht aus Zink. Zink korrodiert nämlich leichter als Eisen und bildet dabei eine Schicht aus Zinkoxid, die das darunterliegende Metall wirksam vor weiterer Korrosion schützt.

Die Korrosion ist vor allem bei Schiffen ein großes Problem, da der Schiffsrumpf durch das Salz im Meerwasser besonders schnell angegriffen wird. Zur Lösung dieses Problems bringt man am Rumpf Zink- oder Magnesiumstäbe an. Genau wie Zink ist Magnesium ein für diesen Zweck nützliches Metall,

Links und oben: Mit Hilfe von Zinkplatten, die am Rumpf eines Schiffes angebracht werden, läßt sich die Korrosion des Stahls vermindern. Ihre Wirkungsweise beruht auf einem chemischen Vorgang: Sie korrodieren leichter als das Eisen, der Hauptbestandteil des Stahls.

denn es korrodiert leichter als Eisen. Die Stäbe aus Magnesium oder Zink am Schiffsrumpf korrodieren, und das Schiff selbst bleibt von der Korrosion verschont.

Auch in der Nahrungsmittelbranche muß man Maßnahmen zum Korrosionsschutz treffen. Bestimmte Lebensmittel werden nämlich in Dosen zum Verkauf angeboten. Da diese nicht korrodieren dürfen, sind sie innen mit einer dünnen Lage Zinn beschichtet.

Korrosion ist ein Ärgernis, und die Kosten, die Jahr für Jahr aufgewendet werden müssen, um sie abzuwenden, sind sehr hoch. Mitunter kann es sogar lebenswichtig sein, nach Korrosionsstellen zu suchen. Ältere Fahrzeuge müssen deshalb regelmäßig in der Autowerkstatt auf technische Mängel hin untersucht werden, um sicherzugehen, daß keine wichtigen Teile wie die Bremsen oder das Fahrgestell durch Rost beschädigt sind und deshalb nicht mehr richtig funktionieren.

Flugzeuge bestehen heutzutage hauptsächlich aus nichtrostendem Metall, nämlich aus Aluminium und Titan. Allerdings sind auch hier regelmäßige Inspektionen auf andere Formen von Verschleiß nötig.

VOM EIWEISS ZUM BETON

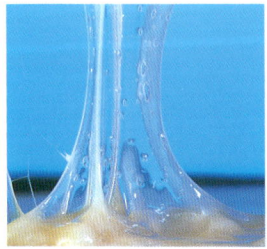

Flüssigkeiten, die keine Flüssigkeiten sind; Flüssigkeiten, die fest werden – in unserem täglichen Leben ist eine Menge Chemie im Spiel. Ob gekochte Eier, Fruchtsaft, Waschmittel, Klebstoffe oder Beton, die Eigenschaften der Stoffe hängen davon ab, wie sich die Atome und Moleküle in ihnen verhalten.

It also sticks handle

Ganz rechts: Wenn ein Lichtstrahl durch reines Wasser fällt, ist er von der Seite nicht zu sehen. Wenn er aber durch eine Substanz wie Eiweiß fällt, die sehr große Moleküle enthält, wird das Licht von den Molekülen abgelenkt. Der Strahl ist dadurch auch von der Seite sichtbar.

Unten: Moderne Klebstoffe sind so wirksam, daß sie sogar ein Auto an eine Werbefläche kleben können!

WANN IST EINE FLÜSSIGKEIT NICHT FLÜSSIG?

Wenn man Sand, Salz und Wasser mischt, dann setzt sich der Sand am Boden des Gefäßes ab, während sich das Salz im Wasser löst. Die Mischung aus Salz und Wasser nennen wir eine Lösung. Sie ist in diesem Fall klar und äußerlich nicht von reinem Wasser zu unterscheiden.

Rohes Eiweiß ist eine Mischung aus Wasser und der Substanz Albumin, einem Protein. Proteine (Eiweiße) sind Substanzen, die für alle Lebewesen von großer Bedeutung sind. Eine ihrer Eigenschaften ist, daß sie aus sehr großen Molekülen bestehen.

Rohes Eiweiß enthält zwar Wasser, aber trotzdem scheint es alles andere als eine normale Flüssigkeit zu sein. Worin liegt der Unterschied? Einen Hinweis hierauf bekommen wir, wenn wir einen Lichtstrahl einmal durch reines Wasser und einmal durch rohes Eiweiß fallen lassen. Wenn das Wasser sauber und klar ist, kann man den Lichtstrahl von der Seite praktisch nicht sehen, weil nichts da ist, wodurch das Licht in unser Auge reflektiert werden könnte. In rohem Eiweiß ist der Lichtstrahl dagegen sehr gut zu sehen — genau wie ein Sonnenstrahl in einem Raum voll staubiger Luft.

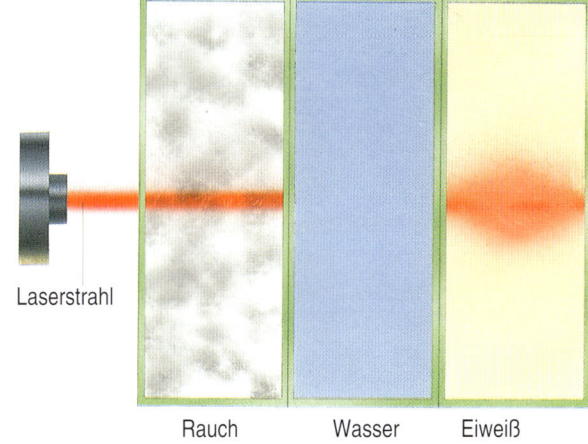

Laserstrahl   Rauch   Wasser   Eiweiß

Im Eiweiß sind es die großen Proteinmoleküle, die das Licht ablenken. Die Moleküle sind hierfür gerade groß genug, aber nicht so groß, daß sie sich wie Sandkörner absetzen oder selbst sichtbar sind. Mischungen, in denen die Teilchen eine solche Größe haben, bezeichnet man als Kolloide.

Die Proteine im Eiweiß bestehen aus kleineren Molekülen, den Aminosäuren, die zu langen Ketten verbunden sind (sie sind natürliche Polymere, vgl. S. 54). Die Ketten sind wiederum zu kleinen Kugeln zusammengerollt. Diese Kugeln sind es, die den Lichtstrahl ablenken.

Oben: In 50facher Ver-größerung ist der poröse Aufbau eines Kuchens gut zu erkennen.

Unten: Metalle besitzen an ihrer Oberfläche mikroskopi-sche Risse und Spalten. Diese Aufnahme zeigt die Oberfläche eines Stahlstücks in 200facher Vergrößerung. Für die Aufnahme wurde polarisiertes Licht verwendet; hierdurch entstanden die unterschiedlichen Farben der winzigen Kristalle.

VERDREHT UND VERDRILLT

Wenn man rohes Eiweiß in ein Gefäß gibt und kräftig rührt, dann wird es trübe. Der Grund dafür ist, daß kleine Luftbläschen darin gefangen werden. Wenn man lange genug rührt, entsteht ein steifer Eischaum, den man für Kuchen und andere leckere Sachen gebrauchen kann. Wenn man jedoch mit dem Rühren aufhört, bevor das Eiweiß steif wird, verhält es sich ganz anders als vor dem Rühren. Zum Beispiel läßt es sich viel einfacher von einem Gefäß in ein anderes gießen.

Egal, wie lange man das gerührte Eiweiß stehen-läßt, es wird nie wieder wie vor dem Rühren. Wis-senschaftler sagen, es ist denaturiert. Wenn man einen Bleistift (einen sechseckigen) in eine Hand-bohrmaschine einspannt, in das Eiweiß steckt und schnell dreht, dann klettert das denaturierte Eiweiß den Bleistift hinauf!

Albumin ist ein langes, kettenförmiges Molekül, das zu einer Kugel verknäult ist. Beim Rühren lösen sich diese Kugeln auf. Der drehende Bleistift be-wirkt das gleiche wie eine drehende Gabel in einem Teller Spaghetti: Die Ketten wickeln sich um ihn herum und klettern nach oben.

Viele Flüssigkeiten enthalten lange kettenförmi-ge Moleküle und verhalten sich wie denaturiertes Eiweiß. Man nennt sie nicht-newtonsche Flüssig-keiten, da sie sich nicht wie normale Flüssigkeiten verhalten, deren Eigenschaften der Physiker Sir Isaac Newton als erster erforschte.

BACKE, BACKE, KUCHEN …

Das Rühren verändert das Eiweiß. Eine noch grö-ßere Veränderung geschieht beim Backen und Kochen. Was dabei passiert, nennt man Koagulati-on: Die Substanz wird fest und undurchsichtig. Das kann nicht mehr rückgängig gemacht werden; wir können das flüssige Eiweiß auf keine Weise wieder zurückgewinnen.

In einem Kuchen bilden das Eiweiß und das Mehl eine stabile Masse, die den Kuchen trägt. Vor dem Backen wird der Teig geschlagen, um kleine Luftbläschen zu erzeugen. Sie dehnen sich beim Er-wärmen im Ofen aus und bilden die Löcher, die den Kuchen locker und leicht machen. Oft setzt man auch Backpulver zu, eine Mischung aus Natri-umcarbonat (Soda) und Zitronensäure. Wenn das Backpulver feucht und warm wird, entstehen dar-aus kleine Bläschen des Gases Kohlendioxid.

WIE KLEBSTOFFE FUNKTIONIEREN

Gelatine ist ebenfalls ein Protein; sie kann durch Auskochen der Knochen toter Tiere gewonnen wer-den. Bis in die 30er Jahre wurde Gelatine von Schreinern verwendet, um Holz zu verbinden. Die-ser Klebstoff ist jedoch nicht wasserfest.

Heutzutage werden Klebstoffe verwendet, um bei der Herstellung eines Produkts Einzelteile mit-einander zu verbinden, aber auch, um zerbrochene Gegenstände zu reparieren. Um zu verstehen, wie ein Klebstoff funktioniert, müssen wir zuerst über-legen, was eigentlich passiert, wenn ein Gegenstand zerbricht.

Ein Gegenstand, z. B. ein Karamelbonbon, be-steht aus Molekülen. Zwischen den einzelnen Mo-lekülen wirken Kräfte, die sie zusammenhalten (vgl. S. 100). Normalerweise sind diese Kräfte stark ge-nug, um das Karamelbonbon fest und hart zu ma-chen. Wenn wir aber anfangen, das Bonbon zu bie-gen, dann werden die Moleküle auf der Außenseite auseinandergezogen, und das Bonbon zerbricht. Die Kräfte zwischen den Molekülen sind nur stark, solange die Moleküle sehr nahe beieinander liegen.

Um das Karamelbonbon wieder zusammen-zukleben, müßten wir die Teile so genau zusam-menfügen, daß die Moleküle wieder nahe genug beisammen liegen und aneinander haften. Bevor wir das Bonbon zerbrochen haben, betrug der Ab-stand zwischen ihnen nur einige Millionstel Milli-meter. Es ist deshalb praktisch unmöglich, daß wir wirklich alle wieder so genau zusammenfügen können. Wenn wir die beiden Oberflächen aber naß machen, dann lösen sich einige der Moleküle Wasser (d. h. das Wasser wirkt als Lösungsmittel für den Zucker in dem Karamelbonbon). Die gelösten Moleküle können sich im Wasser bewegen und können so neue Stellen suchen, an denen sie sich anlagern können. Wenn das Wasser verdunstet (wenn die Klebestelle trocknet), bildet das Bonbon wieder ein hartes, festes Stück.

Polystyrolkleber, der häufig für Modellbauarbeiten verwendet wird, wirkt ganz ähnlich. Er enthält ein Lösungsmittel, in dem sich der Kunststoff des Modells löst, so daß sich die Moleküle hier frei bewegen können. Wenn der Klebstoff verdunstet, wird die Verbindung fest und hart.

Holz oder Metall lassen sich durch Klebstoffe nicht lösen. Sie besitzen aber winzige Risse und Spalten an ihrer Oberfläche, in die der Klebstoff eindringen kann. So kann er sich an der Oberfläche der Teile festhalten, die er verbinden soll. Deshalb ist es oft nützlich, die Oberfläche der Gegenstände anzurauhen, bevor man sie klebt.

Wenn man ein Stück Glas in Wasser eintaucht und wieder herausnimmt, so läuft der größte Teil des Wassers wieder ab. Die Wassermoleküle werden nicht stark genug an der Oberfläche des Glases festgehalten, um daran haftenzubleiben. Wenn man zuvor etwas Spülmittel ins Wasser gibt, so haftet das Wasser am Glas — das Glas wird benetzt.

Moderne Klebstoffe nutzen diesen Effekt ebenfalls aus. Ein Klebstoff muß beide Oberflächen be-

Dieses Ende zieht Fett an, nicht aber Wasser.

Spülmittelmolekül

Dieses Ende zieht Wasser an, nicht aber Fett.

Fett

Das Fettröpfchen ist von Spülmittelmolekülen umgeben, die es wasserlöslich machen.

Links: Die Moleküle des Spülmittels haben ein Ende, das Fette anzieht, und ein Ende, das Wasser anzieht. Wenn sie ein Fettröpfchen umgeben, zeigen die einen Enden nach innen ins Fett und die anderen nach außen ins Wasser. So „kleben" sie das Fett praktisch am Wasser fest.

netzen und dann fest werden, um eine dauerhafte Verbindung herstellen zu können. Deshalb braucht man für verschiedene Materialien verschiedene Klebstoffe: Ein Klebstoff, der Glas benetzt, benetzt Polyethylen möglicherweise nicht.

FETT UND WASSER

Fett und Wasser mischen sich nicht freiwillig. Um Fett von unserem Geschirr wegwaschen zu können, müssen wir Seife oder Spülmittel ins Wasser geben. Sie wirken ähnlich wie Klebstoffe. Die Moleküle des Spülmittels haften an den Oberflächen von Wasser und Fett und binden kleine Fettröpfchen an die Wassermoleküle, so daß eine Lösung entsteht.

Verreibe einmal ein kleines Stückchen Butter in deinen Händen. In sauberem kaltem Wasser läßt sie sich kaum abwaschen. Wenn du aber ein wenig Spülmittel zugibst, kannst du die Butter leicht entfernen, weil das Spülmittel sie an das Wasser bindet.

Unten: Ähnliche Substanzen wie Spülmittel wurden auch zur Reinigung der ölverschmutzten Küste eingesetzt, nachdem der Öltanker „Exxon Valdez" 1989 vor Alaska auf Grund gelaufen war. An den Reinigungsarbeiten waren 11 000 Menschen beteiligt.

WEISSER ALS WEISS

Weiße Textilien werden im Laufe der Zeit gelblich. Moderne Waschmittel enthalten daher Substanzen, die den Stoff weißer und heller aussehen lassen. Das funktioniert so: Das Tageslicht besteht (unter anderem) aus blauem Licht, das wir sehen können, und ultraviolettem Licht, das wir nicht sehen können. Die Substanzen im Waschmittel nehmen ultraviolettes Licht auf und wandeln es in sichtbares blaues Licht um. Das blaue Licht gleicht die gelbliche Farbe des Stoffes aus (vgl. dazu auch S. 22). Außerdem bedeutet dies, daß jetzt mehr sichtbares Licht von dem Stoff reflektiert wird, als von der Sonne darauf fällt. Daher wirkt der Stoff „weißer als weiß".

ENZYME BEI DER ARBEIT

Seife und Spülmittel können zwar Fett gut entfernen, bei koagulierten (geronnenen) Proteinen wie getrocknetem Blut oder gekochtem Ei versagen sie aber. Um dieses Problem zu lösen, wurden „biologische Seifen" entwickelt. Sie enthalten Substanzen, die als Enzyme bezeichnet werden und solche Proteine „verdauen".

In unserem Körper gibt es viele natürliche Enzyme. Zum Beispiel zerlegen sie die Nahrung, die wir zu uns nehmen, in einfachere Substanzen, die in Wasser löslich sind. Ganz ähnlich funktionieren auch die Enzyme in Waschmitteln. Sie wandeln die Proteine in Substanzen um, die sich in Wasser lösen und mit dem Spülwasser im Abfluß verschwinden.

Unten: Auch dafür ist Beton gut: In Hollywood ist es Tradition, daß berühmte Filmstars auf einem Bürgersteig in der Stadt Abdrücke ihrer Hände in feuchtem Beton machen und mit ihrem Namen unterschreiben. Hier sehen wir Marilyn Monroe und Jane Russell, wie sie gerade ihre Hände in den Beton drücken.

ZEMENT UND BETON

Eigentlich ist jeder Klebstoff ein Zement. Meist denkt man dabei aber an das Material, das zu Beton oder Mörtel verarbeitet wird. Es wird aus Kalkstein und Ton hergestellt, die gebrannt und zermahlen werden.

Wenn das Pulver mit Wasser vermischt wird, beginnen Kristalle zu wachsen. Dabei werden Wassermoleküle in der Kristallstruktur eingeschlossen, so daß die Mischung schnell trocken und hart wird. Wenn die Mischung kleine Steine und Sand enthält, werden diese zu einem harten Material verklebt, das wir als Beton kennen.

Oben: Blaue Kupfersulfatkristalle. Sie geben beim Erhitzen Wassermoleküle ab und zerfallen zu einem weißen Pulver. Mit einigen Tropfen Wasser kann man die Farbe wiederherstellen.

Es wirkt merkwürdig, daß wir etwas härter machen können, indem wir es mit Wasser mischen. Aber man kann diese Tatsache an einem einfachen Experiment aufzeigen. Kupfersulfat ist eine Substanz, die große blaue Kristalle bildet. Wenn diese erhitzt werden, zerfallen sie zu einem weißen Pulver, das weniger wiegt als die Kristalle, da sie durch das Erhitzen Wasser verloren haben. Wenn man Wasser zusetzt, kehrt die blaue Farbe zurück, und man kann die Kristalle wiederherstellen.

Die richtige Mischung ist bei der Herstellung von Zement entscheidend. Wenn man zuwenig Wasser oder zuviel Sand verwendet, zerbröckelt das Material nach dem Trocknen.

Beton kann schwere Lasten tragen. Wenn man aber einen Betonträger an einem Ende einspannt und am anderen Ende ein Gewicht befestigt, dann wird er bald brechen. Beton hält große Druckbelastungen aus, aber nur geringe Zugbelastungen. Dagegen kann Stahl auch große Zugbelastungen aushalten. Daher verstärkt man Beton oft mit Stahleinlagen. So verbindet man die Druckfestigkeit von Beton mit der Zugfestigkeit von Stahl. Die Kombination aus beiden Materialien heißt Stahlbeton.

Beton

Stahlstab

Auf dieser Seite wird der
Beton zusammengedrückt.

Der Stahlstab wird gedehnt.

Oben und links: Beim Biegen eines Trägers wird die eine Seite zusammengepreßt und die andere gedehnt. Beton hält die Druckbelastung leicht aus, nicht aber die Zugbelastung. Wenn man die gedehnte Seite des Trägers mit einem Stahlstab verstärkt, kann dieser die Belastung aufnehmen. Das Foto zeigt die große Zahl von Stahlstangen, die zur Verstärkung des Betonmantels einer norwegischen Ölplattform eingesetzt werden.

HAUSHALTSCHEMIKALIEN

Säuren wirken ätzend. Sie fressen sich in manche Metalle, Stoffe und in die menschliche Haut. Trotzdem werden im Haushalt viele Säuren verwendet. Meist sind diese Säuren aber stark verdünnt (mit Wasser vermischt). Zitronensaft enthält Zitronensäure, die ihm seinen sauren Geschmack gibt. Essig enthält Essigsäure, Milch Milchsäure, und Tee enthält Gerbsäure.

Basen sind chemisch gesehen das Gegenteil von Säuren. Wie Säuren sind sie aber ebenfalls ätzend. Wenn man sie mit einer Säure mischt, können sie jedoch die Wirkung der Säure neutralisieren (unschädlich machen). Auch Basen werden häufig im Haushalt verwendet. Ofenreiniger enthalten Natriumhydroxid, das eine so starke Base ist, daß es auch verbrannte Fette angreift und zerstört — deshalb ist es aber auch sehr gefährlich!

Wissenschaftler messen die Konzentration von Säuren und Basen mit der pH-Skala. Sie verwenden dazu besonders präparierte Teststreifen, die je nach pH-Wert eine andere Farbe annehmen. Die pH-Skala reicht von 0 bis 14. Der Wert 0 bezeichnet eine konzentrierte Säure, 14 eine konzentrierte Base, 7 ist neutral (weder sauer noch basisch). Reines Wasser besitzt einen pH-Wert von 7.

Gärtner untersuchen oft den pH-Wert des Bodens, da manche Pflanzen nicht wachsen können, wenn der Säuregrad des Bodens nicht stimmt.

Angenäherte pH-Werte	
Konzentrierte Salzsäure	0,0
Magensäure	1,0 – 3,0
Limonade	2,0 – 4,0
Zitronensaft	2,2 – 2,4
Essig	2,4 – 3,4
Apfelsaft	2,9 – 3,3
Kuhmilch	6,3 – 6,6
Trinkwasser	6,5 – 8,0
Eier	7,0 – 8,0
Waschmittel	11,0 – 12,0
Zement	12,4
Konzentrierte Natronlauge	14,0

Links: Die pH-Werte einiger häufiger Substanzen. Ein pH-Wert von 7 bedeutet, daß die Substanz neutral ist. Je größer der pH-Wert ist, desto basischer ist die Substanz; je kleiner der pH-Wert ist, desto saurer ist sie.

AUF DEN ZUFALL KOMMT ES AN

Bei den Worten „Glück" oder „Zufall" denken die meisten Menschen an Karten- oder Würfelspiele. Aber der Zufall spielt in anderem Zusammenhang eine viel wichtigere Rolle für unser Leben. So entscheidet er schon am Beginn des Lebens, welche Eigenschaften wir von unseren Eltern erben. Auch alle Naturgesetze enthalten ein Element des Zufalls.

Rechts: Obwohl eine einzelne Münze nur auf zwei unterschiedliche Arten fallen kann, gibt es acht Möglichkeiten, wie drei Münzen fallen können (oder eine einzige Münze, die dreimal nacheinander geworfen wird).

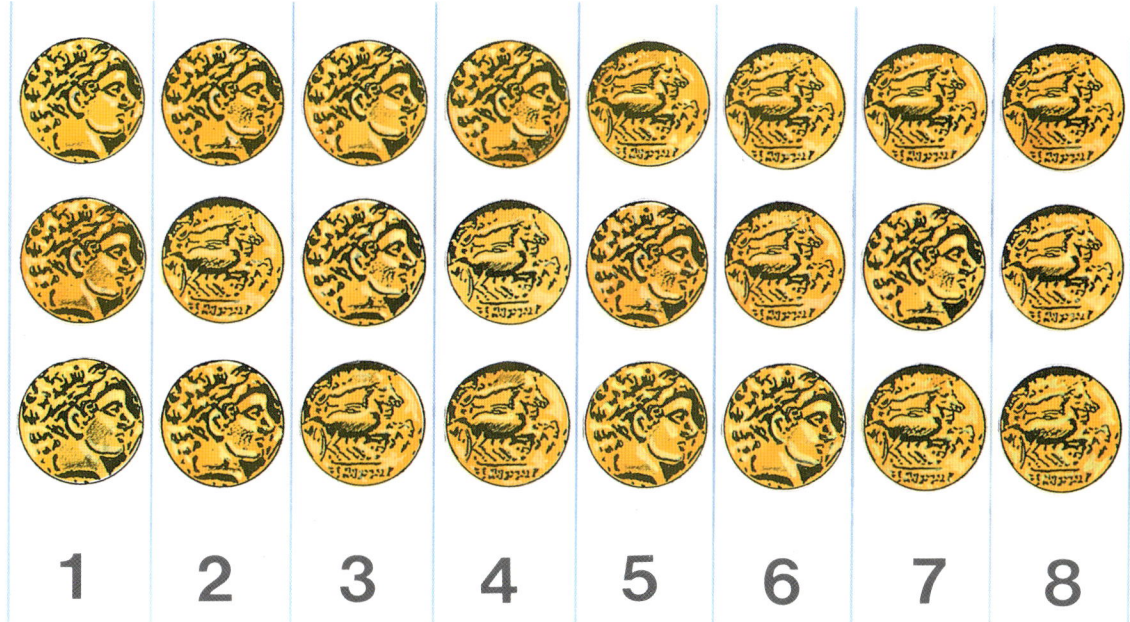

Links: Dieses Bild wurde mit einem Computer erzeugt. Man nennt solche Darstellungen Fraktale. Auf ihnen wiederholen sich bestimmte Formen immer wieder, wenn man das Bild vergrößert. Es gibt Millionen von unterschiedlichen Bildern dieser Art. Auf dem gezeigten Bild wiederholt sich der Wirbel in der Mitte in verschiedenen Größen immer wieder.

DIE CHANCEN STEHEN GUT

In den Wettervorhersagen hören wir manchmal Sätze wie „die Regenwahrscheinlichkeit beträgt heute 50 %". Um diese Aussage zu verstehen, müssen wir uns zunächst über einige Dinge klar werden.

Da ist erstens einmal der Begriff „Prozent". Das Wort ist nur eine Art Abkürzung für „von Hundert". 50 % bedeutet „50 von 100" oder als Bruch 50/100 oder 1/2. Was heißt dann „die Regenwahrscheinlichkeit beträgt heute 50 %"? Wenn wir irgendwie herausfinden könnten, was an 100 Tagen passiert ist, an denen die atmosphärischen Bedingungen genau die gleichen waren wie am heutigen Tag, dann würden wir feststellen, daß es an 50 dieser Tage geregnet hat (und an den anderen 50 nicht).

Genauso können wir sagen, die Chancen für Regenwetter stehen 50 zu 50: Auch das bedeutet, daß es an 50 von 100 Tagen mit identischen Bedingungen regnen und an den anderen 50 nicht regnen wird.

Eine Wahrscheinlichkeit von 50 % ist das gleiche wie eine Chance von 1 zu 1. Eine Regenwahrscheinlichkeit von 50 % heißt, daß es an ungefähr der Hälfte der Tage regnen wird, an denen die Wetterbedingungen so sind wie heute.

Das Wort „ungefähr" ist dabei sehr wichtig. Die Regeln der Wahrscheinlichkeit besagen nicht, daß etwas passieren muß. Sie sagen nur, was unter den gegebenen Bedingungen wahrscheinlich passieren wird.

MIT SICHERHEIT

Wenn ein Ereignis mit absoluter Sicherheit eintritt, so beträgt seine Wahrscheinlichkeit 100 %. Wenn du beispielsweise auf freiem Feld einen Stein senkrecht in die Luft wirfst, dann wird er in 100 % der Versuche wieder herunterfallen.

Wenn etwas mit absoluter Sicherheit nicht geschieht, dann hat es eine Wahrscheinlichkeit von 0 %. Die Wahrscheinlichkeit, daß du durch heftiges Wedeln mit den Armen davonfliegst wie ein Vogel, beträgt beispielsweise 0 %! Die allermeisten Ereignisse besitzen jedoch Wahrscheinlichkeiten, die irgendwo zwischen 0 % und 100 % liegen.

KOPF ODER ZAHL?

Bei sportlichen Wettkämpfen wirft der Schiedsrichter oft eine Münze, um zu entscheiden, welche Mannschaft beginnen darf und in welche Richtung die Mannschaften spielen. Einer der Mannschaftskapitäne muß wählen, ob er auf Kopf oder Zahl setzt. Das ist ein sehr faires Verfahren — solange die Münze echt ist und nicht etwa auf beiden Seiten das gleiche Bild trägt!

Die Chance, daß nach dem Münzwurf der Kopf oben liegt, ist 1/2 (50 %). Trotzdem kann es passieren, daß man die Münze sehr oft hochwirft und sie jedesmal mit derselben Seite nach oben fällt. Erstaunlich viele Menschen glauben, daß die Münze in einem solchen Fall beim nächsten Wurf mit hö-

herer Wahrscheinlichkeit auf die andere Seite fallen wird. Aber das stimmt nicht: Egal, wie oft man schon geworfen hat, die Chance für „Kopf" beträgt bei jedem Wurf wieder 1/2!

Stell dir vor, du wirfst eine Münze und bekommst 20mal hintereinander Kopf. Jetzt muß doch die Wahrscheinlichkeit groß sein, daß beim nächsten Mal Zahl fällt, oder? Die Antwort ist nein. Die Chance ist immer 1/2, daß die Münze beim nächsten Wurf Kopf zeigt. Wenn dir das seltsam vorkommt, dann denk einmal darüber nach, was es bedeuten würde, wenn sich die Wahrscheinlichkeit änderte: Die Münze müßte dann irgendwoher wissen, wie oft sie schon auf eine bestimmte Seite gefallen ist. Das wäre doch noch seltsamer, oder nicht?

Jetzt stell dir vor, du spielst ein Spiel, bei dem du vorhersagen mußt, wie eine Münze bei drei aufeinanderfolgenden Würfen fällt. Jetzt beträgt die Wahrscheinlichkeit, daß sie dreimal Kopf zeigt, nur noch 1/8 (12,5 %). Um das zu verstehen, müssen wir überlegen, wie die einzelnen Würfe ausgehen können. Beim ersten Wurf können wir Kopf oder Zahl erhalten. In beiden Fällen können wir beim zweiten Wurf wieder Kopf oder Zahl bekommen. Soweit gibt es also vier Möglichkeiten, und die Wahrscheinlichkeit für zweimal hintereinander Kopf ist 1/4 (25 %). In jedem dieser vier Fälle kann der dritte Wurf wieder Kopf oder Zahl ergeben, so daß die Wahrscheinlichkeit für dreimal Kopf hintereinander 1/8 (12,5 %) beträgt.

Die Wahrscheinlichkeit spielt auch beim Würfeln eine Rolle. Ein Würfel trägt sechs Zahlen. Daher ist die Wahrscheinlichkeit, eine Zwei zu würfeln, 1/6 (16,6 %). Die Wahrscheinlichkeit, mit zwei Würfeln zweimal Zwei zu würfeln, beträgt nur 1/36 (2,7 %). Das alles gilt natürlich nur, wenn niemand mogelt! Bei manipulierten Würfeln verändern sich die Wahrscheinlichkeiten. Aber auch ein manipulierter Würfel kann nicht garantieren oder ausschließen, daß eine bestimmte Zahl fällt.

DER ZUFALL IM LEBEN

Wenn wir im Alltag Entscheidungen treffen, ziehen wir Wahrscheinlichkeiten nicht immer realistisch in Betracht. Beispielsweise ist es sehr viel wahrscheinlicher, bei einem Autounfall zu sterben als bei einem

Links: Viele glauben, daß der Blitz kein zweites Mal an derselben Stelle einschlagen kann. In Wirklichkeit ist die Wahrscheinlichkeit hierfür aber sogar etwas größer, als daß er an einer anderen Stelle einschlägt, solange die Bedingungen die gleichen sind wie beim ersten Einschlag.

Flugzeugabsturz. Trotzdem gibt es viele Menschen, die gerne Auto fahren, aber nicht fliegen, weil sie glauben, das sei zu gefährlich.

Es gibt kaum Ereignisse, die völlig sicher sind, also eine Wahrscheinlichkeit von 100 % haben. Trotzdem glauben manche Menschen, daß es sie gibt.

So kann ein Patient seinen Arzt fragen, ob eine Operation erfolgreich sein wird. Aber der Arzt kann diese Frage nie mit völliger Sicherheit beantworten. Selbst wenn die Operation vorher 500mal ohne Probleme durchgeführt wurde, gibt es keine Garantie, daß sie auch beim 501. Mal noch erfolgreich verläuft. Allerdings ist die Wahrscheinlichkeit dafür dann sehr groß.

Die Wahrscheinlichkeit, daß ...	
ein Schwein fliegt	
0	0 %
eine Frau farbenblind ist	
1/200	0,5 %
du beim Roulette auf die richtige Zahl setzt	
1/37	2,7 %
ein Mann farbenblind ist	
1/12	8,3 %
du beim Würfeln eine bestimmte Zahl würfelst	
1/6	16,7 %
du beim Werfen einer Münze „Kopf" bekommst	
1/2	50 %
ein hochgeworfener Ball wieder zur Erde fällt	
1/1	100 %

Links: Diese Tabelle zeigt die Wahrscheinlichkeit bestimmter Ereignisse. Die unwahrscheinlichsten Ereignisse stehen ganz oben, die wahrscheinlichsten ganz unten.

NATURGESETZE

Der Zufall spielt auch bei den Naturgesetzen eine Rolle. Vorhin hast du gelesen, daß ein in die Luft geworfener Stein mit absoluter Sicherheit wieder zur Erde zurückfallen wird. Strenggenommen stimmt das nicht ganz. Zwar wären wir sehr erstaunt, wenn er nicht mehr zurückkäme, da er doch von der Schwerkraft zur Erde gezogen wird. Aber auch Naturgesetze sind nur Aussagen darüber, was sehr wahrscheinlich passieren wird. Auch sie können uns keine absolute Sicherheit geben.

WIE NATURGESETZE GEFUNDEN WERDEN

Das Folgende soll zeigen, was wir uns unter einem Naturgesetz vorzustellen haben. Ein Baby sitzt mit seinem Teddybär im Kinderwagen. Es wirft den Teddy aus dem Wagen, und ein Passant hebt ihn auf und gibt ihn dem Kind zurück. Das gefällt dem Baby, und es wiederholt dieses Experiment mehrere Male. Dann bekommt es einen Keks. Nach einiger Zeit möchte das Baby den Versuch wiederholen und wirft den Keks aus dem Wagen. Da er aber in eine Pfütze fällt, hebt niemand ihn auf.

Das Baby hat also zwei unterschiedliche Experimente mit zwei unterschiedlichen Ergebnissen durchgeführt: Wenn man einen Teddy aus dem Wagen wirft, fällt er zu Boden und kommt dann zurück. Wenn man einen Keks aus dem Wagen wirft, fällt er zu Boden und kommt nicht mehr zurück.

Wenn das Baby ein Wissenschaftler wäre, könnte es sagen: „Beiden Experimenten ist gemeinsam, daß etwas zu Boden fällt, wenn man es aus dem Wagen

wirft." Es könnte außerdem hinzufügen: „Bei allen Experimenten, die ich bisher durchgeführt habe, hat sich ein Gegenstand auf eine bestimmte Weise bewegt. Sehr wahrscheinlich werden Gegenstände sich immer auf diese Weise bewegen. Ich kann aber nicht beweisen, daß das so ist."

Alle Gegenstände bestehen aus Atomen und Molekülen (Gruppen von Atomen), die sich dauernd bewegen. Beispielsweise fliegen die Moleküle in der Luft in alle Richtungen wild durcheinander und stoßen dabei gegen alle Gegenstände, die sich in der Luft befinden. Stell dir einen Stein vor, der gerade beginnt zu fallen. Er wird von allen Seiten von Luft-

Links: Glücksspielautomaten in Las Vegas/USA. Obwohl einzelne Spieler an ihnen viel Geld gewinnen können, verdienen nur die Betreiber der Maschinen regelmäßig.

Oben: Diese Menschenmenge zeigt eine gewisse Regelmäßigkeit, da die Menschen in Reihen sitzen. Die Verteilung der roten Hemden, der Hüte oder der Sonnenbrillen ist dagegen völlig zufällig.

regelmäßige Anordnung

unregelmäßige Anordnung

Oben: Wenn du 20 Murmeln auf einen Tisch wirfst, sind diese beiden Anordnungen gleich wahrscheinlich. Weil die untere weniger geordnet ist, neigen wir dazu, sie für wahrscheinlicher zu halten.

molekülen gestoßen. Wenn nun viel mehr Moleküle von unten als von oben gegen ihn stoßen, so könnte er sich auch nach oben bewegen. Die Wahrscheinlichkeit, daß das geschieht, ist jedoch winzig.

Man kann die Wahrscheinlichkeit dafür berechnen, daß ein Backstein vom Tisch nach oben fliegt, weil er von unten von mehr Molekülen gestoßen wird als von oben. In Prozent angegeben käme vor dem Komma eine Null, nach dem Komma kämen 10 000 000 000 Nullen und dann erst eine andere Zahl. Ein Backstein ist jedoch recht groß. Kleine Gegenstände dagegen werden viel eher durch die Stöße der umgebenden Moleküle beeinflußt.

Warum Naturgesetze gelten

Naturgesetze beruhen auf der großen Zahl von Atomen oder Molekülen, die an den meisten Vorgängen beteiligt sind. Wenn du ein Glas Wasser in einen Fluß schütten würdest, würde sich das Wasser im Lauf der Zeit gleichmäßig über alle Flüsse, Seen und Meere der Welt verteilen. Wenn du dann irgendwo auf der Welt ein Glas Wasser aus einem See schöpfen würdest, enthielte es ungefähr 1 000 Moleküle aus dem ersten Glas! Durch die riesigen Zahlen von Atomen gelten Naturgesetze normalerweise so gut wie sicher.

Als der Botaniker Robert Brown im Jahr 1827 eine Probe Pollenkörner untersuchte und sie in einer Flüssigkeit unter dem Mikroskop beobachtete, stellte er fest, daß die Körnchen herumzappelten, als ob sie lebendig wären. Ihre Bewegung, die man heute Brownsche Bewegung nennt, entsteht durch die Stöße der Moleküle der Flüssigkeit gegen die Pollenkörner.

ZUFÄLLIGE VERTEILUNGEN

Wenn man eine Handvoll Murmeln auf einen Tisch wirft, erwartet man normalerweise, daß die Murmeln in einer zufälligen, unregelmäßigen Anordnung auf dem Tisch liegenbleiben. Trotzdem ist die Wahrscheinlichkeit für jede einzelne der vielen möglichen unregelmäßigen Anordnungen genauso groß wie für die regelmäßige Anordnung. Warum das so ist, kann man leicht nachvollziehen:

Stell dir vor, wir würden nach dem Wurf die Positionen aller Murmeln auf dem Tisch markieren und dann noch einmal werfen. Wenn die Murmeln dann alle wieder an der gleichen Stelle liegen würden, wärst du genauso überrascht, wie wenn sie regelmäßig angeordnet wären. Wir halten das regelmäßige Muster nur deshalb für unwahrscheinlicher als das unregelmäßige, weil es sehr viel einfacher ist, das regelmäßige Muster von anderen Anordnungen zu unterscheiden. Deshalb neigen wir dazu, alle unregelmäßigen Muster in einen Topf zu werfen. Strenggenommen sind alle Anordnungen der Murmeln auf dem Tisch zufällig, auch die regelmäßige. Zufällig heißt nur, daß das Muster ganz durch Zufall (z. B. bei einem Wurf) entstanden ist, ohne daß wir nachhelfen mußten. Natürlich ist es viel wahrscheinlicher, daß du beim Werfen ein unregelmäßiges Muster bekommst. Das liegt daran, daß es sehr viel mehr unregelmäßige Anordnungen gibt als regelmäßige.

WAHRSCHEINLICHKEIT UND ZEIT

Wenn man filmt, wie ein alter Schornstein gesprengt wird, und man den Film dann rückwärts ablaufen läßt, wächst er scheinbar von selbst aus einem Haufen Schutt wieder nach oben. Das scheint dem natürlichen Lauf der Dinge zu widersprechen. Wenn man einen Haufen Schutt sprengt, dann ist es viel wahrscheinlicher, daß man wieder einen Haufen Schutt bekommt als einen intakten, funktionierenden Schornstein. Wenn wir diesen unwahrscheinlichen Vorgang sehen, dann ist uns sofort klar, daß der Film hier rückwärts läuft.

Der von selbst wachsende Schornstein wirkt unglaubwürdig, denn die Erfahrung sagt, daß Dinge nicht von allein regelmäßig werden. Diese Tatsache gibt der Zeit ihre Richtung. Wenn die Zeit fortschreitet, streben alle Dinge einem Zustand der größeren Unordnung oder Unregelmäßigkeit zu (vgl. S. 183).

ZUFALL UND VERERBUNG

Der Zufall spielt auch bei der Entwicklung des Lebens eine große Rolle. Du hast einige Eigenschaften deines Vaters mitbekommen, einige von deiner Mutter und weitere von den Vorfahren deiner Eltern. Welche Eigenschaften du von wem geerbt hast, ist zufällig. Das hängt davon ab, welche der Millionen von Samenzellen deines Vaters welche Eizelle deiner Mutter befruchtet hat.

Man kann ausrechnen, wie groß die Wahrscheinlichkeit ist, daß ein bestimmtes Merkmal an die nächste Generation vererbt wird. Allerdings kann man immer nur Wahrscheinlichkeiten angeben, denn auch hier gibt es keine Sicherheit. Die Züchter von Rennpferden suchen die Pferde vor der Paarung so aus, daß die Chancen möglichst gut stehen, daß ein gutes Rennpferd geboren wird. Aber es gibt keine Garantie, daß das Fohlen zweier hervorragender Rennpferde auch wieder ein gutes Rennpferd wird.

GLÜCKSSPIELE

Glücksspiele sind so alt wie die Menschheit selbst. Es gibt große Unterschiede zwischen solchen Spielen, die nur auf Glück beruhen, und solchen, bei denen außer dem Zufall auch das Können eine Rolle spielt. Beispielsweise ist das Werfen einer Münze

ein reines Glücksspiel. Das gleiche gilt für das Würfeln. Aber Spiele wie Monopoly, bei denen gewürfelt wird und dann auf einem Spielbrett Züge ausgeführt werden, verlangen auch etwas Können, da man auch entscheiden muß, was man kaufen oder verkaufen möchte. Fast alle Spiele erfordern auch etwas Glück. Selbst bei den Olympischen Spielen brauchen die Athleten außer Können auch Glück.

Ein Spiel, das nur auf dem Zufall beruht, ist Roulette. Ein Rouletterad besitzt auf seinem Rand 37 kleine Vertiefungen, die von 0 bis 36 numeriert sind. Der Croupier dreht das Rad und wirft eine kleine Kugel in Gegenrichtung hinein. Nach einiger Zeit kommen Rad und Kugel zum Stillstand, und die Kugel bleibt in einer der 37 numerierten Vertiefungen liegen. Das Spiel besteht darin, daß die Spieler auf eine oder mehrere der 37 Zahlen wetten.

Jedesmal, wenn das Rad gedreht wird, ist die Wahrscheinlichkeit 1/37, daß die Kugel in einer bestimmten Vertiefung liegenbleibt. Trotzdem glauben erstaunlich viele Menschen an „Glückssträhnen" oder „Pechsträhnen" oder an bestimmte Strategien, die den Zufall überlisten sollen.

Man sollte immer daran denken, daß jeder, der ein Glücksspiel betreibt, damit Geld verdienen möchte. Deshalb verlieren alles in allem immer die Spieler, nie verliert der Betreiber des Spiels. Insgesamt wird am Spieltisch also stets mehr Geld verloren als gewonnen. Trotzdem kann natürlich ein einzelner Spieler auch einmal viel Geld gewinnen. Diese Hoffnung läßt die meisten von ihnen weiterspielen.

Oben: Die Wahrscheinlichkeit, daß die Kugel in eine der Vertiefungen eines Rouletterades fällt, ist für alle Vertiefungen gleich groß (sofern das Rad in Ordnung ist und keine Tricks im Spiel sind). Daher ist die Wahrscheinlichkeit für jede der Zahlen gleich 1/37.

Ganz links: Wichtiges Zubehör für Glücksspiele: Die Chips stehen für bestimmte Geldbeträge, die Würfel werden in einer ganzen Reihe von Glücksspielen verwendet, und für Kartenspiele braucht man meist sowohl Glück als auch Können.

WAS DIE WELT
IM INNERSTEN ZUSAMMENHÄLT

Magnete ziehen Eisen an, die Schwerkraft zieht uns zu Boden, elektrische Kräfte halten unseren Körper zusammen. Woher kommen all diese Kräfte? Die Suche nach einer Antwort auf diese Frage hat den Blick der Wissenschaftler ins Innere der Atome und zurück an den Anfang der Zeit geführt.

RÄTSELHAFTER MAGNETISMUS

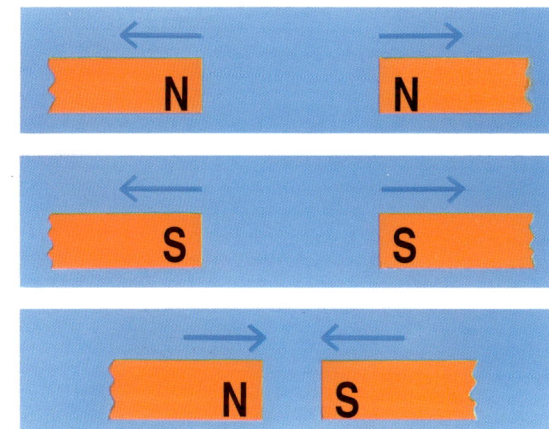

Wenn wir die Enden zweier Magnete aufeinander zu bewegen, spüren wir eine Kraft zwischen ihnen. Je nachdem, welche Enden zueinander zeigen, kann die Kraft abstoßend oder anziehend sein. Die Kraft scheint von Punkten an den Enden der Magnete auszugehen. Sie werden Nord- und Südpol genannt. Zwei Nordpole oder zwei Südpole stoßen sich gegenseitig ab; ein Nord- und ein Südpol ziehen einander an.

Magnete haben eine seltsame Eigenschaft. Wenn sie an einem Faden hängen, drehen sie sich immer so, daß sie in Nord-Süd-Richtung zeigen. Diesen Effekt nutzt man bei einem Kompaß, um sich mit ihm in unbekanntem Gelände zu orientieren.

Der Kompaßeffekt erklärt auch die Namen der beiden Pole eines Magneten. Als die Menschen erkannten, daß ein bestimmtes Ende des Magneten immer nach Norden zeigt, nannten sie dieses Ende den Nordpol des Magneten.

Wir wissen heute, warum Magnete sich immer in Nord-Süd-Richtung ausrichten: Die Erde verhält sich selbst wie ein riesiger, aber schwacher Magnet. Ihre magnetischen Pole ziehen daher die Pole anderer Magnete an oder stoßen sie ab. Diese Erklärung führt uns aber sofort auf ein neues Problem.

Nordpole und Südpole von Magneten ziehen einander an, folglich müßte der Nordpol eines Magneten eigentlich nach Süden zeigen! Warum er das nicht tut, ist ganz einfach: Der Nordpol der Erde ist in Wirklichkeit gar kein magnetischer Nordpol! Trotz seines Namens entspricht er dem Südpol eines gewöhnlichen Magneten.

Oben: So wirken die beiden Pole zweier Magnete aufeinander. Gleiche Pole stoßen sich ab, ungleiche Pole ziehen sich an.

Links: Eine Leuchterscheinung wie das Nordlicht entsteht, wenn von der Sonne ausgestrahlte elektrisch geladene Teilchen durch das Magnetfeld der Erde in die Polargebiete gezogen werden. Wenn die Teilchen hoch oben in der Erdatmosphäre auf Atome und Moleküle treffen, wird Licht abgegeben.

Rechts: Der Teilchenbeschleuniger am Fermilab bei Chicago/USA hat einen Durchmesser von 2 km. Die für Wartungsarbeiten benutzte Straße über dem Tunnel, in dem der Beschleuniger verläuft, ist an den Scheinwerfern eines Autos gut zu erkennen. Solche riesigen Maschinen sind nötig, wenn man das Innere der Atome erforschen und mehr über die Kräfte herausfinden möchte, die die Bestandteile der Atome zusammenhalten.

Links: Start der ersten Reise von Menschen zum Mond im Jahre 1969. Eines der größten Probleme bestand darin, die Anziehungskraft der Erde zu überwinden. Um die mit drei Personen besetzte Raumkapsel der „Apollo 11" in das Weltall und bis zum Mond zu befördern, war eine riesige dreistufige Rakete notwendig, die der Gewichtskraft von 3 400 t entspricht.

Unten: Ein Hochhaus in London kurz vor seiner Zerstörung durch die Schwerkraft. Das Bauwerk wird durch kontrollierte Explosionen auf einigen der 21 Stockwerke erschüttert, und die Schwerkraft erledigt den Rest!

Als magnetische Substanzen bezeichnen wir alle Stoffe, die von Magneten angezogen werden und die magnetisiert (zu Magneten gemacht) werden können. Die einzigen stark magnetischen Substanzen sind die Metalle Eisen, Nickel und Kobalt und manche ihrer Legierungen (Mischungen). So besteht Stahl hauptsächlich aus Eisen, und die meisten Stähle sind magnetisch.

Wir wissen heute, daß der Magnetismus in den Atomen entsteht, die sich selbst wie winzige Magnete verhalten können. In den meisten Stoffen gleichen sich die magnetischen Effekte der Atome fast aus, so daß der verbleibende Rest zu klein ist, als daß wir ihn beobachten könnten. In manchen Substanzen wirken diese atomaren Effekte aber zusammen und verstärken sich, so daß ein Gegenstand uns magnetisch erscheint.

Zwei Magnete können durch luftleeren Raum voneinander getrennt sein, und trotzdem „weiß" der eine auf rätselhafte Weise vom anderen und reagiert auf ihn! Wissenschaftler sprechen davon, daß ein Magnet ein „magnetisches Feld" erzeugt, welches den anderen Magneten beeinflußt. Damit ist der Effekt zwar richtig beschrieben, aber noch nicht erklärt.

DIE SCHWERKRAFT

Wissenschaftler verstehen die meisten Eigenschaften der Schwerkraft (die von ihnen Gravitation genannt wird), auch wenn sie sie nicht vollständig erklären können. Die Schwerkraft wirkt immer anziehend. Alle Massen ziehen sich gegenseitig an — auch dein Körper und der Körper eines Menschen, der neben dir steht!

Diese Kraft ist allerdings viel zu klein, als daß du sie bemerken könntest. Je größer die Masse zweier Gegenstände ist und je näher sie einander sind, desto stärker ist die anziehende Kraft zwischen ihnen. Die Kraft zwischen deinem Körper und der Erde ist stark genug, um dich am Boden zu halten; die Kraft zwischen deinem Körper und dem deines Nachbarn ist dagegen winzig klein — weniger als ein Milliardstel deines Körpergewichts.

Die Schwerkraft hält uns auf der Erde. Sie hält auch den Mond auf seiner Umlaufbahn um die Erde, außerdem die Erde und andere Planeten auf ihrer Bahn um die Sonne. Sie wirkt über große Entfernungen und ist verantwortlich für die Entstehung von Sternen und Galaxien. Trotzdem ist sie schwächer als der Magnetismus. Obwohl die Erde so gewaltig groß ist, kann ihre Kraft, mit der sie auf eine kleine Eisennadel einwirkt, leicht durch die Anziehungskraft eines kleinen Magneten überwunden werden.

ELEKTRISCHE KRÄFTE

Manche Stoffe werden statisch aufgeladen, wenn man an ihnen reibt. Die Ladungen erzeugen Kräfte. Zum Beispiel zieht ein geladener Kamm kleine Papierschnipsel an.

Es gibt zwei Arten von Ladungen. Wissenschaftler bezeichnen sie als positive (+) und negative (−) Ladungen. Ungleiche Ladungen ziehen einander an, gleiche Ladungen stoßen einander ab.

Alle Atome enthalten winzige Ladungen, daher enthält auch jeder Gegenstand Ladungen. Normalerweise kommen in jedem Körper gleich viele positive wie negative Ladungen vor. Er ist deshalb nach außen hin elektrisch neutral (ungeladen). Durch Reiben kann man Ladungen von einem Gegenstand auf einen anderen übertragen. Dann enthält der eine am Ende mehr positive Ladungen und der andere mehr negative.

Damit man eine Anziehung beobachten kann, benötigt man entgegengesetzte Ladungen. Es mag daher seltsam erscheinen, daß ein geladener Kamm ungeladene Gegenstände wie Papierschnipsel anziehen kann. Aber auch das ungeladene Papier enthält gleiche Mengen von positiven und negativen Ladungen. Die einen werden von dem Kamm angezogen, die anderen werden abgestoßen. Die Ladungen sind danach im Papier so verteilt, daß insgesamt eine anziehende Kraft übrigbleibt.

In dem Papier werden nämlich die Ladungen, die von dem geladenen Kamm angezogen werden, etwas näher zum Kamm hingezogen. Die Ladungen, die abgestoßen werden, halten sich etwas weiter vom Kamm entfernt auf. Da beide Kräfte — An-

ziehung und Abstoßung — um so stärker sind, je kleiner der Abstand ist, ist die Anziehung zwischen Kamm und Papier etwas größer als die Abstoßung. Das Papier wird somit von dem geladenen Kamm angezogen. Mit Hilfe eines geladenen Kamms kann man die Wirkung der elektrischen Kräfte einfach zeigen.

Diese Kräfte sind für unsere Welt aber viel wichtiger, als dieses einfache Beispiel vermuten läßt. Elektrische Kräfte halten nämlich die Atome zu Molekülen und die Moleküle zu Gegenständen zusammen.

Oben: Ein Foto der Erde, aufgenommen aus der Raumkapsel „Apollo 11" aus unmittelbarer Nähe des Mondes. Die Schwerkraft hält den Mond auf seiner Bahn um die Erde. Ohne sie würden Erde und Mond schnell voneinander fortfliegen.

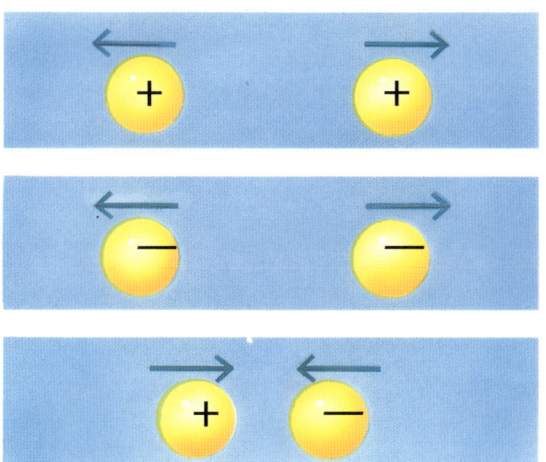

Links: So wirken elektrische Ladungen aufeinander: Gleiche Ladungen stoßen sich ab, ungleiche Ladungen ziehen sich an.

Rechts: Das Mädchen berührt einen Van-de-Graaff-Generator und wird so elektrisch aufgeladen. Ihre Haare und ihr Kopf tragen gleiche Ladungen, daher stoßen sich die Haare gegenseitig ab und stehen vom Kopf ab.

IM INNERN DER ATOME

Atome sind viel zu klein, als daß wir sie sehen könnten. Es gibt keine Fotos von Atomen, die zeigen, wie sie wirklich aussehen. Aus vielen Experimenten haben Wissenschaftler aber genaue Vorstellungen — man nennt sie Modelle — davon, was Atome sind. Ein Modell ist nie die komplette Wahrheit. Es ist nur ein Werkzeug, mit dessen Hilfe man komplizierte Dinge verstehen kann.

Ein Modell des Atoms sieht folgendermaßen aus: Im Zentrum eines Atoms sitzt ein Kern, der aus zwei Arten von Teilchen besteht, die man Protonen und Neutronen nennt. Protonen sind positiv (+) geladen, Neutronen sind ungeladen. Um den Kern bewegen sich mit großer Geschwindigkeit sehr viel leichtere Teilchen, die als Elektronen bezeichnet werden. Sie tragen eine negative (−) Ladung, die ebenso groß ist wie die positive Ladung der Protonen. Ein Atom enthält genauso viele Elektronen wie Protonen und ist daher insgesamt elektrisch neutral (ungeladen). Die Atome unterschiedlicher Elemente enthalten unterschiedlich viele Protonen und daher auch unterschiedlich viele Elektronen (vgl. S. 53).

Von den Atomen der meisten Elemente gibt es verschiedene Varianten, die man Isotope nennt. Sie besitzen jeweils die gleiche Zahl von Protonen (und Elektronen), aber unterschiedlich viele Neutronen. Meist kommt ein Isotop viel häufiger vor als alle anderen. So bestehen mehr als 99 % aller Kohlenstoffatome aus sechs Protonen und sechs Neutronen. Manche enthalten aber auch sechs Protonen und acht Neutronen. Dieses seltene Isotop wird als Kohlenstoff-14 bezeichnet, da es insgesamt 14 Teilchen in seinem Atomkern enthält. Das gewöhnliche Isotop des Elements Kohlenstoff heißt entsprechend Kohlenstoff-12.

INSTABILE ATOMKERNE

Die Kerne mancher Atomarten sind nicht stabil. Irgendwann zerbrechen sie und spalten dabei entweder winzige Teilchen ab oder senden Strahlung aus, manchmal auch beides zugleich. Wenn die Atomkerne eines Elements instabil sind, nennen Wissen-

Unten: Alle Atome eines Elements haben dieselbe Anzahl von Protonen und Elektronen, können aber unterschiedlich viele Neutronen enthalten. Diese verschiedenen Atomsorten eines Elements nennt man Isotope. Die Elektronen in einem Atom verhalten sich wie verschmierte (Ladungs-)Wolken, wie hier angedeutet. Um die Elektronenanordnungen in Atomen zu vergleichen, zeichnet man die Elektronen aber oft auf Kreisbahnen ein.

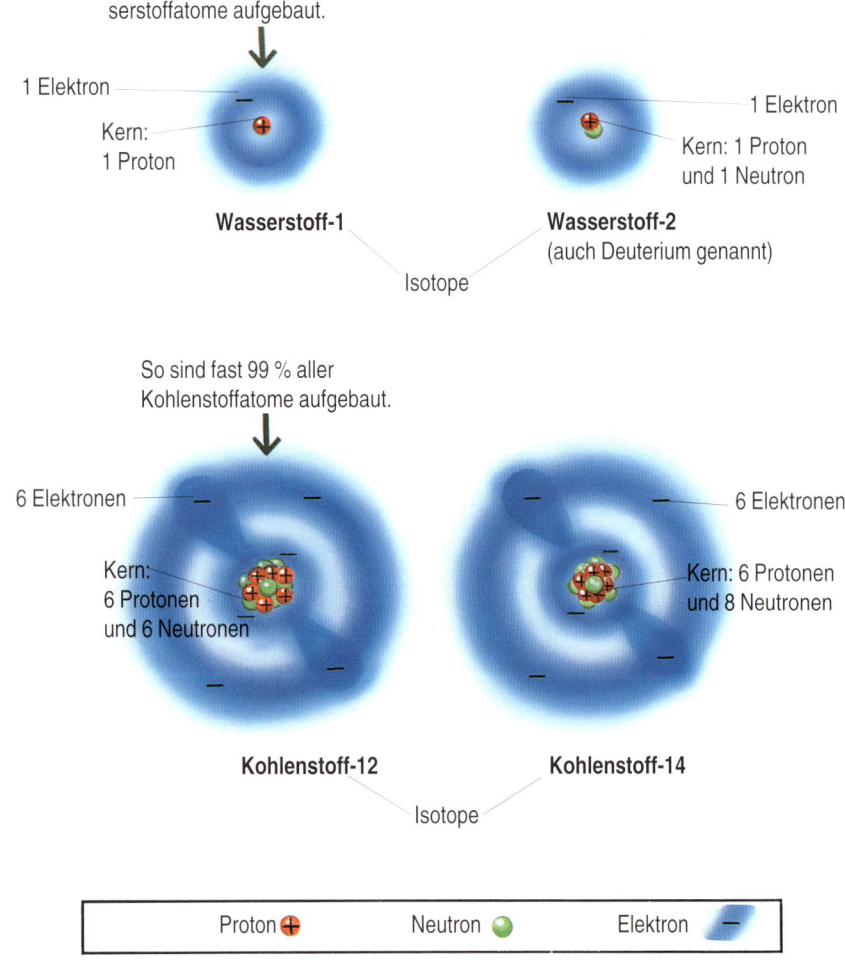

So sind mehr als 99 % aller Wasserstoffatome aufgebaut.

1 Elektron — Kern: 1 Proton — **Wasserstoff-1**

1 Elektron — Kern: 1 Proton und 1 Neutron — **Wasserstoff-2** (auch Deuterium genannt)

Isotope

So sind fast 99 % aller Kohlenstoffatome aufgebaut.

6 Elektronen — Kern: 6 Protonen und 6 Neutronen — **Kohlenstoff-12**

6 Elektronen — Kern: 6 Protonen und 8 Neutronen — **Kohlenstoff-14**

Isotope

Proton ⊕   Neutron ◓   Elektron ▬

Oben: Manche radioaktive Substanzen sind so gefährlich, daß man Roboter einsetzt, um mit ihnen zu arbeiten. Hier wird eine radioaktive Flüssigkeit aus einem Becherglas in einen Kolben gegossen.

schaftler dieses Element radioaktiv. Das Zerbrechen der Atomkerne heißt radioaktiver Zerfall, und die abgegebene Strahlung wird als radioaktive Strahlung bezeichnet. Es gibt drei Arten von radioaktiver Strahlung: Alpha-Strahlung, Beta-Strahlung und Gamma-Strahlung.

Alpha-Strahlung besteht aus Teilchen, die aus zwei Protonen und zwei Neutronen aufgebaut sind, sie sind also positiv geladen. Beta-Strahlung besteht aus Elektronen; sie sind negativ geladen. Es scheint merkwürdig, daß beim Zerfall eines Atomkerns Elektronen entstehen können. Aber beim Zerfall mancher Kerne wird ein Neutron in ein Proton, ein Elektron und ein winziges, nur sehr schwer nachweisbares Teilchen mit dem Namen Neutrino umgewandelt. Gamma-Strahlung ist eine elektromagnetische Strahlung (vgl. S. 172), die ähnliche Eigenschaften wie Röntgenstrahlung besitzt.

Manche Isotope (Sorten von Atomkernen) eines Elements sind stabil, andere sind instabil. So sind die Atomkerne von Kohlenstoff-14 instabil, also radioaktiv, während die Atomkerne von Kohlenstoff-12 stabil und nicht radioaktiv sind. Der Zerfall instabiler Kerne geschieht für die einzelnen Kerne zufällig. In manchen Elementen erfolgt er schneller, in anderen langsamer. Bei Kohlenstoff-14 dauert es 5 700 Jahre, bis die Hälfte einer vorhandenen Menge zerfallen ist. Dann dauert es weitere 5 700 Jahre, bis die Hälfte der restlichen Atome zerfallen ist und so weiter. Wissenschaftler sagen daher, Kohlenstoff-14 habe eine Halbwertszeit von 5 700 Jahren. Die Halbwertszeit von Uran-235 ist noch viel größer: 710 Millionen Jahre! Jod-128 dagegen hat eine Halbwertszeit von 25 Minuten.

DAS ENTSCHEIDENDE EXPERIMENT

Im Jahre 1911 führten Ernest Rutherford und seine Mitarbeiter ein Experiment durch, das einen ersten Einblick ins Innere der Atome ermöglichte.

Sie beschossen eine dünne Goldfolie mit Alpha-Teilchen aus einer radioaktiven Substanz. Alpha-Teilchen sind positiv geladen und viel kleiner als Atome. Sie können auf einem besonders vorbereiteten Leuchtschirm sichtbar gemacht werden. Auf ihm entsteht immer dann ein kurzer Lichtblitz, wenn ein Alpha-Teilchen auftrifft.

Die Forscher fanden heraus, daß fast alle Alpha-Teilchen geradeaus durch die Goldfolie flogen. Einige wenige wurden aber fast entgegen ihrer ursprünglichen Flugrichtung zurückgeworfen. Die Wissenschaftler konnten aus diesem Ergebnis

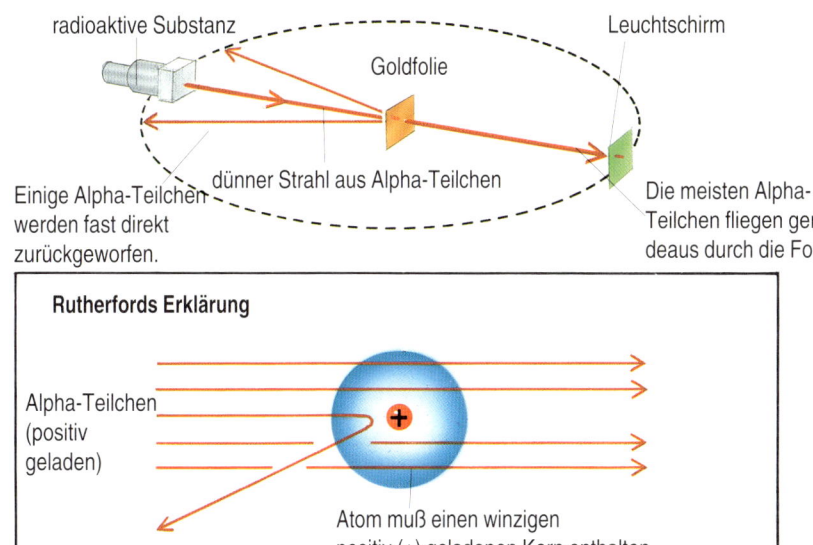

radioaktive Substanz · Goldfolie · Leuchtschirm

Einige Alpha-Teilchen werden fast direkt zurückgeworfen.

dünner Strahl aus Alpha-Teilchen

Die meisten Alpha-Teilchen fliegen geradeaus durch die Folie.

Rutherfords Erklärung

Alpha-Teilchen (positiv geladen)

Atom muß einen winzigen positiv (+) geladenen Kern enthalten.

schließen, daß die Atome hauptsächlich aus leerem Raum bestehen. Außerdem müssen sie einen kleinen, massiven Kern enthalten, der die Alpha-Teilchen abstößt. Dies war der erste Hinweis auf einen positiv geladenen Atomkern.

KRISTALLE UND MOLEKÜLE

Elektronen (–) und Protonen (+) ziehen einander an. Auf diese Weise helfen elektrische Kräfte, die Atome zusammenzuhalten. Sie können aber auch verschiedene Atome miteinander verbinden, und zwar auf mehrere Arten.

Zum Beispiel besteht gewöhnliches Kochsalz (Natriumchlorid) aus Natrium- und Chloratomen. Allerdings hat jedes Natriumatom ein Elektron an

Oben: Wenn ein Strahl aus Alpha-Teilchen (positiv geladen) auf eine dünne Goldfolie trifft, fliegen die meisten Teilchen geradeaus hindurch, manche aber werden sehr stark abgelenkt. Daraus schließen die Wissenschaftler, daß jedes Atom hauptsächlich aus leerem Raum besteht und einen winzigen, positiv geladenen Kern in seinem Zentrum besitzt.

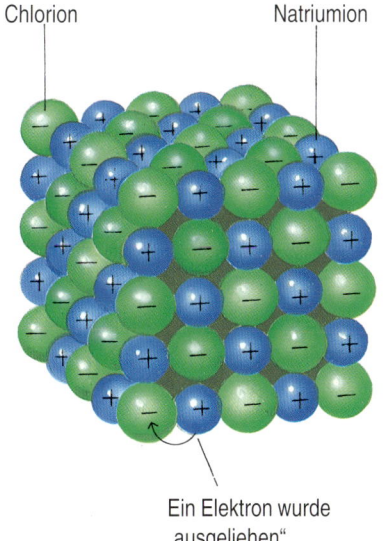

Chlorion · Natriumion

Ein Elektron wurde „ausgeliehen".

Links: Ein Kochsalzkristall (Natriumchlorid) wird durch elektrische Kräfte zusammengehalten. Jedes Natriumatom hat ein Elektron abgegeben und ist zu einem Natriumion (+) geworden. Jedes Chloratom hat ein Elektron aufgenommen und ist zu einem Chlorion (–) geworden. Jedes Ion in dem Kristall wird von den benachbarten Ionen stark angezogen, die eine entgegengesetzte Ladung tragen.

Rechts: Jedes Wassermolekül hat positiv und negativ geladene Bereiche, die entgegengesetzt geladene Bereiche in anderen Molekülen anziehen. Da die Kräfte zwischen den Molekülen relativ schwach sind, kann festes Wasser (Eis) leicht schmelzen.

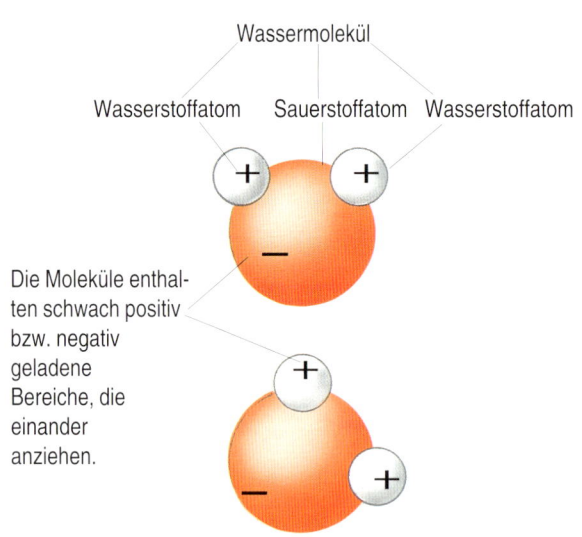

Wassermolekül

Wasserstoffatom   Sauerstoffatom   Wasserstoffatom

Die Moleküle enthalten schwach positiv bzw. negativ geladene Bereiche, die einander anziehen.

Unten: Ein Wasserläufer auf einer Wasseroberfläche. Die elektrischen Kräfte, die die Wassermoleküle zusammenhalten, sind so stark, daß Insekten nicht einsinken. Man nennt diese Erscheinung Oberflächenspannung.

ein Chloratom abgegeben (vgl. S. 55), so daß das Natriumatom eine positive (+) und das Chloratom eine negative (−) Ladung trägt. Solche geladenen Atome nennt man Ionen. Im Kochsalz ziehen sich die positiven Natriumionen und die negativen Chlorionen sehr stark an. Sie lagern sich daher zu einem harten, festen Kristall zusammen.

Das kleinste „Stückchen" Wasser, das existieren kann, ist ein Wassermolekül. Es besteht aus einem Sauerstoffatom und zwei Wasserstoffatomen, die durch elektrische Kräfte zusammengehalten werden. In einem Molekül gehören manche Elektronen mehreren Atomen gleichzeitig. Diese werden von den positiven Ladungen beider Atomkerne angezogen und wirken daher wie ein „Klebstoff", der das Molekül zusammenhält.

Auch mehrere Wassermoleküle werden untereinander wieder von elektrischen Kräften zusammengehalten. Die Elektronen in dem Molekül sind so verteilt, daß das Sauerstoffatom schwach negativ geladen ist, während die Wasserstoffatome schwach positiv geladen sind. Der negative Teil eines Moleküls zieht daher die positiven Bereiche anderer Moleküle an. In gefrorenem Wasser hält diese Kraft die Moleküle fest zusammen. In flüssigem Wasser brechen die Verbindungen zwischen den Molekülen dauernd auf, daher können sich die Moleküle bewegen.

Auf die eine oder andere Art werden alle Stoffe von elektrischen Kräften zusammengehalten. Wenn eine chemische Reaktion stattfindet – z. B. bei ei-

Rechts: Die Verbrennung ist eine chemische Reaktion, bei der die brennende Substanz mit Sauerstoff reagiert. Wenn die Atome sich zu neuen Molekülen zusammenlagern, können große Mengen Energie frei werden. Meist muß man die Stoffe zunächst erhitzen, damit die Reaktion beginnt.

ner Verbrennung —, so werden die Elektronen in den Molekülen neu verteilt. Auch die Kräfte, die wir mit unseren Muskeln erzeugen oder die durch Maschinen oder Explosionen entstehen, sind das Ergebnis des Wirkens von elektrischen Kräften.

STARKE UND SCHWACHE KERNKRAFT

Als die Wissenschaftler begannen, die Atomkerne zu untersuchen, bemerkten sie bald, daß sie ein Rätsel zu lösen hatten. Im Atomkern waren lauter positiv geladene Protonen auf engstem Raum konzentriert, und die Abstoßung zwischen ihnen mußte gewaltig sein. Warum explodierten die Atomkerne dann nicht? Es mußte also noch eine andere, ungeheuer starke, anziehende Kraft existieren, die die Protonen und die Neutronen zusammenhält.

Unten: Der Prozeß der Kernspaltung: Ein Neutron trifft auf einen Uran-235-Kern. Dabei entsteht ein instabiler Kern, der in zwei kleinere Bruchstücke und einige Neutronen zerfällt. Energie wird frei. Die entstandenen Neutronen können wieder auf Uran-235-Kerne treffen und so in einer Kettenreaktion weitere Kerne spalten.

Diese Neutronen können weitere Uran-235-Kerne spalten.

Das Neutron spaltet einen Uran-235-Kern.

Gamma-Strahlung

Wissenschaftler nennen diese Kraft heute die Starke Kernkraft. Es handelt sich um eine zuvor unbekannte Kraft, die nichts mit den bisher erwähnten Arten von Kräften zu tun hat. Sie wirkt nur über sehr kurze Entfernungen; daher müssen Atomkerne so klein sein.

Der radioaktive Zerfall wird durch eine weitere, schwächere Kraft hervorgerufen. Die Wissenschaftler nennen sie Schwache Kernkraft.

SPALTEN UND VEREINIGEN

Die Starke Kernkraft ist die Quelle der gewaltigen Energie, die in Kernreaktoren freigesetzt werden kann, aber auch in Kernexplosionen oder — in viel größerem Maßstab — in der Sonne.

Die Kernbrennstäbe in einem Kernreaktor enthalten Uran-235, ein Uranisotop, dessen Atome durch langsam fliegende Neutronen leicht gespaltet werden können. Um den Reaktor zu starten, muß man einen Neutronenstrahl auf die Kernbrennstäbe schießen. Wenn eines der Neutronen auf einen Uran-235-Kern trifft und von ihm aufgenommen wird, wird der Kern instabil. Er zerfällt bald in zwei kleinere, stabile Kerne und zwei oder drei (oder noch mehr) Neutronen. Diesen Prozeß nennt man Kernspaltung. Die entstehenden Neutronen kön-

nen weitere Kerne spalten, wodurch noch mehr Neutronen entstehen. Dieser Vorgang läuft immer weiter ab, und es entstehen immer mehr Neutronen, so daß die Reaktion immer schneller verläuft. Man spricht hierbei von einer Kettenreaktion. In einem Reaktor werden besondere Stoffe zwischen die Kernbrennstäbe geschoben, die die Reaktion verlangsamen und kontrollierbar machen.

Bei der Kernspaltung bewirkt die Starke Kernkraft, daß Neutronen und Protonen stabilere Anordnungen einnehmen. Dabei wird Energie frei, die zu einer Erwärmung der Kernbrennstäbe führt. In einem Kernreaktor wird diese Wärme verwendet, um Wasserdampf zu erzeugen, der wiederum Turbinen antreibt und so über einen Generator elektrische Energie liefert.

Auch die Sonne bezieht ihre Energie aus der Starken Kernkraft, aber nicht durch Kernspaltung. Im Inneren der Sonne stoßen Wasserstoffkerne sehr heftig zusammen und verschmelzen zu größeren, stabileren Kernen. Dieser Prozeß verläuft in mehreren Schritten; sein Endergebnis ist, daß Heliumkerne gebildet werden. Das Verschmelzen leichter Atomkerne zu größeren Kernen nennt man Kernfusion. Auch hier entsteht unter der Wirkung der Starken Kernkraft eine stabilere Anordnung der Protonen und Neutronen, und es werden gewaltige Mengen von Energie freigesetzt.

DIE WELT DER QUANTEN

Atome und ihre Bestandteile benehmen sich ganz anders, als wir es von den großen alltäglichen Gegenständen um uns herum gewohnt sind. Beispielsweise verhalten sich Elektronen manchmal wie Teil-

Oben: Atompilz bei einem Atombombentest. Solche Explosionen sind das Resultat unkontrollierter Kettenreaktionen, in denen fast reines Uran-235 oder Plutonium-239 sehr schnell gespalten wird. Neben der direkten Zerstörungswirkung setzen Kernwaffen auch große Mengen von radioaktivem Gas und Staub frei, die sich in der Atmosphäre verteilen und eine große Gefahr bedeuten.

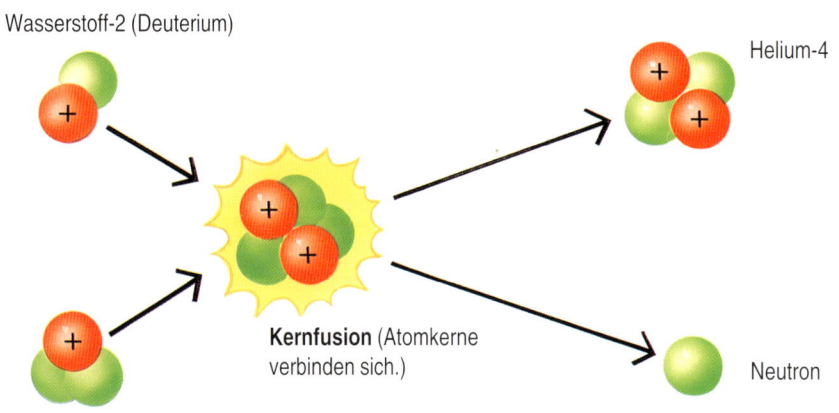

Wasserstoff-2 (Deuterium)

Helium-4

Kernfusion (Atomkerne verbinden sich.)

Neutron

Wasserstoff-3 (Tritium)

Links: Der Prozeß der Kernfusion. Kerne von Wasserstoff-2 und Wasserstoff-3 stoßen mit hoher Geschwindigkeit zusammen und bilden einen Helium-4-Kern und ein Neutron. Dabei wird Energie frei. Die Sonne nutzt einen etwas komplizierteren Prozeß, der mit Wasserstoff-1 funktioniert.

Rechts: Kleine Ursache – große Leuchtwirkung: Wenn Elektronen in ihren Atomen auf eine tiefere Energiestufe fallen, strahlen sie Licht aus. Aber zuerst müssen die Elektronen auf eine höhere Stufe angehoben werden. Das erreicht man am einfachsten durch elektrischen Strom.

Unten: So beschreibt die Quantentheorie die Aussendung von Licht durch ein Atom: Ein Elektron in dem Atom wird auf eine höhere Energiestufe angeregt. Wenn es auf seine alte Stufe zurückfällt, gibt es diese Energie wieder ab. Dabei sendet es ein Photon aus, das Teilchen, aus dem Licht besteht.

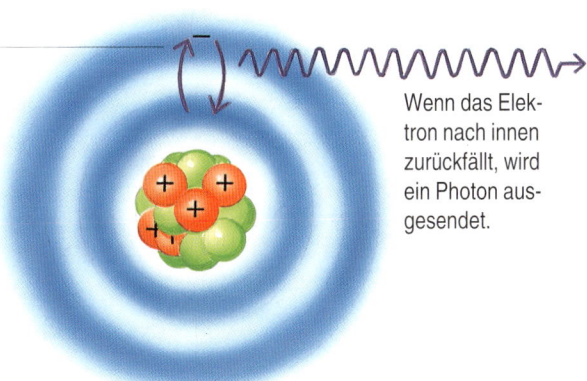

Wenn das Elektron Licht aufnimmt, springt es auf eine höhere Bahn.

Wenn das Elektron nach innen zurückfällt, wird ein Photon ausgesendet.

chen und manchmal wie Wellen. Die Bestandteile der Atome können nicht beliebig viel Energie aufnehmen. Ein Elektron kann sich nur auf ganz bestimmten Bahnen um den Atomkern bewegen. Es kann seine Bahn wechseln, aber nur in plötzlichen Sprüngen, nicht allmählich.

Um diese seltsamen Eigenschaften der Atome erklären zu können, entwickelten Wissenschaftler die sogenannte Quantentheorie. Ein wichtiger Gedanke dieser Theorie ist, daß sich Energie nicht in beliebig kleine Mengen aufteilen läßt. Sie kann immer nur in kleinen „Paketen" aufgenommen werden, die man „Quanten" nennt (von lat. quantum, Menge). Einer der großen Erfolge der Quantentheorie war, daß sie erklären konnte, wie Atome Licht aufneh-

men oder abstrahlen oder wie Gegenstände leuchten, wenn man sie erhitzt.

Die Quantentheorie sagt aus, daß man den Elektronen durch Licht, Elektrizität oder auf andere Weise Energie zuführen kann, so daß sie ihre Bahn um den Atomkern verändern. Später fallen sie wieder auf ihre alte Bahn zurück und geben die Energie wieder ab. Dabei senden sie ein Teilchen aus, das man Photon nennt. Man kann einen Lichtstrahl so erklären, daß er aus lauter Photonen besteht, die in eine Richtung fliegen. Obwohl Photonen Teilchen sind, sprechen Wissenschaftler oft von „Lichtwellen". Das ist aber kein Widerspruch. In der Welt der Quanten können sich Teilchen wie Wellen und Wellen wie Teilchen verhalten (vgl. S. 177).

Die Stärke der Quantentheorie liegt darin, daß sie viele Vorhersagen macht, die von den Ergebnissen der Experimente bestätigt werden. Durch die Quantentheorie können Wissenschaftler genau vorhersagen, welche Farbe das Licht hat, das bestimmte Atome aussenden.

Weil alle Gegenstände um uns herum aus Atomen bestehen, gelten die Regeln der Quantentheorie für sie genauso wie für einzelne Atome. Die Quanten sind jedoch so klein, daß ihre Effekte überhaupt nicht ins Gewicht fallen, solange man sich nicht mit Atomen oder noch kleineren Objekten befaßt.

Rechts: Ein Stammbaum der Kräfte. Wissenschaftler glauben heute, daß das Universum vor 15 Mrd. Jahren in einem sogenannten „Urknall" entstand, in dem ungeheure Mengen von Energie und später auch von Materie sich auszudehnen begannen. Zu Beginn waren die vier Grundkräfte möglicherweise nur Varianten einer einzigen Art von Kraft.

Unten: Ein Detektor im HERA-Teilchenbeschleuniger in Hamburg. Im Mittelteil prallen Protonen mit extrem hohen Geschwindigkeiten auf Elektronen. Die dabei entstehenden Teilchen werden in den um das Zentrum angeordneten Detektorkammern registriert. Die Experimente liefern Informationen über Quarks und Gluonen.

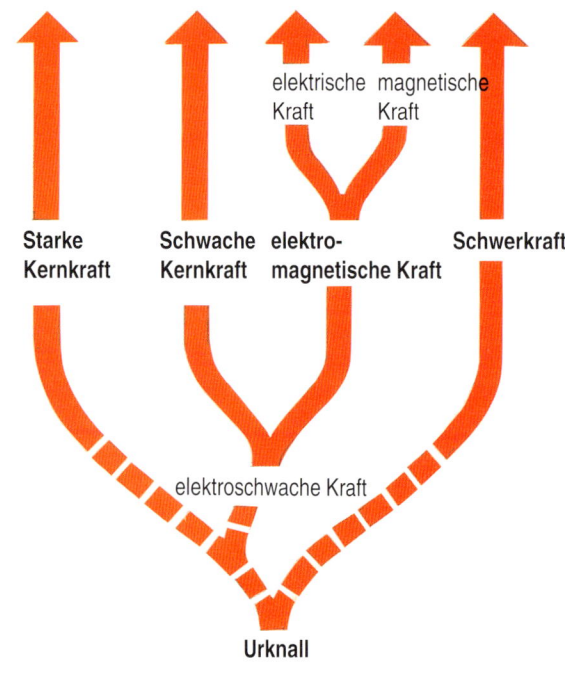

Starke Kernkraft

Schwache Kernkraft

elektrische Kraft   magnetische Kraft

elektro-magnetische Kraft

Schwerkraft

elektroschwache Kraft

Urknall

DIE GRUNDKRÄFTE

Heute fassen die Wissenschaftler die magnetische und die elektrische Kraft zusammen und sprechen von einer elektromagnetischen Kraft. Damit gibt es in unserer Welt vier fundamentale Kräfte: die elektromagnetische Kraft, die Schwerkraft und die Starke und die Schwache Kernkraft. Aber damit sind wir noch lange nicht am Ende. Heute sucht die Wissenschaft nach einem Zusammenhang zwischen diesen vier Grundkräften.

Man kennt heutzutage die Verbindung zwischen der elektromagnetischen Kraft und der Schwachen Kernkraft. In komplizierten Experimenten, bei denen man Teilchen mit sehr hoher Energie aufeinanderschießt, verschmelzen diese Kräfte miteinander zu einer einzigen Kraft, die man elektroschwache Kraft nennt.

Möglicherweise verschmelzen bei noch höheren Energien alle Grundkräfte miteinander, so daß nur eine einzige fundamentale Kraft übrigbleibt. Solche Bedingungen existierten nach Meinung der Wissenschaftler vor 15 Milliarden Jahren, als unser Universum in einer gigantischen Explosion enstand, die die Wissenschaftler Urknall nennen.

Mathematisch könnte man die vier Grundkräfte vielleicht vereinigen, indem man Teilchen nicht als kleine Punkte beschreibt, sondern als winzige Linien, die man „strings" nennt (engl. „string", Faden).

Elementarteilchen

Unten: Protonen und Neutronen sind aus jeweils drei Quarks aufgebaut. Davon gibt es zwei Arten mit Ladungen von +2/3 („up") und −1/3 („down") und mit jeweils drei „Farben" („rot", „grün" oder „blau"). In gewöhnlicher Materie kommen Quarks immer in Dreiergruppen vor, die jeweils ein Quark von jeder „Farbe" enthalten.

Zur Erforschung der Atombestandteile werden Teilchen in riesigen Maschinen, sogenannten Teilchenbeschleunigern, auf extreme Geschwindigkeiten beschleunigt und dann entweder auf ruhende Atome oder auf entgegenkommende Teilchen geschossen. Mit Computern versucht man, die bei diesen Stößen entstehenden Bruchstücke der Atome nachzuweisen. So erhält man Informationen über die an einem solchen Stoß beteiligten Teilchen.

Atome bestehen aus Elektronen, Protonen und Neutronen. Aus den Ergebnissen solcher Stoßexperimente weiß man jedoch, daß auch Protonen und Neutronen aus noch kleineren Teilchen bestehen, die man Quarks nennt. In Hochenergiebeschleunigern kann man alle möglichen merkwürdigen Teilchen erzeugen. In gewöhnlicher Materie gibt es jedoch nur zwei Typen von Quarks, die als „up" (engl. „up", aufwärts) und „down" (engl. „down", abwärts) bezeichnet werden und die jeweils in drei „Farben" vorkommen können, die man Rot, Grün und Blau nennt. Natürlich haben Quarks nicht

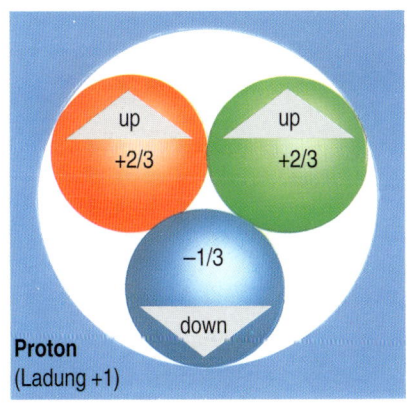

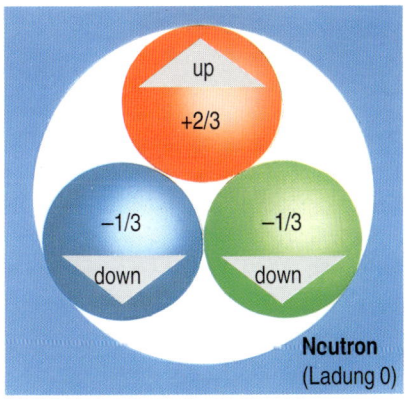

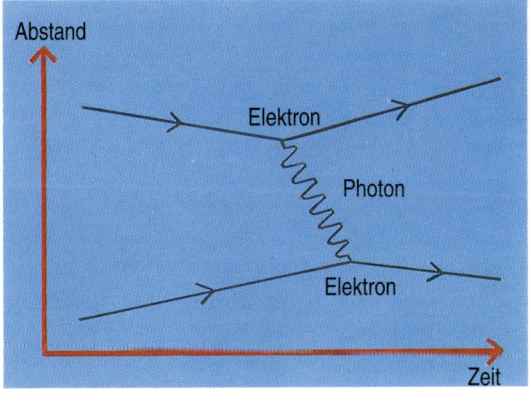

Oben: Solche Diagramme fand der Physiker Richard Feynman, um zu verdeutlichen, wie Teilchen sich verhalten. Hier nähern sich zwei Elektronen einander und stoßen sich ab, indem sie ein Photon austauschen. Das Diagramm zeigt, wie sich der Abstand der beiden Teilchen im Verlauf der Zeit ändert.

wirklich eine Farbe; sie wurden zur anschaulichen Beschreibung von Eigenschaften dieser Teilchen gewählt, für die es keine Namen gab.

Aus ihren Experimenten haben Physiker eine Vorstellung vom Aufbau der Materie entwickelt, die sie als Standardmodell bezeichnen. Danach besteht die Materie aus zwei Arten von Teilchen: Quarks und Leptonen. Durch Zusammenlagerung von Quarks entstehen Teilchen wie das Proton und das Neutron. Zu den Leptonen gehören das Elektron und die Neutrinos.

Die Kräfte zwischen den Teilchen entstehen durch Austausch von „Botenteilchen", sogenannten Eichbosonen oder einfach Bosonen. Photonen sind die Bosonen, die die elektromagnetische Kraft vermitteln. So stoßen sich zwei Elektronen ab, indem sie ein Photon austauschen. Entsprechend sind Gluonen die Bosonen, die die Starke Kernkraft übertragen. Sie halten so den Atomkern zusammen. Physiker haben auch die Eichbosonen entdeckt, die die Schwache Kernkraft übertragen. Als dieses Buch geschrieben wurde, war jedoch das Eichboson für die Gravitation noch nicht entdeckt.

Rechts: Nach dem Standardmodell der Materie besteht gewöhnliche Materie aus den im oberen Kasten gezeigten Quarks und Leptonen. Wenn zwischen diesen Teilchen Kräfte wirken, werden dabei Teilchen namens Eichbosonen ausgetauscht (unterer Kasten). Beispielsweise stoßen sich zwei Elektronen gegenseitig ab, indem sie ein Photon austauschen.

RUND UM DIE SCHWERKRAFT

Unter dem Einfluß der Erdanziehungskraft fallen Gegenstände, wenn sie durch nichts gebremst werden, mit einer Beschleunigung herab, die Wissenschaftler als *g* bezeichnen. Eine solche Beschleunigung erreichen sonst höchstens Formel-1-Rennwagen. Aber in der Achterbahn oder in einem Flugzeug kann man eine Beschleunigung von 3*g* und mehr oder auch die Schwerelosigkeit von 0*g* „erfahren".

Die Schwerkraft der Erde wirkt auf alle Gegenstände und versucht, sie nach unten, zur Erde hin, zu beschleunigen. Wenn Fallschirmspringer zur Erde stürzen, begrenzt der Luftwiderstand ihre Geschwindigkeit. Ohne ihn würden sie immer schneller und schneller. In weniger als einer Minute könnten sie die Geschwindigkeit einer Concorde erreichen!

Der Luftwiderstand wirkt auf verschiedene Gegenstände unterschiedlich stark. So fällt eine Vogelfeder in der Luft langsamer als ein Hammer. Ohne Luft würden sie beide gleich schnell fallen. Der Astronaut Alan Shepherd führte das auf dem luftleeren Mond vor, indem er eine Feder und einen Hammer nebeneinander hielt und zugleich losließ. Beide kamen gleichzeitig am Boden an.

DIE BESCHLEUNIGUNG g

Wissenschaftler messen Geschwindigkeiten in Metern pro Sekunde (m/s). Wenn ein Gegenstand zur Erde fällt und kein Luftwiderstand seinen Fall bremst, so beträgt seine Geschwindigkeit nach einer Sekunde 10 m/s, nach zwei Sekunden 20 m/s, nach drei Sekunden 30 m/s usw.

Während des Falls nimmt die Geschwindigkeit also in jeder Sekunde um 10 m/s zu; mit anderen Worten, die Beschleunigung (die Änderung der Geschwindigkeit) beträgt 10 m/s pro Sekunde (dafür schreibt man auch 10 m/s²). Diese Größe nennt man die Beschleunigung des freien Falls oder kurz g. Sie ist für alle Gegenstände in der Nähe der Erdoberfläche gleich groß, egal, wie leicht oder wie schwer sie sind.

Strenggenommen ist 10 m/s² nur ein ungefährer Wert für g. Genauere Messungen ergaben

9,81 m/s², allerdings hängt der Wert noch ein wenig von dem Ort ab, an dem er gemessen wird.

Wenn man sich von der Oberfläche der Erde entfernt, wird die Fallbeschleunigung kleiner, da die Anziehungskraft der Erde bei zunehmendem Abstand schwächer wird. Die Anziehungskraft des Mondes ist viel kleiner als die der Erde; auf der Mondoberfläche beträgt die Beschleunigung des freien Falls nur 1,6 m/s².

BESCHLEUNIGUNG

Stell dir vor, du sitzt in einem Rennwagen, der gerade losfährt. Nach einer Sekunde erreicht er eine Geschwindigkeit von 10 m/s, nach zwei Sekunden von 20 m/s, nach drei Sekunden von 30 m/s — mit anderen Worten, seine Beschleunigung ist gleich g, der Beschleunigung des freien Falls. Während das Auto beschleunigt, drückt der Fahrersitz von hinten gegen dich. Die Kraft, die du spürst, ist dabei gleich deinem Gewicht; du spürst eine Beschleunigung von 1g.

Für ein Auto ist 1g schon eine sehr hohe Beschleunigung. Ein gewöhnlicher PKW erreicht normalerweise höchstens eine Beschleunigung von ungefähr 0,2g. Bei einem Auffahrunfall, wenn ein Auto hinten auf ein anderes aufprallt, kann das vordere Auto jedoch durchaus mit einer Beschleunigung von 5g oder mehr nach vorne gestoßen werden, sogar bei einem Unfall mit geringer Geschwindigkeit. Deshalb sind Kopfstützen für die Insassen so wichtig. Ohne Kopfstütze bleibt der Kopf eines Menschen an seiner Stelle, während der Körper vom Sitz schnell nach vorne gestoßen wird. Die Belastung des Nackens kann dabei zu schweren Verletzungen führen, z. B. dem sogenannten Schleudertrauma.

BREMSEN

Wenn ein Gegenstand nicht schneller wird, sondern an Geschwindigkeit verliert, erfährt er eine Verzögerung. Bei Unfällen treten oft sehr große Verzögerungen auf. Dabei wird das Auto langsamer, während die Passagiere ihre Geschwindigkeit zunächst beibehalten. Moderne Autos sind so konstruiert, daß die Verzögerung während eines Unfalls so gering wie möglich bleibt. Dazu ist die Fahrgastzelle als starre Sicherheitskammer gebaut, während Motorraum und Kofferraum als Knautschzonen die-

Links: 93 Fallschirmspringer fallen bei diesem Massenabsprung mit einer Geschwindigkeit von 50 m/s (180 km/h) der Erde entgegen. Sich in der Luft zu treffen ist extrem schwierig. Um ihre Fallgeschwindigkeiten anzupassen, müssen die Springer ihren Luftwiderstand ändern, indem sie geschickt mit Armen und Beinen rudern.

Rechts: So nimmt die Geschwindigkeit eines fallenden Gegenstands (auf der Erde) zu, wenn er nicht durch Luftwiderstand gebremst wird. Sie steigt in jeder Sekunde um ungefähr 10 m/s. Diese Beschleunigung ist für alle Gegenstände gleich, unabhängig von ihrer Masse.

Zeit		Geschwindigkeit
Beginn des Falls		0 m/s
nach 1 Sekunde		10 m/s
nach 2 Sekunden		20 m/s
nach 3 Sekunden		30 m/s
… und so weiter		

Oben: Autos werden heute mit einer Knautschzone gebaut. Sie kann Leben retten, indem sie sich bei einem Unfall zusammenfaltet, so daß die Passagiere eine geringere Verzögerung erfahren.

nen, die sich bei einer Kollision gleichmäßig verformen. Die Insassen im Innenraum tragen Sicherheitsgurte, damit sie nicht gegen harte Teile des Innenraums stoßen, an denen sie sich verletzen können.

Damit der Körper die großen Verzögerungen bei einem Unfall ohne Schaden übersteht, kann man ihn in Fahrtrichtung gleichmäßig abfangen. Zu diesem Zweck besitzen viele Fahrzeuge aufblasbare Airbags. Aus dem gleichen Grund sind militärische Transportflugzeuge oft mit Passagiersitzen ausgestattet, deren Rückenlehnen nach vorn zeigen. In solchen umgedrehten Sitzen können Passagiere viel größere Verzögerungen überstehen. Trotzdem wollen die Fluggesellschaften nicht zu dieser Sitzanordnung übergehen, weil sie glauben, daß ihre Kunden es nicht akzeptieren würden, rückwärts fliegen zu müssen.

Rechts: Ein Simulator kippt die Insassen nach hinten, um eine Beschleunigung zu simulieren, und nach vorne, um den Eindruck einer Verzögerung zu erwecken. Im Inneren einer solchen Kapsel kann man nicht feststellen, daß man seine Geschwindigkeit gar nicht verändert.

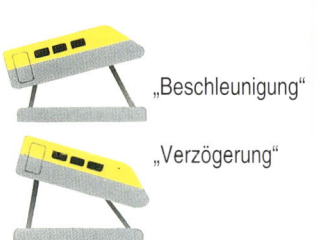

„Beschleunigung"

„Verzögerung"

Rechts: Solche Anlagen in Vergnügungsparks können Beschleunigungen bis zu 3*g* erzeugen. Dies geschieht hier, indem die Passagiere schnell im Kreis herumgewirbelt werden.

Im Simulator

Man kann die Wirkung einer Beschleunigung oder einer Verzögerung spüren, ohne überhaupt eine Geschwindigkeit zu haben. Hierzu gibt es Simulatoren, die oft auf Jahrmärkten oder in Vergnügungsparks stehen. Meist sind es fensterlose Räume, in denen etwa 20 Menschen Platz haben. Sie sitzen wie im Kino auf Stühlen und sehen auf einen großen Bildschirm.

Häufig wird in einem solchen Simulator ein Rennwagen dargestellt. Wenn das Auto beschleunigt, um einen anderen Wagen zu überholen, wird das auf dem Bildschirm gezeigt, und gleichzeitig spürt man, wie man in den Sitz gedrückt wird.

Wenn auf dem Bildschirm eine Rechtskurve zu sehen ist, muß man sich nach rechts lehnen, um nicht nach links wegzurutschen. Wenn das Auto bremst, muß man sich festhalten, weil man sonst im Sitz nach vorne rutscht.

Wie funktioniert das alles? Einfach dadurch, daß der ganze Simulator nach vorne, nach hinten oder zur Seite gekippt wird. Wenn man nicht nach draußen sehen kann, hat der Körper keine Möglichkeit zu entscheiden, ob eine Kraft durch die Schwerkraft oder eine andere Beschleunigung oder Verzögerung erzeugt wird. Wenn der Simulator nach hinten kippt, denkt man, daß man nach vorne beschleunigt. Entsprechend bewirkt ein Kippen nach vorne den Eindruck einer Verzögerung. Um den Eindruck einer Rechtskurve zu erzeugen, kippt der Simulator nach links.

Obwohl sie schon aufregend genug sind, können solche Simulatoren nie mehr als etwa 0,5g erreichen. Größere Beschleunigungen gibt es auf der Achterbahn oder bei Kunstflügen.

AUF DER ACHTERBAHN

Stell dir vor, du fährst in einer Achterbahn und der Wagen ist oben angekommen; gleich beginnt er abwärts zu rollen und wird dabei immer schneller. Nachdem er durch die erste Senke gesaust ist, steigt er wieder nach oben, während dein Körper immer noch der Bewegung nach unten folgen will. Dabei wird dein Körper mit einer Kraft in den Sitz gedrückt, die dem Dreifachen deines normalen Körpergewichts entspricht. Du spürst jetzt eine Beschleunigung von 3g. Diese Beschleunigung wird jedoch nicht durch eine Erhöhung oder Verminderung deiner Geschwindigkeit erzeugt, sondern nur durch die Bewegung in der Kurve. Die Kraft kommt nicht von der Rückenlehne, sondern von der Sitzfläche unter dir.

Solche Beschleunigungen sind für normal trainierte Menschen kein Problem. Piloten von Kampfflugzeugen und Astronauten müssen während ihrer Flüge sogar noch viel größere Beschleunigungen aushalten. Deshalb üben sie in riesigen Maschinen, sogenannten Zentrifugen. Eine Zentrifuge besteht aus einem langen, rotierenden Arm, an dessen Ende eine kippbare Kabine hängt. Wenn der Arm rotiert, neigt sich die Kabine, so wie sich ein Motorrad in

Rechts: Dieser Pilot sitzt in einer Zentrifuge und wartet im ersten Bild darauf, im Kreis herumgeschleudert zu werden. Auf dem zweiten Bild sieht man die Auswirkung einer Beschleunigung von 7g auf sein Gesicht.

die Kurve legt. Der Pilot oder Astronaut sitzt in der Kabine und spürt eine immer größere Beschleunigung, je schneller der Arm rotiert.

Die Piloten von Kampfflugzeugen müssen oft Beschleunigungen von 5g oder mehr aushalten. Damit sie nicht bewußtlos werden, tragen sie spezielle Anzüge, sogenannte Anti-g-Anzüge. Ein solcher Anzug bläst sich in engen Kurven teilweise auf und drückt so Arme, Beine oder den Magen zusammen. Dadurch wird der Blutfluß aus dem Kopf verringert und eine Bewußtlosigkeit verhindert.

Oben: Die Passagiere in dieser Achterbahn sind am obersten Punkt des Loopings beinahe schwerelos. Am tiefsten Punkt sind sie dafür dreimal so schwer wie normal.

SCHWERELOSIGKEIT

Astronauten in einem Raumschiff in der Erdumlaufbahn verspüren keine Schwerkraft. Sie werden nicht mehr am Boden ihres Raumschiffs gehalten, sondern schweben frei herum.

Man muß nicht in den Weltraum gehen, um Schwerelosigkeit zu erleben. Stell dir vor, du stehst in einem Aufzug auf einer Badezimmerwaage. Plötzlich reißt das Tragseil des Aufzugs, und er saust in den Keller (Keine Angst: In echten Aufzügen gibt es Sicherheitsseile, die das verhindern). Während der Aufzug beschleunigt, beschleunigt dein Körper im selben Maße. Er drückt daher nicht mehr auf die Waage; sie zeigt ein Gewicht von null an — du bist schwerelos! Du fühlst das auch, denn auf deinen Körper wirkt in diesem Moment keine der Kräfte, die du normalerweise spürst, wenn du auf festem Boden stehst.

Wenn du dich jetzt mit den Beinen ein wenig vom Boden abstößt, schwebst du zur Decke des Aufzugs! Natürlich schwebst du nicht wirklich, sondern fällst immer noch, aber in einem Raum, der mit der gleichen Geschwindigkeit fällt wie du. Das Gefühl der Schwerelosigkeit könnte genauso dadurch verursacht sein, daß keine Schwerkraft mehr wirkt. Solange du kein Fenster hast, aus dem du schauen und dich an der Umgebung orientieren

Unten: NASA-Astronauten in der Schwerelosigkeit. Sie befinden sich aber nicht im Weltraum. Statt dessen fliegen sie in einem Flugzeug entlang derselben Flugbahn, die ein Ball nähme. Die Astronauten fallen auf die Erde zu, aber exakt auf derselben Bahn, auf der auch das Flugzeug fällt. So können sie sich für einige Minuten schwerelos fühlen und frei schweben.

Rechts: Eine Stubenfliege kann eine Beschleunigung von 20*g* erreichen. Deshalb ist es so schwierig, eine Fliege zu schlagen.

Links: Der Schnellkäfer erreicht höhere Beschleunigungen als jedes andere Tier. Um zu entkommen, springt er mit einer Beschleunigung von bis zu 400*g* in die Luft.

Oben: Der Pachycephalosaurus war ein Dinosaurier, der mit seinem Kopf heftige Rammstöße ausführen konnte. Während eines Zusammenpralls mußte sein Kopf Verzögerungen von mehr als 20*g* aushalten.

Oben: Die Vorderbeine von Eichhörnchen müssen bei Sprüngen aus großer Höhe Verzögerungen von 20*g* und mehr aushalten.

kannst, kannst du nicht entscheiden, was wirklich los ist.

Ein solcher freier Fall hat eine eigenartige Konsequenz. Du spürst dabei keine Schwerkraft. Obwohl du nach unten beschleunigt wirst, fühlst du dich schwerelos!

In manchen Vergnügungsparks gibt es Anlagen, in denen man die Schwerelosigkeit erfahren kann. Eine davon funktioniert so ähnlich wie ein fallender Aufzug. Man sitzt dabei in einem Raum, der in einem hohen Turm nach oben transportiert wird und dann entlang einer Schiene nach unten fällt, bevor er unten sanft abgebremst wird. Eine andere Anlage, in der man sich beinahe schwerelos fühlen kann, ist ein riesiges Schiff, das vorwärts und rückwärts schwingen kann. Je näher man sich bei dieser Bewegung an der Senkrechten befindet, desto näher ist man an der Schwerelosigkeit.

Astronauten müssen die Schwerelosigkeit trainieren. Die Anlagen in Vergnügungsparks können solche Bedingungen aber höchstens für etwa eine Sekunde erreichen. Um die Schwerelosigkeit länger zu spüren, fliegen die Astronauten in speziellen Flugzeugen mit leeren, gepolsterten Passagierkabinen. Wenn das Flugzeug schnell genug ist, steigt es weit nach oben und fliegt danach wieder steil nach unten, entlang derselben Kurve, die ein Ball beschreiben würde, wenn man ihn hochwirft. Innerhalb des Flugzeugs fühlen sich die Passagiere dann mehrere Minuten lang schwerelos, bis das Flugzeug wieder von dieser Flugbahn abweichen muß und in den normalen Flug übergeht.

IN DER UMLAUFBAHN

In einem Raumfahrzeug in Erdumlaufbahn können Astronauten die Schwerelosigkeit tagelang erfahren. Weit draußen im Weltall liegt Schwerelosigkeit vor, weil keine Schwerkraft wirkt, aber das Raumfahrzeug befindet sich nicht dort. Seine Umlaufbahn ist nur ungefähr 300 km von der Erdoberfläche entfernt, und in dieser Höhe ist die Schwerkraft noch fast genauso groß wie auf der Erde selbst.

Die Schwerelosigkeit entsteht in der Erdumlaufbahn des Raumschiffs also nicht dadurch, daß keine Schwerkraft wirkt. Sie beruht vielmehr auf der Art, wie sich das Raumfahrzeug bewegt. Ähnlich wie ein Aufzug mit gerissenem Tragkabel fällt die Kapsel frei auf die Erde zu; ihre Vorwärtsgeschwindigkeit ist jedoch gerade so groß, daß ihre Fallkurve genau der gekrümmten Oberfläche der Erde folgt. Die Kapsel fällt daher dauernd, ohne der Erdoberfläche näher zu kommen. Die Astronauten in der Raumkapsel fallen genau entlang derselben Kurve wie die Kapsel selbst. Sie befinden sich ebenfalls im freien Fall und fühlen sich schwerelos. Was anfangs ein großes Erlebnis ist, kann auf Dauer zu Gesundheitsstörungen führen. Deshalb müssen Astronauten, die sich länger in Schwerelosigkeit befinden, ein regelmäßiges Trainingsprogramm absolvieren.

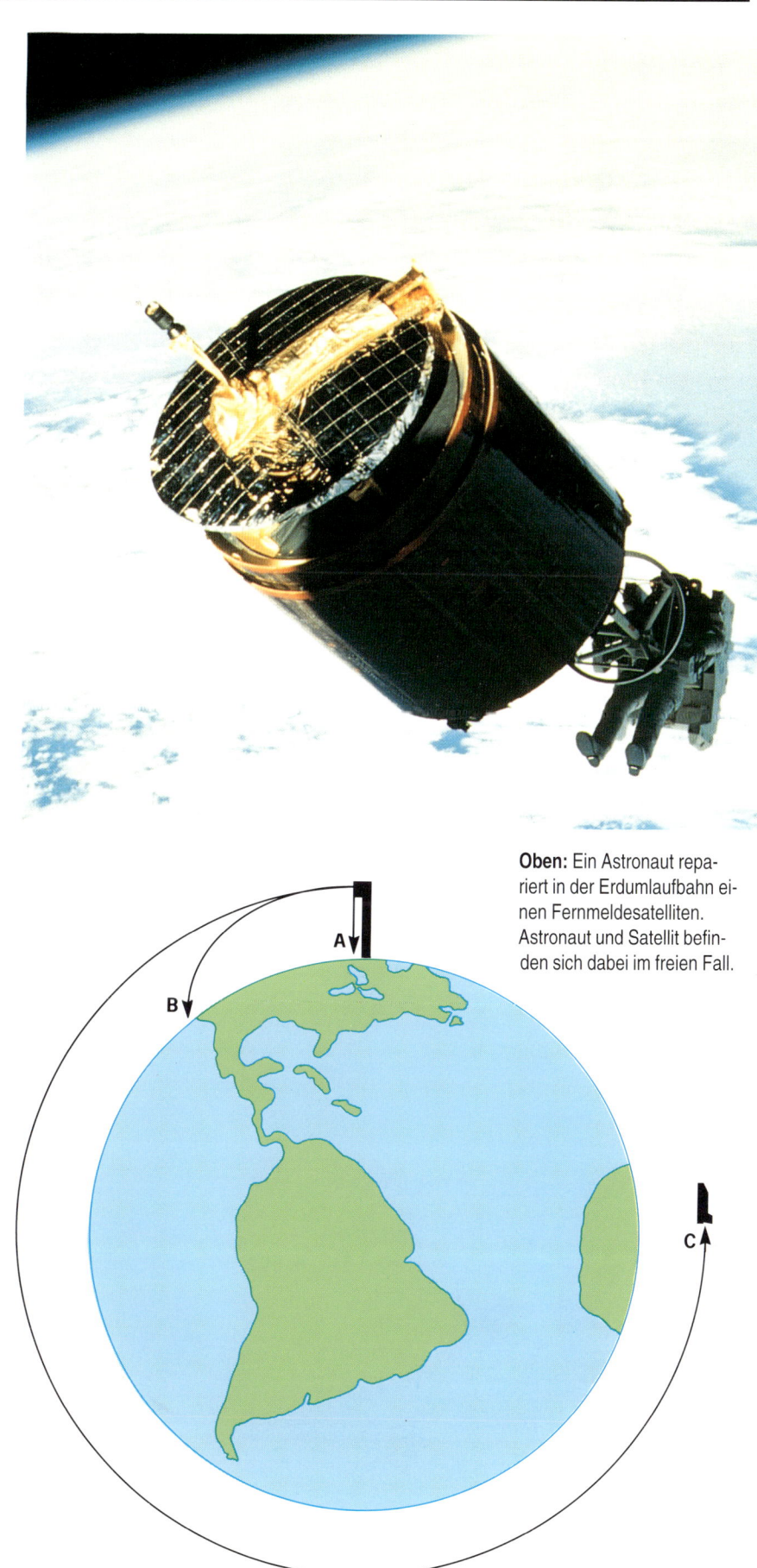

Oben: Ein Astronaut repariert in der Erdumlaufbahn einen Fernmeldesatelliten. Astronaut und Satellit befinden sich dabei im freien Fall.

Rechts: Der Stein A wird von einem viele hundert Kilometer hohen Turm geworfen. Er fällt geradeaus auf die Erde zu. Die Kugel B, aus einem Gewehr abgeschossen, fällt ebenfalls frei, bewegt sich dabei aber auch ein Stück vorwärts. Das Raumfahrzeug C fällt frei, bewegt sich aber so schnell vorwärts, daß es der Erde überhaupt nicht näher kommt, sondern eine nahezu kreisförmige Erdumlaufbahn hat.

ES (F)LIEGT WAS IN DER LUFT

W ir leben am Grunde eines tiefen Ozeans aus Luft. Zwar ist die Luft selbst nicht zu sehen, wohl aber spüren und sehen wir die Wirkungen der Kräfte, die sie erzeugt. Diese Kräfte machen es möglich, daß Vögel und Flugzeuge fliegen, und mitunter nehmen sie so gewaltige Ausmaße an, daß sie Bäume entwurzeln.

Die Lufthülle, die unsere Erde umgibt, heißt Atmosphäre. Sie besteht aus verschiedenen Schichten und reicht über hundert Kilometer in den Weltraum hinaus. Die meiste Luft befindet sich in der Troposphäre, also in den unteren 10 km. Auf jeden Quadratmeter Erdoberfläche drückt dadurch eine Last von zehn Tonnen! Daß wir von diesem enormen atmosphärischen Druck nicht zerquetscht werden, hat zwei Gründe. Zum einen ist unser Körper so stabil beschaffen, daß er dem Druck standhält. Zum zweiten befindet sich auch in unserem Körper Luft und schafft einen „Gegendruck“.

DRUCKUNTERSCHIEDE

Daß du durch einen Strohhalm trinken kannst, ist nur durch den atmosphärischen Druck möglich. Wenn du am Halm saugst, gelangt die darin enthaltene Luft in deinen Mund, der Druck im Halm sinkt, und der stärkere äußere Luftdruck preßt die Flüssigkeit durch den Halm in deinen Mund.

Ohne den Luftdruck könnte man nicht mit einem Strohhalm trinken. Du kannst dies nachprüfen: Stecke einen Trinkhalm in eine kleine, ganz mit Trinkwasser gefüllte Glasflasche. Dichte dann die Flaschenöffnung um den Halm mit Knetmasse ab, und versuche, Wasser durch den Halm zu saugen!

Ein Trick mit Druck
Dieser Versuch ist durch die Kraftwirkung des atmosphärischen Drucks erklärbar. Du solltest ihn aber nur über dem Spülbecken vorführen! Fülle ein Saftglas voll mit Wasser, und bedecke es mit einem Stück dünnen Karton. Drehe das Glas um, und halte dabei mit der flachen Hand den Karton gegen den Glasrand. Dann nimm die Hand vom Karton!

ALLERLEI NUTZEN

Im Fährverkehr zwischen Frankreich und England werden Luftkissenfahrzeuge (auch Hovercraft genannt) eingesetzt. Sie haben starke Gebläse, die ein Luftkissen unter dem Fahrzeug erzeugen. Zwar entweicht daraus seitlich wieder ein Teil der Luft, doch die Gebläse führen dem Kissen ständig neue Luft zu, so daß der Druck ausreicht, um das Gewicht des Fahrzeugs zu tragen.

Die Funktion eines Staubsaugers beruht auf dem atmosphärischen Druck. Im Staubsauger treibt ein Elektromotor ein Gebläse an, das die Luft durch das Gerät zieht. Dadurch sinkt der Druck im Saugrohr, und der äußere Luftdruck preßt Luft samt Staub- und Schmutzteilchen hinein. Die meisten Staubsauger haben innen als Staubbeutel einen porösen Papiersack, der als Filter dient. Dessen winzige Öffnungen lassen Luft durch, nicht aber Staub und Schmutz.

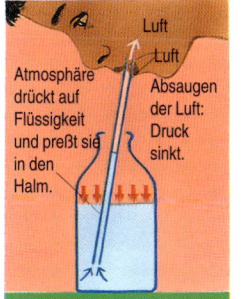

Oben: Der äußere Luftdruck drückt die Flüssigkeit durch den Halm in den Mund.

Links: Ein Tornado wütet über einem ländlichen Gebiet der USA. Tornados sind Wirbelstürme mit einem Wirbeldurchmesser zwischen 50 und 500 m. Im Zentrum des Sturms drehen sich gewaltige Winde mit Geschwindigkeiten von über 350 km/h.

Rechts: Das Luftkissenfahrzeug „schwebt“ auf einem Luftpolster unterhalb des Fahrzeugkörpers. In diesem Polster herrscht ein höherer Druck als in der Außenluft. Waagerecht angebrachte Gebläse verdichten die Luft und pressen sie in eine elastische Schürze, die als Randdichtung wirkt und verhindert, daß zuviel Luft aus dem Kissen entweicht.

Den ersten Staubsauger konstruierte im Jahr 1901 der englische Ingenieur Herbert Booth. Er experimentierte zunächst mit einer einfachen Vorrichtung, die durch ein Rohr die Luft ansaugte. Um seine Idee zu testen, band er ein Taschentuch vor die Öffnung des Rohrs und stellte fest, daß sich daran Staub- und Schmutzteilchen sammelten. Damit hatte er das Prinzip des Staubsaugers erfunden.

Booths erster Staubsauger hatte eine starke Luftpumpe, die von einem Benzinmotor angetrieben wurde. Das Gerät war so schwer und sperrig, daß es von mehreren Pferden gezogen werden mußte. Wenn man damals seine Wohnung reinigen lassen wollte, war dies eine aufwendige Angelegenheit. Das Gerät wurde vor dem Haus abgestellt, und Booths Arbeiter zogen lange Schläuche durch die Fenster in die Räume der Wohnung. Später baute Booth kleinere und leichtere Modelle. Den ersten funktionstüchtigen Staubsauger im „Haushaltsformat" brachte im Jahr 1908 William Hoover auf den Markt. In seiner Grundform ähnelte er bereits den heutigen Staubsaugern.

VON FLÜGELN GETRAGEN

Flugzeuge werden vom Luftdruck in der Luft gehalten. Allerdings läuft dies anders ab als das Trinken durch einen Strohhalm oder die Fortbewegung von Luftkissenfahrzeugen. Beim Flugzeug erzeugt der Luftstrom um die Tragflächen eine nach oben wirkende Kraft. Genaugenommen ist hier nicht die Luft in Bewegung, sondern die Tragflächen schieben sich durch die Luft. Das Ergebnis ist aber das gleiche, und man kann sich den Vorgang besser vorstellen, wenn man von einem Luftstrom ausgeht.

Der Funktion einer Tragfläche liegt ein einfaches Prinzip zugrunde: In schneller strömender Luft ist der Druck geringer. Tragflächen haben ein ganz bestimmtes Profil, d. h., sie sind so geformt, daß die Luft an ihrer gekrümmten Oberseite einen längeren Weg zurücklegt und deshalb schneller strömt als an der flachen Unterseite. Dadurch ist oberhalb der Tragfläche der Luftdruck geringer.

Da die Luft unterhalb der Tragfläche langsamer strömt und dort somit ein höherer Druck herrscht, entsteht eine nach oben gerichtete Kraft, die das

Oben und rechts: Ein Rotkehlchen im Flug. Die äußeren Federn bewirken hauptsächlich den Vorwärtsschub, während die inneren für den Auftrieb sorgen.

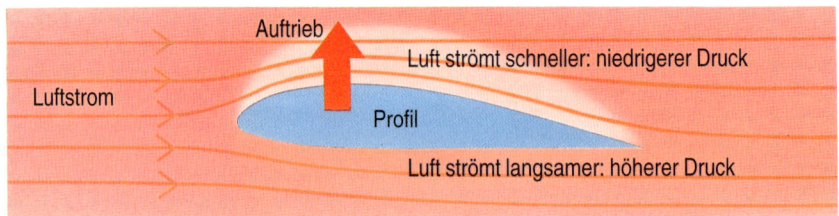

Oben: Oberhalb der Tragfläche strömt die Luft schneller als darunter. Wo der Luftstrom schneller ist, ist der Druck niedriger. Der dadurch höhere Druck unterhalb der Tragfläche hebt diese an.

Rechts: Gleitfallschirme wirken in aufgespanntem Zustand wie Tragflächenprofile. Der Springer steuert den Flug, indem er an Leinen zieht und dadurch den Fallschirm leicht verformt.

Links: Die besondere Form von Flugzeug-Tragflächen bewirkt einen Auftrieb, wenn sich das Flugzeug durch die Luft bewegt.

Flugzeug anhebt. Man spricht auch von einem Auftrieb.

Auch die Flügel von Vögeln sind so geformt, daß ein Auftrieb entsteht. Die Flügelbewegungen verstärken den Auftrieb, außerdem dienen sie dem Vorwärtsfliegen. Die Federn selbst bewegen sich ähnlich wie die Stäbe einer Jalousie. Wenn der Flügel nach oben schlägt, sind die Federn gespreizt und lassen Luft durch. Schlägt der Flügel nach unten, bilden sie eine geschlossene Fläche.

Viele Insektenarten können ebenfalls fliegen. Ihr Flügelschlag ist meist viel rascher als bei Vögeln. So gibt es Mückenarten, die über 1 000mal pro Sekunde mit den Flügeln schlagen! Insektenflügel sind hauchdünne hautähnliche Gebilde, die von Blutgefäßen stabilisiert werden.

Einfach, aber anschaulich: was der Luftdruck bewirkt

Mit dem folgenden einfachen Versuch kannst du selbst feststellen, daß in schneller strömender Luft der Druck sinkt und dabei eine Kraft entsteht.
Bei diesem Versuch wird nachgestellt, was passiert, wenn der Luftdruck auf die Tragflügel eines Flugzeugs einwirkt.
Halte ein Blatt Papier mit beiden Händen knapp unter deine Unterlippe, so daß es leicht gewölbt nach unten hängt. Nun blase gleichmäßig an der Oberseite des Blattes entlang. Durch das Blasen wird der Luftstrom schneller, und der Druck an der Blattoberseite sinkt.
Da nun im Luftstrom an der Unterseite ein höherer Druck herrscht, erfährt das Blatt einen Auftrieb und hebt sich deshalb, gut sichtbar, ein kleines Stück nach oben.
Das gleiche passiert, wenn der Luftdruck auf die Tragflächen eines Flugzeugs einwirkt.

Links: Auf diesem Sportsegelboot ist am Bug ein zusätzliches großes Ballonsegel gesetzt, der Spinnaker. Es bewirkt eine Verstärkung der nach vorn gerichteten Kraft, wenn das Boot vor dem Wind (d. h. in Windrichtung) segelt. Damit das Boot im Kräftegleichgewicht ist, setzt man das Ballonsegel genau gegenüber dem Großsegel (das auf diesem Bild am nächsten zum Betrachter ist).

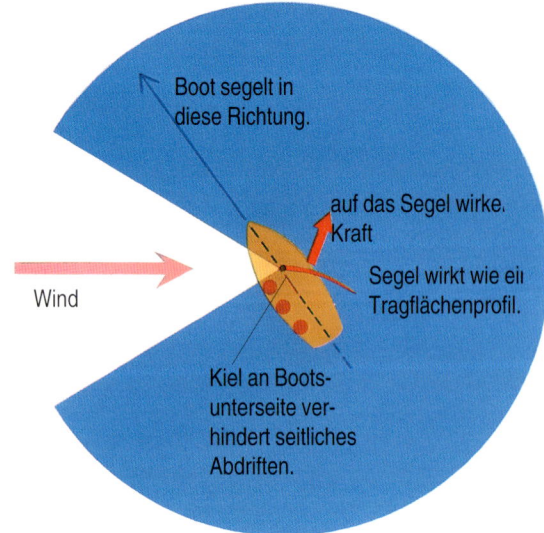

Boot segelt in diese Richtung.

auf das Segel wirke. Kraft

Wind

Segel wirkt wie ei Tragflächenprofil.

Kiel an Bootsunterseite verhindert seitliches Abdriften.

Oben: Ein Segel wirkt ähnlich wie ein Tragflächenprofil, aber in Querrichtung anstatt senkrecht. Die an ihm entlangströmende Luft erzeugt eine seitwärts gerichtete Kraft. Je nachdem, in welchem Winkel man das Segel setzt, kann das Boot in jede Richtung innerhalb des blauen Bereichs gelenkt werden. Sein Kiel verhindert, daß es seitlich vom vorgesehenen Kurs abdriftet.

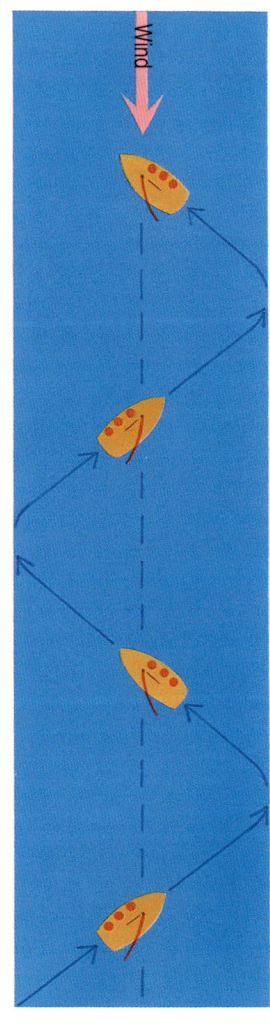

Rechts: Ein Segelboot kann nicht direkt in den Wind (d. h. ihm entgegen) segeln. Um gegen die Windrichtung voranzukommen, muß es einem Zickzackkurs folgen, den man als Kreuzen bezeichnet. Bei jedem Richtungswechsel (Kreuzschlag) wird das Segel auf die andere Seite des Bootes ausgerichtet.

HART AM WIND

Segelboote nutzen die Windkraft, um sich übers Wasser zu bewegen. Dazu muß der Wind nicht unbedingt von hinten kommen. Das große dreieckige Segel kann als Profil eingesetzt werden, so daß es einen seitlichen Druck erfährt. Dadurch kann der Segler sein Boot in fast jede Richtung lenken — außer direkt in den Gegenwind und in einen Bereich von jeweils 30° auf der linken und auf der rechten Seite.

Wenn das Segelboot bei seiner Fahrt auf dem Wasser einem Zickzackkurs folgt, kann es auch gegen den Wind segeln. Man bezeichnet diesen wiederholten Richtungswechsel in der Seglersprache als Kreuzen.

Die Windkraft wirkt nicht nur auf die Segel, sondern auch auf den Bootskörper selbst. Damit dieser nicht seitlich weggedrückt wird, muß eine Gegenkraft vorhanden sein. Aus diesem Grund hat ein Segelboot an der Unterseite einen Kiel, der ins Wasser hineinragt und verhindert, daß es abgetrieben wird.

DER RICHTIGE DREH

Wenn du einen Ball hochwirfst, wird seine Bewegung durch den Luftwiderstand abgebremst, und gleichzeitig zieht ihn die Schwerkraft zurück zur Erde. Wenn der Ball beim Hochwerfen in Drehung versetzt wird, wirkt zusätzlich eine seitlich gerichtete Kraft auf ihn. Wenn du Tischtennis spielst, dann weißt du sicherlich, daß man den Ball auf diese Weise anschneiden kann, d. h., man gibt ihm einen Drall, so daß er die Richtung ändert. Diese Technik gibt es auch in anderen Ballsportarten. Tennisspieler können den Ball so anschneiden, daß er einen Drall nach vorne bekommt.

Die seitlich auf einen angeschnittenen Ball wirkende Kraft kommt durch einen Luftdruckunterschied zustande. Wenn sich ein rotierender Ball durch die Luft bewegt, bleibt ein dünner Luftfilm an seiner Oberfläche „haften" und dreht sich mit ihm. Infolgedessen strömt die Luft auf der einen Seite des Balls schneller als auf der anderen. Dadurch entsteht ein Druckunterschied, der die seitlich auf den Ball wirkende Kraft hervorruft und somit die Ablenkung bewirkt.

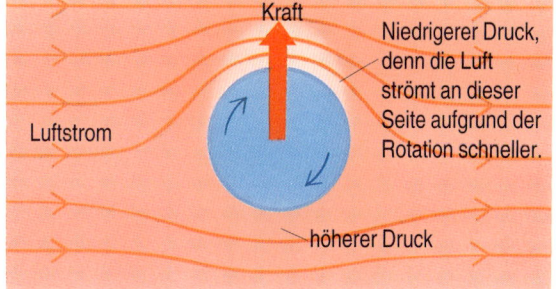

Kraft

Niedrigerer Druck, denn die Luft strömt an dieser Seite aufgrund der Rotation schneller.

Luftstrom

höherer Druck

Oben und links: Beim Fußball kann ein Spieler dem Ball einen Drall geben, indem er ihn anschneidet. Der Ball zieht eine Luftschicht mit sich. Beim rotierenden Ball wird dadurch der Luftstrom auf der einen Seite schneller als auf der anderen, so daß ein Druckunterschied entsteht. Dieser bewirkt eine seitlich auf den Ball wirkende Kraft.

Schwebender Ball
Wenn du einen leichten Ball in einen nach oben gerichteten Luftstrom bringst, dann bewirkt der Druckunterschied, daß er schwebt! Du kannst das selbst mit Hilfe eines einfachen Handföns ausprobieren, den du auf Kaltluftbetrieb einstellst. Außerdem brauchst du einen Tischtennisball oder einen kleinen, aufblasbaren Ball. Am besten bittest du eine zweite Person, den Fön so zu halten, daß sein Luftstrom nach oben gerichtet ist. Bringe dann den Ball in ca. 25 cm Abstand in den Luftstrom, und laß ihn los. Wenn der Versuch nicht gleich gelingt, stellst du den Fön eine Stufe höher oder niedriger ein, bis der Luftstrom die richtige Stärke hat, um den Ball in der Schwebe zu halten.

SCHWEBEN UND SINKEN

Wenn du einen Kieselstein ins Wasser wirfst, geht er sofort unter. Ein tonnenschweres Schiff dagegen schwimmt auf dem Wasser. Unterseeboote können im Wasser, Ballons in der Luft steigen und sinken. Wie sich ein Körper im Wasser oder in der Luft verhält, wird nicht allein von seinem Gewicht, sondern noch von anderen Dingen bestimmt.

Ganz rechts: Buckelwale vor der australischen Küste. Sie werden bis zu 16 m lang und erreichen eine Masse von bis zu 45 t. Trotzdem werden diese Tiere vom Wasser getragen, wenn ihre Lungen mit Luft gefüllt sind. Der Auftrieb, den sie aus dem umgebenden Wasser erfahren, ist dann so groß, daß er ihr Gewicht ausgleicht.

Wenn ein Körper vom Wasser oder von der Luft getragen wird, so sagt man von ihm, daß er schwimmt oder schwebt. Oft sind es aber nur geringe Unterschiede, die bestimmen, ob ein Körper schwimmt oder sinkt. Fische und Wale sind dank eines „eingebauten" Steuermechanismus zu beidem in der Lage, auch Taucher und Ballonfahrer können — mit technischen Hilfsmitteln — ihre Bewegung im Wasser bzw. in der Luft beeinflussen.

SCHWIMMEN IM WASSER

Unten: Diese Ballons sind mit heißer Luft gefüllt und können deshalb in der umgebenden kühleren Luft schweben. Trotz einer Masse von etwa 3 t (wovon der größte Teil von der Heißluft in der Ballonhülle herrührt) kann jeder Ballon samt seiner Last schweben, weil er etwas leichter ist als die Luft, die er verdrängt.

Den folgenden Versuch machst du am besten im Garten oder anderswo im Freien, wo es keinen stört, wenn Wasser verschüttet wird. Fülle zunächst einen Eimer bis zum Rand mit Wasser. Nimm dann eine leere Limonadenflasche aus Kunststoff mit Schraubverschluß, halte sie am oberen Ende fest, und versuche, sie unter Wasser zu drücken. Dabei wirst du spüren, daß eine Gegenkraft von unten auf die Flasche wirkt und sie nach oben drückt. Diese Kraft nennt man den Auftrieb. Je weiter du die Flasche unter Wasser drückst, desto stärker ist der Auf-

trieb. Außerdem wirst du feststellen, daß das Wasser im Eimer überläuft und auf dem Boden eine Pfütze entsteht. Dies kommt daher, daß die Flasche beim Eintauchen eine entsprechende Menge Wasser aus dem Eimer verdrängt hat.

Der Auftrieb, der auf die Flasche wirkt, kommt durch den Wasserdruck zustande. Das Wasser im Eimer hat ein Eigengewicht und drückt aus allen Richtungen gegen die Flasche. Dadurch entsteht sowohl auf die Seiten wie auch auf den Boden der

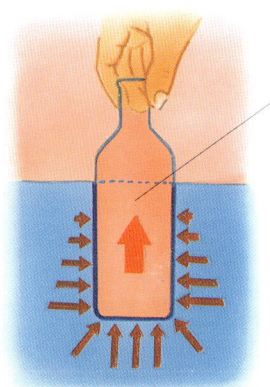

Der Wasserdruck erzeugt einen Auftrieb.

An der tiefsten Stelle ist der Druck am höchsten.

Oben: Wenn eine Flasche in einen Eimer mit Wasser gedrückt wird, wirkt auf die Seiten und den Boden eine Druckkraft. Der nach oben gerichtete Druck überwiegt, deshalb erfährt die Flasche einen Auftrieb.

Auftrieb

Gewicht des Schiffs

Gewicht des
verdrängten Wassers

Oben: Der Auftrieb eines Schiffs ist nach dem Archimedischen Prinzip gleich dem Gewicht des verdrängten Wassers. Ferner muß der Auftrieb dem Gewicht des Schiffs entsprechen – sonst würde es untergehen. Demnach sind das Gewicht des Schiffs, der Auftrieb und das Gewicht des verdrängten Wassers gleich groß. Die Pfeile geben die Richtungen dieser Kräfte an.

Flasche eine Druckkraft, die insgesamt nach oben wirkt (die seitlichen Druckkräfte gleichen einander aus). Wenn es dir gelingt, die Flasche vollständig unter Wasser zu bringen, dann drückt das Wasser zusätzlich von oben auf den Flaschenkörper (die Flasche muß dabei natürlich zugeschraubt sein!). Trotzdem überwiegt auch in diesem Fall die nach oben (also auf den Flaschenboden) gerichtete Druckkraft, weil der Wasserdruck mit zunehmender Tiefe größer wird.

GESETZMÄSSIGKEITEN

Das wissenschaftliche Gesetz, mit dem sich die Stärke des Auftriebs vorhersagen läßt, ist das Archimedische Prinzip. Benannt ist es nach dem Griechen Archimedes, der um 250 v. Chr. entdeckte, daß ein ins Wasser eingetauchter Körper eine entsprechende Menge Flüssigkeit verdrängt. Das Archimedische Prinzip gilt für Gegenstände in Flüssigkeiten oder Gasen jeglicher Art, auch wenn wir hier nur die Wirkung in Wasser betrachten. Es besagt, daß der Auftrieb, den ein Körper erfährt, dem Gewicht des verdrängten Wassers entspricht.

Wenn bei deinem Versuch mit der Limonadenflasche eine Wassermenge von 1 kg aus dem Eimer verdrängt wird, entspricht auch die Stärke des Auf-

triebs dem Gewicht dieser Wassermenge. Je mehr Wasser verdrängt wird, desto stärker ist der Auftrieb.

Alle Gegenstände werden von der Schwerkraft zur Erde hingezogen; sie haben also ein Gewicht. In einem Schwimmbecken versucht dein Körpergewicht, dich auf den Grund zu ziehen. Daß du dennoch nicht untergehst, sondern vom Wasser getragen wirst, wird durch den Auftrieb bewirkt. Ist er stark genug, um dein Gewicht auszugleichen, schwimmst du oben. Ist er geringer, gehst du unter.

Wenn du vom Wasser getragen wirst, gleicht der Auftrieb dein Gewicht aus. Mit anderen Worten: Der Auftrieb und dein Gewicht sind gleich groß. Nun besagt das Archimedische Prinzip aber, daß der Auftrieb dem Gewicht des verdrängten Wassers entspricht. Wenn man diese beiden Aussagen kombiniert, erhält man eine weitere Gesetzmäßigkeit. Sie gilt für Gegenstände in Flüssigkeiten oder Gasen jeglicher Art, also auch — wie hier — für Wasser: Das Gewicht eines schwimmenden Gegenstands muß dem Gewicht des verdrängten Wassers entsprechen.

MASSE UND GEWICHT

Als Masse bezeichnet man die Menge an Materie, die in einem Gegenstand enthalten ist. Sie wird meist in Kilogramm (Abk.: kg) oder in Tonnen (Abk.: t) angegeben.

Das Gewicht ist die Kraft, mit der der betreffende Körper von der Erde angezogen wird, und man gibt es — wie auch andere Kräfte — in der Einheit Newton (Abk.: N) an. Unter den Schwerkraftbedingungen der Erde hat eine Masse von 1 kg ein Gewicht von ca. 10 N. Im Alltag unterscheidet man oft nicht zwischen Gewicht und Masse, sondern verwendet für beides die Einheit Kilogramm, obwohl das wissenschaftlich nicht korrekt ist.

SCHWEBEN IN DER LUFT

Drei Viertel der Atmosphärenluft sind in den unteren 10 km, der Troposphäre, enthalten. Bis in etwa 50 km Höhe (d. h. bis zur Obergrenze der Stratosphäre) enthält die Atmosphäre nennenswerte Luftmengen. Zwar ist die Luft unsichtbar, dennoch hat sie ein Eigengewicht. So wiegt allein die Luft in deinem Zimmer etwa ebensoviel wie du selbst! Wenn du dich in deinem Zimmer aufhältst, verdrängt

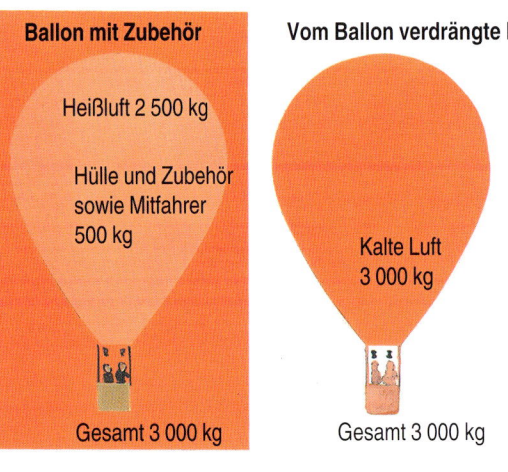

Ballon mit Zubehör

Heißluft 2 500 kg

Hülle und Zubehör sowie Mitfahrer 500 kg

Gesamt 3 000 kg

Vom Ballon verdrängte Luft

Kalte Luft 3 000 kg

Gesamt 3 000 kg

Rechts: Ein Ballon schwebt in der Luft, wenn sein Gesamtgewicht (mit Last) nicht größer ist als das Gewicht der Luftmenge, die er verdrängt. Dieser Ballon enthält 2 500 kg Heißluft. Er verdrängt 3 000 kg kalter Luft. Deshalb dürfen Hülle, Korb, Ausrüstung und Mitfahrer zusammen eine Masse von maximal 500 kg haben, damit der Ballon schwebt.

Rechts: Dieses Luftschiff ist mit dem Edelgas Helium gefüllt, das eine geringere Dichte hat als Luft und nicht brennbar ist. Zu beiden Seiten der Passagiergondel befinden sich Luftschrauben, die von Motoren angetrieben werden.

dein Körper eine bestimmte Menge Luft. Das bedeutet, daß ein — wenn auch geringer — Auftrieb auf dich wirkt. Nach dem Archimedischen Prinzip entspricht die Größe des Auftriebs dem Gewicht der verdrängten Luft. Dies dürften etwa 0,05 N sein, also ungefähr das Gewicht eines Zuckerwürfels. Das ist zwar nicht viel, aber dennoch bedeutet es, daß die Waage im Badezimmer 0,05 N (bzw. 5 g, da sie in Masseneinheiten geeicht ist) weniger anzeigt, als dein tatsächliches Gewicht beträgt.

Wäre dein Körper so beschaffen, daß er nur 0,05 N wiegen würde, dann könntest du in deinem Zimmer schweben! Eine abwegige Vorstellung? Keineswegs, denn genau nach diesem Prinzip funktionieren Luftschiffe und Ballons.

Ein vollständig gefüllter Heißluftballon verdrängt in den unteren Atmosphärenschichten eine Luftmasse, deren Gewichtskraft ca. 30 000 N Luft entspricht. Wenn also die Masse von Hülle, Gasfüllung, Zubehör und Besatzung insgesamt geringer ist als 3 000 kg, kann der Ballon aufsteigen. Wenn man nun aber den Ballon mit kalter Luft befüllt, zieht allein die Luftfüllung mit fast 30 000 N nach unten! Damit wäre bereits der gesamte zur Verfügung stehende Gewichtsbetrag aufgebraucht; an Aufsteigen wäre nicht zu denken! Deshalb erhitzt man die Luft im Ballon mit einem Gasbrenner. Die erhitzte Luft dehnt sich aus, ein beträchtlicher Teil wird durch die Öffnung unten in der Ballonhülle herausgedrückt. Angenommen, es entweicht eine halbe Tonne (also 500 kg) Luft, dann zieht die Heißluft im Ballon nur noch mit 25 000 N nach unten. Wenn Ballonhülle, Zubehör und Mitfahrer zusammen höchstens eine Masse von einer halben Tonne haben, kann der Ballon aufsteigen.

Ballons kann man statt mit Luft auch mit dem Edelgas Helium befüllen. Wie warme Luft ist auch Helium bei gleichem Volumen (Rauminhalt) leichter als die umgebende kalte Luft, so daß ein bestimmter Gewichtsbetrag für Hülle und Lasten zur Verfügung steht.

EINE FRAGE DER SICHERHEIT

Je stärker ein Schiff beladen ist, desto mehr Tiefgang hat es (d. h., der Schiffsrumpf taucht dann tiefer ins Wasser ein). Dies rührt daher, daß das Schiff eine größere Menge Wasser verdrängen muß, um einen stärkeren Auftrieb zu erzeugen, der wiederum zum Ausgleich des größeren Gewichts nötig ist. Allerdings dürfen Schiffe nicht beliebig schwer beladen werden. Es gibt Sicherheitsgrenzen, und diese sind so festgesetzt, daß der Schiffsrumpf auch bei voller Beladung noch ein ganzes Stück aus dem Wasser herausragt.

Ein Schiff, das zu tief im Wasser liegt, ist instabil und daher nicht seetüchtig. Wenn eine Welle es ins

Unten: Der schwere Sturm bedeutet für dieses Schiff größte Gefahr, da es zu schwer beladen ist. Bevor Ende des 19. Jahrhunderts die Ladehöhe von Schiffen gesetzlich geregelt wurde, sanken viele Schiffe wegen Überladung.

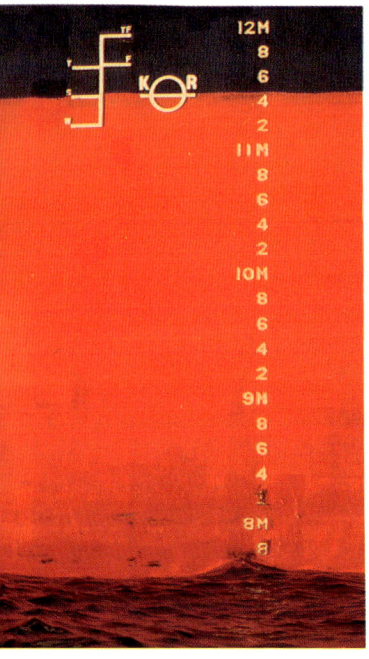

Oben: Dieses Frachtschiff hat seitlich am Schiffsrumpf Ladelinien, die für verschiedene Gewässerarten gelten:
TF = tropisches Süßwasser
F = Süßwasser
T = tropisches Salzwasser
S = Salzwasser (Sommer)
W = Salzwasser (Winter)
Die Buchstaben K und R stehen für die Registerbehörde. Die Skala rechts gibt den Tiefgang des Schiffes in Metern an.

Schlingern bringt, ist die Gefahr groß, daß es kentert.

Früher kam es nicht selten vor, daß profitgierige Reeder ihre Schiffe absichtlich überladen ließen. Die Fracht versicherten sie zudem mit einer höheren Summe als dem tatsächlichen Wert, und wenn das Schiff dann in einem Sturm unterging — was sehr wahrscheinlich war —, kassierten sie die Versicherungssumme. Heutzutage haben aufgrund eines internationalen Abkommens alle großen Schiffe Ladelinien (man nennt sie auch Freibordmarken), die den maximalen Tiefgang bei voller Beladung angeben.

Wenn du ein Schiff von der Seite betrachtest, siehst du, daß es nicht nur eine, sondern mehrere Ladelinien in verschiedenen Höhen hat. Das kommt daher, daß der Tiefgang eines Schiffs je nach Gewässerart und Klimazone unterschiedlich ist. Ausschlaggebend sind vor allem Temperatur und Salzgehalt des Wassers. Nun verdrängt ein Schiff mit einem Gewicht von 100 000 000 N zwar in allen Fällen eine Wassermenge mit demselben Gewicht, doch weil warmes Süßwasser mehr Raum einnimmt als die gleiche Masse kalten, salzhaltigen Meerwassers, taucht der Schiffsrumpf in einem tropischen Süßgewässer tiefer ein.

Die verschiedenen Ladelinien sind deshalb erforderlich, damit man z. B. beim Beladen in einem Seehafen (also in kaltem Salzwasser) gleich sieht, wie tief das Schiff in anderen Regionen und Gewässerarten eintauchen wird und dies schon beim Beladen berücksichtigt, wenn das Schiff z. B. in ein Gebiet mit warmem Süßwasser fahren soll.

WIE ARÄOMETER FUNKTIONIEREN

Ein Aräometer ist ein kleines Meßgerät mit einer Skala, das zur Ermittlung der Dichte von Flüssigkeiten dient. Dazu läßt man das Aräometer in der zu prüfenden Flüssigkeit schwimmen. Je geringer deren Dichte ist, desto tiefer taucht es ein. Den Dichtewert liest man an dem Skalenstrich ab, bei dem der Flüssigkeitsspiegel gerade steht.

In Brauereien wird mit Aräometern die Stärke des Biers gemessen. Bier besteht hauptsächlich aus Wasser und Alkohol, neben anderen Inhaltsstoffen, die den Geschmack ausmachen. Starkbiere haben einen höheren Alkoholgehalt als Leichtbiere, und da Alkohol eine geringere Dichte hat als Wasser, taucht das Aräometer in Starkbier tiefer ein als in Leichtbier. Auch in Molkereien werden Aräometer verwendet. Fett hat eine geringere Dichte als Wasser, deshalb taucht das Aräometer in Magermilch nicht so tief ein wie in Vollmilch.

AUF UND NIEDER

Unterseeboote sind so konstruiert, daß sie im Wasser sowohl sinken als auch steigen können. Dazu haben sie im Bootskörper Tankbehälter, sogenannte Tauchzellen. Wenn das U-Boot auf Tauchstation gehen soll, werden Ventile geöffnet, und die Tanks nehmen Meerwasser auf. Dadurch erhöht sich das Gewicht des U-Boots, und es sinkt nach unten. Da-

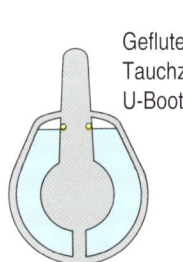

Geflutete Tauchzellen: U-Boot sinkt.

Luft wird in Tauchzellen gepumpt: U-Boot steigt.

Oben: Ein U-Boot sinkt oder steigt, indem sein Gewicht verändert wird. Dies geschieht durch Fluten der Tauchzellen mit Meerwasser bzw. durch Einleiten von Druckluft in die Zellen, wobei das Ballastwasser wieder ausgestoßen wird.

Rechts: Dieses U-Boot kann monatelang unter Wasser bleiben. Angetrieben wird es von einem Kernreaktor. Dadurch wird kein Brennstoff verbrannt, so daß keine ständige Luftzufuhr notwendig ist, und es entstehen auch keine Abgase.

Rechts: Beim Vorwärtsschwimmen steigt und sinkt dieser Hai ähnlich wie ein U-Boot, indem er die Stellung seiner Brustflossen verändert. Wenn er unbeweglich im Wasser verharrt, sinkt er nach unten. Da er keine Schwimmblase hat, kann er seinen Auftrieb nicht durch Aufnehmen oder Abgeben von Luft regulieren.

mit es wieder an die Oberfläche steigt, wird Druckluft in die Tanks gepumpt, so daß das Wasser ausgestoßen wird.

Die meisten Fischarten sind in der Lage, ihr spezifisches Gewicht zu verändern und in verschiedenen Wassertiefen mit unterschiedlichen Druckbedingungen zu schwimmen. Dazu haben sie eine Schwimmblase, ein beutelförmiges, gasgefülltes Organ unterhalb der Wirbelsäule, das ihren Auftrieb sozusagen „automatisch" regelt.

Wenn ein Fisch zur Wasseroberfläche aufsteigen will, nimmt seine Schwimmblase mehr Luft auf und dehnt sich dabei aus. Will er in tieferes Wasser schwimmen, entweicht Luft aus der Schwimmblase, und sie zieht sich zusammen. Manche Fischarten nehmen durch das Maul Luft auf bzw. stoßen sie aus, bei anderen erfolgen die Luftzufuhr und -abgabe über den Blutkreislauf.

Haie haben keine Schwimmblase. Damit ein Hai nicht absinkt, muß er ständig in Bewegung bleiben. Er nutzt dabei seine Brustflossen auf ähnliche Weise wie ein U-Boot seine Tiefenruder.

Der Führer eines Heißluftballons muß während des gesamten Flugs den Auftrieb regulieren. Wenn die Luft in der Ballonhülle abkühlt, nimmt ihr Volumen ab (d. h., sie zieht sich zusammen). Dadurch wird das Ballonvolumen kleiner, verdrängt weniger Luft, und der Ballon beginnt zu sinken. Um dem entgegenzuwirken, muß der Ballonführer in regelmäßigen Abständen den Gasbrenner aufdrehen, damit die Luftfüllung heiß bleibt. Je heißer die Luft ist, desto geringer ist auch ihre Dichte und desto höher steigt der Ballon.

Links: Damit der Heißluftballon starten kann, muß der Gasbrenner aufgedreht werden. Die emporschlagenden Flammen erhitzen die Luft in der Ballonhülle. Dabei dehnt sie sich aus, und ein beträchtlicher Anteil wird durch die Öffnung ausgestoßen. So wird der Ballon leichter und beginnt zu steigen.

Modelltaucher

Schneide von einem Trink-
halm ein ca. 5 cm langes
Stück ab. Verschließe ein
Ende dicht mit etwas Knetmasse; achte darauf, daß
die Knetmasse nicht aus
dem Halm herausragt. Um
das andere (offene) Ende
machst du eine Art „Kra-
gen" aus Knetmasse, läßt
aber die Öffnung frei. Set-
ze den Taucher zunächst
mit dem offenen Ende
nach unten in ein Glas mit
Wasser. Er sollte schwim-
men und nicht mehr als
2 mm über die Wasser-
oberfläche hinausragen.
Fülle dann eine große Flasche aus elastischem
Kunststoff fast bis oben hin
mit Wasser, und gib deinen
Taucher wieder mit der offenen Seite nach unten
hinein. Dann drehe den
Schraubverschluß der Fla-
sche zu. Drücke nun die
Flasche zusammen und
beobachte, was passiert.

ZUR TIEFSTEN TIEFE

Normalerweise erfährt der menschliche Körper im
Wasser so viel Auftrieb, daß er schwimmt. Deshalb
kann ein Taucher nicht ohne weiteres tief tauchen.
Die Perlentaucher im Indischen Ozean vergrößern
ihr Gewicht, indem sie sich einen schweren Stein
mit einem Seil am Fußgelenk befestigen. Dieser
zieht sie bis auf den Grund, wo sie die Muscheln
einsammeln. Dann schneiden sie das Seil durch
und steigen wieder an die Oberfläche. Sie benutzen
keinerlei Tauchgeräte, sondern müssen minuten-
lang den Atem anhalten, um Tiefen von 20 m und
mehr zu erreichen. Tieftauchen mit angehaltenem
Atem ist äußerst gefährlich und führt zu Herzlei-
den; die Perlentaucher gefährden für die begehrten
Muscheln ihre Gesundheit und riskieren oft auch
ihr Leben.

Taucher benutzen in der Regel Tauchgeräte,
meist Druckluftzylinder mit Ventilen und Atem-
schläuchen. Diese Ausrüstung nennt man deshalb
Lungenautomat, weil die Luftdosierung durch die
Lungenkraft automatisch gesteuert wird. Die
Druckluftflaschen geben dem Taucher zusätzlichen
Auftrieb. Damit er besser abtauchen kann, trägt er
einen Gürtel, an dem Metallgewichte zum Be-
schweren eingehängt sind.

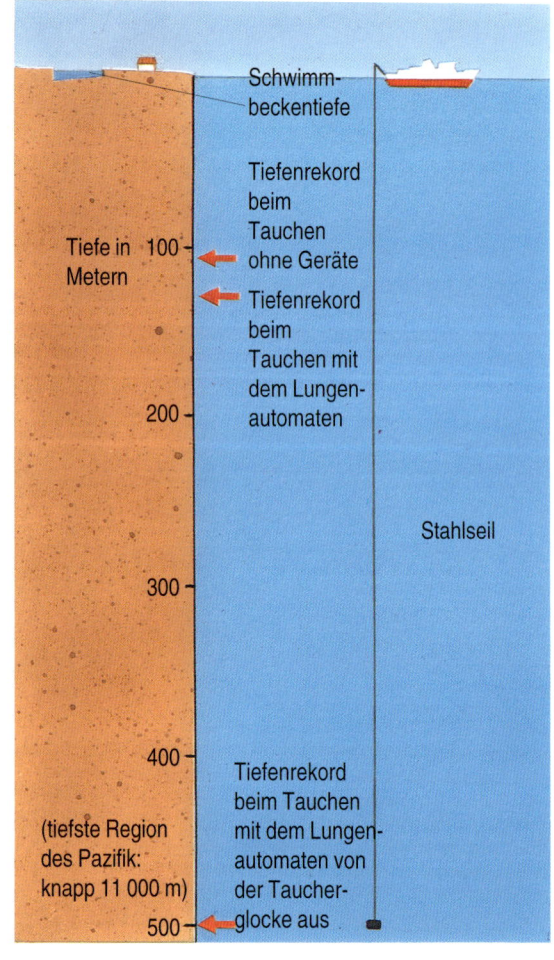

Schwimm-
beckentiefe

Tiefenrekord
beim
Tauchen
ohne Geräte

Tiefenrekord
beim
Tauchen mit
dem Lungen-
automaten

Tiefe in 100
Metern

200

Stahlseil

300

400

Tiefenrekord
beim Tauchen
mit dem Lungen-
automaten von
der Taucher-
glocke aus

(tiefste Region
des Pazifik:
knapp 11 000 m)

500

Oben: Die Abbildung zeigt
einige Tieftauchrekorde.
Ohne Hilfsgeräte wurde eine
Tiefe erreicht, die der Länge
eines Fußballfeldes ent-
spricht. Der Rekord beim
Tauchen mit dem Lungenau-
tomaten von einer Taucherglocke aus beträgt annä-
hernd das Fünffache.

Links: Aus der Druckluftfla-
sche auf dem Rücken des
Tauchers gelangt durch ein
Ventil Luft in den Atem-
schlauch. Der Luftdruck entspricht stets dem Druck des
umgebenden Wassers. Über
ein Ventil im Mundstück
saugt der Taucher die Luft
aus dem Schlauch. Durch ein
zweites Ventil wird die vom
Taucher ausgeatmete Luft
ins Wasser abgegeben.

Je tiefer ein Taucher taucht, desto höher wird der Druck des umgebenden Wassers. So wirkt z. B. in 10 m Tiefe auf seinen Körper ein zusätzlicher Druck, der dem Atmosphärendruck entspricht. Damit er diesem standhalten kann, muß die Luft in seiner Lunge einen ebenso hohen Druck haben. Die Ventile des Lungenautomaten regulieren den Druck der Luft automatisch so, daß er dem jeweiligen Wasserdruck entspricht. Diese automatische Druckanpassung ist lebenswichtig für den Taucher. Ohne sie würden seine Lungen beim Abtauchen zusammengepreßt oder beim Auftauchen platzen.

WICHTIG FÜR TAUCHER!

Beim Einatmen von Druckluft können Probleme auftreten. Die Luft, die wir normalerweise einatmen, besteht zu 21 % aus Sauerstoff und zu 78 % aus Stickstoff. In der Lunge gelangt der Sauerstoff aus der Atemluft ins Blut, das ihn im ganzen Körper verteilt. Wenn Druckluft in dieser Zusammensetzung eingeatmet wird, gelangt aber zuviel Sauerstoff ins Blut und löst deshalb Vergiftungserscheinungen aus. Eine Sauerstoffvergiftung äußert sich anfangs ähnlich wie ein Alkoholrausch. Sie kann jedoch auch tödlich verlaufen. Aus diesem Grund hat die Gasmischung in den Druckluftflaschen von Tauchern einen geringeren Sauerstoffanteil als die normale Luft.

Auch ein zu hoher Stickstoffdruck kann gefährlich sein. Normalerweise hat Stickstoff kaum Wirkung auf den Körper. Wir atmen ihn ein und wieder aus, und nur ein geringer Teil ist im Blut gelöst. Bei einem Taucher, der Druckluft einatmet, gelangt aber mehr Stickstoff ins Blut.

Wenn er nun aus großer Tiefe rasch emporsteigt, bilden sich aufgrund des starken Druckabfalls in seinem Blut Stickstoffblasen, so wie in einer Mineralwasserflasche Gasblasen entstehen, wenn du den Schraubverschluß aufdrehst. Man nennt dies die Taucher- oder Druckfallkrankheit. Sie ist mit starken Schmerzen verbunden und kann zum Tod führen.

Um sie zu vermeiden, legt ein Taucher beim Aufsteigen alle paar Meter eine Pause ein, damit der gelöste Stickstoff aus dem Blut wieder in die Lungen und von dort nach außen gelangen kann. Wenn er dennoch zu rasch aufgetaucht ist, hilft ein Aufenthalt in einer Dekompressionskammer. Das ist ein geschlossener, mit Druckluft gefüllter Raum, in dem der Luftdruck innerhalb mehrerer Stunden allmählich auf „Normalbedingungen" gesenkt wird,

so daß der Organismus des Tauchers nach und nach vom Überdruck entlastet wird.

Wenn Taucher in Tiefen von 50 m und mehr arbeiten, atmen sie meist ein Gasgemisch aus 10 % Sauerstoff und 90 % Helium ein.

Anders als Stickstoff löst sich Helium nicht im Blut, so daß die Taucherkrankheit nicht auftreten kann. Das Einatmen von Helium hat jedoch einen recht witzigen Nebeneffekt: Es läßt die Stimmbänder mit höherer Frequenz schwingen, und dadurch hört sich die menschliche Stimme an wie die von Donald Duck!

Um bei mehrfachem Ab- und Auftauchen Zeitverluste zu vermeiden, arbeiten Taucher oft von einer Taucherglocke aus. Ein solches Tauchgerät sieht aus wie ein umgestülpter überdimensionaler Eimer, in dessen Innenraum Luft eingeschlossen ist. Die Taucherglocke muß sehr schwer sein, damit sie überhaupt sinkt. Sie wird an langen Stahlkabeln ins Wasser hinabgelassen und dient den Tauchern als zeitweilige Aufenthalts- und Versorgungsstation. Ein- und Ausgang ist die Öffnung an der Unterseite der Taucherglocke.

Oben: Die Ausrüstung auf diesem Bild sieht aus wie ein Taucheranzug. Sie ist aber eher ein U-Boot in Miniaturformat. Diese Ausrüstung ist eine druckfeste Kammer, die es dem Taucher ermöglicht, dem Wasserdruck in großen Tiefen zu widerstehen. Er atmet in der Kammer Luft mit Normaldruck und muß daher beim Aufsteigen keine Pausen einlegen.

MASCHINEN: NÜTZLICHE HELFER

Es gibt eine Vielzahl von Maschinen für unterschiedliche Zwecke. Bei allen wird Kraft, Bewegung oder elektrischer Strom übertragen oder verstärkt. Die mechanischen Maschinen wirken mit Hilfe beweglicher Teile oder eines flüssigen oder gasförmigen Mediums. Manche Maschinen werden mit Muskelkraft betrieben, andere haben Elektro- oder Benzinmotoren.

Vorrichtungen, die die Arbeit erleichtern und deshalb als Maschinen bezeichnet werden, gab es schon, bevor der Mensch begann, selbst Maschinen zu bauen. Selbst Tiere und Menschen sind mit „Maschinen" ausgestattet: mit Armen, Beinen und Fingern. Es gibt Tausende verschiedener Maschinen für vielerlei Zwecke: Kneifzangen, Wagenheber, Schraubstöcke, Handquirle und Nagelknipser, um nur einige wenige zu nennen. Die Vielzahl der mechanischen Maschinen teilt man in zwei Kategorien ein: solche, die eine Kraft verstärken, und solche, die eine Bewegung verstärken.

Mit Kraftverstärkern erzielt man mit relativ geringem Energieaufwand eine größere Kraft. Dies ist z. B. bei der Kneifzange der Fall. Die Kraft, mit der du die Griffe zusammendrückst, ist kleiner als die vorn an den Backen wirkende Kraft. Dem Kraftgewinn steht jedoch ein erhöhter Aufwand an Bewegung gegenüber. Damit sich die Backen eine kurze Strecke bewegen und dabei mit großer Kraft um den zu greifenden Gegenstand schließen, müssen die Griffe mit geringerer Kraft über eine längere Strecke bewegt werden.

Mit Bewegungsverstärkern erzielt man einen Zugewinn an Bewegung. Ein Handquirl wirkt bewegungsverstärkend. Durch relativ langsames Drehen an der Kurbel erreichst du, daß die Quirle schnell rotieren. Der Bewegungsgewinn geht mit einer Krafteinbuße einher. Die Quirle drehen sich zwar schneller als die Handkurbel, dafür aber mit geringerer Kraft. Deshalb ist ein Handquirl nicht geeignet, einen schweren Teig zu rühren.

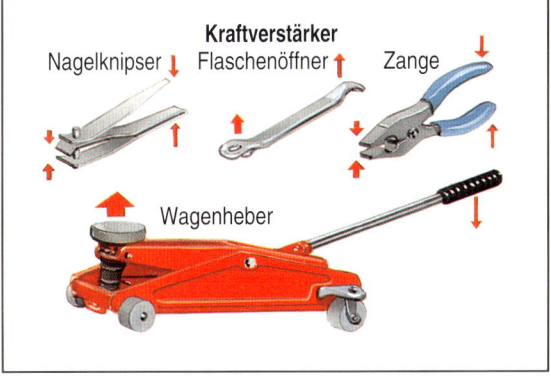

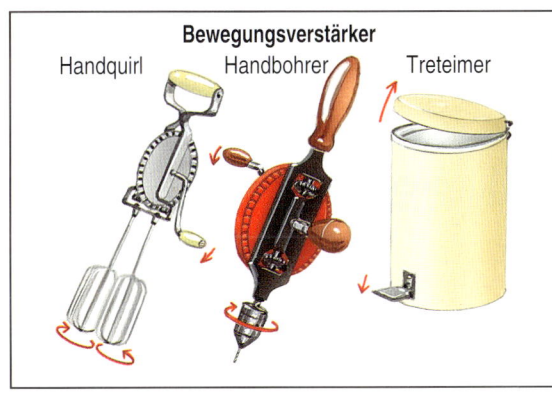

Oben: Mit Kraftverstärkern erzeugt man durch eine geringe Kraft, die über eine lange Strecke aufgewendet wird, eine höhere Kraft über eine kürzere Strecke. Bei Bewegungsverstärkern ist es umgekehrt: Die Bewegung über eine längere Strecke entspricht einer Verringerung der Kraft.

Obwohl Maschinen sehr unterschiedlich und kompliziert konstruiert sein können, findet man doch fast überall fünf Grundformen einfacher Maschinen: Hebel, miteinander verbundene Räder, Flaschenzug mit Umlenkrollen, schiefe Ebene und Schraube.

Links: Ein computergesteuerter Roboterarm bei der Herstellung von Compact Discs (CDs). Der Roboterarm arbeitet schnell und exakt. Er eignet sich besonders für Produkte, die nicht mit Fett oder Staub in Berührung kommen dürfen.

Rechts: Das Prinzip des Roboterarms ist der Natur abgeschaut: Mit seinen beweglichen Scheren kann der Krebs kräftig zupacken. Gesteuert werden sie von einem „natürlichen Computer": dem Gehirn des Krebses.

HEBEL

Beim Hebel wird an einer Stelle Kraft aufgewendet und an einer anderen Kraft erzielt (die zum Bewegen einer Last genutzt wird). Der Hebel bewegt sich um einen festen Punkt, den Drehpunkt. Ob ein Hebel kraft- oder bewegungsverstärkend wirkt, hängt von der Lage des Drehpunkts ab. Nagelknipser, Kneifzangen und Flaschenöffner sind Kraftverstärker. Ihr Drehpunkt liegt näher am Angriffspunkt der Last als an dem der Kraft. Bei Maschinen dieser Art ist die Hebelwirkung besonders stark.

Liegt der Drehpunkt näher am Angriffspunkt der Kraft als an dem der Last, wirkt der Hebel bewegungsverstärkend. Dies ist z. B. bei einem Treteimer der Fall. Sein Deckel wird von einer Stange bewegt, die nahe am Scharnier (also am Drehpunkt) befestigt ist. Eine kurze Bewegung des Fußes nach unten genügt, um den Deckel zu öffnen.

Unten: Die Wirkung eines Hebels entsteht im Zusammenspiel von aufgewendeter Kraft, erzielter Kraft und Drehpunkt. Die Lage des Drehpunkts kann – je nach Hebelart – unterschiedlich sein. Soll eine Kraftverstärkung erzielt werden, muß die Last (hier: das Gewicht) näher am Drehpunkt angreifen als die Kraft (hier: die Hand).

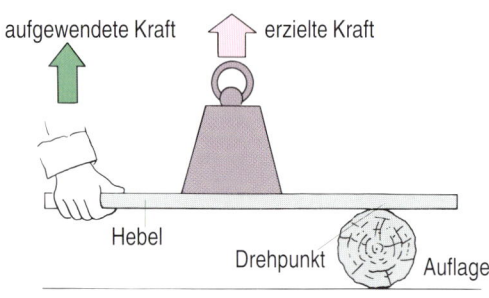

aufgewendete Kraft — erzielte Kraft

Hebel

Drehpunkt — Auflage

HEBEL IN DER NATUR

Auch bei Lebewesen ist das Hebelprinzip anzutreffen. Meist dienen die „Hebel" bei Mensch und Tier zur Verstärkung einer Bewegung und sind deshalb so „konstruiert", daß kleine Muskelbewegungen rasche und kraftvolle Körperbewegungen bewirken.

Der menschliche Arm ist ein Beispiel für solch einen bewegungsverstärkenden Hebel (siehe auch S. 136). Sein Drehpunkt ist der Ellbogen. Die Muskeln im Oberarm greifen nahe am Drehpunkt an und heben oder senken auf diese Weise den Unterarm. Dabei sind für eine weit ausholende Bewegung des Unterarms nur geringe Bewegungen der Oberarmmuskeln erforderlich.

Bei Känguruhs, Fröschen und Heuschrecken dienen die hinteren Gliedmaßen als Bewegungsverstärker, so daß diese Tiere weite und hohe Sprünge machen können.

Rechts: Ein Leopardfrosch beim Sprung aus einem flachen Tümpel. Seine Hinterbeine dienen ihm als Bewegungsverstärker.

RÄDER

Oft wird in Maschinen die Kraft mit Hilfe von Rädern übertragen. Dabei können die Räder ineinandergreifen, wie es bei Zahnrädern der Fall ist, oder sie sind in einigem Abstand voneinander angebracht und durch einen umlaufenden Riemen oder eine Kette verbunden.

Wenn bei zwei ineinandergreifenden Zahnrädern dasjenige, an dem Kraft aufgewendet wird, größer ist als das, an dem Kraft erzielt wird, wirkt die Anordnung bewegungsverstärkend. Der Handbohrer ist ein Beispiel hierfür. Wenn du an der Kurbel drehst, treibt das größere Zahnrad das kleinere

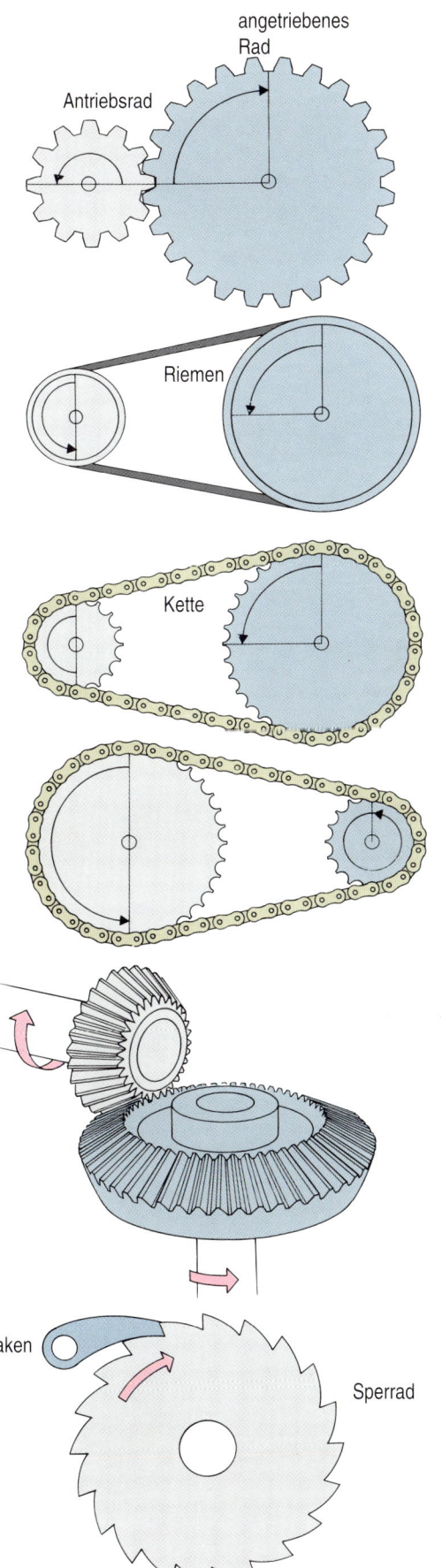

angetriebenes Rad

Antriebsrad

Das kleinere Zahnrad bewirkt, daß sich das größere langsamer, aber mit größerer Kraft dreht.

Riemen

Die gleiche Wirkung wird erzielt, wenn die Räder über einen Riemen oder eine Kette verbunden sind. Allerdings drehen sich bei dieser Anordnung beide Räder im gleichen Drehsinn.

Kette

Hier ist das Antriebsrad größer als das angetriebene Rad, das sich deshalb mit höherer Geschwindigkeit und geringerer Kraft dreht. Die kettengetriebenen Zahnräder beim Fahrrad funktionieren auf diese Weise.

Diese Anordnung bezeichnet man als Kegelradgetriebe. Bei ihr wird nicht nur Kraft übertragen, sondern es ändert sich auch deren Richtung.

Sperrhaken

Sperrad

Bei diesem sogenannten Sperr- oder Klinkenrad bewirkt der Sperrhaken, daß sich das Rad in nur eine Richtung drehen kann.

Links: Räder können in Maschinen auf unterschiedliche Weise angeordnet sein. Die Abbildung zeigt einige Beispiele.

an und läßt die Bohrspitze schneller rotieren als deine Hand an der Kurbel.

Treibt dagegen das kleinere Rad das größere an, so dreht sich das größere Rad mit mehr Kraft, aber geringerer Geschwindigkeit als das kleinere Antriebsrad. Auf diese Weise sind z. B. die Zahnräder im Getriebe von Autos angeordnet. Jedesmal, wenn man einen anderen Gang einlegt, werden die Zahnräder auf andere Weise miteinander kombiniert.

FLASCHENZÜGE

Flaschenzüge dienen zum Heben von Lasten. Ihre „Räder" heißen Umlenkrollen oder Seilscheiben, weil sie über ein langes Seil (manchmal auch eine Kette) miteinander verbunden sind. Bei mehrscheibigen Flaschenzügen sind die Seilscheiben paarweise angeordnet. Flaschenzüge wirken kraftverstärkend. Dem Flaschenzug liegt ein einfaches Prinzip zugrunde: Wenn man das freie Seilende nach unten zieht, ziehen die um die Scheiben laufenden Seilzüge (d. h. die einzelnen Abschnitte des Seils) gemeinsam die Last empor. Auf diese Weise wird die aufgewendete Kraft mehrfach verstärkt.

Der Kraftgewinn kommt bei einem Flaschenzug durch einen erhöhten Bewegungsaufwand zustande, den man beim Ziehen am freien Seilende aufbringt. Das Seil muß also weit nach unten gezogen werden, damit sich die Last ein kleines Stück hebt. Damit die Last in der unten gezeigten Anordnung um 1 m angehoben wird, müssen sich die zwei Seilzüge zwischen den Scheiben um jeweils 1 m verkürzen. Um dies zu erreichen, muß das freie Seilende 2 m weit nach unten gezogen werden.

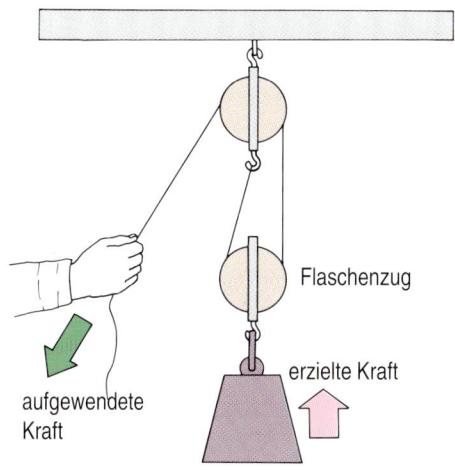

Flaschenzug

erzielte Kraft

aufgewendete Kraft

Oben: Die erzielte Kraft ist bei diesem Beispiel fast doppelt so groß wie die aufgewendete Kraft. Dafür muß das Seil jedoch eine doppelt so weite Strecke gezogen werden wie die Last.

SCHIEFE EBENE

Obwohl eine schiefe Ebene keine beweglichen Teile hat, wirkt sie kraftverstärkend und gehört deshalb zu den Maschinen. Wenn du versuchst, einen voll beladenen Einkaufswagen die Bordsteinkante hinaufzuschieben, mußt du viel Kraft aufwenden. Wenn du den Wagen über eine schiefe Ebene (eine Rampe) hochschiebst, wird der gleiche Höhenunterschied mit weit weniger Kraftaufwand überwunden. Wie immer, wenn eine Kraft verstärkt wird, ist auch hier ein erhöhter Bewegungsaufwand erforderlich. Die Last, in diesem Fall der Einkaufswagen, muß über eine weitere Strecke geschoben werden.

Rechts: Auch eine schiefe Ebene ist eine Maschine. Sie ermöglicht es, daß eine Last einen Höhenunterschied mit geringerem Kraftaufwand überwindet, als dies der Fall wäre, wenn man sie senkrecht hochheben oder -stemmen würde.

schiefe Ebene

SCHRAUBEN

Wenn du mit dem Schraubenzieher eine Schraube in ein Stück Holz hineindrehst, dringt sie mit jeder Umdrehung des Schraubenziehergriffs ein klein wenig tiefer ins Holz ein. Auch die Schraube wirkt als Maschine. Sie dreht sich mit so großer Kraft, daß die Holzfasern nachgeben und ein Loch entsteht. Dabei muß sich deine Hand beim Drehen des Schraubenziehers allerdings über eine weitaus längere Strecke bewegen als die Schraube.

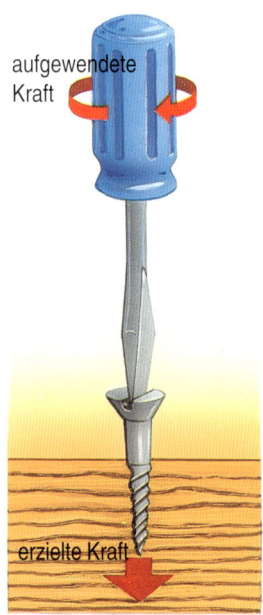

aufgewendete Kraft

erzielte Kraft

Oben: Eine Schraube ist eine Art spiralig gewundene schiefe Ebene. Damit sie mit großer Kraft ein kleines Stück ins Holz eindringt, sind etliche Umdrehungen des Schraubenziehergriffs nötig, d. h., man muß eine Bewegung über einen längeren Weg aufwenden, um einen Kraftgewinn zu erzielen.

ZUSAMMENGESETZTE MASCHINEN

Oft sind verschiedenartige Maschinen miteinander kombiniert, wie dies z. B. beim Fahrrad der Fall ist. Seine Bremsen und die Gangschaltung werden über Hebel bedient, und auch das Höher- und Tieferstellen von Sattel und Lenkstange kann über Hebel geschehen. Beim Treten der Pedale bewegen sich Kurbeln, die ebenfalls Hebel sind.

Wenn du in die Pedale trittst, wird über die Kette das hintere Zahnrad in eine Drehbewegung versetzt. Das Zahnrad wiederum treibt das Hinterrad des Fahrrads an. Insgesamt wirkt das System aus Pe-

Oben: Ein Mountainbike hat breitere Reifen und ein Getriebe für geringere Geschwindigkeiten als ein normales Fahrrad. Deshalb eignet es sich für Fahrten in unebenem Gelände.

dalen, Zahnrädern, Kette und Hinterrad kraftverstärkend. Wenn du den höchsten Gang einlegst, fährt das Fahrrad mit jedem Zentimeter, den du die Pedale trittst, mehr als 5 cm vorwärts. Bei niedrigeren Gängen werden Zahnräder anderer Größe über die Kette miteinander verbunden. Du kommst auf diese Weise zwar pro Pedalumdrehung nicht so weit vorwärts, aber das Treten der Pedale erfordert weniger Kraft.

HYDRAULISCHE UND PNEUMATISCHE MASCHINEN

Kraft kann nicht nur durch Hebel oder Seile übertragen werden, sondern auch mit Hilfe einer eingeschlossenen Flüssigkeit. Dies ist bei hydraulischen Maschinen der Fall. Beispiele sind die Bremsen von Autos, außerdem Wagenheber und Baggerschaufeln.

Bei einer hydraulischen Maschine sind zwei Zylinder, die mit einer Flüssigkeit (meist Öl) gefüllt sind, über ein Rohr miteinander verbunden.

In jedem Zylinder befindet sich ein beweglicher Kolben. Wird der Kolben in den einen Zylinder hineingedrückt, fließt das Öl durch das Rohr und preßt den Kolben im anderen Zylinder ein Stück heraus.

Das Verbindungsrohr hydraulischer Maschinen muß nicht geradlinig verlaufen; dadurch können die beiden Zylinder beliebig zueinander angeordnet werden (noch mehr Flexibilität bietet ein Schlauch). So wird z. B. beim Auto die Bremskraft vom Fußpedal über Verbindungsrohre unterhalb der Karosserie zu allen vier Rädern übertragen, um

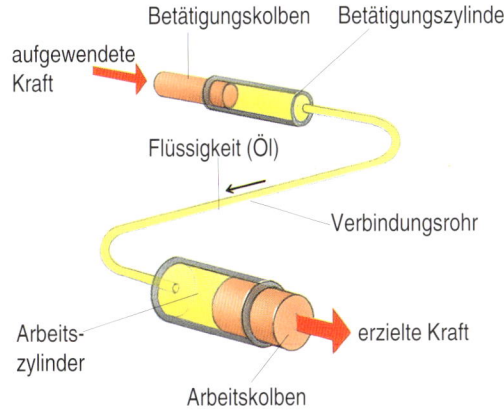

Oben: Bei einer hydraulischen Maschine wird über eine Flüssigkeit (Öl) Kraft übertragen. Wenn der Betätigungskolben in den Zylinder gedrückt wird, wird Öl durch das Rohr gepreßt und versetzt den Arbeitskolben in Bewegung.

Oben: Eine Hebebühne zur Beladung eines Flugzeugs. Der silbrige senkrechte Teil ist ein Kolben. Wird Öl in den roten Zylinder darunter gepumpt, schiebt sich der Kolben nach oben, und die Ladeplattform hebt sich.

manche Ecke herum. Ob eine hydraulische Maschine kraft- oder bewegungsverstärkend wirkt, hängt direkt vom Größenverhältnis der Kolben ab. Hat der Betätigungskolben einen geringeren Durchmesser als der Arbeitskolben, so findet eine Kraftverstärkung statt.

Bei pneumatischen Maschinen sind Zylinder und Verbindungsrohr nicht mit einer Flüssigkeit, sondern mit Druckluft gefüllt. Pneumatische Maschinen sind leichter als hydraulische, allerdings ist der mit ihnen erzielte Kraftgewinn geringer.

MOTOREN

Einfache Maschinen werden mit Muskelkraft betrieben, indem man z. B. eine Kurbel dreht, ein Pedal tritt oder an einem Seil zieht. Für den Antrieb von Maschinen, die ständig eine hohe Leistung abgeben sollen, reicht die menschliche Muskelkraft jedoch nicht aus. Sie werden deshalb über andere Energiequellen, meist Elektrizität oder Brennstoffe, betrieben.

Im Alltag benutzen wir eine Vielzahl elektrisch angetriebener Maschinen vom Staubsauger über den Bohrer bis hin zur elektrischen Zahnbürste. In den Fabriken haben heute die meisten Maschinen

Oben: Mit Windmühlen wie dieser wird in Thailand Wasser aus einem Kanal gepumpt und zu den nahe gelegenen Feldern geleitet. Der Rahmen der Windmühle ist aus Holz, die Segel sind aus einem schilfähnlichen Material. Heutzutage werden Maschinen mit diesem Prinzip auch zum Antrieb elektrischer Generatoren eingesetzt.

Elektroantrieb. Früher war das anders. Bis die Elektrizität — etwa um 1920 — allgemein verfügbar war, übertrugen komplizierte Anordnungen aus Wellen und Riemen oder Seilen die Kraft von Dampfmaschinen oder Wasserrädern auf die Maschinen in den Fabriken. Feststehende Maschinen beziehen die Elektrizität für ihren Antrieb aus dem Stromnetz, und zwar über Kabel, die in Fußboden, Wand oder Decke verlegt sind.

Für tragbare Elektrogeräte wie Bohrer oder Heckenschneidemaschinen, die immer wieder an anderen Stellen eingesetzt werden, ist der Anschluß ans Stromnetz meist nicht die ideale Lösung. Oft ist das Kabel zu kurz oder spannt sich über den Weg, so daß man darüber stolpert, und nicht zuletzt besteht die Gefahr, daß man es beim Arbeiten versehentlich beschädigt oder gar durchschneidet.

Nun dürfen aber Batterien für tragbare Geräte nicht allzu schwer sein. Sie liefern deshalb oft nicht genügend Energie für eine hohe Dauerleistung. Heckenscheren, Rasenmäher und Kettensägen sind daher meist mit Benzinmotoren ausgestattet.

UNTER KONTROLLE

Jede Maschine braucht eine Steuerung. Normalerweise übernimmt diese Aufgabe der Bediener, also ein Mensch. Will man eine Küchenmaschine benutzen, muß man erst die Zutaten einfüllen und danach die richtigen Schalter in der richtigen Reihenfolge betätigen.

Damit eine Maschine auch wirklich das tut, was sie soll, müssen ihre Funktionen ständig überwacht werden. Dies geschieht mit Hilfe von Sensoren. Sensoren sind z. B. die Augen des Bedieners, der die laufende Maschine aufmerksam beobachtet, aber auch Instrumente an der Maschine selbst, die Druck, Temperatur, Geschwindigkeit oder Drehzahl messen.

Eine Vielzahl von Maschinen wird heute nicht mehr von Menschen bedient. Ihre Funktionen sind automatisiert, d. h., sie werden elektronisch gesteuert. Oft spricht man in diesem Zusammenhang auch von computergesteuerten Maschinen, obwohl

Rückkopplung (Feedback)

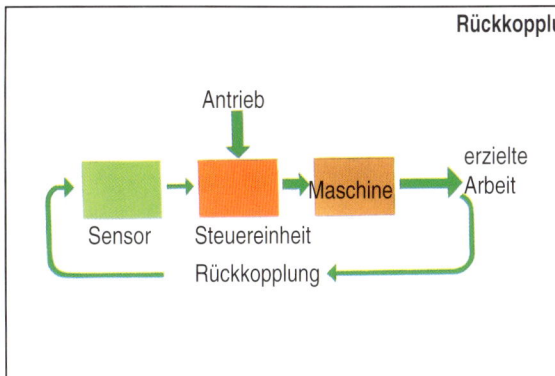

Maschinen, ob von Menschen oder Computern gesteuert, können nur reibungslos funktionieren, wenn sie regelmäßig ein Feedback (einen Informationsrücklauf) erhalten. Während die Maschine läuft, muß eine Kontrollinstanz den Arbeitsfortgang bewerten und der Maschine eine Rückmeldung geben. Wenn ein Handwerker mit dem Elektrobohrer arbeitet, beobachtet er mit den Augen, wie tief das Loch bereits ist. Sein Gehirn verarbeitet diese Informationen und entscheidet, wann es der Hand Anweisung gibt, den Bohrer abzuschalten. Dies ist ein Beispiel für eine Rückkopplungsschleife, bei der Sensoren (die Augen), Steuereinheit (das Gehirn) und Maschine so zusammenwirken, daß Arbeit richtig erledigt wird.

Unten: Die Industrieroboter an dieser Fertigungsstraße in einer Autofabrik sind lange, computergesteuerte Arme mit einem Schweißgerät. Sie schweißen zugeschnittene und geformte Stahlbleche zu Autokarosserien zusammen.

zu ihrer Steuerung keineswegs ein ganzer Computer im herkömmlichen Sinn nötig ist, sondern lediglich Mikrochips in einem Gehäuse.

So arbeiten die Maschinen moderner Fertigungseinrichtungen in Industriebetrieben heute meist computergesteuert. Anders als ein menschlicher Bediener kann die elektronische Steuereinheit der Maschine weder ermüden noch abgelenkt werden, und sie braucht auch keine Pausen (abgesehen von gelegentlichen Wartungsarbeiten). Sie bewirkt, daß die Maschine ein und denselben „Handgriff" immer wieder mit höchster Genauigkeit ausführt. Oft werden computergesteuerte Maschinen unter Bedingungen eingesetzt, die für den Menschen nicht zumutbar oder gefährlich wären.

Computergesteuerte Maschinen in Fabriken nennt man auch Industrieroboter, obwohl sie kaum Ähnlichkeit mit den Robotern aus Science-fiction-Filmen haben. Meist ist ein solcher Roboter am Boden der Fertigungshalle fest verschraubt und besteht aus einem langen beweglichen Arm, an dessen Ende das für den Arbeitsgang benötigte Werkzeug befestigt ist (z. B. ein Bohrer, ein Schraubenzieher, eine Farbsprühvorrichtung oder ein Schweißgerät).

Industrieroboter müssen — genauso wie menschliche Bediener — zwei Voraussetzungen erfüllen: Um den Fortgang der Arbeit zu überwachen, brauchen sie Sensoren; ferner benötigen sie Anweisungen, nach denen sie arbeiten. Ein erfahrener Maschinenbediener nutzt seine Augen und Ohren als Sensoren, und in seinem Gehirn ist „gespeichert", was in bestimmten Situationen zu tun ist. Industrieroboter registrieren ihren Arbeitsfortgang über druckempfindliche Streifen, Helligkeitssensoren oder Videokameras.

Die Arbeitsanweisungen für einen Industrieroboter bezeichnet man als Programm. Das Programm wird in der Regel von einem Ingenieur erstellt, doch es gibt heute bereits lernfähige Computer, die Erfahrungswerte speichern und ihr Programm selbsttätig ändern können.

DER MENSCH:
EIN WUNDERWERK DER NATUR

Der Mensch besteht aus mehr „Einzelteilen" als ein hochkomplizierter Computer und ist zu bedeutenden Leistungen imstande. Menschen sind zum Mond geflogen und haben die höchsten Berggipfel erklommen. Mehr als 5,4 Milliarden Menschen gibt es auf der Erde. Sie alle funktionieren auf gleiche Weise, doch jeder hat seine individuellen Besonderheiten.

I m Laufe einer Entwicklungszeit von über drei Milliarden Jahren wurde der Körper des Menschen zu dem, was er heute ist. Sein stabiler „Rahmen" hält ihn in Form, „Motoren" setzen die Energie, die er aus der Nahrung aufnimmt, in Bewegung um, und ein kompliziertes „Computersystem" steuert und regelt sämtliche Funktionen des menschlichen Körpers vom Energiehaushalt bis hin zum Gleichgewicht.

DAS SKELETT

Jede Maschine hat ein Gerüst, das ihre Einzelteile stützt und zusammenhält. Beim Menschen erfüllt das Skelett diese Aufgabe. Es ist aus über 200 Einzelknochen zusammengesetzt, deren Länge von etwa 40 cm (Oberschenkelknochen) bis zu wenigen Millimetern (Gehörknöchelchen im Ohr) reicht.

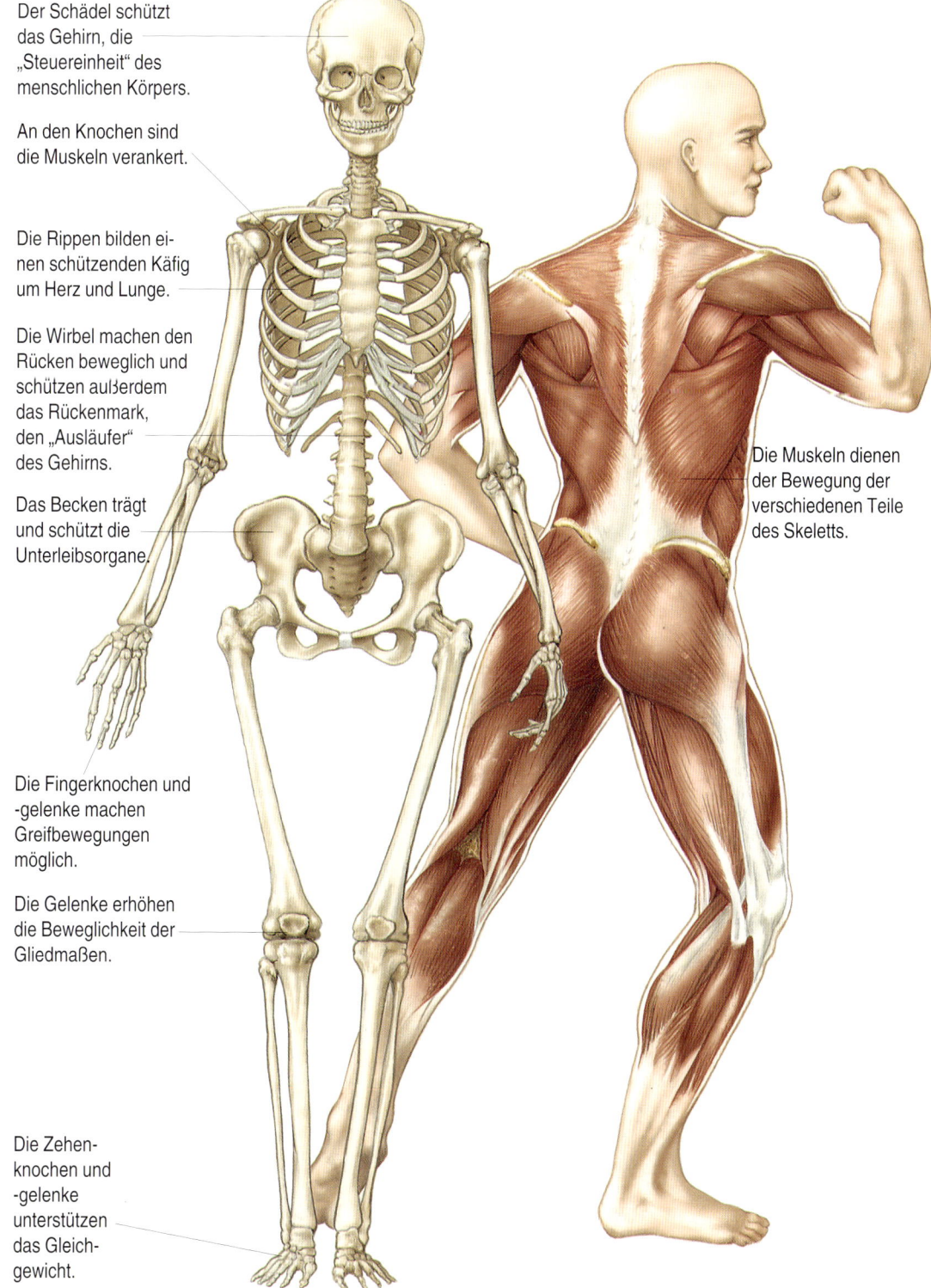

Rechts: Das Skelett stabilisiert den Körper und schützt lebenswichtige Organe. An den Skelettknochen sind Hunderte von Muskeln befestigt, mit deren Hilfe sich der Körper bewegt.

Links: Diese chinesische Gymnastin hat eine eindrucksvolle Körperbeherrschung.

Der Schädel schützt das Gehirn, die „Steuereinheit" des menschlichen Körpers.

An den Knochen sind die Muskeln verankert.

Die Rippen bilden einen schützenden Käfig um Herz und Lunge.

Die Wirbel machen den Rücken beweglich und schützen außerdem das Rückenmark, den „Ausläufer" des Gehirns.

Das Becken trägt und schützt die Unterleibsorgane.

Die Fingerknochen und -gelenke machen Greifbewegungen möglich.

Die Gelenke erhöhen die Beweglichkeit der Gliedmaßen.

Die Zehenknochen und -gelenke unterstützen das Gleichgewicht.

Die Muskeln dienen der Bewegung der verschiedenen Teile des Skeletts.

Im Skelett sind die Knochen so miteinander verbunden, daß manche Körperteile starr sind, andere dagegen sehr beweglich.

Das Knochenmaterial ist aus lebenden Zellen aufgebaut, die von einer harten mineralischen Substanz umgeben sind. Sie besteht hauptsächlich aus Calcium. Die mineralischen Knochenbestandteile sind spröde, werden jedoch von zähen Kollagenfasern (Proteinen) verstärkt. Insgesamt ist ein Knochen so beschaffen, daß er ebenso zugfest ist wie Stahl, aber wesentlich leichter. Und anders als eine gebrochene Stahlstange wächst ein gebrochener Knochen wieder zusammen, indem sich die lebenden Zellen vermehren und mineralische Substanzen abscheiden, so daß neues Knochenmaterial aufgebaut wird.

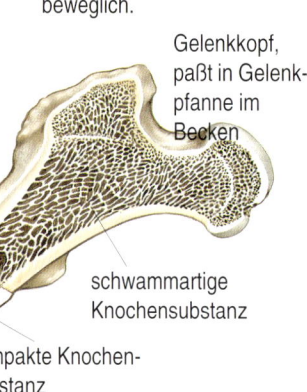

Knochenmark

Schaft (innen hohl)

schwammartige Knochensubstanz

kompakte Knochensubstanz

Gelenkkopf, paßt in Gelenkpfanne im Becken

unteres Ende, „mündet" ins Kniegelenk

Oben: Der Oberschenkelknochen ist der größte Skelettknochen. Wie bei anderen Knochen bestehen sein Kopf und sein unteres Ende aus schwammartiger Knochenmasse. Dazwischen liegt ein hohler Schaft. Dadurch ist der Knochen leicht und dennoch sehr stabil. Im Schaft befindet sich das geleeartige Knochenmark.

Rechts: Durch intensives Training hat diese Gymnastin Gelenke wie aus Gummi.

Rechts: Man unterscheidet vor allem zwei Kategorien von Gelenken. Kugelgelenke sind in alle Richtungen beweglich. Scharniergelenke sind in nur einer Ebene beweglich.

GELENKE UND MUSKELN

An den Stellen, wo zwei oder mehr Knochen aufeinandertreffen, hat das Skelett Gelenke (insgesamt sind es mehr als 70). Man teilt sie in zwei Kategorien ein: Kugelgelenke und Scharniergelenke.

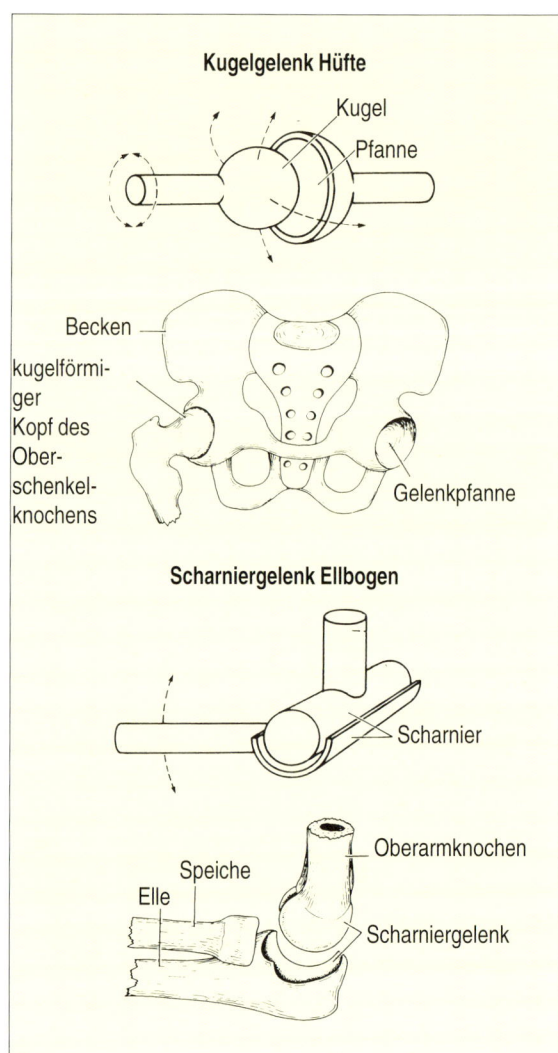

Kugelgelenk Hüfte

Kugel

Pfanne

Becken

kugelförmiger Kopf des Oberschenkelknochens

Gelenkpfanne

Scharniergelenk Ellbogen

Scharnier

Oberarmknochen

Speiche

Elle

Scharniergelenk

Kugelgelenke erlauben Bewegungen in alle Richtungen: nach hinten, nach vorn und zu den Seiten hin. Das Hüftgelenk ist so ein Kugelgelenk. In ihm ist der Oberschenkelknochen am oberen Ende kugelförmig verdickt und in einer pfannenförmigen Vertiefung im Becken beweglich gelagert.

Scharniergelenke sind wie das Scharnier einer Tür nur nach hinten und vorn (also in nur einer Ebene) beweglich. Knie und Ellbogen sind Scharniergelenke, ebenso Hand- und Fußknöchel und Finger- und Zehengelenke.

Die Gelenke werden von Muskeln bewegt, die durch starke Faserbündel, die Sehnen, mit den Skelettknochen verbunden sind. Gesteuert werden die Muskeln von Nervenimpulsen, elektrischen Signalen, die vom Gehirn oder Rückenmark ausgehen und entlang von Nervenbahnen zum Muskel gelangen. Dort bewirken sie eine Kontraktion des Muskels, d. h., er zieht sich zusammen und wird dabei kürzer. Dadurch kommt die Gelenkbewegung zustande.

Ein Muskel kann sich zusammenziehen, er wird

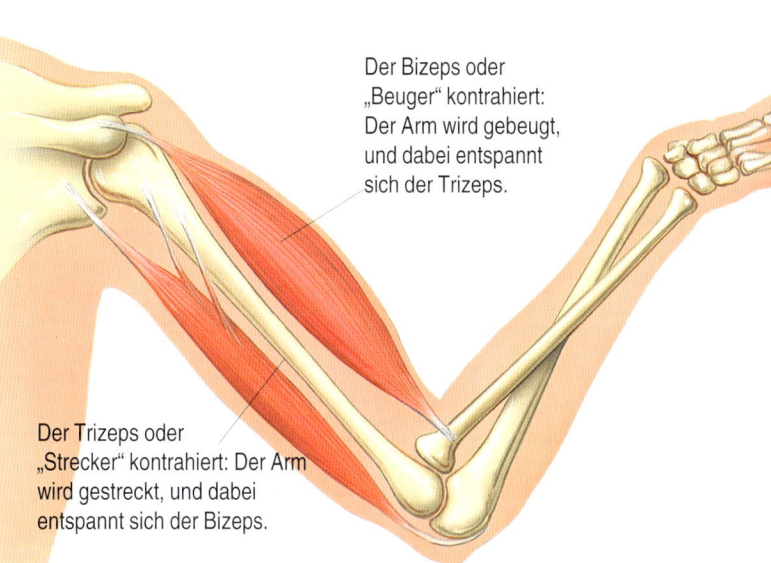

Der Bizeps oder „Beuger" kontrahiert: Der Arm wird gebeugt, und dabei entspannt sich der Trizeps.

Der Trizeps oder „Strecker" kontrahiert: Der Arm wird gestreckt, und dabei entspannt sich der Bizeps.

aber nicht von selbst wieder länger. Damit er sich entspannt und wieder seine Ausgangsform annimmt, muß eine Zugkraft auf ihn wirken. Aus diesem Grund sind Muskeln meist paarweise angeordnet: Die Kontraktion des einen bewirkt, daß der andere sich streckt und umgekehrt.

600 MOTOREN

Die Muskeln sind die Motoren des menschlichen Körpers. Jeder Mensch ist mit über 600 Muskeln ausgestattet. Der Treibstoff unserer Muskelmotoren ist Glucose (Traubenzucker), die ihnen vom Blut zugeführt wird. Wie andere Motoren brauchen die Muskeln Sauerstoff, der ebenfalls vom Blut angeliefert wird.

Muskeln können große Kräfte entwickeln und machen schnelle Bewegungen möglich. Hierzu müssen sie Energie aus ihrem Brennstoff freisetzen. Bei diesem Vorgang laufen viele komplizierte chemische Reaktionen ab. Vereinfacht ausgedrückt werden Glucose und Sauerstoff aufgebraucht, und es entstehen — neben der Energie — Kohlendioxid und Wasser. Man nennt diesen Prozeß Zellatmung (siehe S. 67). Die folgende Gleichung beschreibt, was dabei geschieht:

Glucose + Sauerstoff → Kohlendioxid + Wasser + Energie

Eine andere Bezeichnung für diesen Vorgang lautet aerobe Atmung („aerob" bedeutet „in Anwesenheit von Sauerstoff ablaufend"). Kohlendioxid und Wasser als nicht verwertbare Abfallprodukte werden vom Blut abtransportiert.

Oben: Bizeps und Trizeps wirken als Antagonisten („Gegenspieler") zusammen. Der Bizeps beugt den Arm, der Trizeps streckt ihn. Muskeln sind – wie hier – oft paarweise angeordnet, weil Nervenimpulse lediglich Kontraktionen, nicht aber ein Entspannen des Muskels auslösen können. Wenn sein Gegenspieler kontrahiert, entspannt sich der kontrahierte Muskel.

Rechts: Die Läuferin ist kurz vor dem Ziel des olympischen Marathonlaufs völlig ausgelaugt und steht ziemlich wacklig auf den Beinen. Erschöpft ist sie nicht allein deshalb, weil der Lauf sie ermüdet hat, sondern weil sich bei der anaeroben Atmung Milchsäure in ihren Muskeln angesammelt hat, die deren normale Bewegung hemmt. Milchsäure entsteht immer dann, wenn die Muskeln mehr Sauerstoff brauchen, als das Blut gerade anliefern kann.

Bei körperlicher Überanstrengung kann es vorkommen, daß Lunge, Herz und Blutkreislauf den für die aerobe Atmung nötigen Sauerstoff nicht rasch genug zur Verfügung stellen können.

Glücklicherweise funktionieren die Muskeln kurzzeitig auch ohne Sauerstoff. Dabei wird zwar weiterhin Energie aus Glucose freigesetzt, aber die chemischen Reaktionen sind unvollständig, und als Reaktionsprodukt entsteht Milchsäure statt Wasser und Kohlendioxid.

Man nennt dies anaerobe Atmung („anaerob" bedeutet „ohne Sauerstoff ablaufend"). Unsere Muskeln können nur etwa eine Minute lang ohne Sauerstoff arbeiten, weil die Milchsäure ihre Beweglichkeit rasch hemmt.

MIT LETZTER KRAFT ...GESCHAFFT!

Beim Endspurt eines Wettlaufs kann es zu Sauerstoffmangel in den Muskeln des Läufers kommen, so daß diese auf anaerobe Atmung „umschalten". Das bedeutet, daß sich bei dem Sportler ein Sauerstoffdefizit gebildet hat, wenn er die Ziellinie erreicht. Dieses muß ausgeglichen werden. Der Läu-

fer „schnappt nach Luft" und nimmt auf diese Weise eine größere Menge an Sauerstoff auf, der die Umwandlung der Milchsäure in Kohlendioxid und Wasser bewirkt.

DIE BRENNSTOFFABRIK

Die meisten Motoren funktionieren nur mit einem bestimmten Brennstoff, meistens Benzin oder Diesel. Der Mensch ist da flexibler: Er kann eine Vielzahl verschiedener Brennstoffe verwerten: Brot, Kartoffeln, Spaghetti, Eier, Reis und Schokoladenkekse — also jede Nahrung, die er zu sich nimmt.

Der Körper kann die Nahrung meist nicht direkt als Brennstoff nutzen. Sie muß zunächst verarbeitet und in eine vom Körper verwertbare Form überführt werden. Dabei wird die Nahrung in lösliche Substanzen wie z. B. Glucose umgesetzt, die vom Blut im Körper transportiert werden. Die Umwandlung von Nahrung in eine lösliche Form nennt man Verdauung.

Der Verdauungsprozeß beginnt bereits im Mund, wenn die Nahrung gekaut und mit Speichel vermischt wird. Hauptsächlich jedoch findet sie im Magen und im Dünndarm statt, die zum Verdauungskanal gehören. Dieser verläuft röhrenförmig vom Mund bis zum After und ist im Darmbereich gefaltet; an einem Stück ausgerollt, wäre er mehr als 7 m lang!

Beim Durchgang durch den Verdauungskanal wird die Nahrung von Enzymen (komplizierten Eiweißstoffen) in eine gelöste Form überführt, so daß sie die Wände des Verdauungskanals durchdringen und in den Blutkreislauf gelangen kann. Dieser Vorgang findet hauptsächlich im Dünndarm statt.

Manche Nahrungsbestandteile sind unverdaulich, z. B. die Faserstoffe in Gemüse und Obst. Der unverdauliche Speisebrei wandert in den Dickdarm,

Rechts: Der Verdauungskanal verläuft vom Mund zum After. Im Magen und im Dünndarm wird die Nahrung verdaut, d. h., sie wird aufgespalten und dabei in eine lösliche Form überführt. Durch die Wände des Dünndarms werden die gelösten Nährstoffe vom Blut absorbiert (aufgenommen). Zurück bleibt ein halbfester Speisebrei aus unverdaulichen Nahrungsbestandteilen, der regelmäßig ausgeschieden wird.

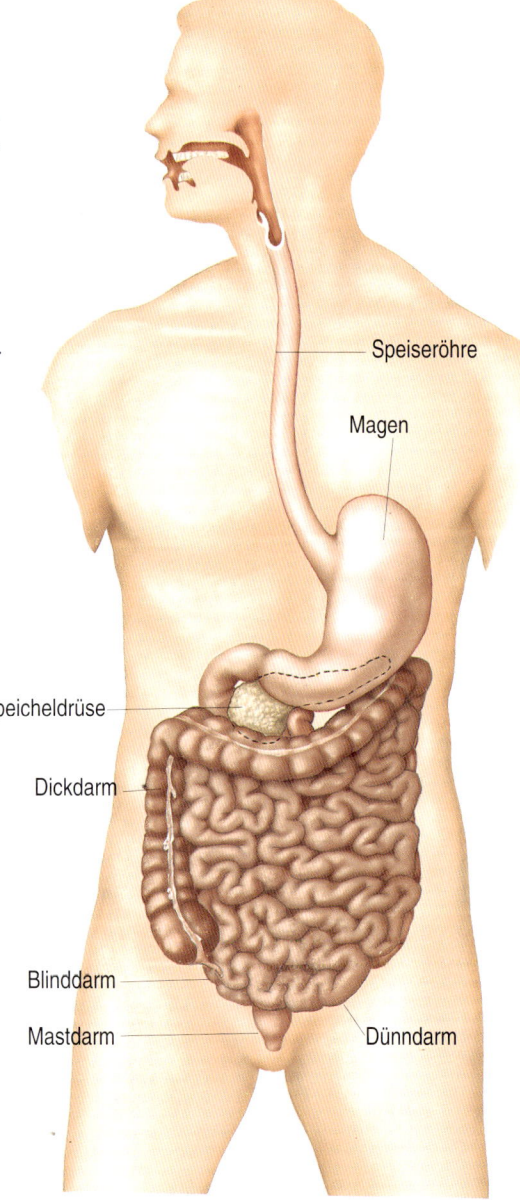

- Speiseröhre
- Magen
- Bauchspeicheldrüse
- Dickdarm
- Blinddarm
- Mastdarm
- Dünndarm

Gut gekaut ist halb verdaut

Brot enthält Stärke, die in Wasser unlöslich ist. Wenn du einen Bissen Brot kaust, wird dieser mit Speichel vermischt. Der Speichel enthält ein Enzym, das Stärke zu Glucose abbaut, und diese wiederum ist in Wasser löslich. Die Umwandlung von Stärke in Glucose im Mund ist der erste Schritt des Verdauungsvorgangs.

Wenn du einen Bissen Brot ganz langsam kaust, merkst du, wie er allmählich süßlich schmeckt. Dies rührt daher, daß immer mehr Stärke in Glucose umgewandelt wird.

---

wo ihm Wasser entzogen wird; danach wird er als Kot oder Stuhl ausgeschieden. Die Faserstoffe werden zwar nicht vom Körper verwertet, sind jedoch ein wichtiger Bestandteil gesunder Kost. Sie fördern als Ballaststoffe den Durchgang der Nahrung durch den Verdauungskanal und verhindern Verstopfung.

„VORRATSHALTUNG"

Wenn du eine Mahlzeit zu dir nimmst, tritt dein Verdauungssystem in Aktion und wandelt die Nahrung in Glucose um — den Hauptbrennstoff des Körpers. Dieser gelangt anschließend ins Blut, doch normalerweise kannst du ihn nicht laufend aufbrauchen. Deshalb wird ein großer Teil davon gespeichert.

Die Leber entzieht dem Blut überschüssige Glucose und wandelt sie in eine speicherfähige Substanz namens Glykogen um. Wenn der Körper zu einem späteren Zeitpunkt einen erhöhten Brennstoffbedarf hat, setzt die Leber das Glykogen wieder in Glucose um. Auch in den Muskeln wird Glykogen gespeichert und kann bei Bedarf in kurzer Zeit wieder in Glucose umgewandelt werden.

Der Körper kann nur eine bestimmte Menge Glykogen speichern, doch er hat noch eine weitere Möglichkeit, Brennstoffvorräte anzulegen. Er kann Glykogen in Fett umwandeln. Wenn später mehr Brennstoff benötigt wird und das gesamte gespeicherte Glykogen aufgebraucht ist, kann Fett wieder in Glucose umgesetzt werden. Fett ist ein sehr effektiver Energiespeicher.

NÄHRSTOFFE UND ERNÄHRUNG

Die Nahrung ist unser Brennstoff- und damit unser Energielieferant. Die Energie gibt man in Joule an (Abk.: J). Ein Joule (1 J) entspricht ungefähr der Menge Energie, die nötig ist, um dieses Buch 10 cm anzuheben. Die nächstgrößere Energieeinheit ist das Kilojoule (Abk.: kJ); 1 Kilojoule hat 1 000 Joule.

Nicht alle Nahrungsmittel liefern gleich viel Energie. Um den Energiegehalt (man nennt ihn auch

Oben: Viele Nahrungsmittel müssen vor dem Verzehr gekocht werden. Beim Erhitzen werden Bakterien abgetötet, die dem Körper schaden könnten. Außerdem werden viele Nahrungsmittel durch Kochen leichter verdaulich.

	Energiegehalt in kJ pro 100 g	Nährstoffe
Fleisch und Fisch	600 bis 1 200	Hauptsächlich Protein mit viel Fett und Öl. Viele Vitamine, vor allem in Fischtran
Milchprodukte	300 bis 3 000	Hauptsächlich Fett, vor allem in Butter und Käse. Eier enthalten viel Protein und viele Vitamine.
Getreideprodukte	1 000 bis 1 600	Hauptsächlich Kohlenhydrate in Form von Stärke, geringe Mengen Protein. Vitamine in größerer Menge in Vollkornbrot
Gemüse	40 bis 350	Stark wasserhaltig, enthält auch Kohlenhydrate und Protein. Kaum Fett. Reich an Vitaminen
Obst	100 bis 300	Stark wasserhaltig, enthält auch Kohlenhydrate und geringe Mengen Protein. Viel Vitamin C
Süßigkeiten und Gebäck	1 000 bis 2 300	Hauptsächlich Kohlenhydrate (vor allem in Zucker), etwas Fett und geringe Mengen Protein. Keine Vitamine

Durchschnittlicher täglicher Energiebedarf		
Alter	Jungen	Mädchen
7 – 8	8 250 kJ	8 000 kJ
9 – 11	9 500 kJ	8 500 kJ
12 – 14	11 000 kJ	9 000 kJ
15 – 17	12 000 kJ	9 000 kJ

Oben: Das Schema zeigt eine Zusammenstellung üblicher Nahrungsmittel und ihres Nährstoffgehalts. Angegeben sind auch (in Kilojoule, kJ) die durchschnittlichen Brennwerte von je 100 g der betreffenden Lebensmittel. Fette sind die am stärksten konzentrierte Energiequelle.

Brennwert) von Nahrungsmitteln vergleichen zu können, gibt man diesen in kJ pro 100 g an. Unsere Nahrung enthält im wesentlichen fünf Arten von Nährstoffen: Kohlenhydrate, Fette, Proteine (Eiweiße), Mineralstoffe und Vitamine.

Kohlenhydrate sind der Hauptbestandteil zuckerhaltiger Nahrungsmittel wie Obst und Marmelade. Auch stärkehaltige Nahrungsmittel wie Brot, Kartoffeln, Reis, Mehl und Nudeln haben einen hohen Gehalt an Kohlenhydraten. Da wir mit Kohlenhydraten etwa 50 % unseres Energiebedarfs decken, sind sie unser wichtigster Energielieferant.

Fetthaltige Nahrungsmittel wie Butter und Käse liefern ca. 40 % der Energie, die wir benötigen.

Links: Dieser Gewichtheber stemmt ein Gewicht von mehr als 150 kg. Um eine solche Leistung zu erzielen, bedarf es nicht nur eines täglich mehrstündigen Trainings, sondern auch einer speziellen Ernährung. Seine Kost muß energiereiche Nahrungsmittel enthalten, aber auch viel Protein zum Aufbau der Muskeln.

Rechts: Die stärksten Gewichtheber sind die Superschwergewichtler. Hier ist aufgeführt, was ein Superschwergewichtler an einem Tag (!) an Nahrung zu sich nimmt.

Tagesration eines Superschwergewichtlers

1 Grapefruit	1 Schale Cornflakes
4 l Milch	12 Eier
8 Steaks	1 kg Käse
30 Scheiben Brot	1 kg Butter
4 Büchsen Sardinen	2 Dosen Baked Beans
1 Reispudding	1 Glas Honig

Weil in ihnen die Energie in sehr konzentrierter Form vorliegt, brauchen wir von diesen Nahrungsmitteln nur relativ geringe Mengen.

Protein ist in Eiern, Käse, Fleisch, Fisch und in manchen Pflanzen enthalten. Es wird hauptsächlich zum Wachsen und zur Erneuerung von Körpergewebe gebraucht. Überschüssiges Protein wird in Brennstoff umgewandelt.

Mineralstoffe, auch Spurenelemente genannt, sind in geringen Mengen in vielen Nahrungsmitteln enthalten. Obwohl sie keinen Brennwert haben, sind sie für zahlreiche Stoffwechselvorgänge unentbehrlich. Zu den Mineralstoffen, die der menschliche Körper benötigt, zählen Natrium, Calcium und Eisen. Natrium ist im gewöhnlichen Tafelsalz enthalten. Um den täglichen Bedarf an Natrium zu decken, reicht bereits eine geringe Menge Salz aus. Nimmt man zuviel Salz zu sich, kann sich die Wirkung ins Gegenteil verkehren und Gesundheitsschäden verursachen.

Auch Vitamine braucht der Körper nur in geringen Mengen. Sie haben ebenfalls keinen Brennwert, sind jedoch für den Ablauf lebenswichtiger chemischer Reaktionen im Körper von Bedeutung.

Die meisten unserer Nahrungsmittel enthalten nicht nur einen, sondern mehrere Nährstoffe in unterschiedlichen Kombinationen. So besteht Brot nicht ausschließlich aus Kohlenhydraten, sondern auch aus Proteinen. Wir Europäer decken sogar einen beträchtlichen Anteil unseres täglichen Proteinbedarfs durch Brot, weil wir relativ große Mengen davon verzehren.

STEUERZENTRALE

Wie eine komplizierte Maschine braucht auch der Mensch ein Steuerungssystem zum Überwachen und Regulieren der Vorgänge innerhalb und außerhalb des Körpers. Zu diesem Zweck nutzt er nicht nur die allgemein bekannten „fünf Sinne" (Sehen, Hören, Riechen, Schmecken und Tasten), sondern er hat noch weitere unbewußte Wahrnehmungsmechanismen, die z. B. die Temperatur des Bluts und den Glucosegehalt registrieren. Damit die Körperfunktionen reibungslos ablaufen, müssen vielerlei Faktoren überwacht und reguliert werden.

Gesteuert wird der Körper vom Zentralnervensystem, das aus Gehirn und Rückenmark besteht. Von dort gehen Nervenbahnen aus und verzweigen sich in alle Körperteile.

Die sogenannten sensorischen Nerven registrieren Veränderungen und transportieren diese Infor-

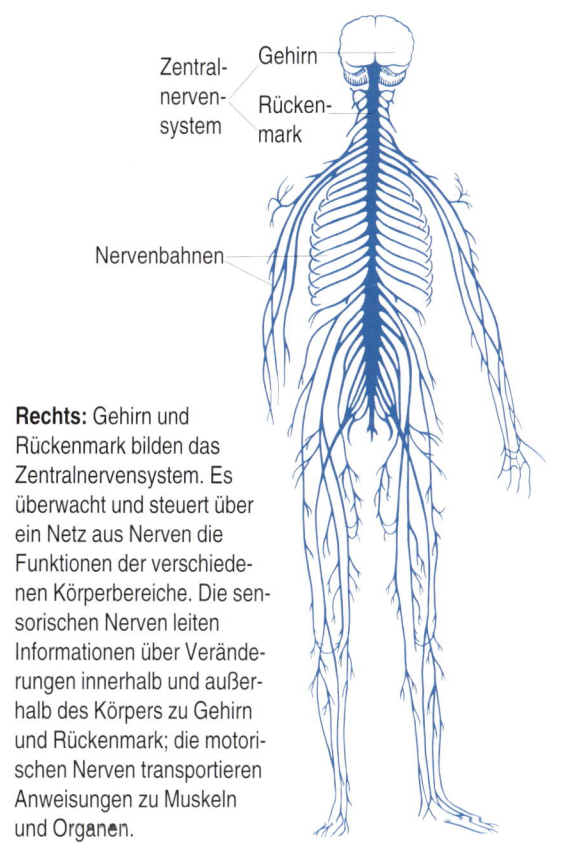

Zentral-
nerven-
system

Gehirn

Rücken-
mark

Nervenbahnen

Rechts: Gehirn und Rückenmark bilden das Zentralnervensystem. Es überwacht und steuert über ein Netz aus Nerven die Funktionen der verschiedenen Körperbereiche. Die sensorischen Nerven leiten Informationen über Veränderungen innerhalb und außerhalb des Körpers zu Gehirn und Rückenmark; die motorischen Nerven transportieren Anweisungen zu Muskeln und Organen.

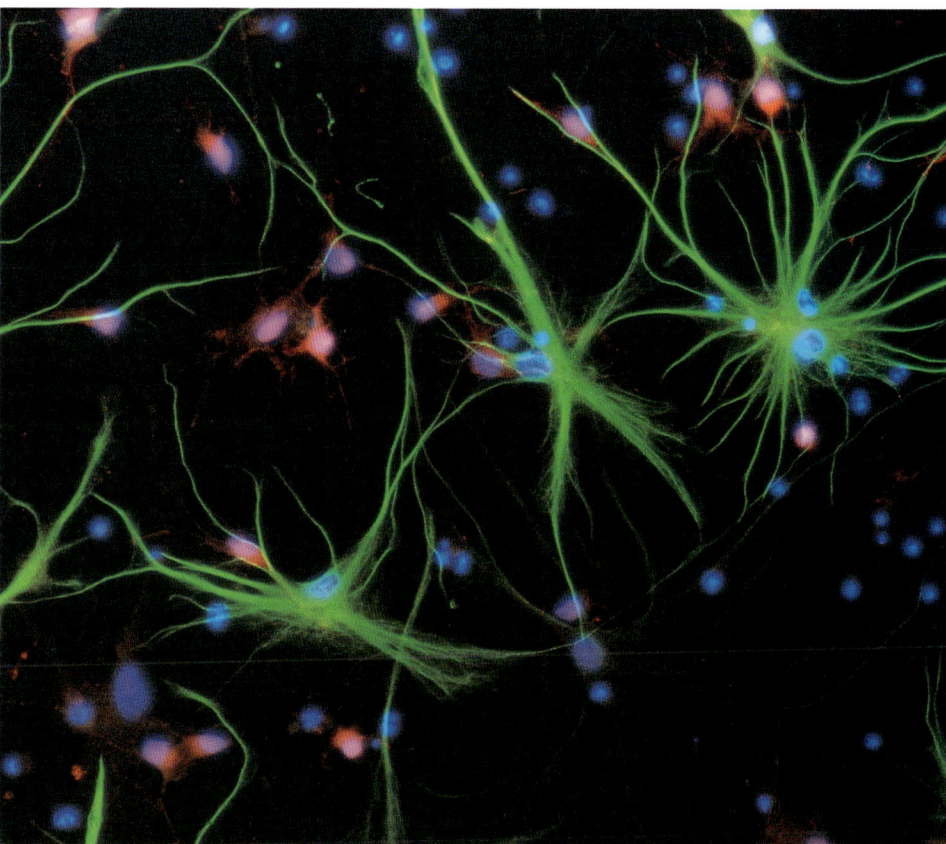

mation in Form elektrischer Signale (man nennt sie Nervenimpulse) von den Sinnesorganen zum Gehirn. So ist z. B. deine Haut mit Sinneszellen für Druck, Temperatur und Schmerz ausgestattet, und im Ohr befinden sich schallempfindliche Zellen.

Andere Sensoren innerhalb des Körpers registrieren beispielsweise Änderungen im Glucose- und Kohlendioxidgehalt des Bluts.

Die Sensoren senden entlang von Bahnen aus sensorischen Nervenzellen Signale ans Zentralnervensystem. Dort wird die Information verarbeitet, und über die motorischen Nerven werden Signale zu den Muskeln gesandt, die eine Reaktion auslösen: z. B. eine Bewegung von Arm oder Bein oder auch nur ein Augenzwinkern.

Viele Bewegungen steuerst du bewußt, z. B., wenn du mit dem Kopf nickst oder mit den Fingern schnippst. Daneben gibt es Bewegungen, die automatisch und unbewußt ablaufen: Man nennt sie Reflexe. Hierzu gehören z. B. der Lidschlag der Augen und das schnelle Zurückziehen der Hand beim Berühren einer heißen Herdplatte.

Nicht alle körperlichen Vorgänge werden von Nervenimpulsen gesteuert. Viele Vorgänge werden von Hormonen geregelt, chemischen Botenstoffen, die mit dem Blut durch den Körper transportiert werden. Hormone werden in den Hormondrüsen gebildet und ins Blut abgegeben. So reguliert z. B.

Reflextest

Ein bekannter Reflex, den du leicht überprüfen kannst, ist der Kniescheibenreflex. Hierzu setzt du dich auf einen Stuhl und schlägst die Beine so übereinander, daß das obere genau über dem Knie des unteren zu liegen kommt. Bitte nun eine andere Person, dir mit einem Löffel genau unterhalb der Kniescheibe auf das obenliegende Bein zu klopfen. Wenn der Schlag die richtige Stelle trifft, schnellt dein Unterschenkel automatisch nach vorn!

Reaktionszeit

Für den Weg zum Gehirn und zurück zu den Muskeln brauchen deine Nervenimpulse eine gewisse Zeit. Deshalb reagierst du leicht verzögert auf Dinge, die du wahrnimmst. Mit diesem Versuch kannst du deine Reaktionszeit testen. Bitte eine andere Person, ein etwa 30 cm langes Lineal so zu halten, daß es senkrecht nach unten hängt und die Nullmarkierung der Skala am unteren Ende ist. Nun hältst du deinen Daumen und Zeigefinger auf der Höhe der Nullmarkierung so an das Lineal, als ob du zugreifen wolltest. Die Finger dürfen das Lineal allerdings nicht berühren. Weise deinen „Assistenten" an, das Lineal ohne Vorankündigung loszulassen. Wenn es fällt, versuchst du, es zwischen Daumen und Zeigefinger zu „schnappen". An welcher Stelle der Skala sind deine Finger? Je weiter das Lineal gefallen ist, desto länger ist deine Reaktionszeit! Hier einige Werte mit den entsprechenden Reaktionszeiten in Klammern (10/100 s bedeutet 10 Hundertstelsekunden usw.):

5 cm (10/100 s)	20 cm (20/100 s)
10 cm (14/100 s)	25 cm (23/100 s)
15 cm (17/100 s)	30 cm (25/100 s)

Oben: Die Aufnahme zeigt Nervenzellen im Rückenmark und ihre Stützzellen in 900facher Vergrößerung. Die Nervenzellen selbst sind in rot und pinkfarben dargestellt. Sie sind durch feine Nervenfasern miteinander verbunden. Die grünen und blauen Gebilde sind Stützzellen, die die Nervenzellen stabilisieren und ihnen Nährstoffe zuführen.

ein Hormon aus der Hypophyse (Hirnanhangdrüse) das Körperwachstum, und das Hormon Insulin, das in der Bauchspeicheldrüse gebildet wird, steuert den Zuckerhaushalt des Körpers, d. h. die Umwandlung von Glucose in Glykogen durch die Leber.

GLEICHGEWICHTSSINN

Beim Gleichgewichtssinn registrieren Sensoren jede noch so winzige Bewegung des menschlichen Körpers und senden Signale ans Gehirn. Von dort wiederum gehen motorische Signale zu den Füßen und Zehen, damit diese ihren Druck auf den Boden entsprechend ändern.

Die Gleichgewichtssensoren liegen im Innenohr. In jedem Ohr gibt es drei flüssigkeitsgefüllte Röhren, die man Bogengänge nennt und die zusammen das Labyrinth bilden. Sie sind so zueinander angeordnet, daß sie Bewegungen in alle Richtungen wahrnehmen können. Jeder Bogengang hat an einem Ende eine Verdickung (die sogenannte Ampulle), in der sich ein winziges geleeartiges Klümpchen befindet. Wenn du deinen Kopf bewegst, strömt an diesem Klümpchen Flüssigkeit vorbei und versetzt es in Bewegung. Dabei streift es winzige Härchen, die daraufhin Nervensignale erzeugen und zum Gehirn senden.

Neben den Bogengängen liegt ein weiterer flüssigkeitsgefüllter Hohlraum, den man Sacculus (Säckchen) nennt. Auch in diesem befindet sich ein kleiner Geleeklumpen. Er enthält winzige kalkhaltige Körnchen, durch die sein Gewicht erhöht wird. Wenn du den Kopf schräg hältst, verändert der Geleeklumpen seine Position. Dabei teilen Signale der Nervenzellen dem Gehirn mit, ob du aufrecht stehst.

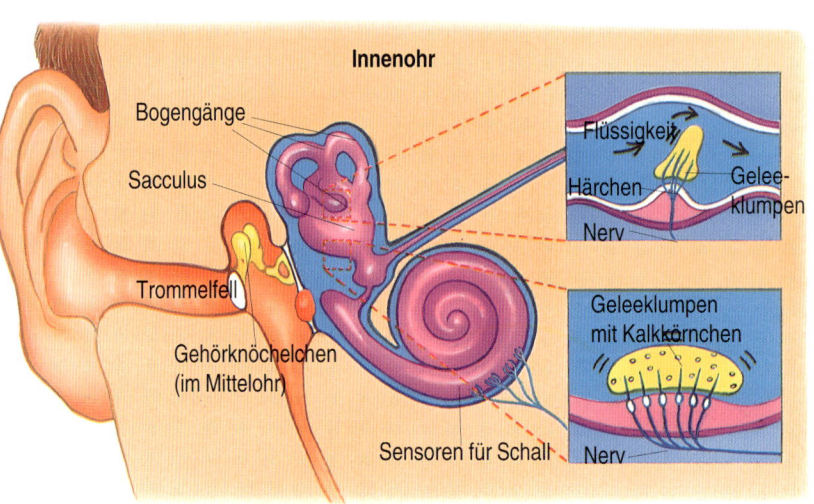

Oben: Dieser Bauarbeiter braucht einen sehr guten Gleichgewichtssinn. Damit er die Balance halten kann, muß sein Gehirn ständig Informationen von den Augen und den Bogengängen im Innenohr empfangen und verarbeiten und entsprechende Anweisungen an die Muskeln in Armen, Beinen, Füßen und Rücken senden.

Links: Im Innenohr liegen die Gleichgewichtsorgane (Bogengänge und Sacculus). Nervenenden in den Bogengängen registrieren bei Kopfbewegungen die Strömung einer Flüssigkeit. Sensoren im Sacculus registrieren anhand der Position eines geleeartigen Klumpens mit Kalkkörnchen, ob der Kopf in aufrechter Haltung oder geneigt ist.

Innenohr

Bogengänge

Sacculus

Trommelfell

Gehörknöchelchen (im Mittelohr)

Sensoren für Schall

Flüssigkeit

Härchen

Geleeklumpen

Nerv

Geleeklumpen mit Kalkkörnchen

Nerv

EXTREME BEDINGUNGEN

Der Körper des Menschen ist für ein Leben im warmen Klima tropischer Regionen eingerichtet. Auf die niedrigeren Temperaturen weiter nördlich oder südlich des Äquators und besonders in Polnähe kann er sich nicht von Natur aus einstellen. Um in diesen Klimazonen leben zu können, trägt der Mensch Kleidung und hält damit seinen Körper warm. Unter extremen Bedingungen kann der Mensch nur mit Hilfe von Spezialkleidung seine Lebensvorgänge aufrechterhalten. So sorgen z. B. Raumfahrer- und Tiefseetaucheranzüge für den richtigen Druck und die richtige Temperatur und ermöglichen den lebensnotwendigen Gasaustausch beim Atmen.

VERGLEICHE

Der Mensch existiert in seiner gegenwärtigen Form seit über 200 000 Jahren. Autos gibt es erst seit etwas mehr als 100 Jahren. Wenn man so will, ähneln sich Mensch und Auto. Beide verbrauchen Brennstoff und Sauerstoff, und beide erzeugen Kohlendioxid und Wasser. Doch anders als ein Auto ist der Mensch mit Selbstreparatur-Mechanismen ausgestattet und hat eine wesentlich längere Lebensdauer.

	Auto	Mensch
Motor(en)	Benzin- oder Dieselmotor	Muskeln
Brennstoff	Benzin oder Diesel	jede Nahrung, die anschließend in Glucose umgesetzt wird
benötigtes Gas	Sauerstoff	Sauerstoff
entstehende Abfallstoffe	Kohlendioxid, Wasser (+ Kohlenmonoxid, unverbrannter Brennstoff und Stickoxide, sofern kein Katalysator vorhanden ist)	Kohlendioxid, Wasser, biologisch abbaubare organische Abfallstoffe
Belastbarkeit (durchschnittlich)	1 000 kg	20 kg
Energiebedarf für 1 km Fortbewegung in der Ebene durchschnittl.	2 500 kJ	100 kJ
Höchstgeschwindigkeit (durchschnittlich)	160 km/h	25 km/h
Geländetauglichkeit	in der Regel glatte Bodenflächen erforderlich	tauglich auch für unwegsames und bergiges Gelände
Wartung und Instandhaltung	große Inspektion mindestens einmal jährlich	weitgehend selbstreparierend; gelegentliche Gesundheitschecks erforderlich
Lebensdauer (ca.)	10 Jahre	75 Jahre

Links: Hier ist ein Vergleich zwischen Mensch und Auto dargestellt. Der Mensch bewegt sich langsamer und mit geringerer Kraft fort als das Auto. Dafür ist er aber wesentlich gewandter, kann eine Vielzahl verschiedenartiger Brennstoffe verwerten und ist auf eine längere Lebensdauer angelegt. Seine „Motoren" arbeiten zwar von Natur aus umweltfreundlich, doch verursacht der Mensch mit seinen Tätigkeiten oft ein beträchtliches Maß an Umweltverschmutzung!

Unten: Unter extremen Bedingungen hilft dem Menschen nur eine geeignete Schutzkleidung. Aber selbst dieser Feuerwehrmann in seinem flammensicheren Aluminiumanzug kann die extreme Hitze des Feuers nur ein paar Minuten ertragen.

ENERGIE GEHT NICHT VERLOREN

Die Nahrung versorgt uns Menschen mit Energie. Verkehr und Industrie benötigen ebenfalls große Mengen an Energie. Sie wird vor allem aus Erdöl und anderen Brennstoffen gewonnen. Ohne Energie geht nichts. Aber was ist eigentlich Energie? Woher kommt sie? Und was geschieht mit ihr, nachdem wir sie benutzt haben?

Wer lange und kräftig genug in die Pedale tritt, wird schließlich müde. Oft sagt man, daß man dabei „Energie verbraucht". Aber nicht immer wird Energie „verbraucht", wenn eine Kraft wirkt. Wenn man das Fahrrad gegen einen Zaun lehnt, wirken Kräfte auf den Zaun und auf den Boden. Trotzdem wird weder der Zaun noch der Boden müde! Der Grund ist, daß dabei nichts bewegt wird. Anscheinend wird Energie nur dann „verbraucht", wenn ein Gegenstand durch eine Kraft bewegt wird.

WAS IST ENERGIE?

Energie ist etwas, was Gegenstände in Bewegung versetzen kann. Nahrung enthält Energie, dein Körper kann mit ihrer Hilfe seine Muskeln bewegen. Benzin enthält Energie, denn Maschinen können mit seiner Hilfe Bewegung erzeugen.

Auch Wärme ist eine Form von Energie. Das scheint ein Widerspruch zu sein, da sich in einer elektrischen Heizung scheinbar nichts bewegt, wenn sie warm wird. In Wirklichkeit bewegt sich aber doch etwas, nur können wir es nicht sehen. Die Atome in einem festen Gegenstand schwingen immer hin und her. Wenn der feste Gegenstand erwärmt wird, schwingen die Atome heftiger. Das bedeutet, daß Milliarden winziger Kräfte die Atome anstoßen und beschleunigen.

Man mißt Energie in der Einheit Joule (J) (siehe dazu S. 139). Ein Joule ist ungefähr die Energie, die nötig ist, um dieses Buch um 10 cm anzuheben. Um mehrere Bücher anzuheben, braucht man mehr Energie.

Immer, wenn eine Kraft einen Gegenstand bewegt, sagen Wissenschaftler, wird Arbeit verrichtet. Je größer die Kraft ist und je weiter der Gegenstand bewegt wird, desto mehr Arbeit wird verrichtet. Das bedeutet, daß es einen Zusammenhang zwischen Energie und Arbeit geben muß. Wenn ein Gegenstand Energie besitzt, kann er Arbeit verrichten. Wie Energie wird auch Arbeit in Joule gemessen. Um dieses Buch 10 cm anzuheben, mußt du eine Arbeit von ungefähr 1 J verrichten.

Energie ist keine „Sache". Eine Energie von soundsoviel Joule ähnelt eher einem Konto, mit dessen Guthaben Arbeit verrichtet werden kann. Dabei kann eine sichtbare Bewegung erzeugt werden, z. B. kann ein Flugzeug abheben. Oder es kann unsichtbare Bewegung erzeugt werden, wenn etwa eine elektrische Heizung warm wird und ihre Atome sich schneller bewegen.

Links: Durch Verbrennung von fossilen Brennstoffen kann ein großes Kraftwerk wie dieses etwa zwei Millionen Joule pro Sekunde erzeugen. Die Schwaden aus den dicken Kühltürmen bestehen nur aus Wasserdampf, aber die Abgase aus dem hohen, schlanken Kamin verschmutzen die Luft.

Rechts: Schon in der Ebene muß ein Radfahrer Arbeit verrichten, um gegen die Reibungskräfte in seinem Fahrrad und den Luftwiderstand anzukämpfen. Bergauf braucht er noch mehr Energie, weil er zusätzlich die Schwerkraft überwinden muß.

ENERGIEFORMEN

Die wichtigsten Energieformen (mit Gegenständen, die diese Form von Energie haben) sind: kinetische Energie (bewegte Gegenstände), potentielle Energie (gedehnte, zusammengepreßte oder hochgehaltene Gegenstände), Wärmeenergie (erwärmte Gegenstände, die sich abkühlen), chemische Energie (Nahrung, Brennstoffe), Strahlungsenergie (Licht, Röntgenstrahlen), elektrische Energie (elektrische Leitung) und Kernenergie (Atomkerne).

ENERGIE VERÄNDERT SICH

Energie kann von einer Form in eine andere umgewandelt werden. Überlegen wir zum Beispiel, was passiert, wenn wir einen Apfel essen. Der Apfel-

Unten: Energie kann in vielen verschiedenen Formen vorkommen. Sie kann aus einer Form in eine andere umgewandelt, aber niemals erschaffen oder vernichtet werden. Wenn ein Gegenstand Energie besitzt, ist er in der Lage, andere Gegenstände in Bewegung zu versetzen.

Kinetische Energie: Sie wird auch als Bewegungsenergie bezeichnet. Alle bewegten Gegenstände besitzen kinetische Energie.

Potentielle Energie: Diese Energieform (auch Lageenergie genannt) wird in Gegenständen gespeichert, wenn sie in eine bestimmte Höhe gehoben oder auf andere Weise vorbereitet werden. Beispielsweise besitzen ein Felsenstück hoch oben auf einer Klippe oder ein gedehntes Gummiband potentielle Energie.

Wärme: Jeder Gegenstand besteht aus Atomen, die sich ständig gegeneinander bewegen. Wenn sich ein Gegenstand abkühlt, bewegen sich seine Atome langsamer. Dabei gibt er Energie in Form von Wärme ab.

Chemische Energie: Diese Energieform kann nur durch chemische Reaktionen freigesetzt werden. Batterien, Nahrungsmittel oder Brennstoffe sind Speicher für chemische Energie. Die Verbrennung ist eine bekannte chemische Reaktion, die chemische Energie aus Brennstoffen freisetzt.

Strahlungsenergie: Licht, Wärme- oder Röntgenstrahlung sind Beispiele für Strahlungsenergie. Strahlungsenergie bewegt sich in Form von Wellen durch den Raum.

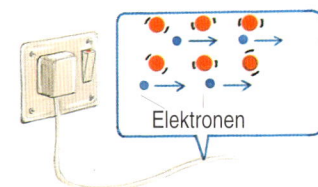

Elektronen

Elektrische Energie: Das ist die Energie, die von einem elektrischen Strom transportiert wird.

Kernenergie: Diese Energieform ist in den Kernen der Atome gespeichert.

Der Apfel der Erkenntnis

Angeblich fiel Isaac Newton eines Tages ein Apfel auf den Kopf, als er unter einem Apfelbaum saß und nachdachte. Auf diese Weise soll er auf die Theorie der Erdanziehung gekommen sein. Jedenfalls ist dies ein Weg, um aus einem Apfel Energie zu erhalten. Eine andere, sinnvollere Methode besteht darin, den Apfel zu essen. Die in einem Apfel gespeicherte chemische Energie ist mehr als 100 000mal so groß wie seine potentielle Energie, die er beim Fall von einem Baum abgeben kann.

Allgemein ist die chemische Energie in Brennstoffen und Nahrungsmitteln viel größer als die potentiellen und kinetischen Energien der Gegenstände, die um uns herum stehen oder sich bewegen.

baum hat Sonnenenergie (Strahlungsenergie) aus dem Sonnenlicht aufgenommen. Ein Teil dieser Energie wurde während seines Wachstums in chemische Energie umgewandelt. Wenn wir den Apfel essen, nimmt unser Körper diese chemische Energie auf und speichert sie. Die chemische Energie kann im Körper mit Hilfe der Atmung freigesetzt werden; dadurch können wir unsere Muskeln bewegen. Dabei wandeln wir einen Teil der Energie in kinetische Energie um.

Man kann sich diesen ganzen Prozeß als Energiekette vorstellen, in deren Verlauf die Energie immer wieder in andere Formen umgewandelt wird. Leider wird in jedem Schritt der Kette ein Teil der Energie in nutzlose Wärme umgewandelt. Sogar die kinetische Energie unserer Bewegung wird schließlich zu Wärme, da Reibungswiderstände am Boden und in der Luft unsere Bewegung irgendwann zum Stillstand bringen.

Wissenschaftler haben viele Energieketten untersucht. Dabei haben sie ein wichtiges Gesetz entdeckt: Energie kann von einer Form in eine andere umgewandelt werden, aber sie kann nie hergestellt, verloren oder vernichtet werden! Das ist das sogenannte Gesetz von der Erhaltung der Energie. Es sagt aus, daß die gesamte Energiemenge entlang einer Energiekette immer gleich groß bleibt.

ENERGIEQUELLEN

Industrieländer brauchen gewaltige Mengen an Energie. Diese Energie wird zum größten Teil durch die Verbrennung von Öl, Kohle und Erdgas hergestellt. Mit diesen Brennstoffen arbeiten die meisten Kraftwerke, und fast alle Autos fahren entweder mit Benzin oder mit Dieselkraftstoff, die beide aus Erdöl hergestellt werden.

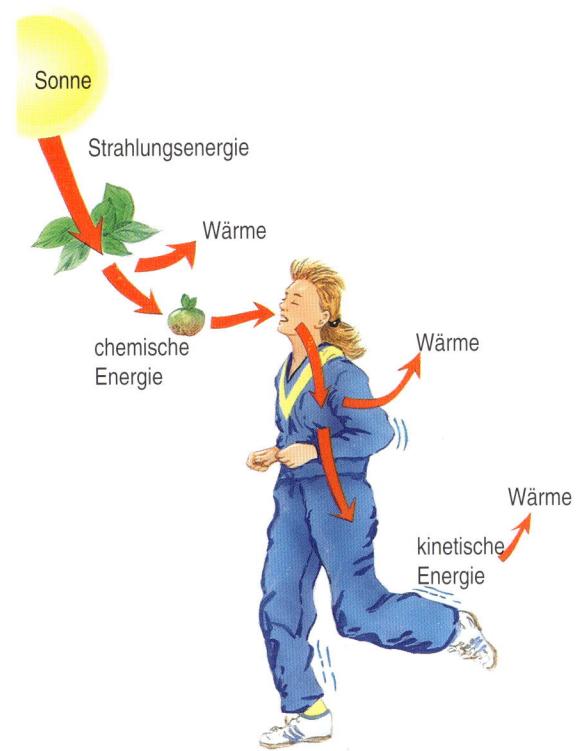

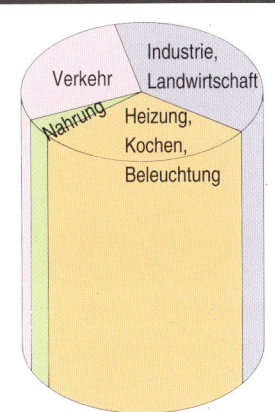

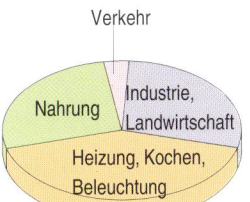

Links: Der große Block zeigt, wieviel Energie jeder Mensch in einem Industrieland für verschiedene Tätigkeiten verbraucht. Das Volumen des Blocks zeigt die gesamte umgesetzte Energie.

Unten: Der kleine Block zeigt, wofür die Menschen in Entwicklungsländern Energie verbrauchen. In Industrieländern wird viel mehr Energie genutzt oder auch verschwendet.

Links: Diese Energiekette zeigt, wie Energie von der Sonne auf eine Pflanze und dann auf einen Menschen übertragen wird. Die Energie wird dabei mehrmals in eine andere Form umgewandelt, ihre gesamte Menge bleibt aber immer gleich. Bei jeder Umwandlung gelangt ein Teil der Energie als Wärme an die Umgebung.

Erdöl, Kohle und Erdgas werden aus der Tiefe der Erde gefördert. Man bezeichnet sie als fossile Brennstoffe, da sie aus den Überresten von Pflanzen und winzigen Lebewesen entstanden, die unsere Erde vor Millionen von Jahren bevölkerten. Ihre zerfallenden Reste versanken unter Erde und Schlamm und wurden von dieser Last zerrieben und zermahlen. In Millionen Jahren türmte sich mehr und mehr Schlamm auf, der schließlich zu Stein wurde und die fossilen Brennstoffe tief unter sich begrub.

Die Vorräte der Erde an fossilen Brennstoffen

Unten: Die Niagarafälle an der Grenze zwischen den USA und Kanada. Das Wasser fällt hier mehr als 45 m in die Tiefe und wandelt dabei potentielle in kinetische Energie um.

sind begrenzt. Wenn sie erst einmal verbraucht sind, gibt es keinen Weg, sie zurückzugewinnen. Bei unserem gegenwärtigen Verbrauch werden die Vorräte an Öl und Erdgas noch für ungefähr 50 Jahre reichen, die Vorräte an Kohle noch etwa 300 Jahre.

Zudem bewirken fossile Brennstoffe auch schwere Umweltschäden. Bei ihrer Verbrennung verschmutzen sie die Umwelt. Manche der Schadstoffe können entfernt werden, z. B. durch Katalysatoren in Autos oder Entschwefelungsanlagen in Kohlekraftwerken. Aber auch die saubersten Abgase erwärmen die Umgebung und enthalten große Mengen an Kohlendioxid. In der Atmosphäre fängt dieses Gas die Wärme der Sonne ab, ähnlich wie die Glasscheiben in einem Treibhaus. Dadurch wird die Erwärmung unseres Planeten beschleunigt, man spricht daher auch vom „Treibhauseffekt".

In Kernkraftwerken wird die Wärme, mit deren Hilfe Dampf entsteht, der dann Turbinen antreibt und elektrische Energie erzeugt, nicht durch Verbrennung von fossilen Brennstoffen bewirkt, sondern durch Kernspaltung in einem Kernreaktor. Solche Kraftwerke produzieren keine umweltschäd-

Unten: Die meisten Kraftwerke erzeugen Elektrizität aus Wärme. Die Wärme entsteht durch Verbrennung von Kohle, Öl oder Gas oder in einem Kernreaktor. Meist wird mit Hilfe der Wärme Dampf erzeugt, der über eine Turbine einen Generator antreibt. Kraftwerke, die Energie auf dem Umweg über Wärme gewinnen, verschwenden aber leider mehr Energie, als sie liefern. Das liegt nicht an ihrer Konstruktion, sondern ist ein grundsätzliches Problem. Leider kann Wärme nie vollständig in Bewegung umgewandelt werden (vgl. S. 159). Der größte Teil der verschwendeten Energie wird als Wärme durch das Kühlsystem des Kraftwerks an die Umgebung abgegeben.

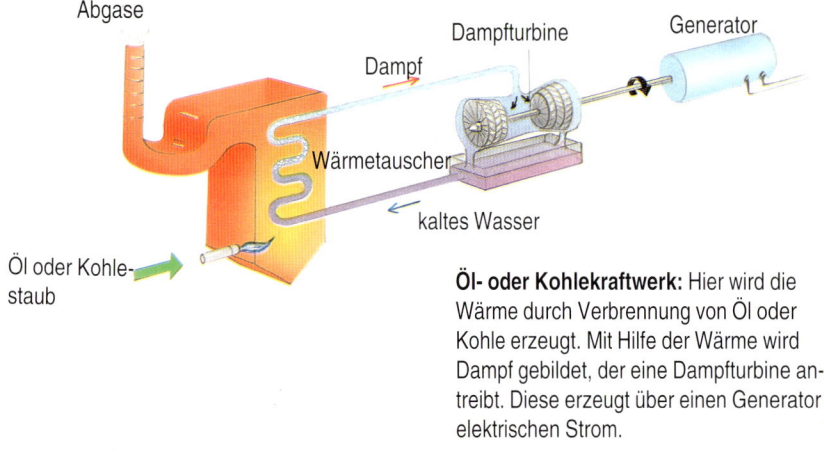

Kernkraftwerk: Hier wird durch die Spaltung von Uran-235-Kernen im Reaktorkern Wärme erzeugt. Diese Wärme wird in einem Wärmetauscher auf Wasser übertragen und erzeugt Dampf. Der Dampf treibt eine Dampfturbine an, die mit einem Generator verbunden ist und Strom erzeugt.

Öl- oder Kohlekraftwerk: Hier wird die Wärme durch Verbrennung von Öl oder Kohle erzeugt. Mit Hilfe der Wärme wird Dampf gebildet, der eine Dampfturbine antreibt. Diese erzeugt über einen Generator elektrischen Strom.

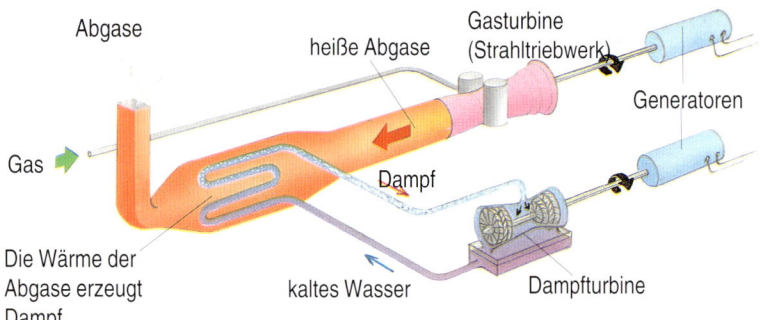

Gasturbinenkraftwerk: Hier wird Erdgas als Treibstoff für eine Gasturbine (ein Strahltriebwerk) eingesetzt, die mit dem ersten Generator verbunden ist und elektrischen Strom erzeugt. Mit der Wärme der Abgase wird Dampf erzeugt, der noch einen zweiten Generator antreibt.

Rechts: Die Vorräte der Erde an fossilen Brennstoffen gehen unausweichlich zu Ende. Sie können nicht erneuert werden, da ihre Entstehung Millionen von Jahren dauert. Dieses Diagramm zeigt, wie schnell wir die Vorräte verbrauchen. Bei unserem derzeitigen Verbrauch geht das Erdöl, selbst wenn noch neue Vorkommen gefunden werden, vielleicht schon in 50 Jahren aus.

lichen Abgase. Allerdings sind ihr Bau und ihr Abriß nach der Betriebsdauer außerordentlich teuer. Außerdem benötigen sie für ihren Betrieb extrem aufwendige und teure Sicherheitsvorkehrungen, und sie produzieren radioaktive Abfälle, deren sichere Entsorgung sehr schwierig und teuer ist.

Es gibt auch Alternativen zu fossilen Brennstoffen und Kernkraftwerken. Wasserkraftwerke erzeugen elektrische Energie aus der potentiellen Energie des Wassers, das hinter einem großen Damm aufgestaut wird. Windkraftanlagen bestehen aus elektrischen Generatoren, die von modernen Windmühlen angetrieben werden. Sie nutzen die kinetische Energie des Windes und wandeln sie in elektrische Energie um. Sonnenkollektoren fangen Sonnenlicht ein und erwärmen damit Wasser. Mit Hilfe von Solarzellen ist auch die direkte Umwandlung von Sonnenlicht in elektrische Energie möglich.

Ein großer Vorteil dieser Energiequellen ist, daß sie erneuerbar sind — ihre Vorräte sind nicht beschränkt wie die der fossilen Brennstoffe. Einer ihrer Nachteile ist aber bis heute, daß sie alle noch nicht mit dem Öl als konzentrierte und praktische Energiequelle für Autos konkurrieren können. Zwar kann man die Batterien von elektrisch betriebenen Fahrzeugen mit elektrischer Energie aus Kraftwerken aufladen, aber bisher bieten die Hersteller kaum solche Fahrzeuge an, weil diese die Leistung von Autos mit Verbrennungsmotoren noch nicht erreichen.

Rechts: Diese modernen Windmühlen (windgetriebene Generatoren) erzeugen keine schädlichen Abgase, aber Lärm, und man braucht Hunderte von Generatoren, um ein einziges konventionelles Kraftwerk zu ersetzen.

Unten: Dieses mit Sonnenenergie angetriebene Auto legte eine Strecke von mehr als 3 000 km quer durch Australien mit einer Durchschnittsgeschwindigkeit von 65 km/h zurück.

Hausmüll wird oft in Deponien gelagert, z. B. in alten Steinbrüchen. Er kann aber auch als Energiequelle dienen. Verfaulende Abfälle geben Methangas ab, das aufgefangen und als Brennstoff verwendet werden kann. Manche Kraftwerke können Abfälle auch direkt verbrennen.

ENERGIESPAREN

In den Industrieländern gehen die Menschen noch immer sehr verschwenderisch mit Energie um. Es gibt jedoch sinnvolle und erfolgversprechende Wege, unseren Energieverbrauch zu reduzieren, wenn wir es nur wollen.

So erfordert es doppelt soviel Energie, Menschen im Auto zu transportieren, als wenn sie einen Bus benutzen. Wenn nur eine Person im Auto sitzt, ist es sogar achtmal so viel. Um Energie zu sparen, muß man daher die Menschen dazu bringen, ihr Verhalten zu ändern und auf öffentliche Verkehrsmittel umzusteigen.

Kraftwerke, die fossile Brennstoffe verbrennen, geben mehr als die Hälfte der in diesen Brennstoffen enthaltenen Energie als Wärme ab. Die Entstehung dieser Wärme als sogenannte Abwärme ist zwar unvermeidbar, aber sie kann zumindest teilweise dazu verwendet werden, um die Wohnungen der Umgebung mit heißem Wasser und Heizenergie zu versorgen.

Unten: Einige Anwendungen für isolierende Materialien in einem modernen Haus. Meist soll die Isolierung verhindern, daß Wärme nach außen dringt. In Kühl- oder Gefrierschränken hindert sie aber die Wärme am Eindringen.

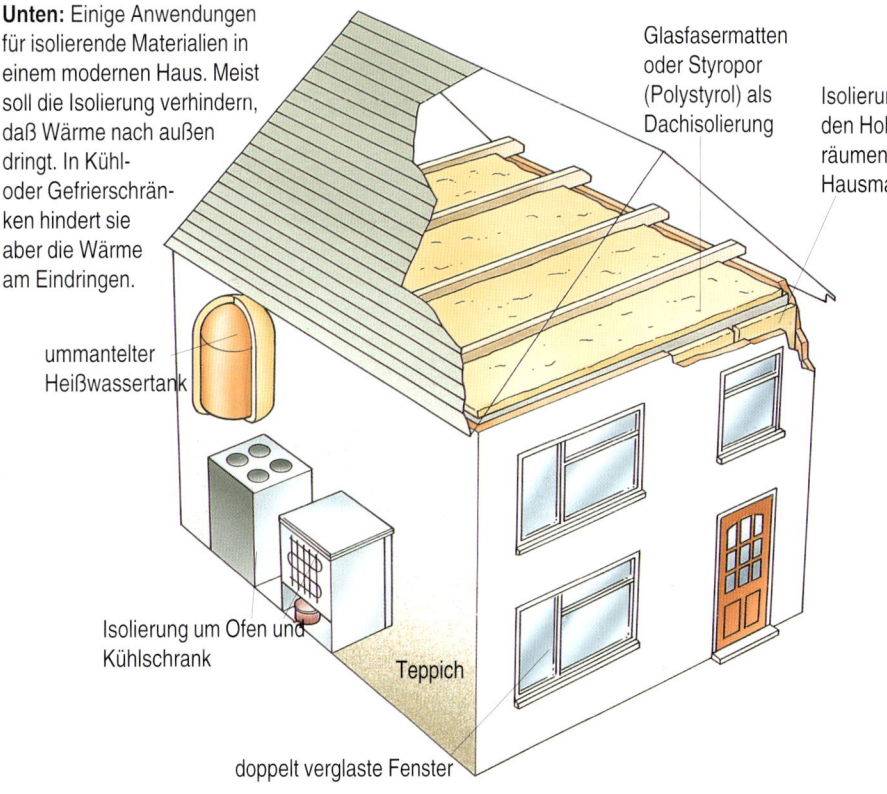

Glasfasermatten oder Styropor (Polystyrol) als Dachisolierung

Isolierung in den Hohlräumen der Hausmauer

ummantelter Heißwassertank

Isolierung um Ofen und Kühlschrank

Teppich

doppelt verglaste Fenster

ENERGIE VON DER SONNE

Auf dem einen oder anderen Weg stammt praktisch alle unsere Energie von der Sonne. Pflanzen nehmen die Energie des Sonnenlichts auf; sie erhalten ihre Energie direkt von der Sonne. Tiere und Menschen ernähren sich von Pflanzen oder von anderen Tieren, die sich von Pflanzen ernährt haben; auf diesem Umweg kommt ihre Energie ebenfalls von der Sonne. Die fossilen Brennstoffe enthalten Energie, die Pflanzen vor Millionen von Jahren von der Sonne aufgenommen haben. Sogar Wind- und Wasserenergie kommen ursprünglich von der Sonne. Der Wind entsteht, weil die Sonne unterschiedliche Gegenden der Erde verschieden stark erwärmt; dadurch bewegt sich die Luft. Die Stauseen, an denen Wasserkraftwerke liegen, werden durch Regen gefüllt, der nur entsteht, weil die Sonne zuvor Wasser an der Oberfläche von Flüssen, Seen und Meeren verdampft hat.

WOHER NIMMT DIE SONNE IHRE ENERGIE?

Die Sonne scheint seit 4,5 Mrd. Jahren. Seit mehr als einer Million Jahre gibt es Menschen, die ihre Wärme und ihr Licht sehen und spüren. Aber erst im Lauf der letzten hundert Jahre wurde das Geheimnis ihrer Energie gelüftet.

Um die Mitte des vorigen Jahrhunderts konnten die Wissenschaftler erstmals messen, wieviel Wärme die Sonne abgibt. Aus geologischen Anzeichen schlossen sie außerdem, daß die Erde seit Hunderten von Millionen Jahren existierte. In dieser ganzen Zeit mußte die Sonne die Erde erwärmt haben. Wie war sie in der Lage gewesen, über so lange Zeit so eine gewaltige Menge von Energie abzugeben? Kein bis dahin bekannter Prozeß konnte diese Tatsache erklären. Wenn die Sonne wie ein großes Kraftwerk irgendeinen Brennstoff verbrennen würde, wäre ihre chemische Energie schon lange ausgegangen, und sie wäre erloschen. Die Wissenschaft mußte also eine völlig unbekannte Energiequelle erforschen.

Zu Beginn des 20. Jahrhunderts untersuchten die Wissenschaftler die damals gerade entdeckte Radioaktivität. Bald wurde klar, daß der Kern eines Atoms große Mengen Energie freisetzen kann und daß dies möglicherweise auch die Energiequelle der Sonne ist. Heute wissen wir, daß die Sonne ihre Energie durch Kernfusion (vgl. S. 102) gewinnt. Tief

Woher die Erde die Energie nimmt

Sonnenkollektoren nehmen die Wärme des Sonnenlichts auf und erwärmen damit Wasser.

Solarzellen verwandeln die Energie des Sonnenlichts in elektrischen Strom.

Nahrungsmittel versorgen uns mit der Energie, die unser Körper braucht. Die Nahrungsmittel können aus Pflanzen hergestellt sein oder aus Tieren, die sich von Pflanzen ernährt haben.

Pflanzen können auch verbrannt werden. In vielen Ländern ist Holz noch immer ein wichtiger Brennstoff. Bei der Verbrennung wird die chemische Energie wieder frei, die das Holz bei seinem Wachstum von der Sonne aufgenommen hat.

Abfälle (tote Tiere oder Pflanzen) verrotten und geben dabei Methan ab. Das ist das gleiche Gas wie Erdgas, es kann daher als Brennstoff verwendet werden.

Batterien speichern chemische Energie. Manche (z. B. Autobatterien) müssen erst mit elektrischem Strom geladen werden, andere sind aus Chemikalien hergestellt, die bereits Energie enthalten. Dann ist aber Energie nötig, um diese Chemikalien herzustellen.

Die Sonne strahlt täglich riesige Mengen Energie zur Erde, die in ihrem Inneren durch Kernfusionen erzeugt wird. Sie gibt soviel Energie ab wie 400 Millionen Milliarden Milliarden elektrische Heizplatten. Nur ein winziger Bruchteil davon erreicht jedoch die Erde.

Pflanzen nehmen die Energie des Sonnenlichts auf, das auf ihre Blätter fällt, und speichern sie als chemische Energie. Tiere fressen Pflanzen, um an die in ihnen gespeicherte Energie zu gelangen.

Fossile Brennstoffe wie Öl, Kohle und Erdgas sind aus Pflanzen und Tieren entstanden, die vor Millionen Jahren auf der Erde lebten. Unsere Industriegesellschaft ist auf fossile Brennstoffe angewiesen. Sie werden in vielen Kraftwerken verbrannt, um Wärme zu erzeugen.

Erdöl ist eine wichtige Quelle für verschiedene Brennstoffe. Es ist eine Mischung zahlreicher Substanzen, aus denen u. a. Benzin, Kerosin, Paraffin, Heizöl und Dieselkraftstoff hergestellt werden können.

in ihrem Inneren verschmelzen Wasserstoffkerne zu Heliumkernen und geben dabei gewaltige Mengen Energie ab. Diese Kernenergie läßt die Sonne seit 4,5 Mrd. Jahren scheinen – und wird sie noch weitere sechs Mrd. Jahre scheinen lassen!

DER SONNE AUF DER SPUR

Heute planen Wissenschaftler und Ingenieure Fusionsreaktoren, die Energie auf die gleiche Weise wie in der Sonne erzeugen. Damit die Fusion beginnt, müssen die Atome mit ungeheuer hoher Geschwindigkeit zusammenstoßen; das bedeutet, daß man das Gas auf über 100 Mio. °C erhitzen muß. Dieses superheiße Gas, das man Plasma nennt, kann in keinem normalen Behälter eingeschlossen werden, daher muß man es mit einem starken Magnetfeld zusammenhalten.

In der Sonne läuft die Fusion „schon" bei 15 Mio. °C ab, aber die Sonne verwendet einen Fusionsprozeß, der unter den Bedingungen auf der Erde nicht genügend Energie liefern würde.

Fusionsreaktoren hätten viele Vorteile gegenüber bisherigen Kernkraftwerken. Hauptabfallprodukt der Fusionsreaktoren ist Helium, das ungefährlich und nicht radioaktiv ist. Und schließlich wären diese Reaktoren sicherer: Bei einem Unfall stoppt die Fusionsreaktion von selbst.

Der Mond (in geringerem Maß auch die Sonne) erzeugt durch seine Anziehungskraft flache „Berge" in den Ozeanen der Erde, die die Ursache der Gezeiten sind. Durch die Rotation der Erde wandern diese Berge fortwährend über die Meere.

Atome enthalten in ihren Kernen große Mengen von Energie, die sogenannte Kernenergie. Radioaktive Elemente besitzen instabile Atomkerne, die auf natürliche Weise langsam Energie abgeben. In Kernreaktoren wird diese Energie schneller freigesetzt (und noch schneller in Atombomben).

Geothermische Energie heißt die Energie, die man aus dem heißen Erdinneren gewinnen kann. Mit ihrer Hilfe kann man Dampf erzeugen, mit dem Gebäude geheizt werden.

Gezeitenkraftwerke sind Wasserkraftwerke, bei denen mit Staudämmen Meeresbuchten oder Flußmündungen aufgestaut werden. Bei Flut wird der Stausee gefüllt, bei Ebbe leert er sich.

Kernenergie wird in Kernreaktoren aus den Kernen von Uranatomen erzeugt. Dabei wird Wärme frei, mit deren Hilfe Dampf entsteht, der einen Generator antreibt.

Wind und Wetter entstehen durch die ungleichmäßige Aufheizung der Erdatmosphäre durch die Sonne. Heiße Luft hält große Windgürtel rund um die Erde in Gang.

Wellenenergie entsteht durch die Bewegung des Wassers in den Meeren, die wiederum durch den Wind (und teilweise durch die Gezeiten) hervorgerufen wird.

Wasserenergie ist die potentielle Energie des Wassers, das in großen Stauseen aufgestaut wird. Auf seinem Weg ins Tal fließt es durch große Turbinen und erzeugt elektrischen Strom.

Windenergie wird schon seit Jahrhunderten genutzt. Moderne Windmühlen funktionieren nach dem gleichen Prinzip wie ihre alten Vorbilder, nur erzeugen sie elektrischen Strom.

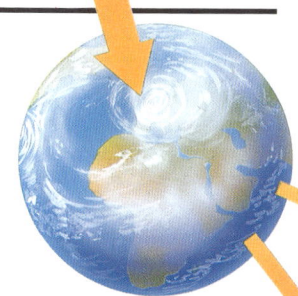

Oben: Die Energie der Sonne stammt von der Kernfusion tief in ihrem Inneren. Sie strahlt eine ungeheuer große Menge an Energie ab. Die Energie der Sonne wird voraussichtlich erst in sechs Mrd. Jahren erschöpft sein.

HEISS UND KALT

Wir Menschen brauchen Wärme, um am Leben zu bleiben, aber zuviel Wärme ist gefährlich für uns. Zum Glück haben die Menschen gelernt, wie sich Wärme ausbreitet, wie man sie erzeugen kann und wie man sie los wird, wenn man zuviel davon hat. Wärme hat eine natürliche Tendenz, sich auszubreiten; das verursacht Probleme, wenn wir ihre Energie für unsere Zwecke nutzen wollen.

Manche Menschen können über rotglühende Kohlen gehen, ohne sich die Füße zu verbrennen. Schaffen sie das durch ihre geistige Kraft? Vermutlich nicht. Wissenschaftler glauben, daß das funktioniert, weil die Kohlen sehr wenig Wärme abgeben. Wir werden in diesem Kapitel einige der Geheimnisse der Wärme aufdecken.

DIE TEMPERATUR

Stell dir zwei identische Löffel vor, von denen einer in einem kalten und einer in einem heißen Getränk steht. Die Löffel sehen gleich aus, fühlen sich aber unterschiedlich an. Was ist der Unterschied?

Alle Gegenstände bestehen aus Atomen, die oft zu kleinen Gruppen zusammengelagert sind, die man Moleküle nennt. Atome und Moleküle sind immer in Bewegung. In Festkörpern und in Flüssigkeiten schwingen sie dauernd hin und her. Sie bewegen sich nicht alle mit der gleichen Geschwindigkeit, aber im Durchschnitt sind sie um so schneller, je heißer der Gegenstand ist. Die Atome in einem heißen Löffel bewegen sich daher schneller als die in einem kalten Löffel.

Um anzugeben, wie warm ein Gegenstand ist, verwenden Wissenschaftler eine Temperaturskala. In manchen Ländern gibt man Temperaturen in Grad Celsius (°C) an, in anderen Ländern in Grad Fahrenheit (°F).

Je kälter ein Gegenstand wird, um so langsamer bewegen sich die Atome in ihm. Die Temperatur kann aber nicht beliebig tief werden, da die Atome nicht vollständig in Ruhe verharren können. Die tiefste mögliche Temperatur beträgt −273 °C. Dies ist der absolute Nullpunkt der Temperatur.

Man kann einen Gegenstand nicht ganz bis auf den absoluten Nullpunkt abkühlen, obwohl Wissenschaftler schon bis auf einige Millionstel Grad an ihn herangekommen sind. Die Erforschung sehr tiefer Temperaturen heißt Kryogenik.

Links: Diese Menschen laufen über glühende Kohlen, aber sie verbrennen sich ihre Füße nicht: Erstens berühren sie die Kohlen nur für Sekundenbruchteile, zweitens leitet Kohle die Wärme schlecht und gibt sie daher nur relativ langsam ab, und drittens werden die Füße nach jedem Lauf durch Wasser oder feuchtes Gras abgekühlt. Trotzdem ist der Lauf über die Kohlen außerordentlich gefährlich, da immer etwas schiefgehen kann.

Der absolute Nullpunkt der Temperatur
Minustemperaturen wie −273 °C beruhen auf der Art, wie der Nullpunkt der Temperaturskala festgelegt ist. Auf der Celsiusskala ist 0 °C als die Temperatur definiert, bei der Eis schmilzt. Wissenschaftler geben Temperaturen häufig auf der Kelvin-Skala an. Diese Skala hat ihren Nullpunkt am absoluten Nullpunkt der Temperatur, somit haben alle Temperaturen auf dieser Skala positive Zahlenwerte. Wasser gefriert dann bei 273 K, was genau das gleiche ist wie 0 °C (Celsius) oder 32 °F (Fahrenheit).

Temperatur in °C

Zentrum der Sonne	15 000 000
Oberfläche der Sonne	6 000
Glühfaden einer Glühbirne	2 500
Gasflamme	2 000
geschmolzenes Eisen	1 500
kochendes Wasser	100
Death Valley, Kalifornien	50
menschlicher Körper	37
warmes Zimmer	2
schmelzendes Eis	0
Tiefkühltruhe	−18
Antarktis	−80
flüssiger Sauerstoff	−180
absoluter Nullpunkt	−273

Oben: Typische Temperaturen auf der Celsiusskala. Eis schmilzt bei 0 °C, und Wasser kocht bei Normaldruck bei einer Temperatur von 100 °C. Der absolute Nullpunkt der Temperatur liegt bei − 273 °C. Durch andere Festlegungen gelangt man zur Fahrenheit-, Reaumur- und zur Kelvin-Skala.

Rechts: Wärme ist die Energie, die aufgrund einer Temperaturdifferenz von einem Körper zum anderen fließt. Die Atome in dem heißeren Gegenstand bewegen sich schneller. Einen Teil ihrer Energie geben sie an die Atome des kälteren Gegenstandes ab. Ohne Temperaturunterschied fände kein Transport von Energie statt.

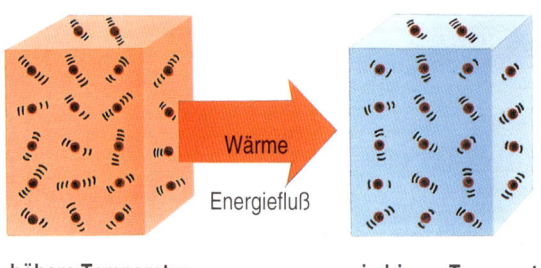

höhere Temperatur
Atome bewegen sich
schneller.

Wärme
Energiefluß

niedrigere Temperatur
Atome bewegen sich
langsamer.

WAS IST WÄRME?

Wissenschaftler sagen, daß Wärme eine Form von Energie sei. Das ist zwar richtig, aber es erklärt nicht viel. Es ist viel einfacher zu sagen, was Wärme nicht ist: Wärme ist nicht das gleiche wie Temperatur. Ein Kessel mit kochendem Wasser hat die gleiche Temperatur wie ein Löffel mit kochendem Wasser, aber er enthält viel mehr Wärme und kann viel schlimmere Verbrühungen verursachen. Wärme ist auch keine sichtbare Substanz, wie die Menschen früher annahmen, als sie bemerkten, daß Wärme fließen kann.

Um zu verstehen, was Wärme ist, stellen wir uns einen heißen Löffel vor, der in Luft abkühlt. Die Atome im warmen Löffel bewegen sich schnell; sie besitzen kinetische Energie. Wenn der Löffel kälter wird, verlieren die Atome Energie und werden langsamer. Die Atome in der Umgebung nehmen dabei etwas Energie auf und werden schneller. Also fließt Energie von dem heißen Löffel zu der kälteren Luft. Mit „Wärme" bezeichnen wir die übertragene Energie. Wärme ist also keinesfalls ein „Gegenstand".

Unten: Diese Stahlblöcke sind frisch gegossen. Sie sind über 1 000 °C heiß und glühen hellrot. Ebenso wie in anderen Festkörpern schwingen die Atome in Stahl hin und her. Wenn die Atome Energie verlieren, wird ihre Schwingung weniger heftig, und die Temperatur sinkt.

WÄRME MACHT GRÖSSER

Es gibt noch einen anderen Unterschied zwischen einem warmen und einem kalten Löffel. Der heiße Löffel ist ein bißchen größer als der kalte — obwohl der Unterschied so gering ist, daß man ihn nicht wahrnimmt.

Fast alle Gegenstände dehnen sich aus, wenn sie erwärmt werden. Beispielsweise wird ein Teelöffel ungefähr um 0,1 mm länger, wenn man ihn in kochendes Wasser steckt. Der Grund für die Ausdehnung ist die heftigere Bewegung der Atome. Je stärker ihre Schwingung wird, desto weiter entfernen sie sich voneinander.

WÄRME UNTERWEGS: WÄRMELEITUNG

Wenn man einen kalten Metallöffel in ein heißes Getränk stellt, wird bald der ganze Löffel heiß, obwohl er nur zum Teil mit der Flüssigkeit in Berührung kommt. Der Grund dafür ist, daß die Wärme den Löffel hinaufwandert. Das Metall ist ein sehr guter Wärmeleiter.

Feststoffe leiten Wärme, weil die schnell schwingenden Atome am einen Ende einen Teil ihrer Energie an ihre Nachbarn weitergeben und diese zu heftigeren Schwingungen anregen. Auf diese Weise wird die Energie durch den Festkörper weitergeleitet.

Metalle leiten die Wärme am besten. Das liegt daran, daß sich in ihnen winzige Teilchen, die Elektronen, frei zwischen den Atomen bewegen können. Diese „freien Elektronen" sind nicht mehr an ein bestimmtes Atom gebunden und können Energie schnell von einem Teil des Metalls zu einem anderen transportieren. Ein elektrischer Strom ist ebenfalls ein Fluß von Elektronen. Daher leiten Metalle nicht nur Wärme, sondern auch elektrischen Strom sehr gut.

Flüssigkeiten sind normalerweise schlechte Wärmeleiter, Gase noch schlechtere.

Energiefluß durch Wärmeleitung →

heißes Ende   kaltes Ende

Oben: Die sich schnell bewegenden Atome am heißen Ende des Blocks geben allmählich ihre Energie an die sich langsam bewegenden Atome am kälteren Ende weiter.

WÄRME UNTERWEGS: KONVEKTION

Warme Luft steigt nach oben. In einem Zimmer mit einem Heizkörper steigt warme Luft über der Heizung nach oben, und kältere Luft strömt an diese Stelle nach. Insgesamt entsteht so eine zirkulierende Luftströmung, die man als Konvektion bezeichnet. Sie transportiert mit der warmen Luft die Wärme schnell durch das ganze Zimmer. Luft leitet

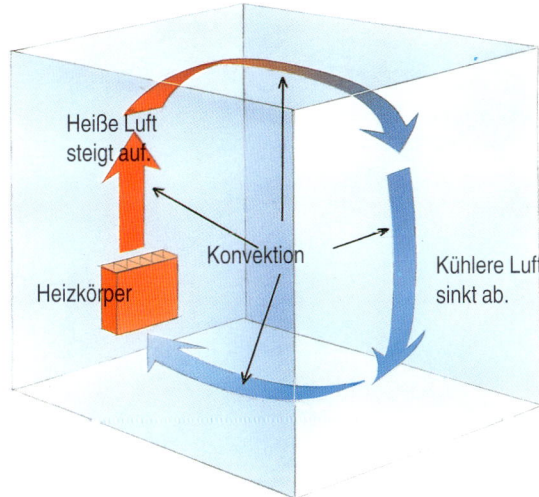

Oben: Die meisten Zimmer werden durch Konvektion beheizt. Über dem Heizkörper steigt warme Luft auf. An ihre Stelle gelangt kühlere Luft. Auf diese Weise wird nach und nach die ganze Luft im Zimmer aufgewärmt.

die Wärme schlecht, sie kann sie aber durch Konvektion trotzdem schnell von einem Ort zum anderen transportieren.

Konvektion findet nicht nur in Gasen, sondern auch in Flüssigkeiten statt. Wenn du einmal den Bewegungen von Erbsen in einem Topf mit kochendem Wasser zugesehen hast, dann hast du gesehen, wie das Wasser an manchen Stellen aufsteigt und an anderen wieder absinkt.

Manchmal entstehen in der Luft natürliche Konvektionsströme. Man bezeichnet sie als Thermik. Sie treten beispielsweise auf, wenn die Sonne Felsen oder Gebäude erhitzt und diese dann die Luft über sich aufwärmen. Vögel nutzen die Thermik, um sich ohne Flügelschlag in die Höhe tragen zu lassen. Ähnlich funktionieren Gleitdrachen. Beide können stundenlang in der Luft bleiben, wenn sie dauernd von einer Thermik zur nächsten fliegen.

Konvektion ist auch die Antriebskraft für Wind und Wetter. Die Gegenden in der Nähe des Äquators werden durch die Sonne am stärksten erwärmt. Die heiße Luft, die über dem Äquator aufsteigt, erzeugt gewaltige zirkulierende Luftströmungen in

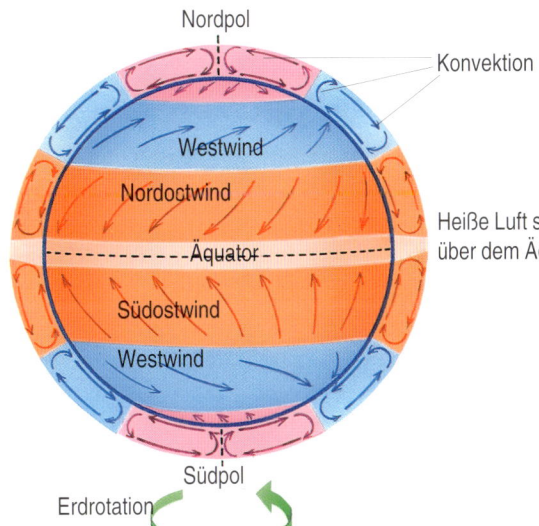

Links: Die heiße Luft, die über dem Äquator aufsteigt, erzeugt große Konvektionszellen in der Atmosphäre. Durch den Einfluß der Erdrotation entstehen so die Windgürtel der Erde. In diesen Gürteln gibt es jeweils eine Richtung, aus der der Wind meist bläst.

der Atmosphäre. Diese Strömungen werden außerdem noch durch die Erdrotation beeinflußt; hierdurch entstehen Windgürtel rund um die Erde. Deshalb weht der Wind bei uns meist aus Südwesten.

WÄRME UNTERWEGS: STRAHLUNG

Zwischen der Erde und der Sonne liegt der leere Weltraum. Hier gibt es nichts, was die Wärme leiten oder durch Konvektion transportieren könnte. Trotzdem kommt die Wärme von der Sonne irgendwie zu uns. Die Sonne gibt Energie in Form von Strahlung ab, die sich durch den leeren Raum fortbewegen kann. Man nennt sie elektromagnetische Strahlung; hierzu gehören unter anderem die

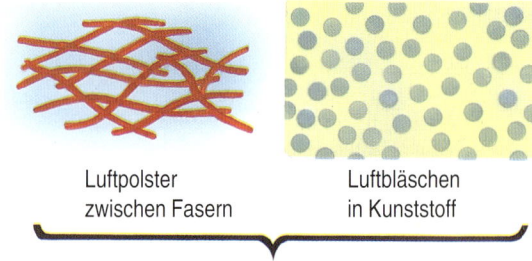

Luftpolster
zwischen Fasern

Luftbläschen
in Kunststoff

Isolierstoffe

Oben: Viele Materialien sind gute Isolatoren, weil sie winzige luftgefüllte Hohlräume enthalten. Luft ist nämlich ein sehr schlechter Wärmeleiter.

Oben: Pinguine brauchen eine sehr gute Isolierung, um sich gegen die eisige Kälte des antarktischen Winters zu schützen. Dabei helfen eine dicke Fettschicht und ihr Federkleid, welches viel isolierende Luft enthält.

Oben: Das Hubble-Welt-raumteleskop in seiner Um-laufbahn um die Erde. Die glänzende Folie schützt das Teleskop vor der Wärme-strahlung der Sonne.

Infrarotstrahlung und das sichtbare Licht (vgl. S. 171 – 175). Wenn uns diese Strahlen treffen, nehmen wir ihre Energie auf und spüren sie als Wärme. Man spricht daher auch manchmal von „Wärmestrahlung" oder einfach von Strahlung.

Bestimmte Oberflächen nehmen Wärmestrahlung leichter auf als andere. Wenn an einem sonnigen Tag ein schwarzes und ein weißes Auto nebeneinander auf einem Parkplatz stehen, wird das schwarze innen heißer als das weiße. Der Grund dafür ist, daß schwarze Oberflächen die Wärme besser aufnehmen als weiße. Weiße Oberflächen reflektieren den größten Teil der auftreffenden Strahlung.

WÄRMEISOLIERUNG

Stoffe, die die Wärme sehr schlecht leiten, nennt man Isolatoren. Zu ihnen gehören z. B. Kork, Gummi, Kunststoffe – und Luft.

Luft ist einer der besten Isolatoren. Allerdings muß man sie dazu in winzige Kammern oder Bläs-

chen einschließen, da sie sonst zirkuliert und die Wärme durch Konvektion transportiert.

Isolierstoffe, die auf eingeschlossener Luft beruhen, sind beispielsweise Fell, Federn, Wolle, Schaumstoff oder Glaswolle. Solche Stoffe können die Wärme daran hindern, aus einem Behälter heraus- oder in ihn hineinzugelangen. Sie können daher Gegenstände sowohl warm als auch kalt halten (gegenüber der Umgebung).

WÄRMESPEICHERUNG

Wenn ein Stoff Wärme aufnimmt, steigt seine Temperatur. Bei manchen Stoffen steigt sie aber weniger als bei anderen, sie können daher mehr Wärme speichern. Wasser kann besonders viel Wärme speichern; man benötigt viel mehr Wärme, um eine bestimmte Menge Wasser zu erwärmen, als für die

Rechts: Um Wasser zu erwärmen, braucht man fast zehnmal soviel Energie wie für die gleiche Menge Eisen. Dies ist einer der Gründe, warum Wasser oft als Wärmeträger eingesetzt wird, z. B. in Autokühlern oder Zentralheizungen.

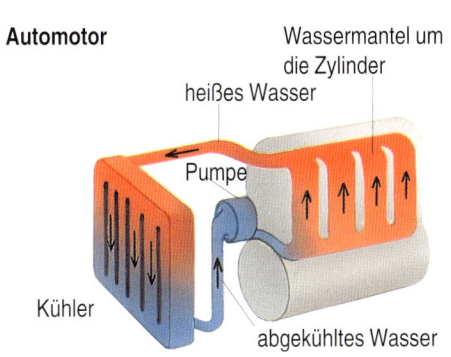

Automotor

Wassermantel um die Zylinder

heißes Wasser

Pumpe

Kühler

abgekühltes Wasser

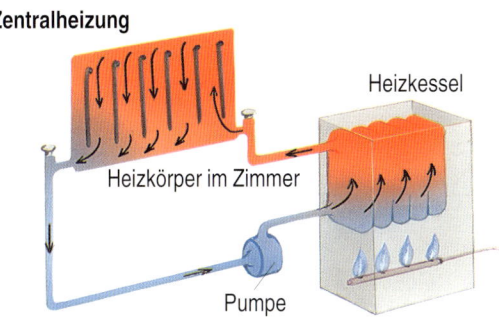

Zentralheizung

Heizkessel

Heizkörper im Zimmer

Pumpe

gleiche Menge Stein, Beton oder Metall. Wenn das Wasser abkühlt, wird diese Wärme wieder abgegeben. Ein guter Wärmespeicher muß aber kein guter Wärmeleiter sein, Wasser ist z. B. ein schlechter Wärmeleiter.

Wasser wird häufig als Wärmeträger eingesetzt. Das Kühlmittel in Autos besteht hauptsächlich aus Wasser. Es strömt durch eine Metallumhüllung um die Zylinder des Motors und transportiert die überschüssige Wärme zum Ventilator. In Zentralheizungen transportiert Wasser die Wärme vom Heizkessel zu den Heizkörpern in der Wohnung.

Die Weltmeere wirken wie ein riesiger Wärmespeicher, der das Klima auf der Erde entscheidend beeinflußt. Sie erwärmen sich langsamer als das Festland, kühlen sich aber auch langsamer wieder ab. Aus diesem Grund kann das Meer im Herbst noch warm sein, auch wenn die Temperaturen an Land schon wieder fallen.

KÖRPERWÄRME

Auch dein Körper braucht Wärme. Ohne sie würden weder deine Muskeln noch all die lebenswichtigen chemischen Reaktionen funktionieren. Finger und Zehen brauchen nicht unbedingt warm sein, aber im Inneren des Körpers muß die Temperatur auf jeden Fall ziemlich genau 37 °C betragen.

Der menschliche Körper besitzt mehrere Mechanismen, mit denen er seine Temperatur konstant halten kann. Hierzu gehören das Schwitzen, das Zittern oder die Veränderung des Blutflusses an der Hautoberfläche. Manchmal müssen wir aber ein wenig nachhelfen, indem wir zusätzliche Kleidung anziehen oder sie wieder ausziehen. Wenn du dich bewegst, erzeugen deine Muskeln weitere Wärme für den Körper.

Nicht nur Menschen halten ihre Körpertemperatur konstant. Alle Säugetiere (die Tiere mit Fell)

machen es genauso, ebenso die Vögel. Diese Tiere nennt man „Warmblüter".

Die Muskeln von Warmblütern sind stets einsatzbereit, daher können sie sich immer schnell bewegen. Die Regulierung der Körpertemperatur ist allerdings sehr energieaufwendig. Ein Großteil der Nahrung, die wir zu uns nehmen, wird benötigt, um Körperwärme zu produzieren, d. h. die Körpertemperatur aufrechtzuerhalten. Nur ein geringer Teil der Nahrung wird gebraucht, damit wir uns bewegen können.

Andere Tiere besitzen keine derartige Temperaturregelung. Man nennt sie „Kaltblüter". Zu ihnen gehören die Fische, die Amphibien (wie Frösche

Unten: Der menschliche Körper kann auf vielerlei Arten Wärme aufnehmen oder abgeben. Das Körperinnere braucht stets eine konstante Temperatur von 37 °C. Hierzu muß der Körper seine Wärmeaufnahme und seine Wärmeverluste genau aufeinander abstimmen.

Wärmeaufnahme

Im Körper wird Wärme durch „Verbrennung" von Nahrung erzeugt.

Durch die kurzen, schnellen Muskelbewegungen beim Zittern setzen die Muskeln Wärme im Körper frei.

Verminderung von Wärmeverlusten durch Tragen zusätzlicher Kleidung

Bei Kälte reduziert der Körper die Hautdurchblutung , so daß weniger Körperwärme zur Körperoberfläche kommt.

Durch Bewegung der Muskeln wird im Körper Wärme frei.

Körperinneres 37 °C

Wärmeabgabe

Der Körper verliert an seiner Oberfläche Wärme durch Wärmeleitung, Konvektion und Strahlung.
Das Schwitzen bewirkt eine starke Kühlung, da hierbei Flüssigkeit an der Hautoberfläche verdunstet.

Wenn man weniger Kleidung trägt, kann die Oberfläche des Körpers mehr Wärme abgeben.
Wenn es warm ist, erhöht der Körper die Durchblutung der Haut, so daß mehr Wärme zur Körperoberfläche transportiert und abgegeben wird.

Rechts: Wie alle Reptilien ist diese Dickzungeneidechse nicht in der Lage, ihre Körpertemperatur selbständig zu regulieren. Wenn ihre Körpertemperatur zu weit absinkt, kann sie sich nicht mehr schnell bewegen. Um ihre Körpertemperatur zu erhöhen, muß sie sich in die Sonne legen.

und Molche) und die Reptilien (wie Schlangen und Eidechsen).

Kaltblüter ist eigentlich kein sehr guter Ausdruck für diese Tiere, da sie ebenfalls eine bestimmte Körpertemperatur brauchen, damit ihre Muskeln arbeiten. Sie können ihre Körpertemperatur aber nicht von selbst kontrollieren. Beispielsweise bewegen sich Eidechsen in die Sonne, um sich aufzuwärmen, und wieder in den Schatten, um sich abzukühlen. Wenn ihr Körper abkühlt, können sie sich nicht mehr so schnell bewegen. Dafür brauchen sie aber viel weniger Futter als Warmblüter mit vergleichbarer Körpergröße.

Groß oder klein?

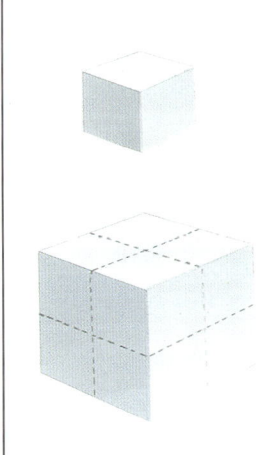

Die Größe eines Tieres bestimmt darüber, wie sparsam es mit seiner Körperwärme umgehen kann. Um das zu verstehen, betrachten wir die beiden Würfel aus heißem Eisen links. Der große Würfel entspricht acht kleinen Würfeln, die miteinander verbunden sind, er enthält daher achtmal soviel Wärme wie der kleine. Seine Oberfläche ist jedoch nur viermal so groß wie die des kleinen Würfels. Da die Wärme nur an der Oberfläche abgegeben wird, kühlt sich der große Block langsamer ab als der kleine. Der kleine Block hat eine Oberfläche von sechs grau schattierten Quadraten, der große hat 24. Dem kleinen und dem großen Eisenblock entsprechen z. B. eine Maus und ein Elefant. Weil sie so klein ist, verliert die Maus schneller Wärme. Aus diesem Grund halten manche kleinen Säugetiere in der kalten Jahreszeit Winterschlaf. Sie lassen dabei ihre Körpertemperatur absinken, um so weniger Energie zu verbrauchen.

KÜHLUNG

Wenn du ein wenig Wasser auf deinem Handrücken verteilst, verdunstet es schnell. Es verwandelt sich in ein Gas, das wir Wasserdampf nennen. Wenn das Wasser verdunstet, kühlt sich deine Hand ab. Der Grund hierfür ist, daß Energie benötigt wird, um das Wasser in Dampf zu verwandeln, und diese Energie entnimmt das Wasser deiner Hand. Wenn du über deine feuchte Hand bläst, wird die Verdunstung beschleunigt, und deine Hand fühlt sich noch kälter an als zuvor.

Auch dein Körper nutzt den Vorgang der Verdunstung, um sich abzukühlen. Wenn die Temperatur des Blutes mehr als ungefähr 0,5 °C über den Normalwert ansteigt, beginnst du zu schwitzen — eine Flüssigkeit (hauptsächlich Wasser) tritt aus winzigen Öffnungen in deiner Haut aus. Der Schweiß verdunstet und entzieht dem Körper dabei Wärme.

Auch Kühlschränke beruhen auf der kühlenden Wirkung der Verdunstung. Sie enthalten eine Flüssigkeit, die in Metallrohren im Inneren des Kühlschranks verdunstet und auf diese Weise dem Kühlschrank Wärme entzieht. Auf der Rückseite des Kühlschranks wird das Gas wieder verflüssigt. Insgesamt wird so dem Inneren des Kühlschranks Wärme entzogen und an seiner Rückseite wieder abgegeben.

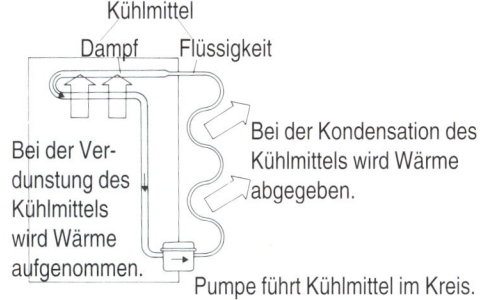

Kühlmittel

Dampf   Flüssigkeit

Bei der Verdunstung des Kühlmittels wird Wärme aufgenommen.

Bei der Kondensation des Kühlmittels wird Wärme abgegeben.

Pumpe führt Kühlmittel im Kreis.

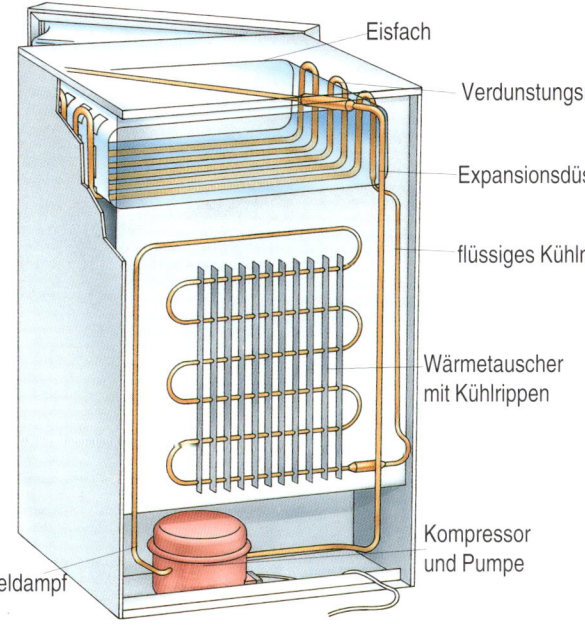

Eisfach

Verdunstungsrohr

Expansionsdüse

flüssiges Kühlmittel

Wärmetauscher mit Kühlrippen

Kompressor und Pumpe

Kühlmitteldampf

Rechts: Wenn man heißes und kaltes Wasser zusammengießt, mischen sich die schnelleren und die langsameren Moleküle. Diesen Vorgang können wir nur umkehren, indem wir Energie aufwenden.

Links: Im Kühlschrank wird ein Kühlmittel von einer Pumpe im Kreis geführt. Das Kühlmittel strömt durch eine Düse, verdunstet und kühlt dabei das Innere des Kühlschranks ab. In einem Wärmetauscher auf der Rückseite kondensiert der Dampf wieder zu einer Flüssigkeit und gibt Wärme ab.

Unten: Ein Vergleich der Wirkungsgrade verschiedener Maschinen. Alle verschwenden mehr Energie, als sie wirklich nutzen, d. h. in Bewegung verwandeln.

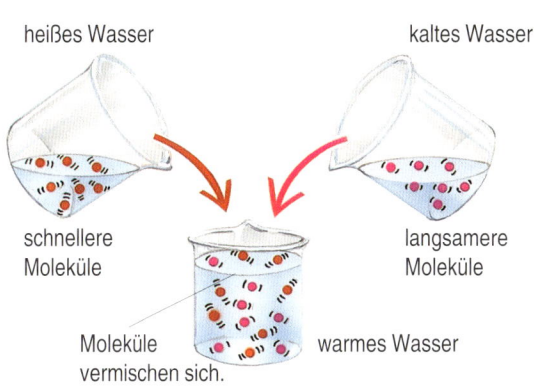

heißes Wasser

kaltes Wasser

schnellere Moleküle

langsamere Moleküle

Moleküle vermischen sich.

warmes Wasser

WÄRMEAUSBREITUNG

Wärme hat ein natürliches Bestreben, sich auszubreiten. Wenn man heißes und kaltes Wasser miteinander mischt, verteilt sich die Wärme gleichmäßig; das Ergebnis ist warmes Wasser. Umgekehrt wird sich warmes Wasser niemals freiwillig zu heißem und kaltem Wasser „entmischen"; wenn sich die schnellen und die langsamen Moleküle erst einmal vermischt haben, kann man sie nicht mehr voneinander trennen. Das ist so ähnlich, als wollte man versuchen, Milliarden unterschiedlicher Knöpfe auseinanderzusortieren: Es ist nicht unmöglich, kostet aber sehr viel Energie. Genauso ist es nicht unmöglich, aus warmem Wasser zum Teil heißes Wasser und zum Teil kaltes Wasser zu machen. Zum Beispiel könnte man einen Teil des Wassers in einem Kühlschrank abkühlen und den zweiten Teil auf der Rückseite des Kühlschranks erwärmen. Aber der Betrieb des Kühlschranks kostet Energie.

Wissenschaftler beschreiben dieses Problem auf andere Weise. Sie sagen, daß alle Dinge ein natürliches Bestreben haben, von einem geordneten in einen weniger geordneten Zustand überzugehen.

Wenn du z. B. deine Hände aneinander reibst, verwandelt sich die Bewegung der Hände in Wärme. Die Bewegung einer Hand bedeutet, daß sich alle Moleküle, aus denen sie besteht, gleichzeitig in die gleiche Richtung bewegen; es handelt sich also um eine geordnete Bewegung. Die Erwärmung der Hände bedeutet, daß die Moleküle sich schneller zu bewegen beginnen. Sie bewegen sich aber unabhängig voneinander in zufällige Richtungen; die Bewegung ist also ungeordnet.

Es ist einfach, Bewegungsenergie in Wärmeenergie umzuwandeln, da hierbei eine geordnete Bewegung in eine ungeordnete Bewegung umgewandelt wird. Der umgekehrte Vorgang, aus Wärmeenergie Bewegungsenergie zu machen, ist nur möglich, wenn man dabei Energie aufwendet.

Motoren verbrennen Benzin. Dabei verwandeln sie Wärme in Bewegungsenergie, also müssen sie etwas Energie als Wärme abgeben. Ein typischer Motor in einem Auto hat einen Wirkungsgrad von nur 25 %, er wandelt also nur ein Viertel der im Benzin enthaltenen Energie in Bewegung um. Wie alle anderen Maschinen verschwendet er mehr Energie, als er sinnvoll verwendet. Eine sorgfältige Konstruktion kann dieses Problem zwar mildern, aber nicht lösen. Wenn wir Wärme in Bewegung umwandeln, verschwenden wir immer einen Teil der Energie.

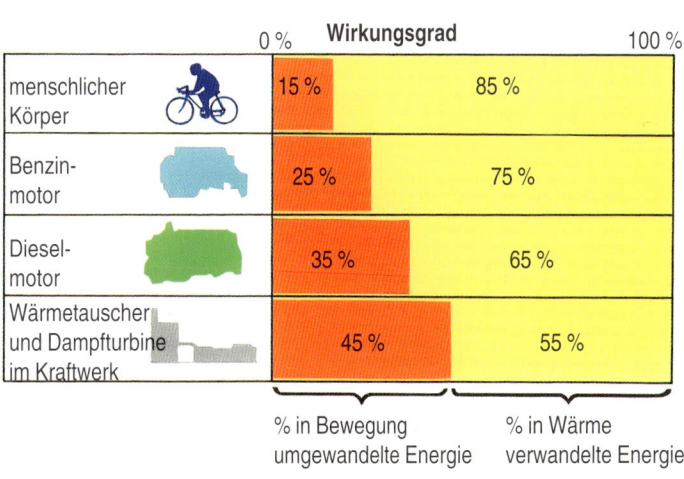

0 %   **Wirkungsgrad**   100 %

menschlicher Körper	15 %	85 %
Benzin-motor	25 %	75 %
Diesel-motor	35 %	65 %
Wärmetauscher und Dampfturbine im Kraftwerk	45 %	55 %

% in Bewegung umgewandelte Energie

% in Wärme verwandelte Energie

SCHLAG AUF SCHLAG

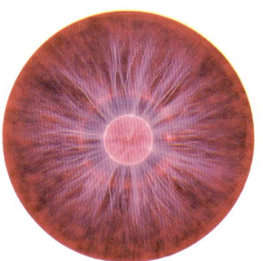

Vor Tausenden von Jahren stellten die Menschen fest, daß Bernstein seltsame Eigenschaften bekommt, wenn man ihn an Textilien reibt. Die Geheimnisse des Bernsteins ermöglichen uns heute fernzusehen, mit Menschen auf der anderen Seite der Erde zu sprechen oder mit einem Knopfdruck Wärme oder Licht zu erzeugen.

Schon die alten Griechen experimentierten mit Bernstein, einem natürlichen, versteinerten gelben Harz. Sie stellten fest, daß er kleine Fasern und Staubteilchen anzieht, wenn man ihn kräftig reibt. Du kannst ähnliche Experimente mit modernen Materialien machen. Wenn du beispielsweise einen Kunststoffkamm kräftig an deinem Haar reibst und ihn dann nahe an einige kleine Papierstückchen hältst, so haften sie an dem Kamm. Du kannst auch einen Luftballon an deinem Ärmel reiben, er haftet dann an der Wand. Durch das Reiben erhalten Bernstein, Kunststoff oder Gummi eine elektrische Ladung. Das Wort „elektrisch" kommt von dem griechischen Wort für Bernstein, „elektron".

Eine der auffälligsten Auswirkungen der Elektrizität ist der Blitz. Er entsteht durch große elektrische Ladungen auf den Wolken. Mitte des 19. Jahrhunderts führte Benjamin Franklin das sehr gefährliche Experiment durch, einen Drachen in eine Gewitterwolke fliegen zu lassen. Damit wollte er zeigen, daß der Blitz durch die gleiche Art von Elektrizität erzeugt wird, die man beim Reiben von Gegenständen beobachten kann.

An elektrisch geladenen Gegenständen bleiben nur sehr leichte Dinge haften, während man mit Magneten auch wirklich schwere Metallstücke anheben kann. Deshalb war die Elektrizität für lange Zeit kaum mehr als eine unterhaltsame Spielerei, während Magneten ernsthaft genutzt wurden — beispielsweise in Kompassen.

WIE DIE LADUNGEN ENTSTEHEN

Alle Atome enthalten Elektronen, die die Träger der negativen (–) Elektrizität sind (vgl. S. 98). Die Elektronen bewegen sich um einen Kern, der die gleiche Gesamtladung wie alle Elektronen besitzt, nur daß seine Ladung positiv (+) ist. Normalerweise gleichen sich daher die positiven und die negativen Ladungen aus, das Atom ist insgesamt elektrisch neutral (ungeladen). In vielen Stoffen sind aber die äußeren Elektronen nur schwach an die Atome gebunden. Wenn man zwei Gegenstände aneinander reibt, können diese Elektronen von den Atomen abgetrennt und vom einen auf den anderen Gegenstand übertragen werden.

Unten: Blitze über einer Großstadt. Für diese Aufnahme blieb der Verschluß der Kamera mehrere Minuten lang geöffnet, so daß viele Blitze auf dem gleichen Foto aufgenommen wurden.

Oben: Der Arbeiter ist in Sicherheit trotz der Entladungen zwischen dem Käfig und den Kugeln des Van-de-Graaff-Generators. Faraday bewies, daß ein elektrisches Feld nicht in einen Metallkäfig eindringt, so daß man darin keinen elektrischen Schlag bekommen kann.

Wenn man einen Polyethylenstab mit einem Tuch reibt, wird er negativ geladen. Ein Plexiglasstab, der mit einem Staubtuch gerieben wird, erhält dagegen eine positive Ladung. In beiden Fällen ist die Ladung des Tuches derjenigen des Stabes entgegengesetzt.

Elektrische Ladungen üben Kräfte aufeinander aus. Eine positive und eine negative Ladung ziehen einander an, zwei negative (oder zwei positive) Ladungen stoßen einander ab. Wenn ein negativ geladener Stab in die Nähe eines ungeladenen Gegenstandes gebracht wird, werden die negativen Ladungen in diesem Gegenstand abgestoßen und sammeln sich auf der vom Stab abgewandten Seite, und die positiven Ladungen werden angezogen und sammeln sich auf der dem Stab zugewandten Seite. Die entgegengesetzten Ladungen auf dem Gegenstand und auf dem Stab ziehen sich dann gegenseitig an, der Gegenstand bleibt deshalb an dem Stab haften.

Der Vorgang der Ladungstrennung wird als elektrostatische Induktion bezeichnet. Man sagt auch, der Gegenstand befinde sich im elektrostatischen Feld des Stabes.

Michael Faraday zeigte, daß Reibungselektrizität und die Elektrizität aus einer Batterie ein und dasselbe sind. Er demonstrierte auch, daß elektrische Felder nicht in einen Metallkäfig eindringen können. Ein solcher Käfig wird noch heute als Faradayscher Käfig bezeichnet.

BLITZ UND DONNER

Gewitter treten meist an sehr heißen Tagen auf, wenn sich die Luft stark erwärmt hat. Dabei entstehen Thermiken, Aufwinde aus heißer Luft, die Wassertröpfchen schnell nach oben in die Wolken tragen. Wenn die Tröpfchen mit Eiskristallen durcheinandergewirbelt werden, reiben sie aneinander und werden elektrisch geladen. Winzige positiv geladene Eiskristalle geraten schließlich an die Oberseite der Wolken, negativ geladene Hagelkörner sammeln sich an der Unterseite.

Ein geladener Stab wirkt auf andere Gegenstände, indem sich die Ladungen in den Gegenständen durch die elektrostatische Induktion umorientieren. Bei kleineren Gegenständen sieht man die Auswirkung: Sie werden vom Stab angezogen. Genauso wie ein geladener Stab übt die geladene Gewitterwolke Kräfte auf die Erdoberfläche aus, und zwar aufgrund der elektrostatischen Induktion. Dabei zieht die negative Ladung an der Unterseite der Wolke eine gleich große positive Ladung an der

Das führt dazu, daß der eine Gegenstand mehr Elektronen enthält als normal, er besitzt folglich eine negative (−) Ladung. Der andere enthält dann weniger Elektronen als normal, er ist positiv (+) geladen. Ladungsunterschiede, die auf diese Weise erzeugt werden, heißen auch „Reibungselektrizität". Welches der beiden Objekte positiv und welches negativ geladen ist, hängt davon ab, wie leicht sich die Elektronen jeweils aus den Atomen entfernen lassen.

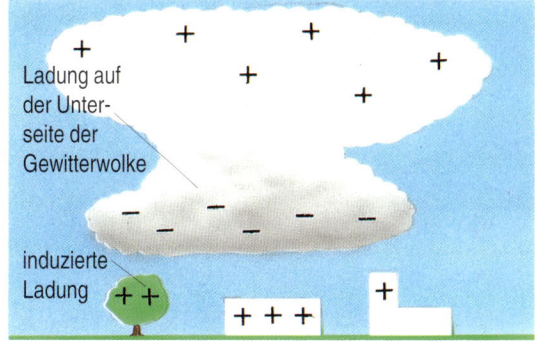

Oben: Die negative Ladung auf der Unterseite der Gewitterwolke induziert positive Ladungen auf der Erdoberfläche. Ein Blitz tritt auf, wenn die aufgebauten Ladungen so groß sind, daß einen Moment lang ein elektrischer Strom fließt.

Rechts: Warme Luft trägt Wassertröpfchen in die Höhe: Eine Gewitterwolke entsteht.

Oben: Ein geladener Gegenstand induziert Ladungen auf einem ungeladenen Körper: Der geladene Gegenstand stößt die gleichartigen Ladungen ab und zieht die entgegengesetzten Ladungen an. Auf diese Weise werden die Ladungen in dem ungeladenen (neutralen) Gegenstand getrennt.

Erdoberfläche an, bis schließlich ein gewaltiger Funken (ein Blitz) zwischen diesen Ladungen überspringt. Die Entladung erhitzt die Luft, welche sich daraufhin schlagartig ausdehnt und das Donnern verursacht.

Auch Metalle können durch Reiben aufgeladen werden, da aber Metalle den elektrischen Strom so gut leiten, fließt die Ladung sofort zum Körper desjenigen ab, der an ihnen reibt. Daher findet man Reibungselektrizität normalerweise bei Materialien, die den elektrischen Strom nicht leiten, wie Glas, Harz, Kunststoffe und Gummi. Solche Stoffe nennt man Isolatoren. Da sich die elektrischen Ladungen auf ihnen nicht bewegen, spricht man von statischer Elektrizität oder elektrostatischer Aufladung. Michael Faraday nannte diese Elektrizität „gewöhnliche Elektrizität". Heute verwenden wir für so viele Dinge elektrischen Strom („bewegte Elektrizität"), daß uns eher diese Art von Elektrizität als „gewöhnlich" erscheint.

ALLTÄGLICHE SCHLÄGE

Oft erhält man einen elektrischen Schlag beim Berühren eines Metallgegenstands, wenn man in Schuhen mit Gummi- oder Kunststoffsohlen über einen trockenen Teppich geht. Dabei lädt sich der ganze Körper durch die Reibung der Sohlen auf dem Teppich auf.

Auch beim Aussteigen aus dem Auto kann man einen Schlag bekommen, wenn man den Türgriff anfaßt, um die Tür zu schließen. Meist geschieht das dann, wenn man Kleidung aus Wolle oder Baumwolle trägt, die gegen Kunststoffe im Autositz reibt. Auf diese Weise wird der Körper aufgeladen, und wenn man Schuhe mit isolierenden Kunststoffsohlen trägt, kann die Elektrizität nur abfließen, wenn man einen Metallgegenstand berührt.

SCHWERE SCHLÄGE

Die gerade beschriebenen elektrischen Schläge können zwar lästig sein, aber gefährlich sind sie nicht. Reibungselektrizität kann jedoch auch gefährliche Unfälle verursachen.

Zum Beispiel sind schon Supertanker explodiert, als ihre Öltanks mit starken Wasserstrahlen gereinigt wurden. Hierbei entsteht nämlich Reibung zwischen den Wassertröpfchen im Wasserstrahl. Dieser Effekt ähnelt dem Ladungsaufbau, der in Gewitterwolken erfolgt. In einer solchen Situation können trotz der feuchten Umgebung kleine Fun-

> **Ein elektrostatisches Experiment**
>
> Drehe einen Wasserhahn so weit auf, daß ein gleichmäßiger Strahl von wenigen Millimetern Dicke entsteht.
>
> Reibe einen Kunststoffkamm oder die Hülle eines billigen Kugelschreibers kräftig mit einem Tuch, und halte ihn dann nahe an den Wasserstrahl.
>
> Du siehst: Die elektrostatische Anziehung lenkt den Strahl ab!

MIT LADUNGEN ARBEITEN

Reibungselektrizität läßt sich auf verschiedene Weise sinnvoll verwenden. Fabriken besitzen hohe Schornsteine, um den Rauch und die Abgase in großer Entfernung von den Menschen abzugeben. Aber der Ruß und die Asche kommen irgendwann wieder nach unten. Durch elektrisch geladene Platten im Kamin können ungefähr 98 % der Feststoffe aus den Abgasen entfernt werden, bevor sie das Ende des Kamins erreichen. Man nennt dieses Verfahren elektrostatische Abscheidung. In den USA werden jedes Jahr ungefähr 20 Mio. Tonnen Asche auf diese Weise aus Abgasen entfernt.

Autos und Flugzeuge werden meist lackiert, indem sie mit Farbe besprüht werden. Bei dieser Methode verfehlt aber bis zu 25 % der Farbe ihr Ziel, wenn nicht besondere Vorkehrungen getroffen werden. Durch elektrische Aufladung der Sprühpistole kann man erreichen, daß die Farbtröpfchen elektrische Ladungen tragen. Dadurch werden sie von dem lackierten Objekt angezogen und haften sehr viel besser an seiner Oberfläche. Die Einsparung an Materialkosten bei der Farbe ist weit größer als die Kosten für die aufwendigeren Geräte.

Das gleiche Verfahren wendet man auch mit trockenen Pulvern an. Dabei sprüht man elektrisch geladenes Kunststoffpulver auf Metalloberflächen, wo es wegen der Aufladungen haftet. Wird das Metall anschließend erhitzt, schmilzt das Pulver, und es entsteht eine dünne, geschlossene Beschichtung.

Oben: Der Blitzableiter auf einer Kirchturmspitze wird kontrolliert. Auf Gebäuden ist ein Blitzableiter angebracht. Er besteht aus einem dicken Kupferdraht und leitet bei einem Blitzeinschlag den starken Strom zur Erde, der ansonsten durch das Gebäude laufen würde. Ganz oben läuft er in einer langen Spitze aus, und im Boden endet er an einer großen Metallplatte.

ken entstehen, die das Öl-Luft-Gemisch entzünden, das nach dem Entleeren eines Tanks zurückgeblieben ist.

Flugzeuge können beim Flug durch Gewitterwolken oder durch die Reibung der Reifen bei der Landung aufgeladen werden. Früher lösten solche Aufladungen zuweilen Funken aus, die unter ungünstigen Umständen zu Explosionen führen konnten. Heute kennt man diese Gefahren sehr viel besser und ist in der Lage, Vorkehrungen zu treffen, damit nichts passiert.

Rechts: Diese Umweltverschmutzung würde vermieden, wenn elektrostatische Filter in den Schornsteinen installiert wären. Sie ziehen die Feststoffteilchen in den Abgasen an und halten sie fest, bevor sie in die Atmosphäre entweichen.

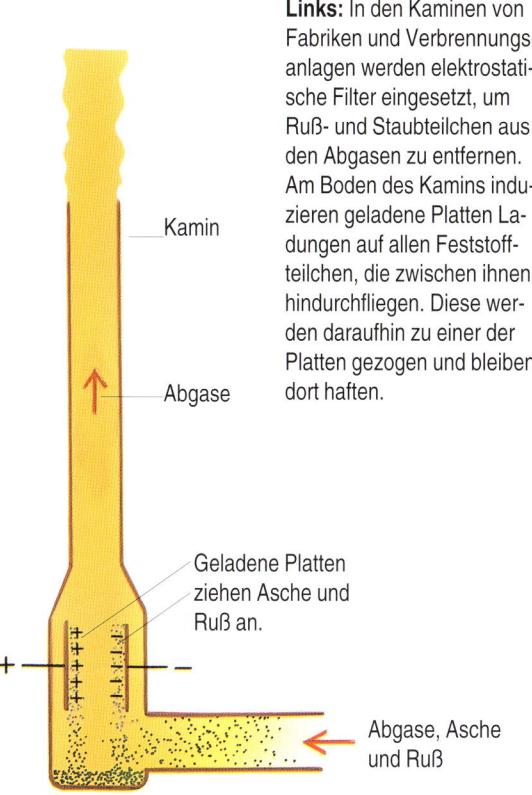

Links: In den Kaminen von Fabriken und Verbrennungsanlagen werden elektrostatische Filter eingesetzt, um Ruß- und Staubteilchen aus den Abgasen zu entfernen. Am Boden des Kamins induzieren geladene Platten Ladungen auf allen Feststoffteilchen, die zwischen ihnen hindurchfliegen. Diese werden daraufhin zu einer der Platten gezogen und bleiben dort haften.

Kamin

Abgase

Geladene Platten ziehen Asche und Ruß an.

Abgase, Asche und Ruß

BEWEGTE LADUNGEN

Bei einem Blitz werden ungeheure Mengen Energie freigesetzt. Sie können ausreichen, um Gebäude in Brand zu setzen oder Metalle zu schmelzen. Ursache für derartige Auswirkungen sind bewegte Ladungen. Wenn sich viele Ladungen in die gleiche Richtung bewegen, nennt man den dabei auftretenden Ladungsfluß einen elektrischen Strom.

Nach jedem Blitz dauert es eine Weile, bis sich wieder genügend Ladung aufgebaut hat, um einen weiteren Blitz auszulösen. Angenommen, wir könnten die Ladung in den Wolken auf irgendeine Weise aufrechterhalten, so daß auch die Entladung ohne Unterbrechungen stattfindet. Dann würden wir einen pausenlosen Fluß von Ladungen beobachten. Genau das bewirkt eine Batterie — nur mit einer viel geringeren Energie als ein Blitz. Auch Generatoren in Kraftwerken haben den gleichen Effekt.

Um einen elektrischen Strom zu erzeugen, benötigt man eine Energiequelle. Meist dienen dazu chemische Reaktionen (in Batterien) oder Bewegungsenergie (in Generatoren). Die Energie kann auch direkt aus Licht oder Wärmestrahlung gewonnen werden. Hierzu verwendet man Solarzellen, z. B., um die elektrische Versorgung von Satelliten oder Raumfahrzeugen sicherzustellen.

ELEKTRIZITÄT IN TIEREN

Das Funktionieren unseres Körpers beruht auf Elektrizität. Wie die Tiere besitzen auch wir Menschen ein Gehirn, das die Funktion aller Körperteile überwacht und steuert. Dazu sendet es winzige elektrische Signale (Nervenimpulse) durch die Nerven an die Organe oder empfängt Signale von ihnen. Die dabei auftretenden Ladungen sind normalerweise winzig. Einige Tiere können solche Nervensignale aber auch bündeln und so Ladungen erzeugen, die ausreichen, um ihre Beute zu betäuben oder sogar zu töten. Beispielsweise kann ein Zitteraal Spannungen bis zu 600 V erzeugen — genug, um andere Fische zu töten oder einem Menschen einen äußerst unangenehmen Schlag zu versetzen.

LADUNG UND SPANNUNG

Betrachten wir einmal ein Modell, um zu verstehen, was die Worte „Spannung" und „Strom" genau bedeuten.

Angenommen, wir haben zwei Behälter, die durch ein Rohr miteinander verbunden sind, und

Oben: Beim Lichtbogenschweißen fließt zwischen dem Werkstück und der Schweißelektrode ein sehr starker Strom. Dabei entsteht soviel Wärme, daß die Elektrode schmilzt. Das flüssige Metall kann zwei Metallteile miteinander verbinden oder Löcher verschließen. Der Schweißer trägt eine Schutzmaske, die ihn vor dem gleißenden Licht schützt und die glühenden Funken aus flüssigem Metall abhält.

gießen in den einen Wasser. Das Wasser wird durch das Rohr in den anderen Behälter fließen, bis es in beiden gleich hoch steht. Wenn wir jetzt den einen Behälter anheben, fließt das Wasser wieder durch das Rohr, bis die Oberflächen in beiden Behältern gleich hoch stehen.

Je größer der Höhenunterschied zwischen beiden Wasseroberflächen ist, desto schneller strömt das Wasser im Rohr. Die Strömungsgeschwindigkeit entspricht dem elektrischen Strom — der Geschwindigkeit, mit der die Ladung durch einen Draht fließt.

Der Höhenunterschied der beiden Oberflächen, der die Strömung hervorruft, entspricht der elektrischen Spannung. Je höher die Spannung ist, desto stärker ist der fließende Strom.

Batterien, die wir für Taschenlampen oder Kofferradios benutzen, haben normalerweise Spannungen zwischen 1,5 und 9 V. Der genaue Wert hängt davon ab, aus welchen Stoffen die Batterie aufgebaut ist und wie viele Zellen sie enthält. Unsere Steckdosen liefern eine Spannung von 230 V (in anderen Ländern manchmal auch weniger).

BATTERIEN UND ZELLEN

Die erste elektrische Zelle wurde durch den italienischen Wissenschaftler Alessandro Volta um 1800 hergestellt. In einem Experiment befeuchtete er ein Stück Löschpapier mit Salzwasser und legte es zwischen Platten aus Kupfer und Zink. Als er das Kupfer und das Zink mit einem Draht verband, stellte

er fest, daß zwischen ihnen ein elektrischer Strom floß. Er wußte damals noch nicht, daß eine chemische Reaktion Elektronen aus der Kupferplatte entfernte und diese Elektronen an die Zinkplatte abgab. Die Spannung, die den Strom in dieser einfachen Anordnung erzeugte, wurde Volta zu Ehren „1 Volt" genannt. Heute ist die Spannungseinheit Volt anders definiert, und Zellen wie die von Volta haben eine Spannung von 1,1 Volt.

Um einen stärkeren Strom zu erzeugen, braucht man eine höhere Spannung. Volta erreichte das, indem er eine Säule baute, die abwechselnd Kupfer- und Zinkplatten enthielt, zwischen denen jeweils ein feuchtes Löschpapier lag. Diese Anordnung nennt man Voltasche Säule.

Wenn man es ganz genau nimmt, wird eine einfache Anordnung mit je einer Platte aus zwei unterschiedlichen Metallen als Zelle bezeichnet. Eine Anordnung wie die Voltasche Säule nennt man eine Batterie von Zellen. Heute nennen wir meist jede chemische Spannungsquelle Batterie, egal, ob sie eine oder mehrere Zellen enthält. Beispielsweise besteht eine Autobatterie (12 V) aus sechs Zellen, von denen jede eine Spannung von 2 V liefert. Eine Taschenlampenbatterie (1,5 V) besteht aus einer einzigen Zelle.

BATTERIEN FÜR ALLE ZWECKE

Es gibt viele verschiedene Arten von Batterien, aber alle haben zwei Dinge gemeinsam. Sie enthalten jeweils zwei verschiedene Substanzen (z. B. Zink und Kupfer, Kohlenstoff und Kupfer oder Zink und Quecksilber), zwischen denen sich immer eine Flüssigkeit befindet (so etwa Salzwasser in Voltas Zelle). Diese Flüssigkeit nennt man Elektrolyt. Manchmal verwendet man auch eine Paste als Elektrolyt, da sie nicht auslaufen kann.

Der Grund, weshalb man immer zwei unterschiedliche Substanzen verwenden muß, ist der gleiche, weswegen man zwei verschiedene Materialien aneinander reibt, um Reibungselektrizität zu erhalten. In unterschiedlichen Stoffen sind die Elek-

Unten: Ein Modell der Vorgänge in einem elektrischen Stromkreis. Der Höhenunterschied der Wasserpegel in den beiden Behältern entspricht der Spannung einer Batterie. Der Wasserfluß durch das Verbindungsrohr entspricht dem elektrischen Strom. Je höher die Spannung (der Höhenunterschied) ist, desto stärker ist der Wasserfluß (der Strom).

1) Ein Behälter wird mit Wasser gefüllt.

2) Das Wasser strömt durch das Rohr, bis beide Oberflächen gleich hoch sind.

3) Der eine Behälter wird angehoben.

4) Wieder fließt Wasser durch das Rohr, bis beide Oberflächen gleich hoch sind.

Wir basteln eine Batterie
Du kannst eine Batterie (bzw. Zelle) bauen, indem du ein Stück Zink und ein Stück Kupfer in eine Zitrone oder Orange steckst. Der Fruchtsaft hat den gleichen Effekt wie das Salzwasser in Voltas Säule. Deine Zelle liefert die gleiche Spannung wie die Voltas; sie kann eine 1,5-Volt-Taschenlampenbirne für kurze Zeit schwach zum Leuchten bringen.

tronen verschieden leicht beweglich, daher besitzen sie das Bestreben, vom einen auf das andere Material überzugehen. In einer Zelle sind sowohl die beiden Metallplatten als auch der Elektrolyt zwischen ihnen elektrisch leitend. Daher können die Elektronen, die durch chemische Reaktionen freigesetzt werden, im Kreis fließen, solange sie einen geschlossenen Weg finden. Dieser Weg wird als Stromkreis bezeichnet. Mit Hilfe eines Schalters kann man ihn unterbrechen und auf diese Weise den Stromfluß stoppen.

Die Batterien in Taschenlampen, Taschenrechnern, Radios oder Hörgeräten enthalten eine feuchte Paste zwischen den Metallplatten. Sie liefern so lange elektrische Energie, wie die chemische Reaktion in ihnen abläuft.

In billigen Batterien besteht die eine Platte aus einem Zinkbehälter und die andere aus einem Kohlenstoffstab. Nach einiger Zeit löst sich der Zinkbehälter auf. Diese Batterien werden daher bei der Herstellung fest in einer äußeren Hülle eingeschlossen, damit die Paste nicht austreten und die Umgebung verschmutzen oder Gegenstände zerstören kann. Die langlebigeren Alkalibatterien haben die gleichen Plattenmaterialien wie die Zink-Kohlenstoff-Batterien, aber einen anderen Elektrolyten.

Die winzigen „Knopfzellen", die häufig in Kameras oder Uhren eingesetzt werden, enthalten meist Platten aus Zink und Quecksilber oder aus Zink und Silberoxid.

Manche Batterien, die sogenannten Akkus, sind wiederaufladbar. Wenn sie erschöpft sind, können sie regeneriert („wiederbelebt") werden, indem man einen elektrischen Strom in der umgekehrten Richtung durch die Batterie leitet. Die Platten der Akkus bestehen meist aus Nickel und Cadmium. Sie dürfen nur mit einem speziellen Ladegerät aufgeladen werden, das die richtige Spannung liefert. Eine gewöhnliche Batterie darf aber nie auf diese Weise behandelt werden.

Batterien bzw. Akkus in Autos und elektrisch angetriebenen Fahrzeugen enthalten oft eine Flüssigkeit; sie dürfen daher nicht auf die Seite gelegt oder auf den Kopf gestellt werden. Ihre Platten bestehen normalerweise aus Blei und Bleioxid; sie können sehr oft aufgeladen werden, bevor sie kaputtgehen. Moderne Autobatterien sind oft geschlossen, aber sie enthalten trotzdem eine Flüssigkeit, meist verdünnte Schwefelsäure.

Elektroautos sind sehr leise und produzieren keine schädlichen Abgase (allerdings wird zum Aufladen der Batterien Elektrizität benötigt, die in Kraft-

Oben: In der Stadt wird dieses Auto von einem Elektromotor angetrieben, der keine schädlichen Abgase ausstößt. Außerhalb der Stadt übernimmt ein kleiner Dieselmotor den Antrieb. Er treibt gleichzeitig einen Generator an, der die Batterie des Elektromotors wieder auflädt.

werken erzeugt wird, welche ihrerseits die Umwelt verschmutzen). Derzeit arbeiten Forscher daran, leichtere und leistungsfähigere Batterien als die bisherigen zu entwickeln.

Unten: Dieser riesige Elektromagnet sortiert Altmetall. Wenn der Strom eingeschaltet wird, zieht er Eisen, Stahl und andere magnetische Materialien an, aber keine nichtmagnetischen Substanzen wie Aluminium, Messing oder Kupfer. Wenn der Strom abgeschaltet wird, fallen alle Gegenstände zu Boden.

ÄHNLICH, ABER NICHT GLEICH

Ein elektrisch geladener Gegenstand, beispielsweise ein durch Reiben aufgeladener Kamm, ist von einem unsichtbaren elektrischen Feld umgeben, dessen Wirkung wir an kleinen Papierschnipseln oder Staubflocken erkennen können. Ein Magnet ist von einem Magnetfeld umgeben, dessen Wirkung man mit Hilfe von Eisenfeilspänen erkennen kann. In mancher Hinsicht sind das elektrische Feld und das magnetische Feld einander zwar sehr ähnlich, aber in einigen Punkten unterscheiden sie sich von einander.

Magnetische Kräfte sind meist stärker als elektrische. Genau wie eine elektrische Ladung eine Verschiebung der Ladungen in einem benachbarten Gegenstand hervorrufen kann — die elektrische Induktion —, kann ein Magnet einen anderen magnetischen Gegenstand beeinflussen. Jeder Stoff kann elektrisch aufgeladen werden, aber nur magnetische Stoffe wie Eisen, Stahl oder bestimmte Legierungen können magnetisiert werden.

Es gibt positive und negative elektrische Ladungen, und es gibt magnetische Nord- und Südpole (vgl. S. 95). Wie bei Ladungen stoßen sich gleiche magnetische Pole ab, und ungleiche ziehen sich an. Im Gegensatz zu Ladungen können die magnetischen Pole aber nie alleine existieren. Wenn man einen Magneten auseinanderbricht, so entsteht an den Seiten der Bruchstelle je ein neuer Nord- und Südpol.

MAGNETISMUS UND ELEKTRIZITÄT

Magnetismus und Elektrizität hängen eng miteinander zusammen. Wenn ein elektrischer Strom durch eine Drahtspule fließt, verhält sich diese Spule wie ein Magnet. Wenn sich magnetisierbares Material im Inneren der Drahtspule befindet, wird es magnetisiert. Diesen Effekt nutzt man in Elektromagneten aus.

Wenn eine Drahtspule sich in einem Magnetfeld befindet, das sich auf irgendeine Weise verändert (stärker oder schwächer wird oder sich bewegt), so beginnt in der Drahtspule ein elektrischer Strom zu fließen. Er erzeugt seinerseits ein Magnetfeld, welches der Veränderung des ersten Magnetfeldes entgegenwirkt.

Elektromotoren und Generatoren (Dynamos) nützen diese beiden Effekte aus. In einem Elektromotor erzeugt der Strom ein Magnetfeld, das die Bewegung relativ zu einem Magneten hervorruft. Dagegen erzeugt in einem Generator die Bewegung eines Magneten ein sich änderndes Magnetfeld, das einen elektrischen Strom zur Folge hat.

Diese beiden Effekte, die von Michael Faraday entdeckt wurden, werden auch in Transformatoren genutzt. Sie verändern die Spannung in elektrischen Netzen oder in Geräten wie Fernsehern oder Radios. Sie arbeiten mit Wechselstrom, der Form des Stroms, die von unseren Steckdosen geliefert wird. Im Gegensatz zu dem Strom aus einer Batterie

fließt Wechselstrom nicht gleichmäßig in eine Richtung, sondern immer hin und zurück. In Deutschland wechselt er 50mal pro Sekunde seine Richtung.

In einem Transformator sind zwei Spulen um einen gemeinsamen Eisenkern gewickelt. Wenn ein Wechselstrom durch eine der Spulen fließt, so erzeugt er in dem Eisen ein schnell wechselndes Magnetfeld. Dieses ruft in der zweiten Spule einen Wechselstrom hervor. Auf diese Weise wird Energie von der einen zur anderen Spule übertragen, obwohl sie elektrisch nicht miteinander verbunden sind. Die Verbindung im Transformator funktioniert rein magnetisch.

Die Spannung in der zweiten Spule hängt davon ab, wie viele Windungen beide Spulen haben. Man kann auf diese Weise sowohl größere als auch kleinere Spannungen hervorrufen. Allerdings kann man damit nicht Energie aus dem Nichts erzeugen. Eine höhere Spannung bedeutet zwar eine größere „Kraft" der einzelnen Ladungen, aber als Ausgleich dafür wird die Strömungsgeschwindigkeit kleiner — mit anderen Worten, die elektrische Stromstärke nimmt ab.

Wenn Energie über große Entfernungen übertragen werden soll, wird die Spannung mit Hilfe von Transformatoren erhöht, damit ein kleinerer Strom zu übertragen ist. Hierbei geht weniger Energie in Form von Wärme verloren. Bevor der Strom dann in die Haushalte geht, wird die Spannung wieder herabgesetzt.

MOTOREN UND GENERATOREN

In einem einfachen Elektromotor wird eine Spule durch einen elektrischen Strom magnetisch gemacht, so daß sie von einem Magneten angezogen wird und so den Motor antreibt. Der Motor hat einen automatischen Schalter, der immer nach einer halben Umdrehung die Stromrichtung umkehrt, so daß die Spule wieder eine halbe Umdrehung weiter gezogen wird usw. Das funktioniert auch umgekehrt. Wenn die Spule eines Motors gedreht wird, produziert sie eine Spannung. Aus dem Motor ist also ein Generator (Dynamo) geworden. Auf diesem Prinzip basiert fast die gesamte Elektrizität.

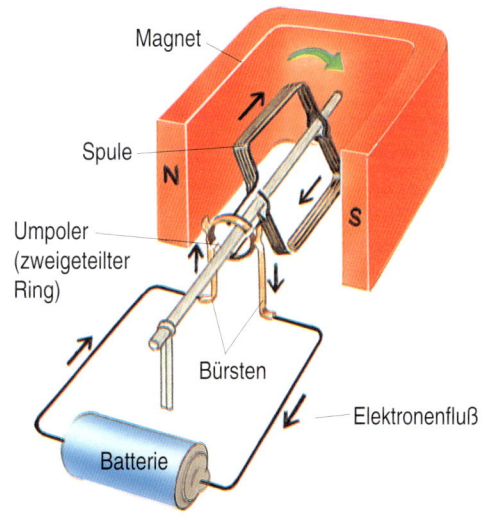

Magnet

Spule

Umpoler
(zweigeteilter
Ring)

Bürsten

Elektronenfluß

Batterie

VOM LICHT UND ANDEREN STRAHLEN

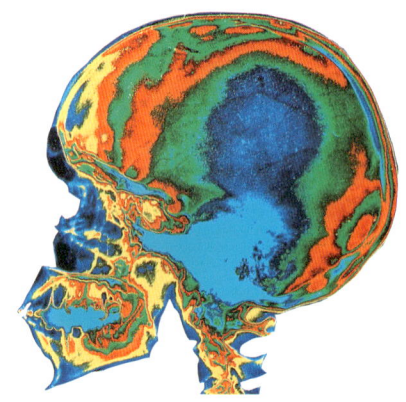

Licht ist eine von mehreren Erscheinungsformen elektromagnetischer Strahlung. Weitere sind Radiowellen, ultraviolette und infrarote Strahlung sowie Röntgenstrahlung. Anders
als das Licht sind diese Strahlungen für das menschliche Auge
nicht sichtbar, doch ihre Wirkungen lassen sich vielfältig nutzen.

WIE SCHNELL IST DAS LICHT?

Daß das Licht eine gewisse Zeit benötigt, um Entfernungen zu überwinden, war lange nicht bekannt. Frühe Versuche zur Messung der Geschwindigkeit des Lichts stützten die Theorie, daß das Licht sich ohne Zeitbedarf ausbreitet. Später ermittelte man mit genaueren Meßmethoden, daß das Licht sich mit einer Geschwindigkeit von etwa 300 000 km/s durch den leeren Raum bewegt. Die Bewegung des Lichts ist normalerweise geradlinig. Könnte es sich im Kreis bewegen, würde es bei dieser Geschwindigkeit die Erde innerhalb einer einzigen Sekunde fast achtmal umrunden!

ELEKTROMAGNETISCHE STRAHLUNG

Charakteristisch für jegliche Art von Strahlung ist, daß sie sich von einer Quelle aus verbreitet. Dies ist auch beim Licht der Fall, daher ist es eine Form von Strahlung. Was aber ist Licht genau? Um dies herauszufinden, stellen wir uns zunächst einmal ein Magnetfeld um einen Magneten vor. Wird der Magnet hin- und herbewegt, so gehen magnetische Wellen von ihm aus, ähnlich wie Wellen durch ein Seil wandern, wenn man es an einem Ende festhält und kräftig schüttelt.

Um einen bewegten Magneten herum entsteht ein veränderliches Magnetfeld und mit diesem ein elektrisches Feld, d. h., ein bewegter Magnet läßt zum Beispiel in den Drahtwicklungen eines Dynamos einen elektrischen Strom entstehen. Die von einem schwingenden Magneten ausgehenden Wellen sind also sowohl magnetisch als auch elektrisch. Man nennt sie daher elektromagnetische Wellen.

Licht besteht aus elektromagnetischen Wellen, die jedoch nicht durch große bewegte Magneten, sondern durch Schwingungen von Atomen zustande kommen. Außer dem Licht gibt es noch weitere Arten elektromagnetischer Strahlung: Radiowellen, Mikrowellen, infrarote Strahlung (IR), ultraviolette Strahlung (UV), Röntgenstrahlung und Gammastrahlung. Alle diese Wellen bewegen sich mit der gleichen Geschwindigkeit wie das Licht durch den Raum, unterscheiden sich jedoch hinsichtlich ihrer Schwingungsanzahl pro Zeiteinheit. Manche Radiowellen schwingen nur mehrere hundert Mal pro Sekunde, Gammastrahlen dagegen schwingen bis zu hundert Trillionen Mal pro Sekunde.

Links: Die Aufnahme zeigt Laserstrahlen vor dem Hintergrund der großen Pyramiden von Gizeh in Ägypten, die um 2 600 v. Chr. entstanden. Natürlich hatten die alten Ägypter noch keine Laser, doch wußten sie bereits, daß das Licht sich geradlinig fortbewegt. Dieses Wissen nutzten sie beim Anlegen langer, geradliniger Verbindungen bzw. Geländebegrenzungen.

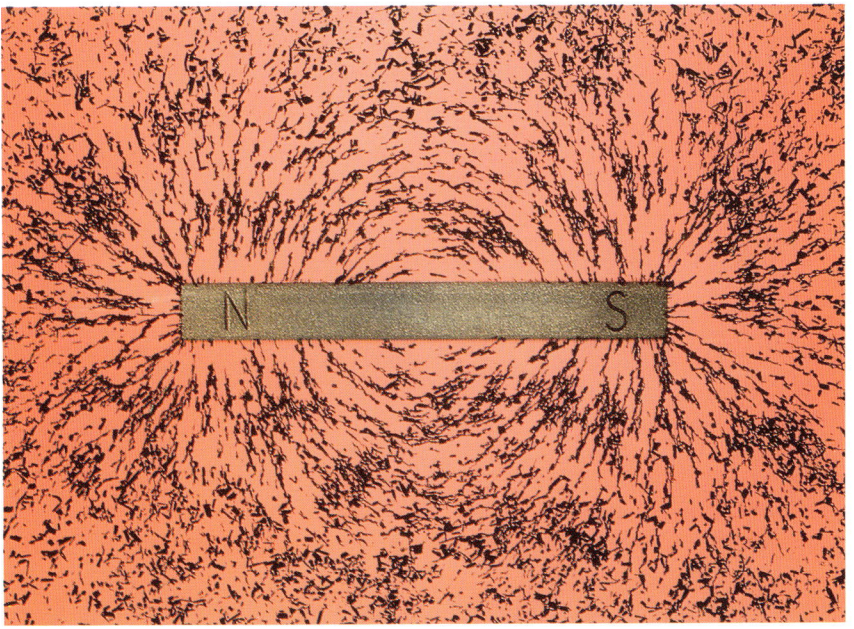

Links: Das Magnetfeld um einen Stabmagneten wird hier durch Eisenspäne sichtbar gemacht. Jeder winzige Span wird unter dem Einfluß des Stabmagneten selbst zum Magneten. Die Anziehung zwischen den entgegengesetzten Polen der Späne und des Magneten bewirkt, daß die Späne sich in Linien ausrichten, wie auf dem Bild zu sehen ist. Die Kraftlinien gehen von den beiden Polen des Stabmagneten aus.

Wellen „wandern" durch das Seil.

Links: Wenn man das Seil an einem Ende kräftig schüttelt, setzt sich die Bewegung wellenförmig in ihm fort.

Rechts: Die verschiedenen Farben im Spektrum des weißen (d. h. des gesamten sichtbaren) Lichts entsprechen unterschiedlichen Wellenlängen. So kommen auf einen einzigen Millimeter etwa 2 500 Wellen violettfarbenen Lichts, während es bei rotem Licht um die 1 400 sind.

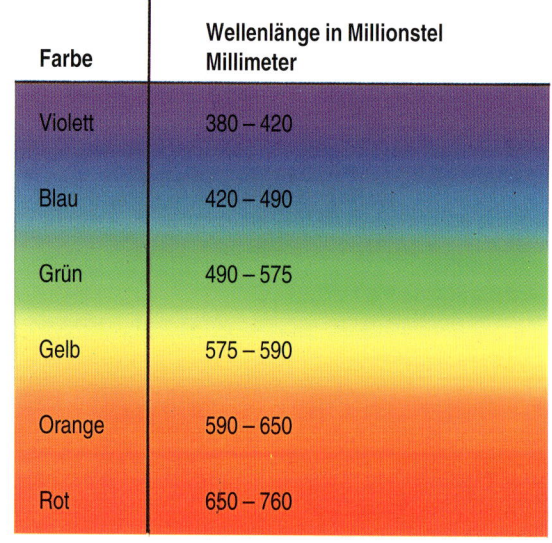

Farbe	Wellenlänge in Millionstel Millimeter
Violett	380 – 420
Blau	420 – 490
Grün	490 – 575
Gelb	575 – 590
Orange	590 – 650
Rot	650 – 760

Unten: Die Gesamtheit aller Arten von elektromagnetischen Wellen bezeichnet man als elektromagnetisches Spektrum. Es erstreckt sich von den Radiowellen (mit den größten Wellenlängen und den niedrigsten Frequenzen) bis zu den Gammastrahlen (mit den kleinsten Wellenlängen und den höchsten Frequenzen). Licht ist die einzige Form von Strahlung, die wir sehen können.

Die Anzahl, mit der die Schwingungen pro Sekunde auftreten, nennt man Frequenz. Man gibt sie in Hertz an (Abk.: Hz). Eine Frequenz von 1 Hz bedeutet, daß pro Sekunde eine Schwingung stattfindet oder eine Welle ausgesandt wird. Eine Frequenz von 1 Kilohertz (Abk.: kHz) entspricht 1 000 Schwingungen oder Wellen pro Sekunde, und bei 1 Megahertz (Abk.: MHz) sind es 1 Million. Bei Wellen gibt man meist die Wellenlänge anstatt der Frequenz an.

Wenn man einen Stock in einem Teich auf- und niederbewegt, bilden sich um die Eintauchstelle Wellen, die nach außen laufen. Als Wellenlänge bezeichnet man die Entfernung zwischen den jeweils höchsten Stellen zweier aufeinanderfolgender Wellen.

Wenn man den Stock rascher auf- und abbewegt, werden pro Sekunde mehr Wellen ausgesandt. Die Wellenberge folgen in kürzeren Abständen aufeinander. Mit anderen Worten: Eine höhere Frequenz bewirkt eine geringere Wellenlänge.

Von allen Formen elektromagnetischer Strahlung haben Radiowellen die größten und Gammastrahlen die kleinsten Wellenlängen.

LICHT — SICHTBAR UND NUTZBAR

Jede Art von elektromagnetischer Strahlung hat ihre besonderen Eigenschaften. Licht ist die einzige Strahlungsart, die wir Menschen direkt wahrnehmen können. Unsere Augen sind lichtempfindlich und können mit Hilfe des Lichts auf der Netzhaut Bilder erzeugen (siehe S. 22).

Mit Hilfe des Lichts können wir nicht nur unsere direkte Umgebung sehen. Fotografie und Fernsehen sind so etwas wie Erweiterungen des Sehvorgangs. Und auch in anderen Bereichen der Kommunikation spielt Licht eine wichtige Rolle.

Telefongespräche werden heute durch Lichtimpulse übertragen, die über weite Entfernungen hinweg in Glasfaserkabeln transportiert werden.

Dabei wird der Schall (z. B. das gesprochene Wort) zunächst von einem Mikrophon in elektrische Signale umgesetzt und anschließend in einen Impuls-Code aus digitalen Signalen umgewandelt, der also eine Folge von Zahlen darstellt. Diese elektrischen Signale wandelt ein winziger Laser in

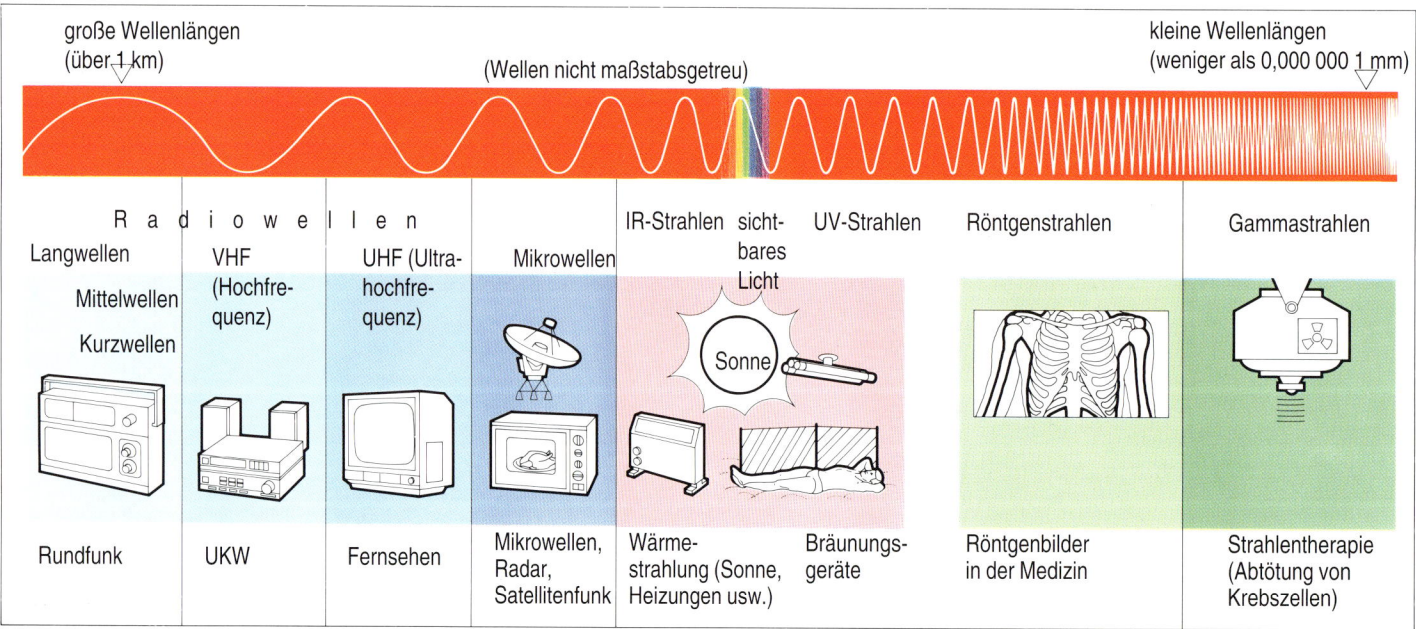

große Wellenlängen (über 1 km)   (Wellen nicht maßstabsgetreu)   kleine Wellenlängen (weniger als 0,000 000 1 mm)

Radiowellen | IR-Strahlen | sichtbares Licht | UV-Strahlen | Röntgenstrahlen | Gammastrahlen

Langwellen | VHF (Hochfrequenz) | UHF (Ultrahochfrequenz) | Mikrowellen

Mittelwellen

Kurzwellen

Sonne

Rundfunk | UKW | Fernsehen | Mikrowellen, Radar, Satellitenfunk | Wärmestrahlung (Sonne, Heizungen usw.) | Bräunungsgeräte | Röntgenbilder in der Medizin | Strahlentherapie (Abtötung von Krebszellen)

Lichtimpulse um und speist sie in das eine Ende einer optischen Faser (Lichtleit- oder Glasfaser) ein, die nicht dicker ist als ein menschliches Haar. An der inneren Grenzfläche der Glasfaser werden die Lichtimpulse immer wieder reflektiert und können daher nicht aus der Faser seitlich austreten, bis sie ihren Bestimmungsort erreicht haben. Dort treten sie aus dem Faserende aus und werden wieder in elektrische Signale umgesetzt, die dann decodiert werden. Danach gelangen sie in die Hörmuschel eines Telefonhörers und versetzen deren Metallmembran in Schwingung. Dabei werden die Signale wieder zu Schallinformationen umgewandelt, so daß der Teilnehmer hört, was sein Gesprächspartner sagt. In einem Telefonkabel kann man Tausende der haarfeinen optischen Fasern unterbringen. Dadurch ist es möglich, mehrere tausend Telefongespräche durch ein einzelnes Telefonkabel zu leiten.

Den Lichtstrahl, der in einer optischen Faser das umgewandelte Schallsignal „transportiert", bezeichnet man auch als Träger. Die Signalübertragung erfolgt, indem man diesen Strahl moduliert (verändert). Bei der Übermittlung von Rundfunksignalen dienen Radiowellen als Träger. Moduliert wird der Träger, indem man entweder die Amplitude (d. h. den Ausschlag) der Wellen (Amplitudenmodulation = AM) ändert oder aber — beim UKW (= Ultrakurzwellen) — ihre Frequenz (Frequenzmodulation = FM). Jede Rundfunk-Sendestation nutzt zur Übertragung ihrer Programme eine eigene Trägerfrequenz, die auf dem Empfangsgerät in kHz oder in MHz angegeben ist.

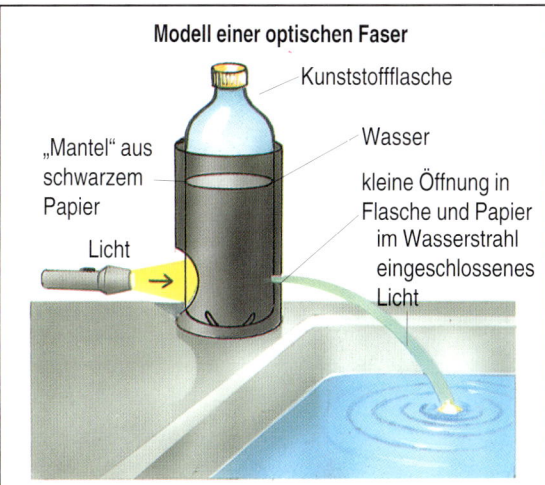

Modell einer optischen Faser

Kunststoffflasche

„Mantel" aus schwarzem Papier

Wasser

Licht

kleine Öffnung in Flasche und Papier im Wasserstrahl eingeschlossenes Licht

Mit einfachen Hilfsmitteln kannst du eine „optische Faser" herstellen. Auf der Abbildung siehst du, wie es gemacht wird. Am besten funktioniert der Versuch im Dunkeln. Halte die Taschenlampe so vor die große Öffnung im Papiermantel, daß ihr Lichtstrahl auf die gegenüberliegende kleinere Öffnung gerichtet ist. Ein Teil des Lichts ist im austretenden Wasserstrahl eingeschlossen, der wie eine optische Faser wirkt.

LASERLICHT

Laser erzeugen einen stark gebündelten Strahl sehr hellen Lichts. In CD-Spielern, Strichcode-Lesegeräten und bei der Datenübertragung mit Glasfasern werden winzige Feststofflaser eingesetzt. Größere Laser mit einer gasgefüllten Röhre werden beispielsweise zur exakten Landvermessung benutzt. Das Kernstück eines Gaslasers ist eine Leuchtstoffröhre ähnlich denen einer Neonreklame. Um die Funktion eines Lasers zu verstehen, wollen wir zunächst betrachten, wie das Leuchten einer Neonröhre ent-

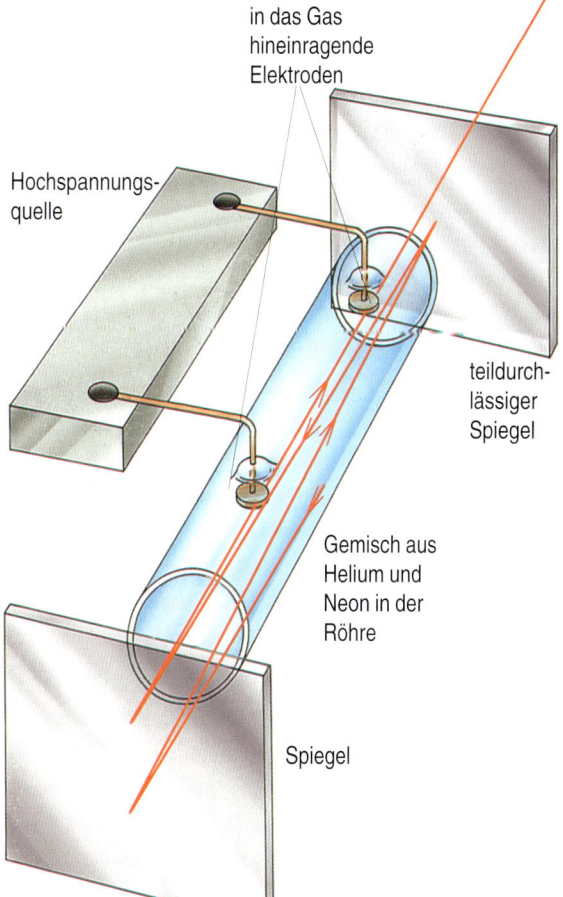

Laserstrahl

in das Gas hineinragende Elektroden

Hochspannungs-quelle

teildurch-lässiger Spiegel

Gemisch aus Helium und Neon in der Röhre

Spiegel

Links: Die Abbildung zeigt den schematischen Aufbau eines Helium-Neon-Lasers. In der Glasröhre werden Gasatome bei geringem Druck durch eine elektrische Entladung von der Energiequelle angeregt. Die Atome beginnen, Licht auszusenden. Das Licht wird von Spiegeln an beiden Enden der Röhre hin und her reflektiert, und dabei werden bei jeder Reflexion immer mehr Atome angeregt. Sie alle geben Licht der gleichen Wellenlänge ab. Überdies sind die Wellen auch noch phasengleich, d. h., sie schwingen alle genau im selben Takt. Der stark gebündelte und sehr helle Lichtstrahl tritt durch einen der Spiegel aus, der teildurchlässig ist.

steht, und dies mit der Erzeugung von Radiowellen durch einen Sender vergleichen.

In einer Neonröhre werden durch eine elektrische Entladung Atome im Gas in einen angeregten Zustand versetzt und senden daraufhin Lichtwellen aus. Weil jedes der unzählig vielen Atome willkürlich Salven von Lichtwellen abgibt, nehmen wir ein ununterbrochenes Leuchten des Gases wahr.

Radiowellen entstehen, indem ein elektrischer Strom in einer Sendeantenne hin und her fließt.

Die Wellen werden aber kontinuierlich abgestrahlt und nicht „portionsweise" in willkürlichen Abständen wie beim Licht der angeregten Atome.

Radiowellen entstehen also gleichmäßig, wie Wasserwellen um einen Stock, den man in einem Teich auf- und abbewegt. Lichtwellen dagegen werden in „Blitzen" abgegeben, etwa, wie wenn man eine Handvoll Kieselsteine wirft. Das Prinzip des Lasers besteht darin, daß sehr viele Atome veranlaßt werden, genau phasengleich Strahlung zu emittieren (auszusenden).

Für Versuche im Physikunterricht an Schulen werden meist Helium-Neon-Laser benutzt. Das Gasgemisch aus Helium und Neon in der Röhre eines solchen Lasers steht unter niedrigem Druck. Sobald man eine geeignete elektrische Spannungsquelle an die Röhre anschließt, beginnen die Atome Licht auszusenden. An den Enden der Röhre sind Spiegel angebracht, die das Licht mehrere Millionen Mal pro Sekunde in der Röhre hin und her reflektieren. Dabei werden die von den Atomen ausgesandten Wellen verstärkt. Einer der beiden Spiegel ist teildurchlässig, so daß der Laserstrahl ihn durchdringen und nach außen treten kann. Der Strahl ist von intensiver Helligkeit und sehr stark gebündelt. Anders als gewöhnliches Licht verbreitert sich ein Laserstrahl praktisch nicht. Mit Lasern kann man heute nicht nur sichtbares Licht unterschiedlicher Wellenlängen erzeugen, sondern auch infrarote Strahlung. Die Lichtausbeute (Lichtleistung) eines kleinen Helium-Neon-Lasers beträgt etwa ein tausendstel Watt.

RADIO- UND MIKROWELLEN

Ab den 20er Jahren standen in immer mehr Haushalten Rundfunkgeräte zum Empfang von Nachrichten- und Musikübertragungen der neugegründeten Sendeanstalten. Die frühen Radiosendungen wurden ausschließlich durch Langwellen übertragen. Mit einem leistungsstarken Sender und ausreichend empfindlichen Empfangsgeräten konnten die Programme so gut wie überall auf der Welt empfangen werden. Dies löste zunächst großes Erstaunen aus, denn niemand hatte damit gerechnet, daß die Strahlung weiter als bis zum Horizont reichen würde; außerdem wußte man schon, daß sich elektromagnetische Strahlung stets geradlinig fortbewegt. Wie also war es möglich, daß die Strahlung der Krümmung der Erde zu folgen schien? Die Erde ist von Schichten aus geladenen Teilchen umgeben, die zusammen die Ionosphäre bilden. Die Ionosphäre reflektiert Langwellen. Diese können sich durch ständige Reflektion zwischen Ionosphäre und Erdboden Tausende von Kilometern weit um die Erde bewegen, bis sie schließlich irgendwo von der Antenne eines Empfängers aufgefangen werden.

Bei niedrigen Frequenzen (d. h. großen Wellenlängen) ist die Klangqualität nicht gut. Um dies zu vermeiden, verwendet man Hochfrequenzsignale (Abk.: VHF = very high frequencies). Diese werden allerdings von den Schichten der Ionosphäre nicht besonders gut reflektiert, deshalb ist ihre Reichweite begrenzt. Noch höhere Frequenzen — die sogenannten Ultrahochfrequenzen (Abk.: UHF = ultra high frequencies) werden zur Übertragung von Fernsehbildern benötigt. Auch sie haben eine begrenzte Reichweite.

Mikrowellen werden in der Satellitenempfangstechnik eingesetzt, weil sie die Ionosphäre durchdringen können. Außerdem verwendet man sie, um per Radar die Position von Flugzeugen oder Schiffen zu ermitteln. Hierbei wird gemessen, wie lange ein Mikrowellenimpuls unterwegs ist, bis er auf das betreffende Objekt trifft und von diesem zur Antenne des Senders zurückgeworfen wird. Die erhaltenen Echoimpulse werden verstärkt und auf einem Schirm als Radarbild sichtbar gemacht.

„SCHNELLE KÜCHE"

Vor etlichen Jahren fand man heraus, daß sich Gegenstände unter dem Einfluß eines starken Felds von Radiowellen erwärmen. Dieses Prinzip liegt der Funktion des Mikrowellenherds zugrunde.

Wärme ist nichts anderes als die Schwingung von Molekülen. Die Mikrowellen im Herd wirken auf das in der Nahrung enthaltene Wasser. Sie dringen in die Nahrung ein und „schubsen" die Wassermoleküle an, so daß diese in Schwingung versetzt werden. Dadurch erwärmt sich die gesamte Portion rasch und gleichmäßig.

UNSICHTBARE WÄRME

An den roten Bereich des sichtbaren Lichts schließt die infrarote oder IR-Strahlung an. Man nennt sie auch Wärmestrahlung, weil sie Gegenstände in ihrem Einflußbereich erwärmt. Ein elektrisches Bügeleisen sendet keine sichtbare Strahlung aus, doch wer die Hand in die Nähe der Bodenplatte hält, spürt die Wärme. IR-Strahlung wird vom menschli-

Rechts: Im dichten Rauch eines Feuers sind Menschen mit bloßem Auge äußerst schwer zu sehen. Mit Infrarotkameras können Feuerwehrleute durch den Rauch hindurchsehen. Auch zum Aufspüren von Überlebenden unter den Trümmern eines eingestürzten Gebäudes eignet sich diese Methode.

Ganz rechts: Obwohl die Infrarotkamera kein farbiges Bild liefert, ist doch eindeutig zu erkennen, daß hier ein Verschütteter auf Hilfe wartet.

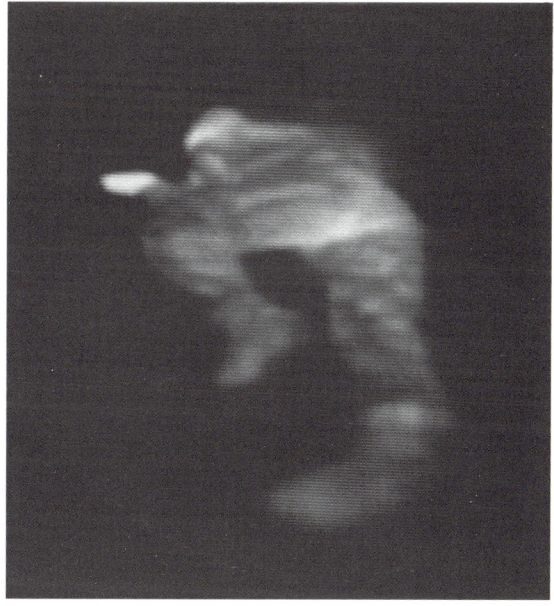

Oben: Die obere Aufnahme wurde bei normalem Licht gemacht. Da die Löwenzahnblüten den Gelbanteil des sichtbaren Lichts reflektieren und alle anderen Farben absorbieren (aufnehmen), erscheinen sie gelb. Wenn man sie mit UV-Licht bestrahlt wie bei der unteren Aufnahme, wird die Strahlung in der Blütenmitte absorbiert, von den Blütenblättern am Rand dagegen stark reflektiert.

chen Auge nicht wahrgenommen; Alarmanlagen arbeiten deshalb meist mit dieser Art von Strahlung.

Infrarotes Licht dringt durch Nebel und Wolken; deshalb eignen sich IR-empfindliche Fernsehkameras z. B. zum Einsatz im dichten Rauch brennender Gebäude. Auch in der Medizin wird mit Infrarot-Sensoren gearbeitet. Sie können geringfügige Temperaturunterschiede im menschlichen Körper registrieren, so daß man auf diese Weise Tumore und andere krankhafte Veränderungen lokalisieren kann.

ULTRAVIOLETT — MAL ANGENEHM, MAL GEFÄHRLICH ...

Bei Bühnenaufführungen scheinen manche Kleidungsstücke der Tänzer zuweilen hell zu leuchten, obgleich keine sichtbare Lichtquelle vorhanden ist. Dieser Effekt kommt durch Lampen zustande, die das für das menschliche Auge unsichtbare UV-Licht ausstrahlen. Es bringt spezielle Farbstoffe in den Kostümen zum Leuchten.

Ganz links: Diese Aufnahme entstand bei gewöhnlichem Licht. Der Deckel der goldenen Schnupftabakdose ist mit einer Einlegearbeit aus Diamanten verschiedener Größe verziert.

Links: Im UV-Licht fluoreszieren die Diamanten und erscheinen leuchtend blau. Fluoreszenz ist ein Leuchteffekt, der entsteht, wenn auftreffendes kurzwelliges Licht in längerwelliges Licht umgewandelt wird.

Das Sonnenlicht enthält einen gewissen Anteil UV-Strahlung. Diese bewirkt, daß sich deine Haut im Sommer bräunt. Allerdings sollte man sich keinesfalls stundenlang in die Sonne legen, um möglichst rasch braun zu werden, denn zuviel UV-Licht kann Hautkrebs auslösen. Auch den Augen schadet das UV-Licht. Es hat auf sie die gleiche Wirkung wie gleißendhelles Licht, doch da es nicht sichtbar ist, schließt man weder die Augen, noch wendet man den Kopf ab.

...UND NÜTZLICH

Manche Substanzen kann man anhand ihrer Fluoreszenz analysieren. Genau wie das weiße Licht läßt sich auch das ultraviolette Licht mit einem Prisma in seine Bestandteile aufspalten. Allerdings braucht man hierzu ein Prisma aus Quarz. Das entstandene Spektrum wird fotografiert, und die verschiedenen Wellenlängen werden gemessen. Man erhält auf diese Weise eine Art „Fingerabdruck" der untersuchten Substanz, den man dann bei der Analyse unbekannter Stoffe zum Vergleich heranziehen kann.

Unter dem Einfluß von UV-Strahlung härten manche Kunststoffe schneller aus. Diese Wirkung nutzt z. B. der Zahnarzt, wenn er eine Füllung aus Kunststoff eingesetzt hat: Durch eine dicke optische Faser richtet er UV-Licht auf die Zahnfüllung.

GEHEIMNISVOLLE STRAHLEN

Im Jahr 1895 entdeckte der Physiker Wilhelm Conrad Röntgen durch Zufall eine bis dahin unbekannte Art von Strahlung. In seinem Labor wurden ein paar unbenutzte, lichtgeschützt verpackte Fotoplatten in der Nähe einer elektrischen Entladungsröhre aufbewahrt. Beim versehentlichen Entwickeln auch dieser Platten stellte er fest, daß sie geschwärzt waren, als seien sie belichtet worden. Unsichtbare, die Verpackung der Platten durchdringende Strahlung von der Röhre mußte die Ursache sein. Da Röntgen zunächst über diese Strahlung nichts wußte, nannte er sie X-Strahlung. Bald stellte er fest, daß mit den neuentdeckten Strahlen erstaunliche Fotografien möglich waren, die man dann vielerorts an Kliniken nutzte. Die später nach Röntgen benannten Strahlen durchdringen weiches Körpergewebe, kaum aber Knochen und Metall, und erzeugen so Bilder des Körperinnern.

Röntgenstrahlen sind im elektromagnetischen Spektrum jenseits der UV-Strahlen angesiedelt, haben also kürzere Wellenlängen als diese. Extrem kurzwellige Röntgenstrahlen können selbst Knochen und manche Metalle durchdringen.

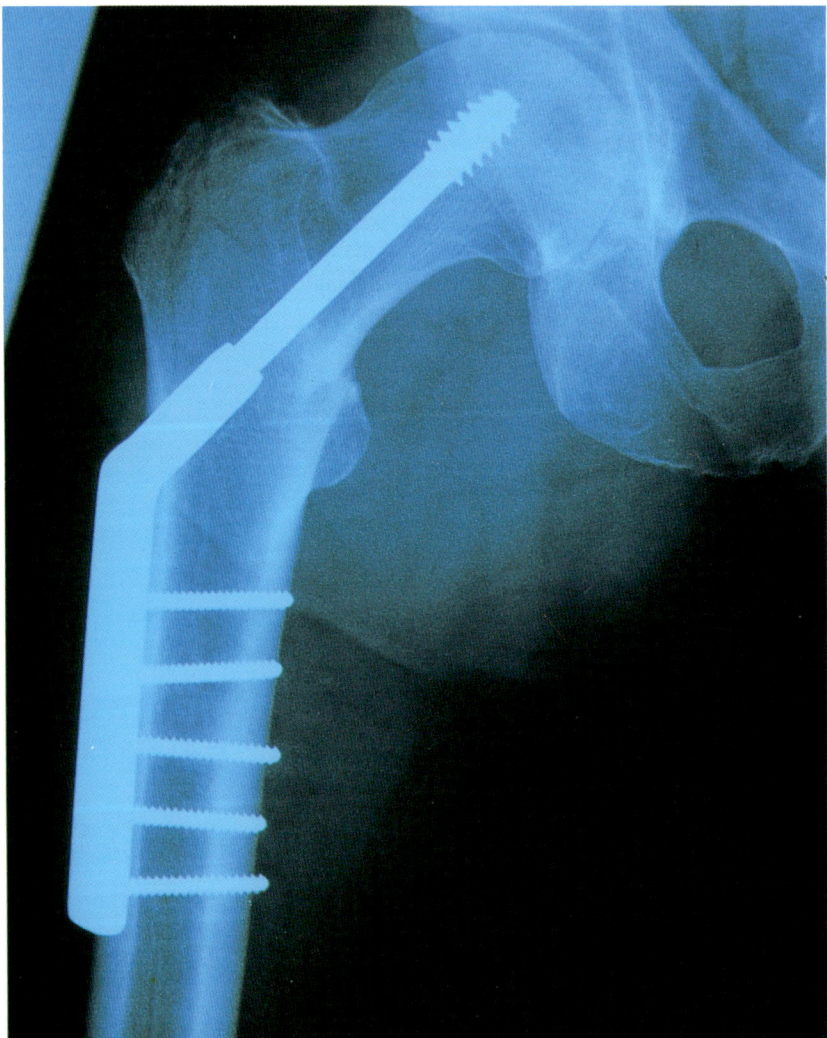

Unten: Röntgenstrahlen durchdringen die Muskulatur, weniger gut jedoch das Knochenmaterial, das deshalb hier heller erscheint. Den stählernen Schaft im Knochen und die damit verbundenen Schrauben können die Röntgenstrahlen nicht durchdringen, so daß diese Teile weiß erscheinen.

SCHNITTBILDER

Durch die Kombination von Röntgenapparaten mit leistungsfähiger Computertechnik ist es heute möglich, Schnittbilder des menschlichen Körpers zu erzeugen. Man nennt das Computertomographie. Der Patient liegt dabei in einer großen Röhre, während die Röntgenquelle um ihn herum und an ihm entlang bewegt wird und die Strahlen seinen Körper abtasten. Genau gegenüber der Röntgenquelle befindet sich ein ebenfalls beweglicher Detektor. Dieser registriert die auf ihn treffende Röntgenstrahlung und leitet entsprechende Signale zu einem Computer. Dieser erstellt aus den Daten Schichtbilder, die auf dem Bildschirm erscheinen.

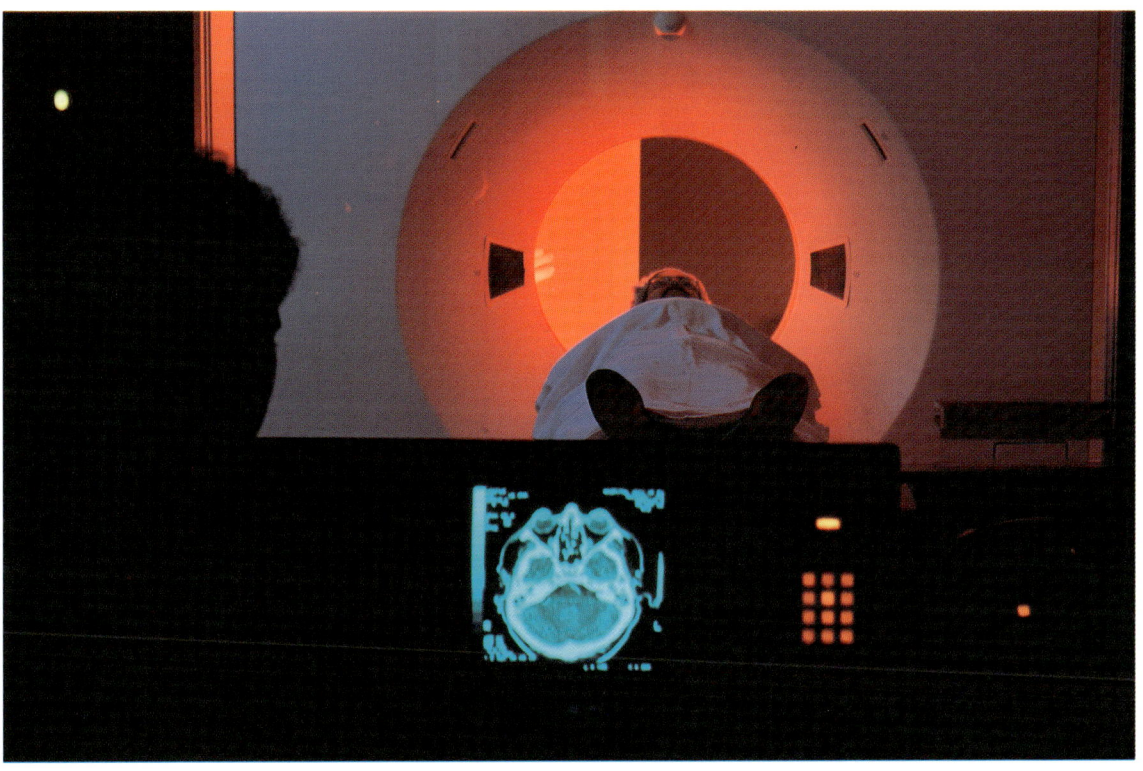

GAMMASTRAHLEN

Gammastrahlen werden u. a. von radioaktiven Stoffen abgegeben. Sie haben die höchsten Frequenzen und kürzesten Wellenlängen aller Strahlungsarten im elektromagnetischen Spektrum. Sie sind besonders schädlich und durchdringen fast jedes Material. Gamma- und auch Röntgenstrahlen nutzt man zur Untersuchung von Stahlbauteilen auf Risse und Einschlüsse. In der Medizin dienen Gammastrahlen als Hilfsmittel in der Diagnostik. So nimmt die Schilddrüse das Element Jod auf. Wenn nun winzige Spuren radioaktiven Jods in den Körper gebracht werden, strahlt die Schilddrüse Gammastrahlen ab. Wenn der Arzt diese Strahlung analysiert, kann er feststellen, ob sie normal arbeitet.

TEILCHEN ODER WELLEN?

Der große Physiker Isaac Newton war der Ansicht, Licht sei ein Strom aus winzigen Teilchen, die er „Körperchen" (Korpuskeln) nannte. Andere Wissenschaftler vertraten die Meinung, Licht trete in Form von Wellen auf. Spätere Versuche ergaben, daß Licht eine Form elektromagnetischer Strahlung ist und sich manchmal wie Wellen und manchmal wie Teilchen verhält. Das klingt verwirrend, doch muß man bedenken, daß die Mikrowelt der Atome und Elektronen ganz anders ist als unsere alltägliche Umgebung und keineswegs einfach nur eine Verkleinerung davon.

Um diesen Sachverhalt besser begreifen zu können, stell dir einmal vor, daß du in einer Zeitmaschine 500 Jahre in die Vergangenheit gereist bist. Dort angekommen, versuchst du den Menschen zu erklären, was ein Auto ist. Deine Zuhörer lauschen aufmerksam und tauschen dann ihre Meinungen aus.

Einige sind der Ansicht, daß ein Auto eine Art Pferd ist, weil man es erst füttern muß (nämlich mit Treibstoff), bevor es sich von selbst bewegt. Andere meinen, es sei eher eine Art Kutsche, weil es Räder hat und man darin von einem Ort zum anderen reisen kann. Aber ein Auto ist weder das eine noch das andere. Es ist ein Auto! Ebenso verhält es sich mit dem Licht und anderen Formen elektromagnetischer Strahlung. Sie vereinigen Eigenschaften von Teilchen und von Wellen, sind jedoch weder bloße Teilchen noch einfache Wellen, sondern eben elektromagnetische Strahlung.

Die Energieträger der elektromagnetischen Strahlung nennt man Photonen. Je höher die Frequenz der Strahlung ist, desto mehr Energie hat ein Photon. Deshalb können Röntgen- und besonders Gammastrahlen — anders als das sichtbare Licht — auch schädliche Wirkung haben, wenn ihre energiereichen Photonen auf unseren Körper treffen oder in ihn eindringen.

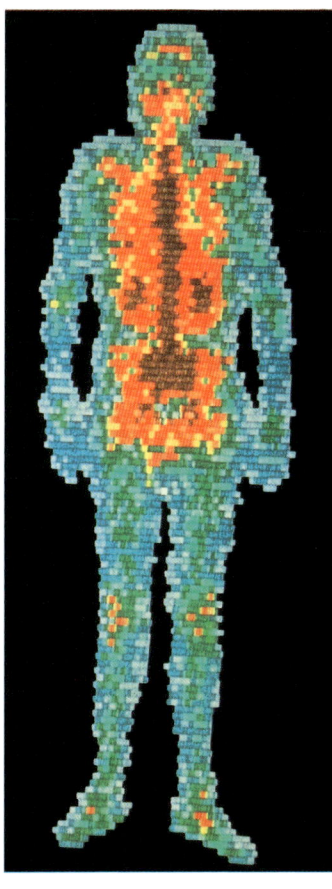

EINE FRAGE DER ZEIT

I m Lauf der Jahrhunderte hat der Mensch immer mehr und
immer genauere Methoden der Zeitmessung entwickelt.
Daß wir die Zeit exakt messen können, ist heute eine Selbstver-
ständlichkeit und spielt in vielen Bereichen unseres Lebens eine
wichtige Rolle. Dennoch birgt das Phänomen Zeit nach wie
vor viele Rätsel.

Jahrhundertelang teilte der Mensch die Zeit nach dem Lauf der Sonne ein. Er beobachtete, daß sie manchmal niedrig und manchmal hoch am Himmel steht, und bezeichnete den Zeitabschnitt zwischen zwei aufeinanderfolgenden Höchstständen der Sonne als einen Tag. Wir wissen heute, daß nicht die Sonne sich um die ruhende Erde bewegt, sondern sich die Erde einmal am Tag um ihre eigene Achse dreht. Deshalb sehen wir die Sonne über den Himmel wandern.

Schon früh teilte der Mensch den Tag in 24 Stunden ein. Bis vor etwa 600 Jahren entsprach eine Stunde dem zwölften Teil der täglichen Helligkeitsdauer. Da es im Sommer länger hell ist als im Winter, waren damals die Stunden im Sommer länger als im Winter!

Als im 14. Jahrhundert die ersten mechanischen Uhren gebaut wurden, mußte die Dauer einer Stunde einheitlich festgelegt werden. Später konstruierte man nach und nach genauere Uhren, die die Zeit in immer kleineren Einheiten maßen: erst in Minuten, dann in Sekunden, und heute hat man in wissenschaftlichen Labors Uhren, die die Zeit in Pikosekunden anzeigen (eine Pikosekunde ist der billionste Teil einer Sekunde).

Zwar dauert es auf allen Uhren gleich lang, bis der Stundenzeiger einmal ums Zifferblatt gewandert ist, doch zeigen sie nicht überall auf der Welt die gleiche Uhrzeit an. Dies rührt daher, daß die Sonne — je nach dem Standort des Betrachters auf

Links: Diese Uhr wirkt auf den ersten Blick wie aus Großvaters Zeiten, ist jedoch moderneren Datums. Man bezeichnet sie als Skelettuhr, weil ihr Mechanismus von außen sichtbar ist.

Unten: Die Mitternachtssonne über Nordnorwegen. Diese Zeitrafferaufnahme wurde zur Mittsommerzeit gemacht und zeigt den Stand der Sonne am Himmel in Abständen von je einer Stunde. Um Mitternacht steht sie niedrig am Himmel, ist jedoch noch über dem Horizont zu sehen. Dieser Effekt kommt durch die Neigung der Erdachse zustande.

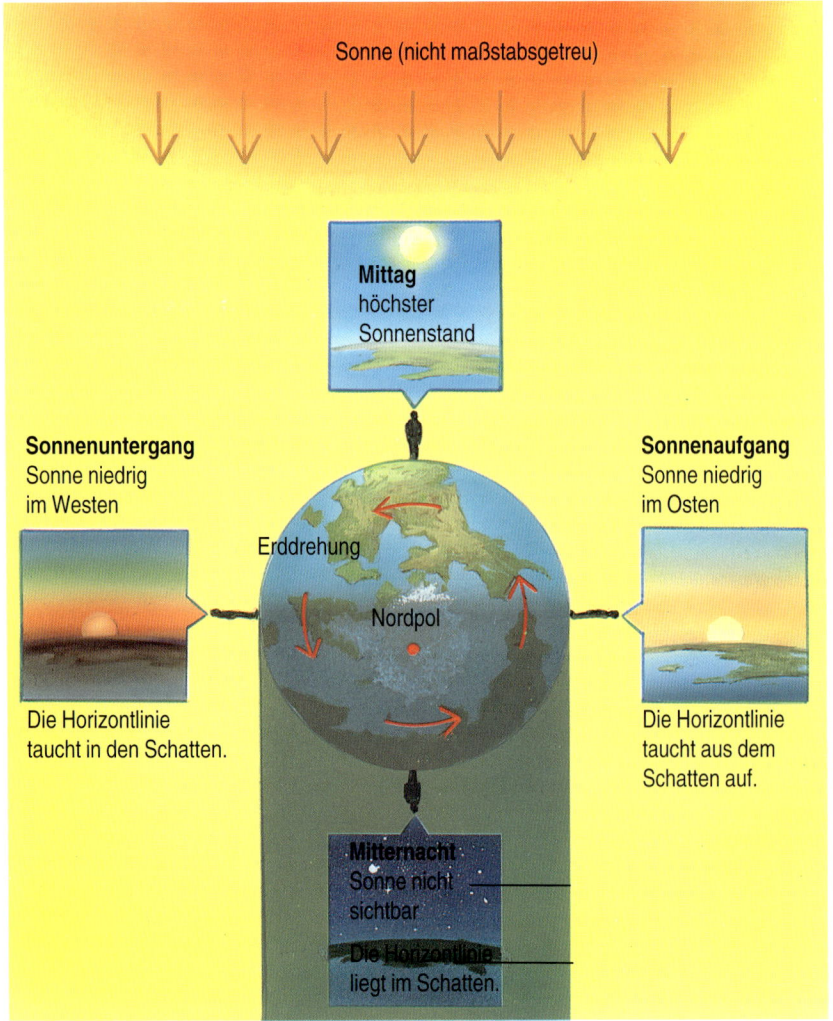

Sonne (nicht maßstabsgetreu)

Mittag
höchster
Sonnenstand

Sonnenuntergang
Sonne niedrig
im Westen

Erddrehung

Nordpol

Die Horizontlinie
taucht in den Schatten.

Sonnenaufgang
Sonne niedrig
im Osten

Die Horizontlinie
taucht aus dem
Schatten auf.

Mitternacht
Sonne nicht
sichtbar

Die Horizontlinie
liegt im Schatten.

Oben: Wie hoch wir zu einem bestimmten Zeitpunkt die Sonne am Himmel stehen sehen, hängt von unserem Standort auf der Erde ab. Deshalb sind die Uhren rund um die Erde so gestellt, daß sie zum selben Zeitpunkt an verschiedenen Orten unterschiedliche Zeiten anzeigen.

der Erde — zu unterschiedlichen Zeiten ihren höchsten Stand erreicht. Wenn es in London zwölf Uhr mittags ist, ist es in Wellington/Neuseeland Mitternacht.

Im Jahr 1880 führte man für ganz Großbritannien offiziell die mittlere Ortszeit der Sternwarte von Greenwich ein. Sie wird als mittlere Greenwichzeit bezeichnet (GMT = Greenwich Mean Time).

1884 wurde eine Einteilung der Erde in Zeitzonen verbindlich festgelegt. Wer eine Reise unternimmt und von einer Zone in die andere kommt, muß seine Uhr meist um eine Stunde vor- oder zurückstellen.

Verschwundene Zeit
Im Jahr 1752 gingen die Engländer am 2. September abends schlafen, und als sie am nächsten Morgen erwachten, war bereits der 14. September! Damals hatte die Regierung beschlossen, 11 Tage zu überspringen, weil der Kalender in England im Vergleich zu den anderen europäischen Ländern um diesen Zeitraum „nachging".

1 MINUTE = 61 SEKUNDEN?

Heute ist die Sekunde (Abkürzung: s) als Grundeinheit der Zeitmessung wissenschaftlich exakt definiert. Eine Sekunde entspricht der Schwingungsdauer einer bestimmten Anzahl von Wellen der Strahlung, die von einer bestimmten Atomsorte des Elementes Cäsium ausgeht. Das hört sich ziemlich kompliziert an, ist jedoch die zuverlässigste Methode der Zeitmessung.

Uhren, die nach diesem Prinzip funktionieren, bezeichnet mal als Atomuhren. Sie gehen deshalb so genau, weil die Schwingungsfrequenz der betreffenden Atome stets gleich bleibt, unabhängig von Temperaturunterschieden und anderen Einflüssen, die bei andersartigen Uhren die Ganggenauigkeit beeinträchtigen können.

Mit Hilfe genauer Methoden der Zeitmessung hat man herausgefunden, daß sich die Erde nicht immer mit gleicher Geschwindigkeit dreht. Wir alle kennen Schaltjahre und wissen, daß in einem solchen Jahr dem Februar ein zusätzlicher Tag angehängt wird, damit die Kalenderrechnung mit den Jahreszeiten übereinstimmt. Daneben gibt es seit 1972 auch Schaltsekunden, mit denen die Zeit sozusagen im Feinbereich reguliert wird, wenn sich die Tageslänge durch Unterschiede in der Rotationsgeschwindigkeit der Erde leicht ändert. So wurde z. B. der letzten Minute des 30. Juni 1994 eine Sekunde angehängt, so daß sie 61 statt 60 s hatte. Damit begann der Juli im Jahr 1994 eine Sekunde später!

ORIENTIERUNG AUF SEE

Wenn ein Seemann die geographische Breite seiner Position herausfinden will (d. h., wie weit nördlich oder südlich des Äquators er sich befindet), mißt er mit einem geeigneten Instrument den Winkel, in dem die Sonne genau um Mittag über dem Horizont steht. Auf dieser Grundlage kann er den Breitengrad errechnen. Schwieriger wird es, wenn er die geographische Länge seines Standorts ermitteln will, also seine Position in Ost-West-Richtung. Dazu braucht er vor allem eine sehr genau gehende Uhr.

Stell dir vor, du befindest dich auf einem Schiff irgendwo auf dem Atlantik. Vor der Abfahrt in Greenwich hast du deine Uhr nach der mittleren Greenwichzeit gestellt. Nun zeigt sie zwölf Uhr mittags an, doch du hast gerade erst die Sonne aufgehen sehen. Es wird also — je nach Jahreszeit —

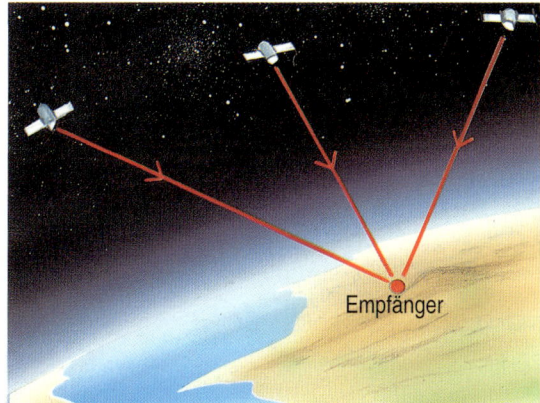

Oben: Beim Global Positioning System (GPS) wird der Standort auf der Erde ermittelt, indem ein Empfänger die Ankunftszeiten synchronisierter Signale von Satelliten registriert und vergleicht.

Rechts: Eine Illustration, die den Satelliten Navstar darstellt, der zum Global Positioning System gehört. Es ist vorgesehen, daß insgesamt 26 solcher Satelliten die Erde umkreisen.

noch etwa sechs Stunden dauern, bis die Sonne an deinem momentanen Standort im Zenit steht und bei dir Mittag ist. Mit Hilfe dieser Information kannst du berechnen, wie weit du um die Erdkugel gereist bist. Gemessen an der Greenwichzeit „verspätet" sich dein Mittag um sechs Stunden. Da die Erde in 24 Stunden eine volle Drehung (360°) ausführt, muß sie in sechs Stunden eine Vierteldrehung gemacht haben (90°). Du befindest dich also 90° westlich von Greenwich.

Wenn du die geographische Länge deines Standorts auf diese Weise berechnest, ist die wichtigste Voraussetzung, daß deine Uhr genau geht. Eine Abweichung von nur 5 min würde bedeuten, daß du deine Position um volle 130 km falsch bestimmst.

Heutzutage orientiert man sich in der Schiffahrt am Global Positioning System (GPS). Das ist ein Ring aus Satelliten, die die Erde in bestimmten Abständen voneinander umkreisen. Die genaue Zeitmessung spielt auch bei diesem System eine wichtige Rolle. Die Satelliten übertragen synchronisierte Funksignale, die von kleinen Empfangsanlagen auf der Erde empfangen werden. Ein Mini-Computer im Empfänger registriert die Ankunftszeiten der Signale verschiedener Satelliten. Die Geschwindigkeit der Signale sowie ihr zeitlicher Abstand sind im Computer als Standarddaten einprogrammiert, so daß er davon ausgehend die Position bis auf wenige Meter genau errechnen kann.

Rechts: Je weiter man sich in westlicher Richtung bewegt, desto später erscheint die Sonne über dem Horizont. Anhand dieser Zeitverzögerung kann der Seemann errechnen, wie weit er nach Westen gefahren ist.

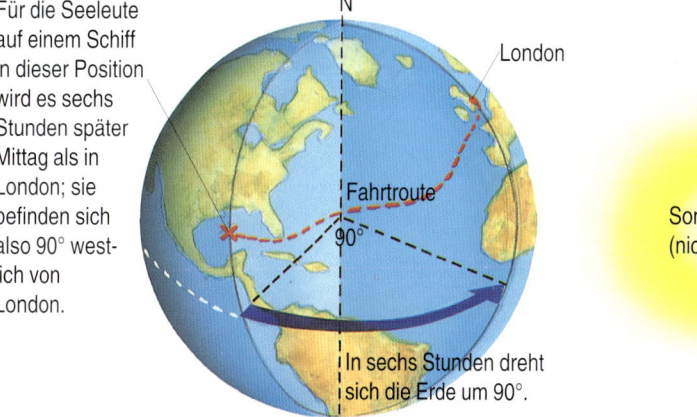

Für die Seeleute auf einem Schiff in dieser Position wird es sechs Stunden später Mittag als in London; sie befinden sich also 90° westlich von London.

N
London
Fahrtroute
90°
In sechs Stunden dreht sich die Erde um 90°.
Sonne (nicht maßstabsgetreu)

Rechts: Fährt der Zug an den Bäumen vorbei, oder fahren die Bäume am Zug vorbei? Nach den Aussagen der Relativitätstheorie spielt dies keine Rolle, denn jede Bewegung ist relativ. Als Einstein einmal im Zug nach Oxford reiste, soll er den Schaffner gefragt haben: „Hält Oxford an diesem Zug?"

ZEIT UND RELATIVITÄT

1905 stellte der Physiker Albert Einstein seine Spezielle Relativitätstheorie vor. Daraus ergaben sich Erkenntnisse, die unsere Vorstellung von der Natur der Zeit grundlegend veränderten. Doch war dies nicht ursprünglich Einsteins Anliegen gewesen; seine Theorie kam auf ganz andere Weise zustande.

Einstein ging von zwei Grundvorstellungen aus. Die erste bestand darin, daß jede Geschwindigkeit relativ ist. Man kann immer nur wahrnehmen, wie schnell sich ein Gegenstand im Verhältnis — also relativ — zu einem anderen fortbewegt. In einem Zug, der mit 100 km/h auf gerader Strecke einen Bahnsteig passiert, empfinden sich die Reisenden als ruhend und sehen den Bahnsteig am Zug vorbeirasen. Führt man in dem fahrenden Zug wissenschaftliche Experimente durch, so erhält man die gleichen Ergebnisse, als wenn man die Versuche auf dem Bahnsteig vornehmen würde. Die zweite Vorstellung Einsteins bestand darin, daß die relative Bewegung keinerlei Einfluß auf die Geschwindigkeit des Lichts hat. Daß dies tatsächlich so ist, läßt sich experimentell nachweisen.

Das Licht bewegt sich an uns immer mit der gleichen relativen Geschwindigkeit vorbei, nämlich mit ungefähr 300 000 km/s, und zwar auch dann, wenn wir uns der Lichtquelle rasch nähern oder uns mit hoher Geschwindigkeit von ihr entfernen.

Einstein stellte zwischen diesen beiden Vorstellungen einen mathematischen Zusammenhang her und machte auf dieser Grundlage verschiedene Voraussagen. Zum einen zog er den Schluß, daß die relative Bewegung festlegt, wie wir die Längen- und Zeitmessungen und damit die Geschwindigkeiten anderer Beobachter erleben. Bei alltäglichen Geschwindigkeiten sind diese Effekte jedoch so klein, daß man sie weder wahrnehmen noch messen kann. Doch stell dir vor, du könntest in ein Raumschiff hineinschauen, das annähernd mit Lichtgeschwindigkeit an dir vorbeifliegt. Du würdest feststellen, daß die Uhren im Raumschiff langsamer gehen als deine Armbanduhr. Für die Astronauten dagegen würde die Zeit normal vergehen.

Damit widerlegte Einstein die Vorstellung, daß es so etwas wie eine absolute Zeit gibt. Für jeden von uns kann die Zeit unterschiedlich schnell vergehen, je nachdem, wie schnell wir uns relativ zueinander bewegen.

Eine weitere Voraussage Einsteins bestand darin, daß Masse eine Form von Energie ist, oder anders ausgedrückt, daß Energie Masse hat. Wenn Gegenstände Energie abgeben oder aufnehmen, ändert sich auch ihre Masse. Diese Erkenntnis drückte Einstein mit seiner berühmten Gleichung $E = mc^2$ aus (c steht für die Lichtgeschwindigkeit, E für die Energie und m für die Masse). Die Lichtgeschwindigkeit beträgt ca. 300 000 km/s. Daher ist c^2 ein so enorm großer Wert, daß Energieänderungen bei alltäglichen Geschwindigkeiten keine meßbaren Masseänderungen bewirken. Doch als die Wissen-

Unten: Diese Astronauten werden zu einem Schwarzen Loch hingezogen, dessen Gravitationskraft so extrem hoch ist, daß nicht einmal das Licht ihm entkommt. Für die Astronauten vergeht die Zeit normal. Aus der Sicht eines weit entfernten, ruhenden Beobachters dagegen vergeht die Zeit der Astronauten immer langsamer und kommt bei ihrem Eintritt in das Schwarze Loch schließlich zum Stillstand.

schaftler erstmals Kernreaktionen untersuchten, stellten sie Masseänderungen fest, die darauf hinwiesen, daß unter bestimmten Voraussetzungen enorme Energiemengen abgegeben werden. Diese Entdeckung führte zunächst zum Bau der Atombombe, danach erst zur Entwicklung verschiedener friedlicher Nutzungsformen der Kernenergie.

1915 trat Einstein mit seiner Allgemeinen Relativitätstheorie an die Öffentlichkeit und erweiterte damit seine früheren Erkenntnisse um die Auswirkungen der Gravitation (Schwerkraft) und der Beschleunigung auf Raum und Zeit.

Wichtig ist die Allgemeine Relativitätstheorie für die Erforschung der Schwarzen Löcher, d. h. erloschener und in sich zusammengestürzter Sterne.

Am Schlund eines Schwarzen Lochs ist die Gravitation so gigantisch, daß selbst das Licht hineingezogen wird. Außerdem beeinflußt die Gravitation das Vergehen der Zeit. Wenn auf ein Schwarzes Loch zustürzende Astronauten an dich als Beobachter Signale senden könnten, so kämen diese in immer größeren Zeitabständen bei dir an und hörten ganz auf, sobald die Astronauten in den Schlund gezogen werden. Aus der Sicht der Astronauten dagegen würde die Zeit normal vergehen. Allerdings wäre ein solcher Sturz in ein Schwarzes Loch alles andere als angenehm, denn der Körper der Astronauten würde durch die zunehmende Gravitationsbeschleunigung stark in die Länge gezogen.

Wenn Kernphysiker Hochenergieversuche durchführen, müssen sie die Auswirkungen der Re-

lativität einkalkulieren. In Teilchenbeschleunigern können Protonen, Elektronen oder andere Teilchen so stark beschleunigt werden, daß sie annähernd Lichtgeschwindigkeit erreichen. Durch die Energie, die ihnen dabei zugeführt wird, erhöht sich ihre Masse, genau wie Einstein es vorausgesagt hatte. Je mehr Masse sie haben, desto mehr Kraft ist nötig, um sie auf ihrer Kreisbahn zu halten. Ihre hohe Geschwindigkeit wirkt sich für sie auch auf das Vergehen der Zeit aus. So kann man Teilchen, die normalerweise nur für eine ganz kurze Zeitspanne existieren, bei so hohen Geschwindigkeiten viel länger beobachten, weil für sie die Zeit langsamer vergeht. Man nennt diesen Effekt Zeitdehnung.

Aus der Relativitätstheorie ergibt sich, daß die Lichtgeschwindigkeit eine allgemeine Geschwindigkeitsgrenze ist: Nichts kann sich schneller bewegen als das Licht. Je schneller ein Gegenstand wird, desto größer wird seine Masse. Um ihn auf Lichtgeschwindigkeit zu beschleunigen, wäre mehr Energie nötig als im gesamten Universum vorhanden.

ZEITPFEILE

Warum läuft die Zeit vorwärts und nicht rückwärts? Warum können wir uns an gestern erinnern, wissen aber nicht, was morgen ist? Dies sind nur zwei der zahlreichen Rätsel, die uns die Zeit aufgibt. Manches haben die Wissenschaftler bereits ergrün-

Rechts: Hier ist ein und derselbe Snookertisch zu verschiedenen Zeitpunkten zu sehen. Die Bilder sind nicht in der richtigen Reihenfolge. Kannst du sagen, welches Bild als erstes kommen muß, welches als zweites und welches als letztes? Die Anordnung der Kugeln gibt dir Hinweise, wie die Bilder zeitlich aufeinanderfolgen, denn alle geordneten Systeme haben eine natürliche Tendenz, in einen Zustand der Unordnung überzugehen.

den können, doch vieles ist nach wie vor ein Geheimnis.

Das unten gezeigte Beispiel soll dir die Natur und die Richtung des Zeitpfeils verdeutlichen. Wenn du drei Fotos eines Snooker-Billardtisches betrachtest, die zu verschiedenen Zeitpunkten der Partie gemacht wurden, kannst du dann sagen, in welcher Reihenfolge sie aufgenommen wurden? Wahrscheinlich macht dir das keine große Mühe. Und zwar deshalb, weil du davon ausgehst, daß die Kugeln zu Beginn geordneter auf dem Tisch liegen als zu einem späteren Zeitpunkt. Die Richtung des Zeitverlaufs entspricht also dem Übergang von Ordnung zu Unordnung. Und daraus ergibt sich gleich die nächste Frage: Warum wird aus Ordnung mit der Zeit Unordnung?

Diese Frage wollen wir anhand der Kugeln auf dem Snookertisch betrachten. Sie können sich in einem Zustand der Ordnung befinden, wie dies am Anfang der Partie der Fall ist, oder in einem ungeordneten Zustand. Nun gibt es aber weitaus mehr Möglichkeiten von ungeordneten Zuständen als von geordneten (siehe S. 92). Die Kugeln können also in sehr vielen unterschiedlichen Zuständen der Unordnung auf dem Tisch liegen, denn jedesmal, wenn ein Spieler einen Stoß ausführt, entsteht ein anderer Zustand der Unordnung. Daß sich dabei zufällig einmal ein geordneter Zustand ergibt, ist so gut wie ausgeschlossen. Dieses Beispiel zeigt uns, daß mit dem Vergehen der Zeit die Ordnung in Unordnung übergeht.

Urknall (vor 15 Mrd. J.)	1. Jan.
Entstehung unseres Sonnensystems (vor 4,5 Mrd. J.)	13. Sept.
erste primitive Lebensformen auf der Erde (vor 3,5 Mrd. J.)	7. Okt.
erste Landpflanzen und Tiere (vor 400 Mio. J.)	22. Dez.
erste Dinosaurier (vor 220 Mio. J.)	26. Dez.
letzte Dinosaurier (vor 65 Mio. J.)	30. Dez.
erste Menschen (vor 5 Mio. J.)	31. Dez. 21 Uhr
Gegenwart	31. Dez. Mitternacht

Links: Diese Abbildung zeigt, wie bestimmte Ereignisse zeitlich einzuordnen sind, wenn man die seit dem Urknall verstrichene Zeit als ein einziges Jahr darstellt. So betrachtet würde unsere Sonne im Mai des folgenden Jahres erkalten (also in sechs Mrd. Jahren), und das Universum würde sich bis August des folgenden Jahres weiter ausdehnen (d. h. noch zehn Mrd. Jahre). Vielleicht kommt seine Ausdehnung aber auch niemals zum Stillstand.

ZEIT UND URKNALL

Nach dem heutigen Stand der Erkenntnisse ist das Universum vor etwa 15 Mrd. Jahren in einer riesigen Explosion, dem Urknall, entstanden. Eine unvorstellbar heiße Kugel von enormer Dichte dehnte sich sozusagen aus dem Nichts mit großer Geschwindigkeit aus. Aus der darin enthaltenen Materie und Energie bildeten sich Sterne und Galaxien.

Das Universum dehnt sich noch immer aus. Man schätzt, daß dieser Prozeß noch weitere zehn Mrd. Jahre fortdauert, möglicherweise kommt er niemals zum Stillstand. Auch die Ausdehnung des Universums (oder Kosmos) folgt einem Zeitpfeil, dem kosmologischen Zeitpfeil. Seine Richtung entspricht der des thermodynamischen Zeitpfeils.

Der Urknall ist der Ursprung der Zeit, wie wir sie kennen. Die Frage, ob es vor dem Urknall Zeit gegeben hat, ist müßig, denn an diesem Punkt versagen alle naturwissenschaftlichen Gesetze.

Wir können also nicht feststellen, ob es vor dem Urknall Zeit gegeben hat. Manche Wissenschaftler vertreten inzwischen die Auffassung, daß die Zeit gar keinen Anfangspunkt hat und ihn auch nicht braucht. Sie haben ein mathematisches Modell entwickelt, bei dem die Zeit wie die Oberfläche einer Kugel (z. B. der Erdkugel) betrachtet wird. Man kann sich zwar einen Ausgangspunkt darauf wählen, z. B. den Nordpol, doch die Kugeloberfläche selbst hat weder einen Anfang noch ein Ende.

ZEITREISEN

Der Raum, in dem wir leben, hat drei Dimensionen: Wir können uns nach oben oder unten, nach rechts oder links sowie vorwärts oder rückwärts bewegen. Da immer auch Zeit vergeht, während wir uns im Raum bewegen, betrachtet man die Zeit als vierte Dimension. Zusammen mit den drei räumlichen Dimensionen bildet sie die Raumzeit.

Durch den Raum können wir uns in viele Richtungen bewegen, aber für unseren Weg durch die Zeit gibt es nur eine Richtung: in die Zukunft.

Sind also Reisen in die Vergangenheit unmöglich? Es gibt einleuchtende Argumente, die dafür sprechen: Wenn du in die Vergangenheit reisen könntest und dort auf die Zukunft Einfluß nehmen könntest, z. B. indem du verhinderst, daß deine Eltern sich begegnen, würde dies bedeuten, daß du selbst niemals geboren würdest und damit deine Reise im Grunde gar nicht möglich wäre. Und wenn man tatsächlich durch die Zeit reisen könnte, hätte dies in der Zukunft sicherlich jemand entdeckt; da aber noch niemals ein Besucher aus der Zukunft bei uns war, sind Zeitreisen anscheinend nicht möglich.

Beispiele wie diese sprechen zwar dafür, daß Zeitreisen ein Phantasieprodukt sind, doch andererseits lassen die Aussagen der Allgemeinen Relativitätstheorie durchaus die Möglichkeit zu, daß „Tunnels" durch die Raumzeit, sogenannte Wurmlöcher, existieren können. Da beim Durchgang durch ein solches Wurmloch die Zeit gedehnt wird, wäre es unter bestimmten Voraussetzungen möglich, daß man von einem Punkt im Raum zu einem anderen reist, durch ein Wurmloch zum Ausgangspunkt zurückkehrt und dort früher ankommt, als man aufgebrochen ist. Wenn es tatsächlich Wurmlöcher geben sollte, so müßten sie wahrscheinlich höchst instabil sein und nur sehr kurz existieren.

Unten: Ein sogenanntes Wurmloch ist eine Art Tunnel zwischen verschiedenen Bereichen der Raumzeit. Die Raumzeit ist hier als zweidimensionale Fläche dargestellt. Bislang sind Wurmlöcher eine rein theoretische Vorstellung. Kein Mensch hat bis heute ein Wurmloch entdeckt.

Oben: Zeitmaschinen gibt es bislang nur in Science-fiction-Filmen (hier eine Szene aus dem Film „Zurück in die Zukunft").

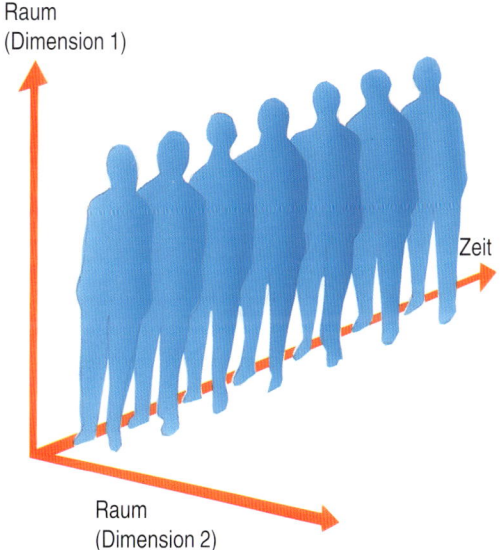

Links: Auch wenn wir stillstehen, bewegen wir uns durch die Raumzeit. Die Abbildung zeigt zwei räumliche Dimensionen und eine zeitliche. In Wirklichkeit ist die Raumzeit, in der wir leben, vierdimensional.

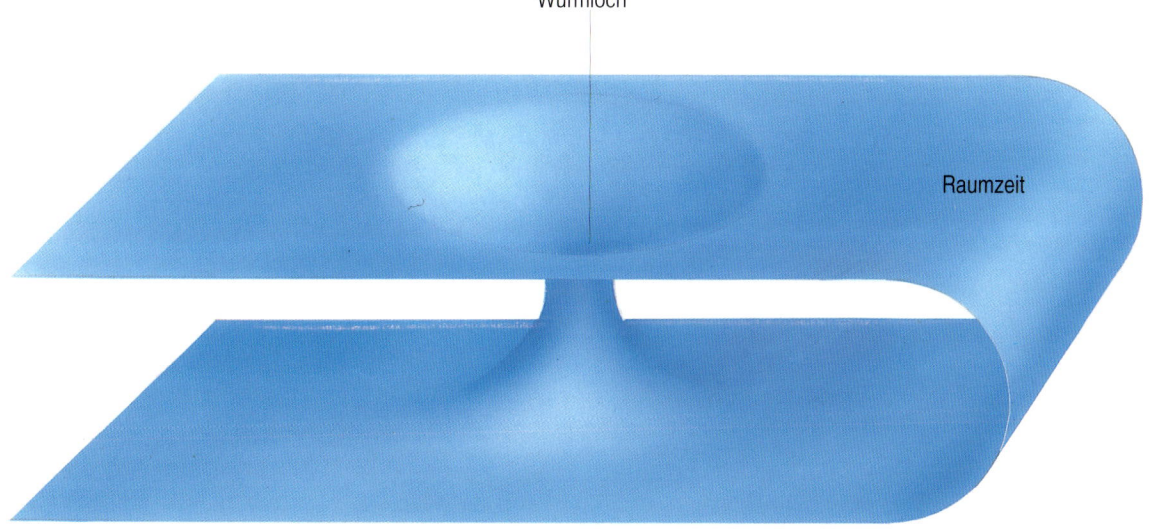

GLOSSAR

Analoge Information Information mit beliebigen Zwischenwerten, beispielsweise durch Positionsänderungen eines Zeigers dargestellt

Atom kleinster Baustein chemischer Elemente. Sein Kern besteht aus Protonen und (außer beim Wasserstoff) Neutronen. Um den Kern herum kreisen Elektronen.

Bakterie mikroskopisch kleiner einzelliger Organismus

Binärsystem Zahlensystem, bestehend aus den Ziffern 0 und 1

biologisch abbaubar zersetzbar durch Mikroorganismen (z. B. Bakterien)

Brechung Ablenkung eines Wellenstrahls beim Übergang von einem Stoff in einen anderen. Licht z. B. wird beim Übergang von Luft in Wasser gebrochen.

chemische Reaktion Prozeß, bei dem sich chemische Substanzen zersetzen oder miteinander Verbindungen eingehen und einen neuen Stoff bilden. So entsteht zum Beispiel Wasser aus Wasserstoff und Sauerstoff.

chemische Verbindung Produkt einer chemischen Reaktion von chemischen Elementen. Natriumchlorid (= gewöhnliches Salz) ist eine Verbindung aus Natrium und Chlor.

Chromosomen fadenförmige Bestandteile des Zellkerns, Träger der Erbinformationen

digitale Information Informationen in Form bestimmter Zahlenfolgen; es sind keine beliebigen Zwischenwerte möglich.

DNA (Desoxyribonukleinsäure) Zellbestandteile als Träger der Erbinformationen in Form eines chemischen Codes. Jedes Chromosom enthält einen Strang DNA.

Druck Quotient aus der Kraft und der Fläche, auf die diese Kraft wirkt. Die Kraft wird in Newton (N) gemessen, der Druck in Newton je Quadratmeter, d. h. in Pascal (Pa).

Elektromagnet Eisenstab mit darumgewickelter Spule. Er wird magnetisiert, wenn durch die Spule elektrischer Strom fließt.

elektromagnetische Wellen Radiowellen, Mikrowellen, Infrarotlicht, sichtbares Licht, Ultraviolettlicht, Röntgenstrahlen und Gammastrahlen sind die Gruppen der elektromagnetischen Wellen. Jede Gruppe hat einen eigenen Wellenlängenbereich.

Elektron winziger Bestandteil des Atoms mit negativer (−) Ladung. Elektronen kreisen um den Atomkern; der Elektronenfluß wird Strom genannt.

Element Substanz aus nur einer Atomsorte. Es gibt etwa 100 Elemente, die Grundstoffe aller Dinge.

Energie ist nötig, um Dinge in Bewegung zu versetzen. Manchmal ist die Bewegung allerdings so gering, daß man sie nicht sieht, wie bei der Wärmeenergie, die die Atome schneller schwingen läßt.

Enzyme chemische Stoffe eines lebenden Organismus. Sie beeinflussen die Geschwindigkeit bestimmter chemischer Reaktionen, ohne selbst verbraucht zu werden.

Frequenz Zahl der Schwingungen pro Sekunde bzw. Anzahl der Wellenlängen, die einen gegebenen Punkt pro Sekunde passieren. Maßeinheit ist das Hertz (Hz).

Gammastrahlen hochgradig durchdringende Strahlen (ähnlich den Röntgenstrahlen) aus der Familie der elektromagnetischen Wellen. Sie werden von bestimmten radioaktiven Stoffen abgegeben.

Gen Abschnitt auf der DNA im Chromosom. Träger von Erbinformationen

Gewicht die Kraft, mit der ein Gegenstand durch die Erdanziehung nach unten gezogen wird. Wissenschaftlich in Newton gemessen, da eine Kraft wirksam ist. Im täglichen Sprachgebrauch wird das Gewicht oft mit der Masse verwechselt, die z. B. in Kilogramm oder in Tonnen angegeben wird.

Halbwertszeit Zerfallszeit von der Hälfte der Atome in einem radioaktiven Material (d. h. die Zeit, in der die Hälfte der instabilen Atomkerne zerfallen). Entsprechend: Zeit, nach der die Intensität der Strahlung auf die Hälfte ihres Werts zurückgeht.

Hormon chemischer Stoff, der von einer Pflanze oder einem Tier produziert wird und die Organtätigkeit steuert. Insulin ist z. B. ein Hormon, das die Entfernung von Glucose (Zucker) aus dem Blut durch die Leber steuert.

infrarote Strahlung (IR) unsichtbare elektromagnetische Wellen mit einer Wellenlänge über der des normalen Lichts (aber unter der der Mikrowellen). Infrarotes Licht wird als Wärme empfunden.

Ion Atom, das mindestens ein Elektron verloren oder erhalten hat, so daß seine Ladung positiv (+) bzw. negativ (−)ist.

Isolator Isolierstoff gegen Wärme oder Strom

Isotope verschiedene Formen der Atome desselben Elements. Bei gleicher Anzahl von Protonen und Elektronen unterscheiden sie sich durch ihre Anzahl an Neutronen.

Keim Krankheitserreger (Mikrobe)

Kernfusion Verbindung zweier leichter Atomkerne zu einem schwereren unter Freisetzung von Energie

Kernspaltung Spaltung eines schweren Atomkerns in zwei leichtere unter Freisetzung von Energie und meist auch Strahlung

Kettenreaktion (Kernspaltung) Prozeß bei der Atomspaltung (z. B. beim Uran), gestartet durch Neutronen. Dabei werden weitere Neutronen freigesetzt, die wiederum Atomkerne spalten, usw.

Kohlenhydrate Nahrungsmittelbestandteile, z. B. Zucker oder Stärke, die Verbindungen aus Kohlenstoff, Wasserstoff und Sauerstoff sind.

Kraft ein Drücken oder Ziehen. Maßeinheit ist das Newton (N).

Lauge (Base) Lösung mit hohem pH-Wert, die Lackmuspapier blau färbt. Sie wirkt ätzend und neutralisiert Säuren.

Leiter Material, das Wärme oder elektrischen Strom durchläßt.

Lösung Mischung, bei der ein Stoff in einem anderen gelöst ist

Masse Menge eines Materials. Häufig angegeben in Kilogramm (kg)

Mikrobe Mikroorganismus, z. B. ein Bakterium

Mikrowellen Radiowellen mit sehr kleiner Wellenlänge. Sie finden in der Kommunikation, in Radaranlagen oder in Mikrowellenherden Verwendung.

Molekül Verbindung mehrerer Atome zu einem neuen Teilchen. Die Zahl der Atome in einem Molekül liegt – je nach Substanz – zwischen zwei und mehreren tausend.

Neutron Bestandteil des Atomkerns. Es hat etwa die gleiche Masse wie ein Proton, besitzt jedoch keine elektrische Ladung.

Photosynthese chemischer Vorgang, bei dem die Pflanzen die Energie aus dem Sonnenlicht dazu verwenden, Kohlendioxid und Wasser in Zucker oder Stärke zu verwandeln. Dabei wird Sauerstoff freigesetzt.

Polymer chemische Verbindung aus langkettigen Molekülen, die sich aus vielen gleichen, kürzeren Molekülen zusammensetzen. Das kürzere Moleküle nennt man Monomer.

Proteine Baustoffe aller lebenden Organismen. Proteine bestehen aus kettenförmigen Molekülen mit Kohlenstoff, Wasserstoff, Sauerstoff und Stickstoff, zuweilen auch Schwefel.

Proton positiv (+) geladenes Teilchen im Kern eines Atoms. Der Kern des Wasserstoffatoms besteht aus einem einzelnen Proton.

Quantentheorie Theorie, nach der Größen wie Energie oder Impuls nur als „Pakete" vorkommen können. Kein Paket oder „Quantum" läßt sich in kleinere Bestandteile zerlegen.

Röntgenstrahlen hochgradig durchdringende elektromagnetische Strahlen. Röntgenstrahlen ähneln den Gammastrahlen, besitzen aber eine größere Wellenlänge.

Säure Lösung mit niedrigem pH-Wert, die Lackmuspapier rot färbt. Sie wirkt ätzend und neutralisiert Laugen.

Spannung Maß dafür, wie stark die elektrische Ladung von einer elektrischen Energiequelle (Batterie oder Generator) durch den Stromkreis „gedrückt" wird.

Strom (elektrischer) Fluß einer elektrischen Ladung, in der Regel von Elektronen

Tonhöhe Höhe bzw. Frequenz eines Tons. Töne entstehen durch Schwingungen und pflanzen sich als Schwankungen des Luftdrucks fort.

Ultraschall Töne mit so hoher Frequenz, daß sie außerhalb des menschlichen Hörbereichs liegen.

ultraviolette Strahlung (UV) unsichtbare elektromagnetische Wellen, deren Wellenlänge unterhalb der des sichtbaren Lichts liegt (aber größer ist als bei Röntgenstrahlen). Sie ist im Sonnenlicht enthalten und kann zu Schäden an Haut und Augen führen.

Urknall nach neueren Theorien Ursprung unseres Universums. Er soll vor rund 15 Milliarden Jahren erfolgt sein.

Vakuum luft- oder gasleerer Raum

verdunsten vom flüssigen in den gasförmigen Zustand übergehen. Beim Trocknen von Kleidern verdunstet das Wasser und wird zu Wasserdampf.

Virus Mikrobe mit der Fähigkeit, in lebende Zellen einzudringen und deren Lebensvorgänge zu stören

Wellenlänge Abstand zwischen zwei aufeinanderfolgenden Wellenbergen einer Welle

Zelle (biologische) kleinste Lebenseinheit bei Tier oder Pflanze. In der Regel enthält sie einen Kern, der die Lebensvorgänge steuert.

Zelle (elektrische) Gerät, das elektrischen Gleichstrom erzeugt. Häufig als Batterie bezeichnet, obwohl dieser Begriff die Bezeichnung für eine Reihe von Zellen ist.

Maße und Gewichte

metrisches System			angelsächsisches System		
Länge	1 Millimeter (mm)		**Länge**	1 inch (Zoll)	= 2,54 cm
	1 Zentimeter (cm)	= 10 mm		1 foot (Fuß)	= 30,48 cm
	1 Meter (m)	= 100 cm		1 yard	= 0,914 m
				1 mile (Meile)	= 1,61 km
Volumen	1 Kubikzentimeter (cm^3)		**Volumen**	1 pint	= 0,55 l
	1 Milliliter (ml)	= 1 cm^3		1 gallon	= 4,55 l
	1 Liter	= 1 000 ml		1 barrel (USA)*	= 163,5 l
Masse	1 Gramm (g)		**Masse**	1 ounce (Unze)	= 23,35 g
	1 Kilogramm (kg)	= 1 000 g		1 pound (Pfund)	= 0,454 kg
	1 Tonne (t)	= 1 000 kg			

kleiner oder größer

Um Einheiten kleiner oder größer zu machen, werden Vorsilben verwendet:

mikro (μ)	= 1 Millionstel	(0,000001)
milli (m)	= 1 Tausendstel	(0,001)
kilo (k)	= eintausend	(1000)
mega (M)	= 1 Million	1 000 000

Zum Beispiel:

1 Mikrometer	= 1 μm	= 0,000001 m
1 Milligramm	= 1 mg	= 0,001 g
1 Kilometer	= 1 km	= 1 000 m
1 Megatonne	= 1 Mt	= 1 000 000 t

* Das im Ölhandel gebräuchliche Petroleum-Barrel hat ein Volumen von 158,9 l.

REGISTER

DANKSAGUNGEN

Design und Art director: Julian Holland

Koordination: Miranda Smith

Bildrecherche: Caroline Wood

Die Autoren und der Verlag danken folgenden Personen für ihre Hilfe und Beratung bei der Vorbereitung dieses Buches: Professor Richard Gregory, Peter Mellett, Susan Pople, Professor David Pye, Dr. C. P. R. Saunders und Nan Taylor, U. H. Sie danken ebenso den folgenden Personen und Institutionen für die Erlaubnis, die Fotos zu reproduzieren:

Allsport: S. 117, David Leah S. 134 (oben), S. 134 (unten), S. 136, Tony Duffy S. 137, David Leah S. 140.

Amblin/Universal (Courtesy Kobal): S. 185.

April Angold: S. 84 (oben).

Ardea London: Jean-Paul Ferrero S. 119.

Aviation Picture Library: S. 18 (oben).

Barnaby's Picture Library: S. 152 (oben).

Bridgeman Art Library, London/Private Collection: S. 25 (oben), Bonhams, London S. 121 (unten).

J. Allan Cash Photo Library: S. 121 (oben).

CERAM Research: S. 55.

Ciba Polymers: S. 82-83.

Bruce Coleman Ltd: C. B. & D. W. Frith S. 27 (unten), Orion Press S. 41 (oben), Kim Taylor S. 66, 100, David Hughes S. 127.

Comstock Inc: S. 30 (oben), S. 32 (oben), S. 40 (unten), S. 93 (unten), S. 115, S. 130, S. 142.

© 1994 M. C. Escher/Cordon Art, Baarn, Holland. All rights reserved S. 11.

© *British Crown Copyright/MOD.* Reproduced with the permission of The Controller of Her Britannic Majesty's Stationery Office: S. 109 (unten beide Fotos).

EEV Ltd: S. 175 (oben links beide Fotos).

Mary Evans Picture Library: Harry Price Collection, Univ. of London S. 7.

French Railways: S. 182.

W. J. Furse: S. 164 (oben).

Giraudon: Musée d'Orsay, Paris S. 76 (unten).

Sonia Halliday Photographs: S. 23.

Robert Harding Picture Library: Adina Tovy S. 30 (unten), S. 32 (unten), Gary White S. 35 (oben), Ian Griffiths S. 36, Reg Wilkins S. 73 (unten), Steve Bavister S. 108 (unten).

Michael Holford: British Museum S. 44 (unten), Statens Historika Museum, Stockholm S. 79.

Hoverspeed: S. 113.

Kobal Collection: S. 86 (unten).

Laurie Lewis: S. 34, S. 37.

Magnum Photos: Chris Steele-Perkins S. 13 (links), Jean Gaumy S. 52 (rechts), Philip Jones Griffiths S. 91, Erich Hartmann S. 93 (oben), Hiroji Kubota S. 118-119, 147.

Mary Rose Trust: S. 76 (oben).

NASA: S. 110, S. 144 (oben), S. 151.

National Maritime Museum, London: S. 75 (oben).

National Medical Slide Bank: S. 18 (unten).

The National History Museum, London: S. 175 (unten beide Fotos).

Network: Mike Goldwater S. 33, John Sturrock S. 45, Christopher Pillitz S. 139, John Sturrock S. 155.

Nikon: S. 12 (oben).

Oceaneering: S. 125.

Oxford Scientific Films: Peter Parks & Jonathan Watts Titelseite (unten), Michael Fogden S. 9, Max Gibbs S. 20 (oben), Warren Faidley S. 20-21, Michael Fogden S. 27 (oben), Toni Angermayer/Photo Researchers S. 41 (unten), Robert Tyrell S.. 42, David Macdonald S. 43, Bruce Herrod S. 51 (unten), Zig Leszczynski/Animals Animals S. 56 (oben), Frithjof Skibbe S. 64 (unten), P. J. Devries S. 69, Stephen Downer S. 70 (oben), Avril Ramage S. 74-75 (3 Fotos), Jack Dermid S. 103, Tony Tilford S. 112 (oben), Warren Faidley S. 112 (unten), Tony Tilford S. 114-115 (3 Fotos), Stephen Dalton S. 128, S. 163.

OUP: Robert Watkins S. 6 (oben), S. 47 (unten), Chris Honeywell S. 13 (rechts), David Titchener S. 24, S. 88 (oben), S. 126 (oben).

Philips Lighting: S. 26.

Planet Earth Pictures: Peter Scoones S. 28, K. Ammann S. 44 (oben), Jack Jackson S. 123 (oben).

David Pye: S. 175 (oben rechts beide Fotos).

Rex Features: S. 8, Nils Jorgensen S. 77, S. 109 (oben).

Phil Schermeister: © 1986 S. 6 (unten).

Science Photo Library: Dr. Jeremy Burgess Umschlag (vorne oben links), Dale Boyer/NASA Umschlag (vorne oben), D. Philips Umschlag (vorne Mitte), Claude Nuridsany & Marie Perennou Umschlag (hinten oben links), Dr. Jeremy Burgess Umschlag (hinten links), Tony Craddock Umschlag (hinten unten rechts), Claude Nuridsany & Marie Perennou Buchrücken, US Department of Energy S. 2, Michael Abbey S. 3, Pekka Parviainen S. 4-5, David Nunuk S. 15, Hank Morgan S. 16, Biophoto Associates S. 17, Dr. Arthur Lesk, Laboratory for Molecular Biology S. 19 (oben), Philippe Plaily S. 19 (unten), Peter Aprahamian S. 29, David Parker S. 40 (oben), Will & Deni Mcintyre S. 46, Peter Menzel S. 48 (oben), David Scharf S. 48 (unten), Dr. Tony Brain S. 49 (beide Fotos), Dr. Jeremy Burgess S. 50, Richard Megna S. 51, (oben rechts), Vaughan Fleming S. 54, Chemical Design Ltd/Peter Visscher S. 56-57, A. B. Dowsett S. 57, Richard Megna/Fundamental Photos S. 59, Petit Format/CSI S. 60, Vaughan Fleming S. 61, CNRI S. 63 (oben), Philippe Plailly S. 63 (unten), Claude Nuridsany & Marie Perennou S. 64 (oben), Dr. Jeremy Burgess S. 67 (oben), Andrew Syred S. 67 (unten), Adam Hart-Davis S. 70 (unten), Astrid & Hanns-Frieder Michler S. 72 (oben), David Nunuk S. 72 (unten), Chris Bjornberg S. 73 (oben), Astrid & Frieder Michler S. 82 (oben), Dr. Mike Mcnamee S. 84 (unten), Vanessa Vick S. 85, Martin Dohrn S. 86 (oben), Gregory Sams S. 88 (unten), Keith Kent S. 90, Marcelo Brodsky S. 92, © Tom van Sant/Geosphere Project, Santa Monica S. 94 (oben), Jack Finch S. 94 (unten), David Parker S. 95, NASA S. 96 (oben), Alex Bartel S. 96 (unten), Nasa S. 97 (oben), Will & Deni Mcintyre S. 97 (unten), S. 98, SEUL S. 102, Nick Wall S. 104, NASA S. 106 (oben), NASA S. 111, David Nunuk S. 122 (oben), Philippe Plailly S. 126 (unten), Jack Fields S. 132, Brian Brake S. 133, Nancy Kedersha/UCLA S. 141, Martin Bond S. 144 (unten), Peter Menzel S. 149 (Mitte), Heini Schneebeli S. 154, NASA S. 156 (links), Simon Terrey S. 160 (oben), Peter Menzel S. 162, Ken Biggs S. 164 (unten), Tommaso Guicciardini S. 165, Alex Bartel S. 168, Peter Menzel S. 169, Agfa S. 170 (oben), Roger Ressmeyer, Starlight S. 170 (unten), Sheila Terry S. 176, Elscint S. 177 (unten), Phil Jude S. 179, GE Astro Space S. 181.

Tony Stone Images: Paul Chesley S. 12 (unten), Mark Wagner S. 14, Jess Stock/Questech Ltd S. 47 (oben), Kristian Hilsen S. 52 (links), David Woodfall S. 78, Arnulf Husmo S. 87, Oli Tennent S. 116, David Higgs S. 122 (unten), Donovan Reese S. 123 (unten), Mark Wagner S. 131, Ulli Seer S. 145, Glen Allison S. 149 (oben), Michelle Garrett S. 158, Ralph Wetmore S. 160-161, Arnulf Husmo S. 178-179.

Swatch UK: S. 178 (oben).

Charles Taylor: S. 25 (unten beide Fotos), S. 35 (unten).

Telegraph Colour Library: S. 152 (oben), S. 156 (rechts).

TRH Pictures: Richard Winslade S. 114.

Volvo Car UK Ltd: S. 108 (oben), S. 167.

The Wilson Walton Group: S. 81 (beide Fotos).

ZEFA: S. 38, S. 51 (oben links), S. 80-81, S. 101, S. 106 (unten), S. 118 (oben), S. 124, S. 143, S. 177 (oben).

Die gesamte graphische Gestaltung ist von Steve Seymour (Bernard Thornton Artists) ausgenommen folgende Seiten:

Brian Beckett: S. 43 (oben links und rechts), S. 58 (linke Mitte und unten), S. 59 (oben), S. 136 (oben rechts).

Gillian Kelley: S. 59 (Mitte).

Frank Kennard: S. 22 (unten), S. 60 (unten rechts), S. 135, S. 136 (oben links), S. 138, S. 141 (oben links).

Oxford Illustrators Ltd: S. 15 (links), S. 16 (rechts), S. 19 (Mitte und unten), S. 22 (oben), S. 58 (unten rechts), S. 83 (oben), S. 101 (unten), S. 122 (unten links), S. 128 (Mitte), S. 129, S. 130 (Mitte), S. 147 (oben rechts), S. 149 (unten), S. 159 (oben links), S. 172 (unten), S. 173 (rechts).

Jones Sewell Associates: S. 139 (oben).

Peter Visscher: S. 56-57.

Michael Woods: S. 60 (oben).